中國古典文學研究會主編

古典文學

第十三集

臺灣學生書局印行

序

龔鵬程

中國古典文學研究會的成立，是台灣中文學界極爲重要的大事。當年籌組這麼樣一個學會之重大意義，我以爲可以從幾個方面觀察：

一、台灣的中文學系，基本上延續著傳統「國學」的規模，以文章博學之廣義文學爲範疇，課程結構及教學研究，都不一定局限於狹義的文學領域。在台數十年，無論是林尹、高明、潘重規、陳新雄諸先生主持師大、政大、文大，或屈萬里、龍宇純諸先生主導台大，均以經學、小學爲此一學域之基幹。文學研究由分立鼎足而逐漸蔚爲中文學系內之大宗，即始於古典文學研究會之推揚。也就是說這個學會適度調整了中文系的學科傳統，使文學研究在中文系內部確立了價值與地位。

二、中文系研究中國的文化傳統，可是在七〇年代比較文學會成立之後，許多研究西方文學及理論的比較文學學者也熱衷於中國文學的研究，以致對中文系之解釋權與解釋內容形成了挑戰。要回應挑戰，即須强化中文學系對文學傳統的研究。古典文學研究會成立時，强調「研究」二字。蓋即具有這種意義。

三、台灣的大學，原以教學爲主，研究爲輔。據教育部在一九八三年的調查，全國大學教師中從未寫過學術論文者尚占六成，可見研究風氣確須提倡。特別是在中文學系中，已有之研究，經常仍保持著傳統學案、箋釋、考校、注解的方式，現代論文寫作與發表，更須推廣。十多年來，古典文學研究會在這方面，貢獻至偉，一步步建立了文學研究寫作規範和研討制度。

四、全台灣幾十所大學的中文系所，夙乏橫向的聯繫，故無法交換學習研究成果、聯誼情誼，通達訊息、整合共同關心的議題，推動學風之進展，古典文學研究會可說是第一個嘗試，也達成了上述效果。其後主辦主題或會議，推展國際學術交流，培養研究生研究風氣……等，充分發揮了一個文學社團的作用與功能。

以上這些，正是古典文學研究會十四年來存在的意義所在。今年，本會仍本上述精神方向，舉辦「中國古典戲曲及小說研究的回顧與前瞻」研討會，希望能呼喚更多朋友來關切小說戲曲的研究與發展。

大會一共發表了十四篇論文，援例編爲論文集，供學界參考，並感謝學生書局對中國文學研究的支持。

作者簡介（依論文先後爲序）

周慶華　中國文化大學中文博士候選人，現任淡江大學中文系兼任講師。

鄭志明　台灣師範大學國文研究所博士，現任淡江大學中文系教授。

龔鵬程　台灣師範大學國文研究所博士，現任中正大學歷史所教授，佛光大學籌備校長。

陳益源　中國文化大學文學博士、中文系副教授。

王國良　東吳大學文學博士，現任東吳大學中文研究所所長。

黎活仁　香港大學文學博士，現任香港大學中文系教授。

二階堂善弘　日本大學博士生，台灣師範大學語言中心進修，現在北京語言學院研習，專攻中國民間小說與民間信仰。

孫中曾　清華大學歷史所碩士，現任屏東工專講師。

魏子雲　著名文史研究學者，現退休，出版研究著作十餘種。

林保淳　台灣大學文學博士，現任淡江大學中文系副教授。

羅麗容　東吳大學文學博士，現任中文系副教授

周純一　香港中文大學音樂人類學博士班肄業。

陳慶煌　政大文學博士，現任淡江大學中文系教授。

周行之　台灣師範大學文學博士，現任成功大學中文系教授。

潘麗珠　台灣師範大學博士侯選人，現任中文系講師。

古典文學 第十三集

目次

從變易中尋找「變易」

——中國古典小說研究的危機與轉機

周慶華

一

晚近討論「傳統」的人，已經不像啓蒙運動那樣一味詆斥傳統爲「非理性」（拘限人的自由和阻礙社會的進步），反而對於傳統始終「作用於現在」有深刻的體認，而不斷在爲傳統作「辯解」❶。因爲不論傳統是指從過去延續到現在的事物，還是指一條世代相傳的事物變體鏈❷，都不可否認它具有構成了一個社會創造再創造的文化密碼和給人類生存帶來了秩序及意義等功能。顯然這類討論多少可以開啓現代人的寬廣心靈，不再輕易的否定傳統或糟蹋傳統。但問題並沒有就此結束，大家可能會發現：意識或感覺傳統的存在幾乎無人不能，結果卻常「判若天淵」（也就是人人所意識或感覺到的傳統出入甚大），那誰所說的傳統才算數？

有關這個問題，恐怕不是一心執著於論述傳統的人所能「解決」（如果他仍認爲傳統是一個「具體」可辨的存在體），而得由能看透論述背後「必有」意識形態在起作用的人來處理❸。換句話說，傳統的認定不是「是什麼」的問題，而是「爲什麼」的問題；任何試圖把傳統定格在「是什麼」層面的人，都忽略了那不過是「爲什麼」這一更深層面的實踐，而這必須「另具隻眼」才能看出。就以文學傳統爲例，什麼樣的作品可以稱得上文學或什麼樣的作品符合傳統文學的規範，並沒有一個客觀的標準可據以爲衡量，一切都由論述者依其「利害關係」來作裁奪。這點我們可藉伊格頓（Terry Eagleton）對文學批評的考察而得以「觸類旁通」：

> 文學理論家、批評家和教師們，這些人與其說是學說的供應商，不如說是某種話語的保管人。他們的工作是保存這一種話語，他們認爲有必要對之加以擴充和發揮，並捍衛它，使它免遭其他話語形式的破壞，以引導新來的學生入門並決定他們是否成功地掌握它。話語本身沒有確切的所指，這不是說它不體現什麼主張：它是一個能指的網絡，能夠包容所有的意思、對象和實踐。某些作品被看作比其他作品更服從這種話語，因而被挑選出來，這些作品於是被稱作文學或「文學準則」。人們通常把這種準則看作十分固定，甚至在不同時代也是永恒不變的，這在某種意義上具有諷刺意味，因爲，文學批評話語沒有確切的所指，但它如果想要的話，卻可以把注意力或多或少地轉向任何一種作品。準則的某些最熱心的保護者已經不時地表明如何使這種話語作用於「非文學」作品❹。

歷來有關文學傳統的種種（不同）認定，又何嘗不涉及這類話語形式（意識形態）間的競爭？因此，與其浪費時間去爭論「傳統究竟如何」和「傳統有何意義」等無謂的問題，不如集中精神來一探「傳統爲何會在或爲何要在相關論述中佔有地位」較爲實際。

根據這點，我們來看既有的中國古典小說研究，就不免要擔一些憂慮❺：首先，今人已經不時興創作和閱讀（尤其是創作）古典小說，爲何還要研究它？如果說這類研究也考慮到爲使讀者有所「取徑」（不論用在閱讀上或用在創作上），我們應該「樂觀其成」，問題是當今的社會充斥著電子及資訊，文學快速的走向「死亡」（越來越少人對它感興趣）❻，還要回頭去樹立一些有關古典小說的「紀念碑」，究竟能發揮什麼「警惕」作用？其次，即使這類研究無意擔負挽救文學的使命，而只是研究者藉它來維護既得的「利益」或鞏固學術的「威望」，但也難保它沒有問題存在，因爲文學又被一些極端的理論（特別是解構主義）解除了「既有」的特殊性（只剩「互爲文本」一個通性）❼，那古典小說豈能倖免於被解構的命運？這樣研究者又如何可能公開聲明他在研究「古典小說」，並且暗自期許因而可以維護既得利益或鞏固學術威望？再次，又即使文學並不如那些極端的理論所宣稱要完全喪失既有的特殊性（它主要展現在組構語言的技巧「不同凡響」）❽，而使「古典小說」的研究依舊可能，但我們要知道現前「當行」的不是這類研究，而是「現代小說」研究，誰有把握在一番相互抗衡（學術地盤爭奪戰）後，前者會取得優勢而（更）有益於未來小說的發展？如果不能，那又何必耗費心力去研究古典小說？

倘若說中國古典小說研究有什麼危機的話，那危機就在它既不可能把小說的創作和閱讀引回過去任何一個時代特有的情境，也無法保證可以有效的使當下或未來小說的創作和閱讀

「提升」什麼效果。因此，縱使這類研究的存在也跟其他研究的存在一樣「同沾」意識形態的便利（如上面所辨析的），不能單獨對它有所「責難」或「詆訶」，但真要看著它日漸流於「無用」（或說讓研究者留著當「孤芳自賞」），想必不是還關心文學如我輩的人所能忍受，於是只好勉力來爲它找尋出路；一方面使古典小說研究「確能」獲得轉圜機會，二方面藉以擬議「利用」古典小說來强化論述而產生使人信服功效的可能方案（以解決前面所說的「傳統爲何會在或爲何要在相關論述中佔有地位」的課題）。

二

當然，在實際討論前，有必要先爲「中國古典小說研究」的涵義及現況作點界定和描繪，這將決定本文所能論述的對象和所能批判的範圍。照理說，從有「小說」出現以後，每個時代人都可以去劃定所謂的「古典小說」；於是可能有六朝人所劃定的古典小說、唐代所劃定的古典小說及宋元明清人所劃定的古典小說等等，而所論「古典」一詞（甚至「小說」一詞）也可以「隨人說法」，旁人没有「理由」能給予干涉（但可以表示不同意）。同樣的，現在本文把從先秦的神話到明清的章回小說一併歸爲古典小說，也没有什麼不可以。只是這都是基於論說需要所作的權宜性劃定，終究不能視爲「確義」或「真理」。又在古典小說前加上「中國」，是爲了有別於「西洋」或中國以外的古典小說。但這些都還算「枝節」，比較重要的是那「研究」二字究竟要如何看待。

我們知道討論文學不外有兩種形態：一種是對文學活動進行個案的描述、分析和評判，一種是對文學活動進行普遍的抽象性說明或解釋。這就是大家所習稱的「文學批評」和「文學理論」；而把這兩種形態作一「史式」的呈現，又會構成所謂的「文學史」或「文學批評史」和「文學理論史」[9]。然而「研究」又是什麼？當它以文學為對象時，可以不指「對文學活動進行個案的描述、分析和評判」或「對文學活動進行普遍的抽象性說明或解釋」嗎？顯然不能。那麼「研究」也就跟「批評」、「理論」（或另一些今人也常用的詞彙，如「論述」、「論說」、「討論」等）沒有本質上的區別（都是在告訴人文學如何如何）。因此，所謂「中國古典小說研究」，我們就可以把它看成是對中國古典小說的創作、閱讀（其至傳播）及作品本身（三者合為類文學活動的整體）進行個案的描述、分析和評判或進行普遍的抽象性說明或解釋。

雖然如此，既有的個別研究經驗，在此刻已屬過去且為研究者個人所專有，我們所能考察的只剩他們的研究成果；而一切的論述和批判也就從這些成果開始。不過，這裏還有一點限制，那就是所有後設性的研究都不可避免要化約研究對象（這不僅是在客觀上研究對象難可窮盡，還有在主觀上基於論說方便勢必也要有所選擇），所以本文自然不可能把古今中外有關中國古典小說研究的成果都找來一併討論。但這也不能漫無標準的「任擇」一番，否則就會看不出所作討論的重點及其意義所在。那麼本文又將如何選擇？我想這點有必要對照當前的相關環境來作考量：首先是該研究成果比較有可能「滋養」現今小說的創作和閱讀活動的，大概是含有研究對象為傳奇、話本、章回小說等（「近似」現代小說的形式）那部分；此外，一些通論或理論性的書也相仿。這樣本文所要選來討論的對象，就「盡」在這個範圍內。其次是限於個人能力（無法閱讀外文），只能以中文著作為準（就這一層面來說，本無所謂選擇不選擇，但因爲確有外文著作的存在，姑且也冒名爲選擇），其餘的著作（如果也夠「精彩」）就留待他日再去審視了。

話是這麼說，事實上一切的選擇都只是一個「爲意圖服務」的問題，本文也不必在這個關鍵上「故作姿態」。因此，這裏不想多費筆墨爲這點再作「分辨」（「不足」處就留給讀者去「填補」），直接就來「看看」中國古典小說研究的現況：蔣祖怡在他的《小說纂要》一書中著錄了這麼一段觀察心得：

> 研究整理中國小說的風氣，在清末才開始，梁啓超曾有一篇《小說與群治之關係》，使當時蔑視小說的風尚，爲之一變。他在《中國歷史研究法》一書中亦提出小說可以作爲重要的史料……此種看法，與明末金人瑞之批《水滸》《西廂》的態度大不相同。而小說之評價，因此而日高。民國以後，政體既已改革，思想因隨之而奔放……此時，對於小說之態度，一爲如梁氏之研究其思想，一爲如林紓之研究其文筆。承新文化運動以後，胡適、蔡元培、陳獨秀等對於舊小說捨兩者而弗由，專事考證鉤沈之學。蓋因舊小說至此時，雖甚發達，而作者久湮，源流莫明，稽考之功，自爲當時的急務。於是對於小說的研究，分爲四種態度：一、考證每部書的故事源流及作者生平，如胡適的《水滸傳考證》等。二、研究每部小說的版本及演化之跡，如鄭振鐸的《三國志的幾種版本》。三、研究中國小說的歷史，如魯迅《小說史略》。四、綴述舊聞，抄輯散逸，如蔣瑞藻《小說考證》、魯迅《古小說鉤沈》[10]。

蔣書寫於四〇代（？），不及見到往後的情況，而他所謂「研究整理中國小說的風氣，在清末才開始」也只是「一家之言」，但文內所指出的三種研究取向，確是（或說跟本人的考察一致）歷來中國古典小說研究的「主流」。就舉較晚近的著作來說，有的專作外圍問題的考證，如柳存仁《明清中國通俗小說版本研究》、朱星等《金瓶梅考證》、趙岡《紅樓夢新探》、王三慶《紅樓夢版本研究》等；有的專作內部意義結構的探討，如夏志清等《文人小說與中國文化》、薩孟武《水滸傳與中國社會》、余英時《紅樓夢的兩個世界》等；有的專作內部敘事模式的分析，如葉朗《中國小說美學》、陳平原《中國小說敘事模式的轉變》等。而更多的是兼作考證及意義和模式的探討分析，如賈文昭等《中國古典小說藝術欣賞》、劉開榮《唐代小說研究》、樂蘅軍《宋代話本研究》、趙聰《中國五大小說之研究》、李辰冬《三國水滸與西遊》、陶君起《三國演義研究》、鄭明娳《西遊記探源》、孫述宇《水滸傳的來歷、心態與藝術》《金瓶梅的藝術》、王關仕《紅樓夢研究》、胡萬川《平妖傳研究》等。此外，還有揉合以上三種研究取向而撰作小說史的，如范煙橋《中國小說史》、郭箴一《中國小說史》、譚正璧《中國小說發達史》、孟瑤《中國小說史》等。這些作爲，也就是蔣書所說的「專事考證鉤沈」、「研究其思想」及「研究其文筆」，而它們也的確曾經合而構成了中國古典小說研究的風尚。如果要說還有什麼可敘述的，那就是另有一些後設理論或概論性的著作和運用某些西方理論（如寫實主義、結構主義、記號學等等）來說解的著作；前者如周啓志等《中國通俗小說理論綱要》、胡士瑩《話本小說概論》、康來新《晚清小說理論研究》、蔣祖怡《小說纂要》、胡懷琛《中國文學八論・小說論》等，後者如收在王德威《從劉鶚到王禎和——中國現代寫實小說散論》、周英雄《結構主義與中國文學》、張漢良《比較文學理論與實踐》、古添洪《記號詩學》等書中的部分篇章。這些雖然不在上述三種研究取向中（所論也多有「新穎」處），但不論在數量上或受重視的程度，還很難跟前者相比，只能說它們是中國古典小說研究的「支流」。現在我們所能看到的有關中國古典小說研究的實際狀況，大致不出以上所敍述的範圍（至於各自所採用的討論方式，這裏就不一一指實了）。

三

然而，這樣的研究有沒有難點？有，而且還不是研究者自己所可能想到的「方法」上的困窘⑪，它涉及了兩項根本性的問題：一項是「範疇的誤置」，一項是「意義的匱乏」。先說前一項：從整體來看，上述的研究成果都「試圖」在探索或追求一種「真相」（不論是外圍的「故事源流」、「作者生平」、「版本演化」或內部的「意義結構」、「敍事模式」或什麼「後設理論」、「借鏡類比」），但研究者卻「不知道」這麼做也不過是在保存或擴充和發揮一種話語而已（如伊格頓所說的），根本不關什麼真假或是非對錯。這只要從下列兩個「事例」就可以看出：

第一，自古以來，小說的地位就沒有「定於一尊」過，有人認爲它只是「小道」，不足以「致遠」，甚至還會「壞人心術」，如班固《漢書·藝文志》說：「小說家者流，蓋出於稗官，街談巷語，道德途說者之所造也。孔子曰：『雖小道，必有可觀者焉，致遠恐泥，是以君子弗爲也。』」鄭光祖《一斑錄雜述》卷四說：「偶於書攤見有書賈記數一册云，是歲所銷之書，致富奇書若干，《紅樓夢》、《金瓶梅》、《水滸》、《西廂》等書稱是，其餘名目甚多，均不至前數。切嘆風俗繫乎人心，而人心重賴激勵。乃此等惡劣小説盈天下，以逢人之情慾，誘爲不軌，所以棄禮滅義，相習成風，載胥難挽也。幸近歲稍嚴書禁，漏巵或可塞乎！」有人認爲它「務爲奇觀」或「易感人心」，豈能以「小道」比配，如李漁《閒情偶寄》卷一説：「施耐庵之《水滸》、王實甫之《西廂》，世人盡作戲文小説看，金聖嘆特標其名曰『五才子書』、『六才子書』，其意何居？蓋憤天下之小視其道，不知爲古今來絶大文章，故作此等警人語以標其目。噫，知言哉！」蠡勺居士《昕夕閒談·小序》説：「若夫小説，則粧點雕飾，遂成奇觀；嘻笑怒駡，無非至文。使人注目視之，傾耳聽之，而不覺其津津甚有味，孳孳然而不厭也。則其感人也必易，而其入人也必深矣。誰謂小説爲小道哉？」而現在研究者卻幾乎都以小説的「正面性」爲出發點來論述。

第二，自古以來，作小説的目的也不盡一致，有的是爲了「自娛娛人」，如胡應麟《少室山房筆叢·九流緒論下》説：「小説者流，或騷人墨客，游戲筆端；或奇士洽人，蒐蘿宇外。紀述見聞，無所迴忌；覃研理道，務極幽深。」酉陽野史《新刻續編三國志·引》説：「夫小説者，乃坊間通俗之説，固非國史正綱，無過消遣於長夜永晝，或解悶於煩劇憂愁，以豁一時之情懷耳。」有的是爲了「勸善懲惡」，如靜恬主人《金石緣·序》説：「小説何爲而作也？曰以勸善也，以懲惡也。夫書之足以勸懲者，莫過於經史，而義理艱深，難令家喻而户曉，反不若稗官野乘福善禍淫之理悉備，忠佞貞邪之報昭然，能使怵目驚心，如聽晨鐘，如聞因果，其於世道人心不爲無補也。」瞿佑《剪燈新話·序》説：「今余此編，雖於世教民彝，莫之或補，而勸善懲惡，哀窮悼屈，其亦庶乎『言者無罪，聞者足以戒』之一義云爾。」有的是爲了「改良羣治」，如梁啓超《論小説與羣治之關係》説：「今日欲改良羣治，必自小說界革命始；欲新民，必自新小說始。」（阿英編《晚清文學叢鈔·小說戲曲研究卷》，頁一九）天僇生〈論小說與改良社會之關係〉說：「吾以爲吾儕今日，不欲救國也則已，今日誠欲救國，不可不自小說始，不可不自改良小說始。」（同上，頁三八）有的是爲了滿足「審美慾望」，如東海覺我〈小說林緣起〉說：「所謂小說者，殆合理想美學、感情美學而居其最上乘者乎……簡言之，即滿足吾人之美的慾望，而使無遺憾也。」（同上，頁一五七）黄摩西〈小說林發刊詞〉說：「請一考小說之實質。小說者，文學之傾於美的方面之一種也……若夫立誠止善，則吾宏文館之事，而非吾《小說林》之事矣，此其所見不與時賢大異哉？」（同上，頁一六〇～一六一）有的是爲了「迎世牟利」，如張宗緒《賴古堂尺牘新鈔·正同學書》說：「近來文字之禍，百怪俱興，往往創爲荒唐詭僻之事，附以淫亂穢褻之詞，謂爲藝苑雄談，風流佳話，甚之曲筆寫生，規模逼肖，俾觀者魂搖色奪，毀性易心，其意不過網取蠅頭耳。」解弢《小說話》說：「昔人窮困不得志，乃閉户著書，以洩一生之牢騷……今則不然。朝甫脱稿，夕即排印，十日之内，遍天下矣。作者孰不好當世之名，雖自知瑕疵尚夥，而迫不及待，急付書坊，藉以廣聲譽，得潤資。雖林琴南氏以文名者，尚不免此病，他更無論矣。」（一粟編《紅樓夢卷》，頁六三二）而現在研究者卻幾乎一律假定小說都是爲審美或道德而作。

這種情況，如果不是在保存或擴充和發揮一種話語（不論研究者是否有自覺到這一點），我們又該如何看待它？這假使還需要作點比較「具體」的說明，那麼就舉周啓志等人所著的《中國通俗小說理論綱要》爲例：該書在前言中極力分辨通俗小說和「雅文學」小說的不同（從創作方法、創作動機、價值取向等方面去區別），然後給通俗小說下個這樣的定義：「通俗小說是用淺近易懂的語言和一定程式創作的，以較大密度情節藝術地表現世俗的審美和倫理觀念，並以此爲特徵服務於社會的一種文學樣式。」[12]我們先不必質疑其中「雅俗」觀念（甚至更關鍵的「小說非小說」觀念）的判別是否可能[13]，就看這段定義所隱含的意識形態（社會主義寫實觀），應當會很快領悟到這已經跟向來是否有「通俗小說」的存在無關：它所暗示我們的是作者正在努力保存或擴充和發揮一種話語，而「通俗小說」云云就是這種話語的「實現」。既然中國古典小說研究也是不關「真相」與否的問題，而研究者卻還在假定或執著「真相」的存在，這豈不是一種「範疇的誤置」？

再說後一項：研究中國古典小說既是完結於保存或擴充和發揮一種話語，那它所「希望」產生作用的場域就不是在「古代」，而是在「當下」或「未來」。換句話說，這種話語所預設的接受者是跟研究者同時代人或後時代人（如果不是這樣，我們就會懷疑難道研究者也要爲古人「服務」呢）。但問題就出在這裏：中國現代小說的演變，不論是內部的意義結構和敘事模式，還是外圍的創作環境和閱讀（批評）風氣，或是中介團體的出版傳播和典藏翻譯，可說「繁複」到我們難以想像的地步，研究者所「描述」或「歸納」古典小說的那些理數或律則，又如何能參與現代的演變行列或有效的「導引」未來的發展？就以小說的創作和閱讀來說，中國現代小說經歷了各種寫實主義、超現實主義、魔幻寫實主義和後設小說等寫作模式及形式主義、詮釋學、結構主義、解構主義、精神分析學、政治批評和新歷史主義等閱讀策略，中國古典小說的創作和閱讀經驗（以研究者所描繪的情況爲準）又能提供什麼可資「借鏡」的質素和可爲「預示」變化方向的資源？如果不能（有些研究者運用上述部分新理論來解析古典小說，那也只是在「說」古典小說而已，並沒有因爲這麼做古典小說就能

「作用」於現代），這類的研究豈不是現出了「意義的匱乏」（沒有什麼價值）？倘若說前一項「範疇的誤置」只緣於研究者缺乏「反省」而還可以諒解，後一項「意義的匱乏」再怎麼爲它辯解也難以教人釋懷，畢竟這是中國古典小說研究面臨危機的徵象，有心人如何能「袖手旁觀」而不爲它找找出路？

四

那麼中國古典小說研究的出路又在那裏？這點我們得先知道：並沒有一個固定的可稱爲「小說」的對象等著大家去作研究（一切都是個別觀念或集體觀念的投射），而所藉來作研究的方法也只具有偶然性或權宜性（不具有必然性或絕對性），最後僅剩下「爲什麼要研究小說」一個問題值得我們關注。換句話說，研究的對象不定，研究的方法不定（全看研究者採取那一種話語立場），這樣我們就無法判斷一種研究是否必要或是否有意義，但關於研究的意圖（目的）就不一樣了，它將決定著我們是否要繼續作研究或作研究後所能產生的功效。以這個「認識」作爲起點，也許才能使中國古典小研究得著轉圜的機會。

從「歷史經驗」（綜合各種文獻而得）來看，小說的創作和閱讀（甚至傳播）始終充滿著「變易性」（或說「任意性」），似乎沒有人有把握可以左右它走向，最多只能發發像解弢《小說話》書中所期待的那類境界：「作小說須獨創一格，不落他人之窠臼，方爲上乘。若《西遊記》、《封神演義》、《金瓶梅》、《儒林外史》、《水滸傳》，皆能獨出機軸者。此外如《七俠五義》、《鏡花緣》，亦差可自豪，但爲力弱矣。《紅樓》則鎔化群書之長，而青出於藍者也。」（一粟編《紅樓夢卷》，頁六二―三）或像王國維《紅樓夢論》文中所暗示的那類努力：「《紅樓夢》一書，與一切喜劇相反，徹頭徹尾之悲劇也……由叔本華之說，悲劇之中又有三種之別：第一種之悲劇，由極惡之人極其所有之能力以交構之者；第二種，由於盲目的運命者；第三種之悲劇，由於劇中之人物之位置及關係而不得不然者，非必有蛇蝎之性質與意外之變故也，但由普通之人物，普遍之境遇逼之，不得不如是，彼等明知其害，交施之而交受之，各加以力而各不任其咎，此種悲劇，其感人賢於前二者遠甚……若《紅樓夢》，則正第三種之悲劇情節。」（阿英編《晚清文學叢鈔·小說戲曲研究卷》，頁一一三～一一四）這些以「獨創一格」或「安排（較能感人的那種）悲劇情節。」來明期暗許人盡力一試，雖然未必會有「成效」，但它多少能產生一點「啓示」作用（這點其他的研究者也能提供）。然而，「事實」上問題正好倒過來：當我們以某些確定的條件或因素來期許小說創作和閱讀的發展，正是要「僵化」或「弱化」它的生命（幸好這在很多時刻都沒有成真，不然我們就看不到花樣繁多的寫作模式和閱讀策略了），這有悖我們希望它日益「活潑」或「强化」（效果不斷「提升」）的旨意。因此，「真正」的重點是我們要從變易中尋找「變易」來「資助」當下或未來的小說創作和閱讀（而不是像先前研究者那樣從變易中尋找「不變」而「預備」僵化或弱化當下或未來的小說創作和閱讀）。而如果說這也是在左右小說創作和閱讀的走向，那它正合我們該大力去從事的工作。

至於古典小說有那些「變易」情況可以作爲後人的借鏡（變易二字加不加括號的區別在於：加括號的有限，不加括號的無限。我們基於論說需要，只能「選擇」前者），那就要看各人論述的旨趣而定：如果論述是爲了「激發」人創作小說的慾望，那麼古人所有的那些

「目的」取向（如上所述）都可以引來「發揮」一番；如果論述是爲了「增加」人閱讀小說的樂趣，那麼古人所作的那些「地位」評價（如上所述），也都可以取來「演示」一番。總之，這是一個未定的領域，每一次「開拓」都是關連當前的情境而帶給小說創作和閱讀（甚至傳播）「必要」的滋養，才不至於「白忙一場」。這樣即使本文所舉的兩個例子還「不夠恰當」，也無妨後起的研究者可以朝這個方向去努力。

五

以上所作關於古典小說如何如何的討論，算不算到小說傳統「走了一遭」？可以說不算，也可以說算。不算的理由是它不過是本人所意識到（觀念的投射）的「傳統」，不具有客觀性（頂多具有相互主觀性）；算的理由是如果依照一般的講法，把過去的事物（仍延續到現在）都歸入傳統，那很難說上述那些文獻不屬於傳統。但不論如何，我們所說的傳說，並不會只是隨口說說而已，它多少都負載了增强論述的「說服力」的功能。先前研究者有意無意的藉著他們所理解（意識）的中國古典小說來「啓發」現代人，現在本人也有同樣的企圖。雖然經由上面的辨析而判斷先前研究者的作法可能得到反效果，但彼此所抱持的理念卻没有差別：那就是傳統確是一個好「利用」的對象。這就會引出第一節所提到的那個問題：「傳統爲何會在或爲何要在相關論述中佔有地位」。

我們可以這樣想：一切既成的話語都已經或將要「進入」傳統，我們要作論述勢必得有那些既成的話語作爲「先導」（不可能憑空去論述），這樣傳統就不得不對所有論述具有「影響力」，而基於個別論述的目的預設，傳統又會被化約（這也就是第一節所說的各人對傳統說法不一的主要原因）在論述中從正面或反面支持該特定目的，以至傳統又不得不成爲我們利用的對象（而最後我們就以這種情況作爲討論傳統和人之間關係的「依據」）。因此，「傳統爲何會在或爲何要在相關論述中佔有地位」明顯是一個片面的講法。但又無可奈何，不然我們就很難進一步去討論各種論述的「利弊得失」。而以本文的演示來看，如果去掉了「古典小說」，這場論述又怎麼能進行？又如果排除了古典小說中那「兩個案例」，這場論述又憑什麼可以跟前行的論述「一比高下」？到這裏終於可以斷言：傳統所以會在或所以要在相關論述中佔有地位，只因爲它可以充實並强化（尤其是强化）相關論述，進而（冀望）取得別人的信賴（不論能不能產生實際的效果）。

最後一節所作的這番辯白，並無意製造一個讓人誤以爲本文的重點不是在討論中國古典小說（而是在討論傳統的問題）的印象，實際的用心是要藉以表明傳統的小說永遠會作用於當下或未來。至於它是「正作用」或是「反作用」，那就看大家怎麼去論說它了。而本文所提出這套可以使中國古典小說研究獲致轉機的辦法，說穿了也不過是一種意識形態（權且稱爲「新虛無主義」⑭）的表露而已，不敢必定會成爲大家「習取」的對象，但願它有朝一日也能廁入傳統，然後隨人的論說去「浮沈」吧！

一九九五年二月十四日於新店

注釋

❶ 參見殷鼎,《理解的命運》(臺北,東大,一九九〇年元月),頁一五一~一六七。

❷ 前者是傳統一詞最基本的義涵,它包括一個社會在特定時刻所繼承的建築、紀念碑、景觀、雕塑、繪畫、音樂、書籍、工具,以及保存在人們記憶和語言中的所有象徵建構;後者是傳統一詞較特殊的義涵,它圍繞一個或幾個被接受和延續的主題(如宗教信仰、哲學思想、藝術風格、社會制度等)而形成的一系列變體。參見希爾斯(Edward Shils),《論傳統》(傅鏗、呂樂譯,臺北,桂冠,一九九二年五月),頁一四~二五。有關傳統(意義)的分辨,另參見朱德生〈傳統辨〉、陳文團〈傳統與現代性的辯證〉二文,收於沈清松編,《詮釋與創造》(臺北,聯經,一九九五年元月),頁三~一四、三七九~四〇二。

❸ 一切論述(言說)都是意識形態的實踐,任何人想要釐清上述那個問題,勢必要從這個角度切入才有可能。這是當今一些言說理論給我們的啓示,參見麥克唐納(Diane Macdonell),《言說的理論》(陳璋津譯,臺北,遠流,一九九〇年十二月),頁一一~一四。

❹ 見伊格頓(Terry Eagleton),《當代文學理論導論》(聶振雄等譯,香港,旭日,一九八七年十月),頁一九二~一九三。

❺ 其他文類的研究自然也是,但因受到論題的限制,這裏只能舉小說研究爲說。還有所謂「古典小說」是取通義,包括先秦的神話、六朝的志怪、唐代的傳奇、宋元的話本和明清的章回小說等一般人所公認或同意的古代作品,而不取限制義的「經典」作品(因爲經典不經典的判斷也是以「利害關係」爲「準的」,沒有必要對它「刮目相看」)。

❻ 參見鄭樹森,《從現代到當代》(臺北,三民,一九九四年二月),頁二一三~二二二。按:鄭氏對文學的復甦仍有著樂觀的期待,但不可否認的當今有耐心閱讀文學作品的人確是越來越少了(雖然還有不

少人在從事創作的工作)。另參見蔡源煌,《當代文化理論與實踐》(臺北,雅典,一九九一年十一月),頁一七三～一七八。

❼ 參見注❹所引伊格頓書,頁一二四～一四六。

❽ 參見周慶華,《秩序的探索——當代文學論述的省察》(臺北,東大,九九四年十一月),頁二三四～二三五。

❾ 參見韋勒克(Rene Wellek)、華倫(Austin Warren),《文學理論》(梁伯傑譯,臺北,水牛,一九八七年六月),頁六一;劉若愚,《中國文學理論》(杜國清譯,臺北,聯經,一九八五年八月),頁一～三。按:這裏只略依上述二書的說法,實際上它們本身不但有歧見,在範疇劃分上也都不盡「合理」。這點本人在另一文中把它區別爲文學本體論、文學現象論、文學創作論、文學批評論和文學批評方法論,也許更能「窮盡」這類(文學論述)概念的內涵,見周慶華,〈文學理論的任務及其範圍問題〉,收於淡江大學中國文學研究所主編,《文學與美學》第三集(臺北,文史哲,一九九二年十月),頁四六五～四七一。

❿ 見蔣祖怡,《小說纂要》(臺北,正中,一九八七年十二月),頁一二九～一三〇。

⓫ 有關「方法」方面的反省,參見龔鵬程、張火慶,《中國小說史論叢》(臺北,學生,一九八四年六月),序,頁一～四。

⓬ 見周啓志、羊列容、謝昕,《中國通俗小說理論綱要》(臺北,文津,一九九二年三月),頁四～五。

⓭ 這些觀念判別的困難,不是一般人所能想像。參見龍協濤,《文學讀解與美的再創造》(臺北,時報,一九九三年八月),頁二五三～二六四;注❽所引周慶華書,頁二一三～二二〇。

⓮ 這是本人所能想到的因應被解構主義(徹底的虛無主義)解構了一切事物後的世界情勢的一種「對策」,它可以使人在「灰心」中還能擁有一線「希望」。

神話研究趨勢綜論

鄭志明

一、前言

神話作爲一門專業知識，是近代在西方興起與發展的學問，中國的神話研究大約在二十世紀初期逐漸形成，經由蔣觀雲、王國維、梁啓超、夏曾佑、周作人、周樹人、章太炎、沈雁冰、單士匣、孫毓修、謝六逸、黃石、顧頡剛、楊寬、聞一多、黃芝崗、陳夢家、江紹原、鍾敬文、胡欽甫、徐旭生、呂思勉等人的研究，在四十年代形成了高峰，擴及到神話領域的文化史研究，再加入了民族學家如芮逸夫、馬長壽、吳澤霖、陳國鈞、陶雲逵、馬學良、凌純聲、常任俠、程仰之等人將神話研究推展到少數民族的田野資料採取上❶。

四十年代末期由政權分裂，造成神話研究的停滯，部分到了臺灣的學者也由於客觀條件的限制，未有太大的轉變，大致上仍秉持著四十年代的學風，偏重在神話與文學、歷史、文化等文獻的整理與詮釋上，以及民族學者對臺灣土著民族神話的田野調查研究。直到八十年代再度興起了「神話熱」，結合了「尋根熱」與「文化熱」，神話研究成爲新的風潮❷，影響到兩岸的學術走向，帶動了神話學的新興研究，紛紛引進了各式各樣的學術理論與方法，擴充了神話研究的多種面貌與特殊風格。

近年來的神話研究已發展到多維視角的科際整合上來，視野極爲寬廣，反映出多種的文化潮與觀念系統，演變成一門極爲龐雜的學門，其研究的面向相當的多元化與複雜化。潛明茲的《神話學的歷程》❸與《中國神話學》❹等兩本書，企圖以學術史的方式概覽當代神話研究的整個面貌，其工程頗爲宏偉浩大，等於對當前神話研究的全面回顧。故本文僅是在對當代神話研究的面向作一簡單的輪廓描述，針對其中的幾點走向作要點式的評論，以凸顯出神話研究的趨勢特色。

二、「廣義神話」擴大了神話研究的範疇

「廣義神話」是袁珂所提出新的觀念❺，曾引起學界的熱烈討論，不管贊成或反對，「廣義神話」已進入到神話研究的領域之中，認爲神話研究不應該侷限於狹義神話❻，主張神話是群衆意識形態的反映，會隨著後代社會結構的變遷不斷地產生新的神話。這種定義也取消了有些學者「擬神話」之說❼，擴大了神話的範疇，如此，神話的範疇還包括了後代有神話色彩的傳說、仙話、志怪小說、佛話、童話、民間的風俗典故、少數民族的神話傳說等。其實在前人的神話研究中早已涉及了這些材料，而袁珂則經由廣義神話的界定，將這些研究的成果都納入到神話的範疇。因此袁珂認爲廣義神話並沒有否定了狹義神話，也包含了狹義神話，不反對學者僅以狹義神話作爲研究核心，只是延長了神話的傳播時間，開闢了神話研究

的視野。袁珂以這樣的觀念撰寫了《中國神話史》一書[8]，親自作個示範，把神話研究的領域標示出來。

「廣義神話」的真正目的不在於擴充研究的範疇，而是重新界定神話的內在意涵，神話的主要內容是人類解釋自然現象的集體創作，反映出人類與自然相抗爭的心理歷程。問題就在於對「人類」的解釋上，一般是限制在「初民」這個概念，遂將神話界定爲原始社會初民的口頭傳說，如此神話變成一種古老文化的語言化石。袁珂認爲「初民」不是一種生理形式，而是一種心理形式，這種心理形式類似近代西方學者所謂的「神話思維」[9]。基本上，袁珂是接受了「神話思維」的觀念建立起其個人廣義神話的理論系統，認爲初民的心理可以在不同的社會與時代繼續地演變與發展。從這樣的觀點，袁珂認爲神話的要素，主要有下列七項，一、以前萬物有靈、萬物有靈等信仰觀念作爲主導思想。二、以變化、神力與法術作爲表現形式。三、以人神同台演出作爲中心主題。四、有意義深遠的解釋作用。五、對現實採取革命的態度。六、時間與空間的視野廣闊。七、流傳較廣影響較大[10]。袁珂聲明每個具體神話只須其中四五項大約就足夠了，其中又以第一項最爲重要，一九六五年袁珂撰寫了〈神話的起源及其與宗教的關係〉一文時即已接受了萬物有靈的觀念[11]，到了一九八五年撰寫了〈前萬物有靈論時期的神話〉[12]，進一步地接受了「前萬物有靈」的觀念，認爲神話的起源來自於物我混同的原始思維狀態，人們以這種思維形態創造了活物論式的神話[13]。

袁珂的這種起源說，將神話與原始宗教結合在一起，神話不只是一套原始的口頭文學，其實是原始宗教的一套詮釋系統。這樣的概念在八十年代初期已逐漸形成了共識，如潛明茲於一九八一年發表了〈神話與原始宗教源於一個統一體〉一文[14]，指出神話與原始宗教在起源上是同源互生的，是人類共有的意識形態，彼此間是相互依存的。白崇人也於一九八一年同時間發表了〈試論神話與原始宗教的關係〉一文[15]，指出原始宗教的神與神話中的神是一體的，二者有著不可分割的關係。如此神話的研究也必然擴及到原始宗教的研究範疇中，二者在某些課題上也有著相互依存的關係，即神話學者必須具備了人類學或宗教學等基本知識，方能釐清神話與自然崇拜、圖騰崇拜、生殖崇拜、始祖崇拜、鬼靈崇拜、至上神崇拜等之間種種互動關係。近年來以原始宗教來探討中國古代神話的著作有逐漸多起來的趨勢，如王小盾的《原始信仰和中國古神》一書[16]即以自然信仰、圖騰信仰與祖先信仰、生殖信仰等觀點重新來審察古代神話內涵，指出殷周時期，中國古神神話有兩種走向，自然神紛紛向上帝與帝臣演化，圖騰神紛紛向祖先神演化，這兩種演化造成了大批共同神亦即文化神的出現[17]。如此的詮釋觀點，有助於判別神話的宗教本質，及其歷史演變的進程。也有一些學者專注於某一類崇拜與神話間的關係研究，如何星亮的《中國自然神與自然崇拜》一書[18]，以自然神的探究，溝通了神話與自然崇拜間的關係，彼此間相互激發，豐富了傳統的信仰文化與文學寶庫[19]。何星亮的另一本書《中國圖騰文化》則探討了圖騰崇拜與圖騰神話間的關係，將中國圖騰神話分成三大類型，即祖先恩人神話、始祖創生神話、創造者神話等[20]。有關生殖崇拜與神話關係研究的論文或專著不少，如陳建憲的〈宇宙卵與太極圖—論盤古神話的中國根〉[21]、李景江的〈生殖崇拜的儀式習俗及其神話〉[22]、趙國華的《生殖崇拜文化論》[23]、龔維英的《原始崇拜綱要—中華圖騰文化與生殖文化》[24]等，討論到人類起源神話與生殖崇拜的各種關係。蕭兵與葉舒憲合著的近作《老子的文化解讀—性與神話學之研究》[25]，可謂是後出轉精的力作，吸收了各種學術論點，重新展現神話的文化意識，追究神話與生殖崇拜間的種種互動關係。

神話與原始宗教的結合絕非是外在文化形式的相重疊，實際上是內在精神系統的相交會，這種內在的精神系統也是人類一種龐大複雜且歷史久遠的文化體，不僅出現於古老的原始社會之中，也經由世代的傳承散播於現代的生存情境裏，如少數民族的信仰文化與民間通俗的信仰文化，依舊保存著濃厚的原始宗教的色彩，承襲著其內在的精神系統[26]。故原始宗教與神話並未隨著原始社會的消失而滅亡，依舊以其深層的文化結構形成了穩定的心理定勢，支配了民衆的生存理念，在少數民族的文化形態上比較完整地保持了這種深層的文化結構，造成了原始宗教與神話在許多的部落民族中依舊是豐富多采且又龐雜繁蕪的流傳著。如此，當代的神話研究有逐漸轉移到少數民族的文化系統上來，除了大量採取了各少數民族的神話，也進行了不少相關的研究，如王孝廉的《中國的神話世界—各民族的創世神話及信仰》一書[27]已將少數民族的文化納入到神話研究的課題中，到了陶陽、牟鍾秀的《中國創世神話》[28]、劉城淮的《中國上古神話通論》[29]等書所取得的案例幾乎偏重在少數民族的神話上。若加上對各個少數民族的原始宗教與神話的專門研究的論文與著作，堪稱目前神話研究數量最爲龐大的主流。少數民族的神話之所以受重視，主要的原因在於其神話的類型仍在古代神話的範疇中，雖然加入了後代許多浪漫的想像，其信仰的主調思想依舊不變，相應於古代的原始信仰，在精神系統上有類似的關係，創造而出的神話也就來自於相似的意識形態，加上某些世代承襲的說法模式，成爲這些民族最爲珍貴的精神財富[30]。

漢族的民間信仰不能算是一種原始宗教，已加入後代各類的文化模式，形成了一套綜合化或混合化的精神系統，就其某些信仰心理來說，仍保存一些深層的崇拜意識，繼承了原始宗教的形而上學，轉而成爲民衆崇拜各種鬼神的文化心靈㉛。從這種文化心靈來說，原始信仰的精神系統在現代社會還是佔有著一席之位，經由各種崇拜活動支配了民衆的信仰感情與行爲。就神話來說，依舊有其存活的空間，在民間以口頭散播的方式廣爲流傳，張振犁的《中原古典神話流變論考》是一部頗有價值的書，探討古代各種神話在民間流傳演變的脈絡與軌跡，除了發現古代神話在民間仍具有著相當大活力外，尚有注意到了民衆文化意識與崇拜活動結合還有著創造出「新神話」的可能㉜。張氏將這種新神話分成兩類，一類是原始宗教觀念下的神話，一類是受後代宗教意識滲透下的傳說，張氏認爲後者不是神話，若依袁珂的「廣義神話」的界定，後者也可算是神話。近年來，根據廣義神話的論點作民間信的神話研究的學者也逐漸多起來，加鄭志明的〈文學與宗教之間—以臺灣神明傳說爲例〉㉝、〈臺灣民間信仰的神話思維〉㉞等文，指出神明傳說即是民間新神話，依附於民衆的崇拜心理，重新建構而成的一套詮釋系統，作爲民衆現實生活需要的精神實現，雖然在形式或觀念上滲人了後世其他精神系統，就其內部思維方式卻往往不自覺地反映出某些一脈相傳的原始精神遺跡，有著極爲根深蒂固的因襲性與穩定性㉟。楊知勇也重視民間信仰與神話間的關係，在〈從民間信仰的神靈特點看神話的發展〉一文中指出民間信仰的神靈不完全是原始意識的遺留物，已留存了後代許多人爲意識，不能算是神話，甚至是神話的毀滅。楊氏的論點有些矛盾，似乎是套在馬克思主義的觀點下，不得不作如此的結論㊱，劉守華的〈今人之原始思想不能產生新神話〉也有類似的論點㊲。若依廣義神話的觀點，這些論點都有必要重新加以調整，原始形態的精神意識並不會因後世文化觀念的加入而毀滅，反而提供了更爲浪漫的想像空間，促進原始意識的感性發展，即神話思維不因原始社會的解體而消失，也不會因新的精神系統興起而滅亡，其內在深層的意識結構依舊主宰了民衆的崇拜心理，繼續建構神話來整合其現實生活的需求。

神話不只是與原始宗教同源，也與原始藝術同源。這種同源說又擴大了神話研究的範疇，在宗教、神話、藝術等三者渾然同體下，也可以經由各種原始藝術來觸及到神話研究，如程薔在〈神話發生的時代條件〉一文中，謂神話的發生，除了與原始崇拜密切相關外，也與原始的音樂、舞蹈、歌謠、造型藝術等構成了相互交流的文化基礎[38]。即神話與原始藝術都是人類內心情感的表現形式與表現工具，原始藝術偏重在通過生動的形象來反映生活，抒發人們對社會生活和自然界的理解、情感、願望與意志[39]，此一特點與神話相接近，都觸及到既存的原始意識，只是神話不僅作客觀形式的描述，還以有限的形象意念去試圖交感、捕捉、把握原始意識的神祕屬性，進入到超驗的精神狀態之中，故易中天的《藝術人類學》稱神話爲「藝術形而上學」[40]，史作檉則稱爲「形上美學」[41]。史作檉的《美學生命與原始中國》一書，對原始意識的形上規律與表現形式，作了較爲深入的理論探索[42]，認爲藝術與神話都不能僅停留在工具的表達目的上，應從形式的窮盡處，契合「無限」的可能[43]，如此擴充了神話的解釋性格，與藝術的美學境界相結合，意識到各種造型符號的終極作用[44]。神話如果作爲藝術的形而上學，必然側重在其超越的觀念系統，此時神話又與原始哲學同源，反映出早期人類對宇宙、社會與自身的全面看法，這一點留在下一節再來作詳細的討論。純就藝術與神話的表現形式來說，原始藝術與神話的審美本質都是在漫長的創造過程中逐漸形成[45]，二者之間有了長期互動的關係，如武世珍的〈神話與審美〉一文謂原始藝術與神話在審美經驗上是相互影響[46]。昔日神話的研究大多偏重在神話的文學形式，廣義神話則發展到任何藝術的審美關係上來，圖畫、音樂、舞蹈、歌謠、造型藝術等，也都可以與神話相結合，豐富了神話的內涵，或以神話來擴充該藝術的表現形態，二者相互補充與發展，造成神話可以延伸到其他的人文領域裏，以各種表現形式來流傳神話，如周凱模的《祭舞神樂—民族宗教樂舞論》[47]、戈阿干的《東巴神系與東巴舞譜》[48]、張文勛主編的《滇文化與民族審美》[49]等書主要在於討論神話與其他藝術間的互動關係。同樣地，神話也可以反映出社會的各類文化形態與現象特徵，這一類的研究論著引進了其他學科的知識與方法，擴大了神話的討論空間，如謝選駿的《神話與民族精神》[50]、羅開玉的《中國科學神話宗教的協合—以李冰爲中心》[51]、師蒂的《神話與法制—西南民族法文化研究》[52]等書，以新的詮釋觀點與課題領域，開啓了神話研究的嶄新空間。

三、「神話哲學」奠立了神話的精神系統

「廣義神話」的觀念形成與「神話思維」理論有著密切的關係，溯源到人類原始的文化意識，得知神話是人類最初精神形態所凝聚而成的價值認知。這一套價值認知系統雖然是原始形態，卻未必是荒誕無知，而是以人類最初的心理認知進行自我調適、取捨、組織，所形成的一套思想體系，已是人類思維一個高級發展的產物[53]，其中雖夾雜了若干不合理的成分，即一些未經由自覺之理性而盲目置定的文化形式，唐君毅認爲此一思想體系卻已包含了後代任何哲學形而上道體的共同性質[54]，從此一論點來看，「原始」與「人文」不是相對立的，彼此間在某些形而上的課題上是一貫相承[55]，如此神話研究有一個嶄新的發展空間，即

「神話哲學」的開拓，注意到神話內部的精神系統，探討神話理念內在共同規律。

在談「神話哲學」之前，先來談「神話思維」。大陸學者很早就注意了神話思維的問題，但是初期大多承續了馬克思主義的觀點，從其唯物的思考方式，基本上是反對神話思維的發展。到了八十年代，由於其他神話思維理論是傳入與流行，才逐漸有比較完善的討論[56]，但是初期由於受限於馬克思主義的指導原則，在論點上還難形成共識，有著不少爭議，如一九八七年劉魁立主編的《神話新論》收集了好幾篇有關神話思維的文章，在觀念上卻出入甚大，有的仍堅持馬克思主義的思想，强調隨著原始社會的消失，神話思維也解體了，後代人不可能再創造新神話，也有人意識到神話思維是一種高層次的思維方式，卻又不敢跳脱出馬克思的理論，喪失了其論點的主要意旨[57]。也有人雖然在論文上自謂堅持馬克思主義的教條原則，實質上卻引進了新的學說，對神話思維有著較高的評價[58]。也有人完全跳脱出馬列教條，接受外來新的理論，重新反省神話思維的內涵[59]。後來由於外在環境的開放，以及對西方理論的消化吸收，有關原始思維與神話思維的研究論文逐漸地豐富起來，如趙仲牧、章建剛、伍雄武、劉文英、劉蔚華、鄧啓耀等人都有相關的論文發表。另外苗啓明的《原始思維》[60]、《原始社會的精神歷史構架》[61]等書是理論比較完整的代表作，對原始思維的思維背景與思維情勢有著相當深入的描述，探究了原始思維主體內在的觀念系統及其互滲的表現形態，也分析了原始宗教與原始思維的各種互動關係，尤其是對原始思維的實踐形式（求優模式）有著體系性的説明。在前人研究成果的基礎下，鄧啓耀的《中國神話的思維結構》一書[62]相當具有開創性，將神話思維理論運用到上古神話的課題上來，探討中國神話與民族思維模式間的互動關係，觸及到民族文化的心理背景，以及思維形式的發展形態，認爲神話本身就是一個與宇宙感應的統一整體，是可自成一套哲學體系[63]。

神話與哲學的結合，不單是受神話思維的影響，學者也從不同的管道，意識到這個問題的存在，如于乃昌的〈關於神話的哲學研究〉是從人類社會實踐活動的結構系統中注意到神話與哲學的關係，認爲神話是人類精神活動的價值實現，原本就是人類潛在的哲學系統，直接反應了人的本質提昇過程[64]。陶思炎的〈中國宇宙神話略論〉一文[65]，則是從神話的課題意識到神話本身就是一套豐富的哲學體系，反映出宇宙構造、人神交通等形上觀念。有人則是從神話自身的規律，發現神話內在的哲學結構，如傅光宇引用法國人類學家杜梅茲爾的「三元結構」理論，撰寫了〈試論中國神話傳說的三元結構〉一文[66]，後來發展成《三元—中國神話結構》一書，發現中國神話結構的本身就是一套哲理性的結構，溝通了宇宙與社會的三界觀念，形成了均衡的存在秩序，累積了社會發展下的文化遺產，展現出充實完善的思想內涵，神話自身就是一套帶有完整體系的哲學結構[67]。蕭兵則從民間文化學的觀點，認爲神話與哲學原本就是同根相生，如其〈黑馬：民間文化學向哲學挑戰—兼論老子哲學的民俗神話背景〉一文，指出神話與哲學都是民族文化心理的集聚或結晶，彼此長期的相互溶解，神話是哲學的原生態，或者稱爲「原人的哲學」，哲學則來自於神話的民俗環境，仰賴神話的養分而成長。即神話與哲學都是萌芽於原始社會生活的基本結構，雖然後來的發展大不相同，其思想的訊息是相互交流的，故神話提供了我們探討民族文化心靈的新材料，進入到哲學的文化心靈之中[68]。

神話是一套原始哲學的觀念，逐漸形成了共識，神話不再是野蠻或無知的象徵，而是根源於民族心靈的集體意識與精神表徵，是長期積澱在群體的潛意識或無意識裏，後代哲學的發展，即是這種意識的開發，其基本形態有的早潛存於神話中，因此也可以經由神話的重新反省，體會到民族文化共同的哲學心靈。葉舒憲的《神話哲學》可以說是第一部對中國古代神話進行哲學研究的專著，探討中國神話中的哲學蘊含以及中國哲學思維模式的神話基礎問題[69]。「神話哲學」的觀念提出對神話研究有相當大的衝擊，首先是視野的擴充，改變了過去小格局的研究態度，以往的神話研究大多環繞在歷史文獻的考辨與訓詁上，常爲一小段的證據與推論，爭論不休。神話哲學則將個別的片面研究推向於全體的整合研究上，以宏觀的文化視野來擴充微觀考證的效用。如此神話本身就的靈活的思維原型模式，充分地展現出人類意識活動的精神特徵，在哲學尚未發達之前，神話發揮了其原始哲學的功能，以其幻想式的語言形態對宇宙萬物與人類自身的起源與性質，作直觀式的體驗與浪漫式的解釋，傳達了社會共有的文化詮釋觀與價值觀。在舊有的價值系統裏，根本就輕視神話的存在，認爲神話是非理性的荒誕文化，神話哲學的研究則是回到神話自身還給他本來面貌，了解到神話原本來自於人類深層的文化心靈，不僅存在於原始社會，經過文明洗禮過的現代人在其心理底層中仍然潛存著神話思維的遺孑與酵母，即神話的文化形態早已是人類意識的一部分，深植於民族的集體意識之中。神話哲學研究能喚醒了人們對這種潛在精神系統的重視，重新回到生命的根源處來面對人性的問題。

葉舒憲爲了深究這種深層意識的原型模式，引用了人類學的「元語言（metalanguage）」理論，所謂「元語言」又可稱爲「後設語言」或「普遍語言」，即神話可以視爲一種「元語言」系統，是可以解開文化深層意蘊的密碼本，從中能得知文化深層中的意義、象徵、價值與觀念系統。葉氏以這種元語言的解碼意義，重新對神話進行新的解讀，將神話放在其所由發生的文化與語意背景之中，去譯解神話與該文化意識形態的整體內在結構，將神話研究與哲學研究、文化心理研究融合爲一體⑳。葉舒憲的這種研究方法，獲得了蕭兵的支持，企圖將這套解碼理論帶入到古籍研究，將上古某些號稱神祕莫測的典籍或現象，進行文化破譯與現代闡釋，先後出版了《楚辭的文化破譯》㉑、《詩經的文化闡釋》㉒、《老子的文化解讀》等書。這些書的出版，將神話研究帶到了另一個高峰，有些人以爲神話研究的空間已經飽合，只是在老問題上一再打轉，可是這三大鉅著的出版，展示出神話研究的龐大發展空間，這三本書不只是頁數多，外表龐大而已，更開拓出許多新的討論空間，讓不少人恍然大悟，體會到神話研究原來是與古文化、哲學結合在一起，文化與哲學的討論對象也正是神話可以參與的學術空間。如此神話研究已不是傳統的故事的分析或文獻的考證而已，而是深入到文化的系統之中，探討神話本身的符號功能，以及其背景文化發展的運行規律，觸及到人類心理的深層意識空間與生活實踐的表現空間。

四、「民俗神話」發達了神話的外延研究

文化的運作主要可以區分爲兩大系統，一個爲解釋系統，一個爲操作系統。「神話哲學」大致上是用來體現民族文化的精神意象系統，那麼「民俗神話」則是用來體驗民族現實生活的具體操作系統。「民俗神話」一詞，近年來逐漸被學者所採用，認爲神話是民俗生活下的產物，與習俗禮儀相互結合，神話本身不只是一套詮釋系統，同時也是一套民俗的操作系統，與儀式文化相輔相成，進行雙向的溝通，展現出民俗生活的多元化與複雜化。如此，神

話成爲民俗生活的一部分，從神話中也可以探知民族文化傳承的真實面貌。

從字面上來看，民俗神話就是神話學與民俗學的結合，這在早期就已有學者使用民俗學的理論與方法來研究神話。八十年代以來由於民俗文化的研究有著豐碩的成果，進一步地也帶動民俗神話的研究風潮，神話學者必須將其觸角伸入於民俗學之中，如蕭兵的〈割禮葬儀的民俗學研究〉、〈萬舞的民俗學研究〉、〈濩舞的民俗學研究〉、〈半坡魚紋人面畫的民俗學研究〉、〈連雲港將軍崖岩畫的民俗神話學研究〉、〈花山壁畫的民俗神話學研究〉等文[73]，以民俗學的相關理論探討古代神話中某些相關的民俗儀式，探知其內在的真實內涵，且有助於解答古籍中某些疑難的問題，或解釋某些原始圖畫的象徵意義與儀式功能。蕭兵從民俗的觀點發現古代文化有著相互交流與趨同的現象，提出了中華上古四大族群文化及相互交流集聚的太平洋文化[74]，以這種對古文化的認知，撰寫《楚辭與神話》、《楚辭新探》、《中國文化的精英—太陽英雄神話比較研究》、《楚辭文化》等書[75]，大量地引用各類民俗材料，進行神話的相互比對，進入到民俗文化的綜合研究，尋找到神話起源的原因與傳播的規律，一再地證明神話本就是古代民俗文化聚合的產物，尤其是楚辭可算是古文化交流的集大成作品，表現出傳統民俗文化的豐富性與多元性，神話在這樣的環境下，也有其自身文化的積累與發展的規律。張軍的《楚國神話原型研究》一書也是立足於民俗神話的觀點來看待楚文化下的神話，與蕭兵有相同的論點，謂楚文化位於環太平洋地區具有優勢的吸聚力，累積了許多神話與民俗的因子，可以算是古老文化的儲存地，保留了不少民俗神話的原型意象[76]。

何新的神話研究大致上可以歸類爲民俗神話的研究，如其《諸神的起源—中國遠古神話與歷史》、《龍：神話與真相》等書[77]利用考古與民俗材料，重新對神話作系統處理與分析，擴大了詮釋的空間，企圖從中找到理解華夏文明遠古文化的方法，澄清了上古文獻中的一些疑難問題。把傳統文獻考證的方法與考古民俗材料結合，是當前神話研究的新趨勢，因新的文化視野的加大，也造成傳統考證方法的開放與匯通，何新在這方面具有代表性，一方面仍採用傳統訓詁學的方法，一方面引進新的民俗材料與解釋學，增強了訓詁考據的效用，經由方法上的溶鑄與貫通，往往在論點上有新的突破與刷新。這種新考證方法的復興，隨著民俗材料增多，也形成了一股風潮，一時間各種「新考」、「新論」、「新析」、「新探」、「新釋」等論文或專著紛紛出籠，各種五花八門的考證新說令人難以取捨。比較有成就的作品主要還是來自於對民俗材料的確實掌握，方能有較爲周延的考據論點，林河的《九歌與沅湘民俗》一書[78]，引用沅湘等地區的民俗材料對九歌作新的考辨，提出不少令人耳目一新的論點，其對九歌諸神的考釋論證，結合了文獻，考古與民俗等資料進行全面性的考察與論述，幾乎重新建構了一套詮釋理論，雖然很新穎，卻也有其獨到的見識。王大有的《龍鳳文化源流》一書[79]可以與何新的論著相比美，引用環太平洋文化的觀念，收集了不少民俗資料，證明遠古時代神話已相互交流，龍鳳的圖騰崇拜與神話，各有其橫向延伸與縱向演化的歷程，該書對龍鳳文化的傳播與演進，有較爲明確與清楚的考辨，有助於對上古文化的進一步理解。

少數民族的民俗文化堪稱活的文化化石，近年來隨著民族學的實地調查，收集了大量的田野資料，對神話與民俗研究來說更是一大挑戰，如何消化這些資料來擴充神話研究的成效呢？最重要的事是先對這些第一手材料進行研究與消化，這一點各民族學者已著手進行，出版了不少相關著作，質量上有些參差不齊。其中以彝族的民俗神話研究較爲整齊，如劉堯漢的《中國文明源頭新探—道家與彝族虎宇宙觀》一書結合了民俗文物與典籍，把彝族的虎宇宙觀視爲上古文化的源頭，此一論點與蕭兵等人的意見有些相似，不同的是以彝族爲中心所提出的民俗神話觀，證明女媧與伏羲神話是龍圖騰民族與虎圖騰民族的結合，形成華夏民族共有的自我意識、精神面貌與民族性格⑳。楊繼林、申甫廉合著的《中國彝族虎文化》比較偏重在實地調查的資料，探討虎神話下的民族文化性格㉑。鍾仕民的《彝族母石崇拜及其神話傳説》也是使用了田野調查資料擴充了民俗神話研究的空間比較清晰地解説神話的內涵及其演變的發展過程㉒。也有學者不限於單一民族的研究，如李子賢的《探尋一個尚未崩潰的神話王國》一書研究了雲南各少數民族的神話傳説，採用了頗多的民族材料，對神話的相關課題與理論詮釋都有不錯的突破，認爲西南少數民族是國內外罕見的神話王國，其大量的民俗資料是一種活形態神話，可以從中發現許多新的研究課題，又可以借助大量的新資料對神話學的基本理論進行新的探討㉓。

「民俗神話」並不是一個新的概念，在西方神話與民俗的研究原本就是結合在一起，可是在大陸由於特殊的政治背景，神話研究停頓了近三十年，而民俗研究卻多少有所保留，尤其是少數民族的文化調查一直在默默進行著，加上地下考古文物的一再出土，到了八十年代猶如一股新生力量，提供了不少豐富的文化資訊，加上外來西學的流行，吸引了不少知識分子，以會通中西學術的心態投入神話的研究，不再墨守傳統家法，勇於新的探討與文化創新。因此，必然促進科際的整合與學術的交流，神話研究與考古學、民俗學、語言學、宗教學等學門有著新的結合關係，形成了跨文化研究，發達了神話的外緣研究，進而帶動了神話研究的風潮。

五、結論

八十年代神話研究的重新流行有著種種客觀因素的存在，本文僅從「廣義神話」、「神話哲學」、「民俗神話」等三個角度來作分析，難免有不少粗疏與錯漏之處，無法有著更全面性的掌握與分析，大體上只是針對其發展趨勢作一綜合性的說明，探討目前神話研究的主要特徵及其成果。也不是一篇目錄式的論文，不打算對已有的神話研究作學術史的梳理工作，僅是借著某些既有的成果，來描述這種發展趨勢的基本走向。

經由本文的描述，可以得知目前的神話研究已是一門跨文化的學科，不管在深度或廣度上已無法再閉門造車了，必須與其他相關學科相結合，才能有新的突破與發展，且這種發展是全面性，一方面開發了神話內在精神文化的詮釋系統，一方面擴充了神話外在形式的操作系統。神話不再是一種古老化石的死研究，而是與人類的整體文化相結合，觸動到心靈深層的觀念結構與表現形態。如此，神話本身就是一套深植人心的信仰文化，隨著人類文明的發展，雖然有著漫長曲折的變化過程，可是其作爲精神現象的價值指導，依舊有其深層的活力，作爲擴大民衆的精神支柱與行動指南。從這一點來看，神話世界還是極爲寬廣，人們對神話的了解相當有限，有待學者們繼續多加努力，讓人們對自己的生存背景有著更明確的掌握。

注　釋

❶ 馬昌儀〈中國神話學發展的一個輪廓〉（《中國神話學文論選粹上編》，中國廣播電視出版社，一九九四），頁一二。

❷ 蕭兵，〈中國大陸的神話熱〉（《黑馬—中國民俗神話學文集》，時報文化出版公司，一九九一），頁五三。

❸ 潛明茲，《神話學的歷程》（北方文藝出版社，一九八九）。

❹ 潛明茲，《中國神話學》（寧夏人民出版社，一九九四）。

❺ 袁珂爲「廣義神話」下定義，先後發表了〈從狹義的神話到廣義的神話〉（《民間文學論壇》一九八三年第二期）、〈再論廣義神話〉（《民間文學論壇》一九八四年第三期）等文章。

❻ 早期神話的研究比較偏向於古典的界說，如魯迅在《中國小說史略》中，界定原始社會才有神話，後代社會的神話則稱爲傳說。此一說法廣被接納，如茅盾在《神話研究》中更清楚的界定神話是神話，傳說是傳說。這種對神話的定義，袁珂稱爲「狹義神話」。

❼ 所謂「擬神話」是指後代民衆或文人模擬上古神話所創造的作品，如《白蛇傳》、《西遊記》等通俗小說，有些學者稱爲「擬神話」，袁珂主張可以採用「廣義神話」來予以概括。

❽ 袁珂，《中國神話史》（時報文化出版公司，一九九一），全書共十八章，從上古神話談到明清神話、民間神話、少數民族神話等。

❾ 西方有關「神話思維」的討論，學派極爲林立，八十年代大陸學界引進了「原始思維」與「神話思維」，對神話發生說造成極大的影響。袁珂在文中引用了李子賢、鄧啓耀合寫的〈神話思維試探〉一文，大致上已接納了「神話思維」的概念。

❿ 同❽，頁十七。

⑪ 該文收入袁珂的《神話論文集》（上海古籍出版社，一九八二），頁六五。

⑫ 袁珂，〈前萬物有靈論時期的神話〉（《民間文學論壇》一九八五年第四期）。

⑬ 同❽，頁二九。袁珂所謂的「活物論」是指早期人類將大自然活物化或擬人化的一種心理狀態。

⑭ 潛明茲，〈神話與原始宗教源於一個統一體〉（《北京師範大學學報社會科學版》，一九八一年第二期）。

⑮ 白崇人，〈試論神話與原始宗教的關係〉（《中南民族學院學報》，一九八一年第二期）。

⑯ 王小盾，《原始信仰和中國古神》（上海古籍出版社，一九八九）。

⑰ 同⑯，頁一五二。

⑱ 何星亮，《中國自然神與自然崇拜》（上海三聯書局，一九九二）。

⑲ 同⑱，頁四〇三。

⑳ 何星亮，《中國圖騰文化》（中國社會科學出版社，一九九二），頁二七五。

㉑ 陳建憲，〈宇宙卵與太極圖—論盤古神話的中國根〉（《民間文學論壇》，一九九一年第四期）。

㉒ 李景江，〈生殖崇拜儀式習俗及其神話〉（《中國民間文化》第一集，學術出版社，一九九一）。

㉓ 趙國華，《生殖崇拜文化論》（中國社會科學出版社，一九九〇）。

㉔ 龔維英，《原始崇拜綱要—中華圖騰文化與生殖文化》（中國民間文藝出版社，一九八九）。

㉕ 蕭兵、葉舒憲，《老子的文化解讀—性與神話學之研究》（湖北人民出版社，一九九四）。

㉖ 鄭志明，〈民間信仰與臺灣族群和諧〉（鵝湖月刊二三七期，一九九五．三），頁二九。

㉗ 王孝廉，《中國的神話世界—各民族的創世神話與信仰》（時報文化出版公司，一九八七）。

㉘ 陶陽、牟鍾秀，《中國創世神話》（上海人民出版社，一九八九）。

㉙ 劉城淮，《中國上古神話通論》（雲南人民出版社，一九九二）。

㉚ 馮天策，《信仰導論》（廣西人民出版社，一九九二），頁八三。

㉛ 鄭志明，〈臺灣民間鬼神信仰文化發展的檢討與展望〉（第一屆臺灣本土文化學術研討會，師範大學文

學院，一九九四．十二)，頁一〇。

㉜ 張振犁，《中原古典神話流變論考》(上海文藝出版社，一九九一)，頁二八六。

㉝ 鄭志明，〈文學與宗教之間—以臺灣神明傳說爲例〉(收入《中國文學與宗教》，學生書局，一九九二)。

㉞ 鄭志明，〈臺灣民間信仰的神話思維〉(收入《中國社會的神話思維》，谷風出版社，一九九三)。

㉟ 同㉞，頁二〇七。

㊱ 楊知勇，〈從民間信仰的神靈特點特神話的發展〉(收入《宗教、神話、民俗》，雲南教育出版社，一九九二，頁一九七。

㊲ 劉守華，〈今人之原始思想不能產生新神話〉(《神話新論》，上海文藝出版社，一九八七)，頁二三六。

㊳ 程薔，〈神話發生的時代條件〉(《神話新論》)，頁一三六。

㊴ 陳榮富，《宗教禮儀與古代藝術》(江西高校出版社，一九九四)，頁十四。

㊵ 易中天，《藝術人類學》(上海文藝出版社，一九九二)，頁二三二。

㊶ 「形上美學」是史作檉面對原始藝術所建構的詮釋理論，其相關著作很多，可參閱《形上美學要義》、《形上美學導言》(書鄉文化公司，一九九三)等書。

㊷ 史作檉，《美學生命與原始的中國》(書鄉文化公司，一九九三)，頁六四。

㊸ 史作檉，《社會人類學序說第一冊》(唐山出版社，一九八九)，頁二三〇。

㊹ 史作檉，《社會人類學序說第二冊》(唐山出版社，一九八九)，頁四四三。

㊺ 張曉凌，《中國原始藝術精神》(重慶出版社，一九九二)，頁三二五。

㊻ 武世珍，〈神話與審美〉(收入《神話學論綱》，敦煌文藝出版社，一九九三)，頁二〇四。

㊼ 周凱模，《祭舞神樂—民族宗教樂舞論》(雲南人民出版社，一九九二)。

㊽ 戈阿干，《東巴神系與東巴舞譜》(雲南人民出版社，一九九二)。

㊾ 張文勛主編，《滇文化與民族審美》(雲南大學出版社，一九九二)。

50 謝選駿，《神話與民族精神》（山東文藝出版社，一九八六）。

51 羅開玉，《中國科學神話宗教的協合—以李冰爲中心》（巴蜀書社，一九八九）。

52 師蒂，《神話與法制—西南民族法文化研究》（雲南教育出版社，一九九二）。

53 王鐘陵，《中國前期文化—心理研究》（重慶出版社，一九九一），頁一三一。

54 唐君毅，〈論中國原始宗教信仰與儒家天道觀之關係兼論中國哲學之起源〉（收入《中國人文與當今世界補編》，學生書局，一九八八），頁一五八。

55 鄭志明，〈當代儒學與民間信仰的宗教對談〉（第三屆當代新儒家國際研究會，香港中文大學，一九九四．十二），頁四。

56 一九八一年法國社會學家列維—布留爾的《原始思維》（商務印書館）的翻譯出版，可以視爲「神話思維」研究的一個分水嶺。

57 武世珍，〈神話思維辨析〉（同37），頁十六。

58 屈育德，〈神話創作的思維活動〉（同37），頁三九。

59 鄧啓耀，〈神話思維心理結構中思維主體與思維對象的關係〉（同37），頁四四。

60 苗啓明，《原始思維》（上海人民出版社，一九九三）。

61 苗啓明、溫益群，《原始社會的精神歷史構架》（雲南人民出版社，一九九三）。

62 鄧啓耀，《中國神話的思維結構》（重慶出版社，一九九二）。

63 同62，頁二五一。

64 于乃昌，〈關於神話的哲學研究〉（同37），頁六〇。

65 陶思炎，〈中國宇宙神話略論〉（《東方文化》第一期，東南大學出版社，一九九一）。

66 傅光宇，〈試論中國神話傳說的三元結構〉（《民間文學論壇》一九八五年五、六期合刊）。

67 傅光于，《三元—中國神話結構》（雲南人民出版社，一九九三），頁一八二。

68 同❷，頁47。

69 葉舒憲，《中國神話哲學》（中國社會科學出版社，一九九二），頁一。

70 同69，頁五八。

71 蕭兵，《楚辭的文化破譯》（湖北人民出版社，一九九一）。

72 葉舒憲，《詩經的文化闡釋》（湖北人民出版社，一九九三）。

73 以上諸文皆收錄於《黑馬》一書，同❷。

74 蕭兵，〈楚辭與中華上古四大集群文化的關係〉（《楚辭新探》，天津古籍出版社，一九八八），頁一四。

75 蕭兵，〈楚辭與神話〉（江蘇古籍出版社，一九八七）、《楚辭新探》，（天津古籍出版社，一九八八）、《中國文化的精英》（上海文藝出版社，一九八九）、《楚辭文化》（中國社會科學出版社，一九九一）。

76 張軍，《楚國神話原型研究》（文津出版社，一九九四），頁一八。

77 何新，《諸神的起源》（三聯書局，一九八五），《龍：神話與真相》（上海人民出版社，一九八九）。

78 林河，《九歌與沅湘民俗》（上海三聯書店，一九九〇）。

79 王大有，《龍鳳文化源流》（北京工藝美術出版社，一九八七）。

80 劉堯漢，《中國文明源頭新探—道家與彝族虎宇宙觀》（雲南人民出版社，一九八五），頁二七六。

81 楊繼林、關甫廉，《中國彝族虎文化》（雲南人民出版社，一九九二），頁七〇。

82 鍾仕民，《彝族母石崇拜及其神話傳說》（雲南人民出版社，一九九三），頁一〇一。

83 李子賢，《探尋一個尚未崩潰的神話王國》（雲南人民出版社，一九九一），頁三二五。

歷史小說的歷史與身分

龔鵬程

一、尷尬的講史

在中國小說史的研究中，「歷史小說」的討論或許是較尷尬也較寂寥的。所謂「歷史小說」，其價值頗遭貶抑；它與一般所謂「小說」者，其分類界限何在，也甚爲模糊。其中有一種很流行的觀點，即是把「歷史小說」視爲較不純粹的小說，或通俗小說。不但現代的小說寫作者不把南宮博、高陽、章君穀等「歷史小說」寫作者視爲其同道；現代小說選本、史纂中不把這類作家列爲討論對象；對於古代小說史中的各種所謂歷史小說，評價也都很低。以孟瑤《中國小說史》爲例，它認爲元代刊行的《三國志平話》「在文學上的成就幾乎談不上」，又說《三國演義》：「以文學的觀點來討論它，那麼有許多人認爲這本書不足以躋身於第一流文學作品之林」。理由當然它舉了許多，但總括來說，便是「全書風格給人一種通俗甚至庸俗之感」，「未將此書從通俗讀物提昇到文學的領域中去」❶

《三國演義》是孟瑤認爲中國歷史小說中最出類拔萃的一部，其評價尚且如此，其他就更不堪了。爲何「歷史小說」難以寫得好，不能成爲好小說呢？

孟瑤說：「歷史小說的寫作，不是一件易事，因誠如周氏在《史略》中所說『依史則死，背史則謬』，所以寫作時實在有左右爲難之感。根據史實，則無法發揮創作過程中的想像；跳出史實的約束，所寫出來的又不是所謂歷史小說了。《三國志演義》歷來遭受到許多批評，就因爲許多人站在文學創作立場看它，覺得它太受史實約束；站在歷史事實立場看它，又學得它處處與史實不合」。

葉朗則認爲：歷史小說仍是小說，故不必追求歷史真實性，可以容許虛構，所以章學誠的批評不合理。因爲章氏覺得《三國演義》之缺點在於它還包含有三分虛構，沒貫徹「實則概從其實」的原則。而魯迅認爲《三國演義》在於缺點卻是由於它太拘泥於小說上的實事，虛構成分太多，「惟其實多虛少，所以人們或不免並信虛者爲真」。比較起來，葉朗認定魯迅的看法更正確。他又引胡適的意見，說《三國演義》「全書的大部分都是嚴守傳說的歷史，最多不過能在穿插瑣事上表現一點小聰明，不敢盡量想像創造，所以只成一部通俗歷史，而沒有文學的價值。《水滸傳》全是想像，故能出奇出色；《三國演義》大部分是演述與穿插，故無法能出奇出色。」同時他還認爲「《三國演義》最不會剪裁，他的本領在於搜羅一切竹頭木屑，破爛銅鐵，不肯遺漏一點。因爲不肯剪裁，故此書不成爲文學的作品」，據此，對於毛宗崗替《三國演義》喝采、辯護之言論，也一併受到他譏議了。❷

換言之，依孟瑤之見，歷史小說只是一種通俗乃至庸俗的文學。葉朗則進一步從本質上說明了歷史小說不可能寫得好的原因。因爲歷史小說仍是小說，小說就須仰賴想像力和創造力，可是歷史小說受限於史實，不便馳騁，故他引了鄭振鐸的見解，謂：「鄭振鐸認爲『據史而寫」給作家帶來了困難。在這一點上，他的看法和毛宗崗、謝鴻中等人似乎是相同的。但是毛宗崗、謝鴻申認爲有了這種困難就更能見出作家的匠心，使得作品的價值更高，而鄭振鐸則認爲這種困難限制了作家的想像和創造，因此就不可能產生上乘的作品。」❸

把小說和差一點的小說（所謂歷史小說）這種同質而分層之關係，改用歷史關係來描述的，則可以胡士瑩《話本小說概論》爲例。

胡士瑩說：自宋代說話起，即有「講史」和「小說」兩家分庭抗禮，但兩者在內容上並無絕對之界限，其後在歷史發展中，二者又漸漸合流。先是講史吸收了講金鼓士馬的「鐵騎兒」，再則因元朝嚴禁說唱詞話，故講說時事新聞的「小說」逐漸併入講史中，於是出現了保存小說之特點又是講史規模的長篇章回小說。依此，胡氏把《三國演義》界定爲講史之代表作，然此只是在說話基礎上創作成的作品，《水滸傳》則是小說、鐵騎兒、講史合流的第一個成果，其後如《金瓶梅》等更是脫離講唱技藝的文學作品了。❹

這個講法，仍是把《三國演義》等講史之作，視爲較差、較粗糙，較原始的東西，不是好文學。與孟瑤惋惜該書「掙不脫說話傳統」「是使這本書不能成爲文學作品的最大原因」，實有異曲同工之妙。

我曾一再指出：「五西新文學運動，表面上推倒了文的傳統，白話取得了全面優勢，但實際上這個話乃是文中之話，故所建立的不是個語的傳統，而仍是文，是對文另一種形態的强化與鞏固。以小說爲例，五四以後的小說論者，所欣賞的都是文人小說家（Scholar－novelist）而非民間說話傳統，所偏愛的小說也仍以文采可觀者爲主。至於小說之寫作，亦復如此。陳平原《中國小說敘事模式的轉變》即曾指出：現代小說不是比古典小說更大衆化，而是更文人化；作家主體意識的强化、小說形式感的加强及小說人物的心理化傾向，全都指向文人文學傳統而非民間傳統；小說書面化的傾向，也轉變了古典小說的敘事模式。」「五四以後的小說評論者，雖然在理念上宣揚民間通俗文學，以打倒貴族山林文學；但他們做爲一高級文化人，在文學品味上卻很難認同平民文學。所以這其中事實上存在著一種矛盾。……至今爲止，那些職業編書人，如羅貫中、熊大木、馮夢龍、天花藏主人等，不但年齡爵履仍然不太弄得清楚，其小說史的地位更是遠不及吳承恩、董說、夏敬渠、吳敬梓、李汝珍和曹雪芹這些文人小說家。對於明清小說，我們的批評家們所喜愛的，乃是脫離民間說唱傳統，成爲作者個人表達屬於一文人或知識分子情操、趣味及理念的作品。這些作品，文學當然遠較民間說話傳統『文』，趨近書寫傳統而遠離說與唱的表演；其內容也當然遠較民間文學傳統『雅』，不那麼粗俗，較接近文人的世界觀。所以它們比較容易博得稱賞。」❺

也就是說，推崇純文學、貶抑通俗文學，推崇文學、貶低說唱之藝術位階，正是近代論小說者之通病。在有關歷史小說的評價問題上，顯然再一次讓我們看到了這個毛病。

其次，我們也可以看到，無論葉朗、孟瑤或胡士瑩，都是把歷史小說（講史）視爲小說之一類，或者設法去解釋講史如何與小說合流。然後再以小說的標準去衡量歷史小說，說歷史小說不如小說。這種批評若有效力，那麼倒過來講，也是一樣可以成立的。我們可以說：歷史小說與小說本爲一類或漸成一類，但小說不如歷史小說那樣能夠顯示人在歷史中的處境，「此小說之所以絕難有上乘的創作的原因也」。這樣講話，有何意義？

近七十年來，小說研究中，對於講史或所謂歷史小說，認識不清、義界不明、評價乖謬，都是由於上述這些魔障在作祟。要廓清迷霧，讓小說研究和講史的研究有些進展，勢必對於所謂歷史小説或講史有些新的解説，重新理解到講史不是小説，講史自有其性質與敘述特點。

爲了説明這些，且讓我們回到宋人説話時對小説和講史的分類關係上去考察。

二、講史非小説

宋人説話四大家數中，有所謂「講史」一類者，見《夢粱錄》卷二十。灌園耐得翁《都城紀勝》謂此爲「講史書」，其他三種則是小説、説經、説參請。

據孟元老《東京夢華錄》卷五，説話人有以下幾類：小説、合生、説諢話、説三分説五代史。吳自牧《夢粱錄》二十則云説話四家數爲：小説、談經、講史書、説參請。談經中包括説參請、説諢經。説參請，「謂賓主參禪悟道等事」；説諢經，或許與説諢話類似。蓋其談經，乃是説佛經，唐人講經時已有媟褻詼戲者，故諢話之類，或即由此衍出。另外，周密《武林舊事》卷六説這四家是：演史、説經諢話，小説、説諢話。灌園耐得翁《都城紀勝》也説説話有四家：小説、説經説參、説史、合生。他們對於當時説話人的家數分類不盡相同。但小説、講史各爲一家數，是十分清楚的[6]。

這類説史書的藝人，至遲在唐代便有了，李商隱〈驕兒詩〉所曾提到的，「或謔張飛胡，或笑鄧艾吃」即是。宋朝尤盛，《東京夢華錄》卷五所載京師瓦舍伎人，有霍究説三分、尹常賣五代史等；《事物紀原》卷九云仁宗時，市人有能談三國事者；《夢粱錄》亦謂南渡後有敷演中興名將傳者。凡此皆屬於講史。把這些講史人歸爲一類，與談經、説合生、説諢話等區分開來，或許只是一種事實上的分類，可是爲什麼又把講史者和小說分開來呢？把講史稱爲說話人的一種「家數」，將它和講煙粉、靈怪、公案、鐵騎，傳奇、朴刀、桿棒、發跡，變態等事之小說分列，難道沒有特殊的意義嗎？

依據王國維在《宋元戲曲考·宋小說雜戲》中的考證，他認爲：(1)、宋代小說，不以著述爲事，而以講演爲事，與周秦漢六朝乃至唐人小說均不相同。(2)演史與小說，應屬於同一類。因爲《都城紀勝》《夢粱錄》都說小說人能以一朝一代故事，頃刻間捏合。故凡說話無關於史事者，即謂之小說，其說講體例，當與演史大略相同。今所傳《五代平話》即演史之遺；《宣和遺事》恐怕就是小說之遺。(3)演史與小說，發源於宋。(4)此類話說，以敘事爲主，雖不同於滑稽戲，但後世戲劇之題目多取諸此，結構也常模仿小說。

以上云云，除第四點外，幾乎全錯。古代小說，來歷及體例不可知，然而從〈魏略〉所言：「臨淄侯植，誦俳優小說數千言」來看，漢魏小說，未必全然以著述爲事。唐代的白居易等人聽講「一枝花話」，當然也已以演講說話爲之，其起源亦必在宋初之前。段成式《酉陽雜俎》：「余太和末，因弟生日，觀雜戲，有市人小說，呼扁鵲作『褊鵲』，字上聲……」。唐時已有說話人、已有小說，是非常明確的事。至於演史與小說，顯然也是不同的。

說話四家數，都是「說」。說經、說史、說參請，說合生、說諢話，以及小說。小說，究竟包含那些東西？《夢粱錄》說：「小說名銀字兒，如煙粉、靈怪、傳奇、公案、朴刀、桿棒、發跡變態之事」、《都城紀勝》則分成三類：「一者銀字兒，如煙粉、靈怪、傳奇。說公案，皆是搏拳、提刀、趕棒及發跡變態之事」。說鐵騎兒，謂士馬金鼓之事」。其範圍、題材均甚明晰。其中稱爲銀字兒者，更有特殊的樂器或者音樂配合。特徵非常明顯。

這些煙粉傳奇等事，當然也必緣附於古史或時事故實，據之敷演講說，所以《夢粱錄》等書說這些小說人能以一朝一代故事頃刻間捏合。但此只是以故事爲材料，談煙粉、說靈份、敍傳奇，道公案，言發迹變泰，並非旨在講史。其與講史之不同，實甚顯然。如果我們把小說和講史視爲同一樁事，像王國維那樣，事實上便模糊了兩者的區分，也不能了解宋人爲何要將它們分列成爲兩種家數了。❼

王國維的錯誤，其實根源於他的小說觀。依中國古代傳統的小說觀念，小說本出於稗官野史，因此小說原本就屬於史籍之一類。余嘉錫〈小說家出於稗官說〉、錢基博「小說家約爲採訪民間瑣聞雜話之類史官」等，均從來源上說明歷史紀敍與小說同類。而從目錄學上看，古人亦將《漢武故事》《西京雜記》《搜神記》《續齊諧記》等納入史部起居注及雜傳類中。唐人傳奇〈吳保安〉〈謝小娥〉等也都被採入唐史。由這個脈絡來理解宋人說話，便不免仍將演史與小說視爲一類，忽略了把它們分成兩種家數的意義。

這種分立，其意義，應該類比於「文學」從文章博學的含意與傳統中獨立出來，或史學從經學之春秋學中分立出來，都是同源而分流的發展。意義至爲重大。小說的性質與內容，獲得了新的確認，不再是史部之一；說史也自有它獨特的內涵，與一般說煙粉靈怪公案傳奇者不同。

唯有如此理解，方能明瞭宋人說話家數之分類，在文學史上的重大意義與作用。但，只如此說，仍是不通透的。讀者恐不免還要追問，說史講史演史，若果有其獨特之內涵，與說煙粉靈怪等等不同，那麼，其分類之依據究竟何在？憑什麼可以把演史和小說分開？演史之獨特內涵，其自爲一類的類型特徵又是什麼？宋人若真是將講史與小說分立，其分類是否具有正當性？分類的原理爲何？

三、分類的疑難

是呀！演述史事，怎麼能單獨構成一類呢？王國維沒想到這一層，所以他說敷演史事者爲演史，其無關史事者，則謂之小說。卻沒考慮到那些傳奇、公案、朴刀、桿棒，煙粉，靈怪，也泰半是古人古事。即如他所舉「殆小說之遺也」的《宣和遺事》，便擺明了是記敘宣和時期宋江等三十六人橫行江淮的事蹟，此無關史事乎？當然相關。

因此，除了講時事新聞之外，無一不是講史。講史有何理由可以獨立成類？說到此，不禁讓我想起了早年我對羅錦堂先生的批評。

羅先生的博士論文《元雜劇本事考》第二章，將元雜劇分成八類：歷史劇、風情劇、社會劇、仕隱劇、家庭劇、道釋劇、戀愛劇、神怪劇。我覺得如此分類並不妥當，因爲：⑴他的分類概念頗不正確。大多指涉質料對象，甚少指涉形式對象，故只籠統定出一「歷史劇」之名目，此類歷史劇究竟是否指純史實劇，或容許虛構？可以有多少虛構？均未界定，以致於所謂歷史劇中有直接採錄正史的、有改編自小說或流傳話本的，有隨意增損情節者、有變造史實者，而竟統稱爲歷史劇，殊嫌龐雜混亂。⑵對歷史劇的定義，並不精當。羅先生說：「元人雜劇之題材，往往以史傳爲本，然並非直接引據，而係間接改編」，這是就題材來源說，不涉及情節內容，屬於發生定義。可是元人雜劇不是大多以史傳爲本嗎？如羅先生定義社會劇時便說：「社會劇自前人遺留話本中擷取故事」。如此，則與歷史劇一樣 均是前有所本，據以改編。⑶實際分類紊亂。如〈秋胡戲妻〉既是歷史劇，又屬家庭劇；〈竇娥冤〉既入歷史劇，亦為家庭劇；〈梧桐雨〉雖列在歷史劇中，可是更像一齣宮闈愛情戲。……❽

羅先生是我國第一位文學博士，治曲功力，不同凡響。但在分類方面，卻是如此左支右絀，豈不是更顯示了有關「歷史劇」乃至「歷史小說」「演史說話」等名稱之分類準則甚難判斷嗎？

難以劃分什麼屬於講史或「歷史劇」而什麼不是，主要的原因在於以下兩點，一是各種靈怪傳奇愛情戰爭小說或戲劇，都可以安置在歷史場景中進行，長生殿、漢宮秋，人物為歷史人物，事件是歷史事件，為什麼應是愛情劇而非歷史戲？朴刀桿棒的宋江三十六人橫行江淮故事，為何應屬於講史，而不是小說。

其次，任何一本小說或其他類型的文學作品，往往也可以因讀者之讀法不同，而成為不同性質的東西。以《大宋宣和遺事》演化而成的《水滸傳》為例。該書大型戰爭場面就很不少。在「一打祝家莊」以前，主要敘述個人搏殺和地方性攻戰，亦即朴力桿棒之類。自秦明領兵攻打清風山之後，集體行動和大規模的戰役便日漸增多。排座次、接受招安以後，征遼、征田虎、征王慶、征方臘，都可稱為說鐵騎了。這豈不是戰爭小說嗎？但該書所敘宋江等一百零八魔君，乃是嵌在一個道教架構及氣氛中生長敗滅的，張天師的鎮符被揭開了，天上降下石碣了，九天玄女賜書給宋江了，宋江擺出九宮八卦陣了，羅真人公孫勝作法了，這不是宗教小說嗎？又，水滸結義、接受招安、替政府去剿平方臘，這究竟是農民起義、官逼民反？還是投降主義？抑或本為誨盜之書？問這些問題，那就是視此為政治小說了。至於小說寫綠林、說忠義，它若放在中國俠義小說的傳統中看，當然也沒什麼不可以。即或稱之為歷史小說，不也有余嘉錫《宋江三十六人考實》、孫楷第〈水滸傳人物考〉、孫述宇《水滸傳的來歷心態與藝術》，王利器〈水滸傳的真人實事〉，何心《水滸研究》等著作朝這個方面去探索，認爲小說所述即當日之一段史事嗎？一篇文本，可以把它看成這看成那，看成是講史、戰爭、傳奇、朴刀桿棒、發跡變泰或其他，本無定質，如何分類？

在宋朝說話人將小說和說經、說史、說參請分列之際，這個文學分類的疑難，必得先要解決，否則分類便無法進行，家數之說，亦無法博得世人的認同。

此外，胡士瑩對講史的界定也值得檢討。他一方面覺得：「講史和小說在內容上並無絕對的界限，小說話本中，當時可能已有某些篇屬於講史的性質」。一方面又想辦法替兩者做區分。他先說講史即是說歷史故事，本是簡單的一人一事，漸漸便成了長篇，講一個階段的歷史。而其內容則是反暴政反侵略，性質則是民間文藝。小說只著重描述一人一事，且多短篇，又多說時事新聞，故與講史不同。依他看，講史之特點有七：

1. 取材歷史，作不同程度的虛構；
2. 講說前代興廢之事，著重於政治軍事抗爭；
3. 線條粗略，風格雄渾，長於鋪敘議論；
4. 基本上採用正史的書面語言，但講說者也增飾一些當代口語，成爲半文半白的文體；
5. 篇幅漫長，節目繁多，採取分回形式；
6. 講史的基本政治傾向，在宋代是反對暴政、反對統治者混戰害民，希望全國統一與和平，反映了當時百姓改良政治的願望。與鐵騎兒合流以後，則大量增加了反抗民族壓迫的內容。

7.在藝術上「記問淵源甚廣，講得字眞不俗」爲勝。

這是典型缺乏思考訓練的文史工作者所弄的分類工作。各項分列，毫無邏輯關聯。謂講史以反暴政等爲政治傾向，不知何所見而云然；稱說話爲民間文藝，亦屬廢話。至於說講史係由諸如教煌所存〈伍子胥〉〈李陵〉〈韓擒虎話本〉〈張義潮〉等一人一事的歷史故事發展而成，更是不知從何說起。敦煌所保存的這些材料，「和後來講史以斷代編年形式舖述整個朝代史事頗不一樣」，胡氏自己也未嘗不知。爲何講史會由一人一事的講故事形態忽然轉變成一種斷代編年的體制呢？只用「說唱技藝本身發展的必然規律」便能解釋嗎？在唐朝，李商隱之子袞師喜歡去聽的說三國，就已經從張飛講到鄧艾了，這難道也是一人一事嗎？講整個三分之歸於一統，事實上在唐朝已然。講史不是從講一個個歷史故事拼湊擴大的，甚爲明顯。

再細看胡士瑩對講史與小說的研究，彼雖用心於分，其實仍是著意於合的，所以雖勉强說明二者之異，卻主張兩者內容並無差別、關係密切，且在歷史發展中終究合流成爲長篇章回小說。故講史雖或曾與小說有別，最後終於融入小說史的長流中去了。

這種態度很堪玩味。目前講中國小說史的人，有把講史視爲獨特的一類者。例如魯迅《中國小說史略》把講史歸併入現在我們所稱的小說中，成爲小說家族的一員，可是在分類上仍採用古代的稱號，仍稱此類作品爲「講史」。其書第十四、十五篇即名〈元明傳來之講史〉。范煙橋《中國小說史》也論到清朝〈講史書之盛行〉。可是大部份人已放棄講史自爲一類的想法，或把講史之名取消。如孟瑤《中國小說史》即將講史稱爲「歷史小說」。於是講史就成了小說中的一個次文類，使得名義上有些混淆。這種態度，和胡士瑩刻意將講史和小說合流，亦有異曲同工之妙。

殊不知名稱無論如何變，講史或歷史小說，與一般小說總是有所不同的，所謂：「說話者，謂之舌辯。雖有四家數，各有門庭」（見《夢粱錄》）。此種門庭之分，我認爲即是古小說和宋代以後新小說之別。古小說本是稗官野史、巷議街談。宋代說話人之所謂小說，則爲講傳奇說靈怪等，門庭既分，昔之稗官野史遂稱爲講史，以與新小說做區別。焉能再混然矇焉予以合一？

四、講史的性質

講史和小說既然「各有門庭」。則其門庭究竟爲何？

據《夢粱錄》云，小說「談講古今，如水之流」；講史書「講說《通鑑》漢唐歷代書史文傳興廢戰爭之事」，則小說雖可說今，亦可道古。「其話本與講史書者頗同，大抵真假相半」，顯然兩者話本也頗類似，講史未必多符史實，小說也未必就作意好奇、特多幻構。既然如此，說話人怎能區分得開彼此的門庭？

這其實也並不太困難。

小說家談講古今，可以說今，也可道古；講史家卻只能演述古事。便是兩者家數上的重要區分。依此區分，我們更可發現兩者在道古時也自有不同的立場。

小說是講煙粉靈怪傳奇公案之事。此類事例，可能是古代某人某時某地之事，但小說的敘述主體，是這樁煙粉靈怪公案傳奇之事，其他時地等等，不過屬於該事發生時之歷史場景。雖然每件事總有個歷史場景，但敘述的重點並不在那個場景，而在於事件本身。講史反是：重點倒是在史，是要以講述這段歷史中發生了什麼事，來說明這段歷史。因此小說家雖亦道古，此古不過如舞台上的背景布幕，有之，誠然足以爲戲劇生色，卻不見得非有什麼樣的背景布幕不可。許多小說，只有一個模糊的古，或只說「很久很久以前」即可，原因在此。小說可以道古，也可以說今，原因亦在此。

這也就是說：歷史對小說沒有限制性。可是講史卻是以此限制做爲其敘述基礎的。它必須是講一古代之事。這個古，也不能模糊，不能違背公衆客觀的歷史認知架構。例如講史者縱然再同情蜀漢，也無法把歷史講成是蜀漢統一了中國，說是蜀漢將吳魏滅掉了。社會公衆，其實已集體繼承了過去的歷史負載。故在社會中存在著一種基本的歷史進程，爲社會中人所共同認知。講史者的一切談說，均建立在這個認知基礎上。

所謂社會公衆性的客觀歷史，並不是說社會中人對歷史中諸人物與事件均有一致之判斷，而是說這個社會中人，對其群體之歷史過程，有一基本認識。都知道中國史即是從黃帝以下，歷經堯舜禹湯周秦漢魏晉南北朝隋唐五代……直至民國。所有事件，都必須鑲入這個歷史的框架中，並通過歷史而得以了解。

依時間序列來建立史與事之聯結，並由此認識歷史，是一種「編年史」的態度；認爲所有事件或事物，都應由其歷史而理解之，則是「歷史主義」的態度。講史在這兩方面都表現得十分明顯。

《夢粱錄》曾說講史是「講說《通鑑》漢唐歷代書史文傳興廢戰爭之事」。《通鑑》正是編年史鉅著，它編成在宋神宗年間，没幾個人讀完過，可是民間講史卻據以講說之，爲什麼？因爲民間說書人也並不是依據這本書講；而是他們的講說，與《通鑑》有著一樣的編年敍述型態，均是順著時間的序列來講談史事。如《新編五代史平話》，孟元老所謂「說五代史」者，其內容大概即近於此：

龍爭虎戰幾春秋，五代梁唐晉漢周。興廢風燈明滅裡，易君變國若傳郵。

粤自鴻荒既判，風氣始開，伏羲畫八卦而文籍生，黄帝垂衣裳而天下治。……遂殺死炎帝，活捉蚩尤，萬國平定。……湯伐桀、武王伐紂。……後來周室衰微，諸侯強大。……劉季殺了項羽，立著國號曰「漢」。……❾

如此一直講到梁唐晉漢周。所述爲王朝之興廢，而其實就是一段段時間的聯綴，在每段時間中，講的則是一種統包的歷史。是以說王朝興亡、國君易位來講那個時代公衆的處境與命運。因此，小說通常有單體個別性的主角。因爲它只講說一件煙粉靈怪傳奇故事，講其中牽涉到的幾個人物，事件自然要以這幾位主角爲主線展開敍述。講史則角色叢蝟，難以鑿指誰是主角，如《三國演義》那樣。講述大半，諸葛亮才登場；諸葛亮卒後，史事仍然繼續發展。歷史不是某一兩位英雄的傳記，或某一傳奇事跡之本末。歷史如長河，英雄與事跡，只是發生於歷史中，如長河大江激起的浪花、形成的迴瀾，引人注目，然皆僅爲歷史中的一部分而已。講史所要講的，就是這歷史本身，而不是替歷史中某一波瀾作傳。講史所慣常表現出一種大江東去的意象，正顯現了這種特性，如《三國演義》開卷〈臨江仙〉詞所謂：

滾滾長江東逝水，浪花淘盡英雄。是非成敗轉頭空，青山依舊在，幾度夕陽紅。白髮漁樵江渚上，慣看秋月春風。一壺濁酒喜相逢，古今多少事，都付笑談中。

這闋詞，也被用在楊慎《歷代史略詞話·第三段說秦漢》中。英雄成敗、古今事跡，都在春風秋月的歲序流轉之中變成了可講述之「古」。由此春秋變易之觀點去看，真是「興廢風燈明滅裡，易君變國若傳郵」「浪花淘盡英雄」。講史所要講的，就是這樣的歷史。屬於整體的、統包的、我們所有人都不能脫離的歷史命運，而不是個體的歷史或單一事件史。即使講史不是講一整體時代，而只講一人一事，其所敘述的仍然不是個體的對象，而仍是整體的歷史命運。由一人一事見整體。只有整個歷史的動向，才是講史的敘說主角。

五、時間的因素

小說與講史之基本區分，即是如此。在此一區分中，我們可以發現講史旨在講史，小說意在說事。講史必以一歷史事件爲題材，小說則未必，可說古事，可說時事，也可以說杜撰虛構之事。而縱使演說古事。以歷史事件爲題材，它的目的也與講史不同。它可能基於講說一椿奇聞佚事之興趣；可能主要在於敘述一種人格發展的過程，所謂發跡變態；可能重點是要解釋愛情，講談煙粉；亦可能表現推理，演述公案。講史的作用卻非如是，它是以描述歷史、說明歷史爲何如此爲宗旨的，提供讀者與聽者歷史知識，讓他們獲得歷史感，得到歷史知識的滿足。

我在《文學散步，文學與歷史》中曾經說：文學與歷史最主要的不同，在於它們的時空觀念不一：

> 一切歷史，無論其建構如何運用想像，歷史形象都必須建立在時間空間的座標上，而這個時空。是一個公共的、自然的時空，而且，也是唯一的，不可改變亦不可替代。文學作品中的事實，則被安排在一個特殊的人造時空——作品——中；在這個時空裡，時間與空間是獨立自存的，與作品以外任何時空無關，不像自然公共的時空那樣綿延無盡。所以，它其中的事件，可以自爲因果、自爲起始與結束，歷史則必須追問「灰姑娘嫁給王子以後」。不但如此，文學作品的時間，來自作者的設計，因此它可以逆轉、可以切割、可以倒退、也可以不定，長者可變短、小者可以變大，歷史卻不能這樣胡搞。歷史家與文學家之間的衝突，也多半顯示在此。……文學作品本來就可以不吻合實際自然的年代、地理及在該時空條件下發生的事件。除非這種不吻合也跟作品本身所架構的時空關係發生了矛盾或抵觸，否則，並不會造成什麼審美的傷害。……而且，因爲文學的時空不必與實際公共時空吻合，所以，文學又可以寫並未發生、可能發生的事[10]。

講史的時空觀，是歷史性的。小說的時空觀則屬於文學性，是說話人自我創構的私有時空。這種私有時空，正所謂：「袖裡乾坤大，壺中日月長」，可對自然公共時空予以壓縮、擴大。也可以自我幻設，構築一個時空，讓事件在其中生長成形。它有時也會借用一段公共時空，做爲小說的歷史場景。但這些時間空間是借用來的，本身並無生命，也就是說，其時其地與其所敘之事並無邏輯的、必然的、有機關係。

如《喻世明言》中〈陳從善梅嶺失渾家〉一篇，有人認爲應是宋人作品，它開頭就云：「話說大宋徽宗宣和三年上春間，黃榜招賢，大開選場」，故陳從善應試得授廣東南雄巡檢，以致偕妻赴任時在梅嶺碰到猴精，把老婆偷失了。年代地點都言之鑿鑿，但實際上是翻用唐無名氏〈補江總白猿傳〉，把嘲歐陽詢的故事改編成陳從善梅嶺失妻。可見這篇小說中的時地人名均只有符號意義，無實指功能，仿佛數學中的X，可以隨意替代的[11]。正如《醒世恒言》卷三三〈十五貫戲言成巧禍〉即本諸宋人〈錯斬崔寧〉。但〈錯斬崔寧〉把時間繫在「我朝元豐年間」，〈十五貫戲言成巧禍〉卻只說：「卻說故宋朝中」。卷十四〈鬧樊樓多情周勝仙〉，本諸宋洪邁《夷堅志》卷三一〈鄧州南市女〉事。但洪氏所述爲南宋乾道年間事，此則云：「且說那大宋徽宗朝年，東京金明池邊」。……在這些小說中，人名地名與時間都是可以挪移借用的。只是用來構造一個仿擬的歷史情境而已，小說本身不是要講那個時空，而是要講一可在此時空亦可在彼時空中發生的事。時空條件，對小說的故事情節發展，沒有約束力。

當時的小說，之所以習慣於借用一個公共時空來做爲小說之歷史場景，其實只是由於小說本出於稗史，故雖從歷史中分化出來，仍保留了相當程度的仿擬歷史之敘述風格，用人名地名年代，來形塑出一種「似真」的氣氛。而從小說本身來說，這些人名地名年代名，其實都是可以替換甚或可以根本不用的。

講史沒有這種自由，它必須爲那公共的、自然的時空服務，不能讓張飛大戰岳飛，也不能使赤壁之戰發生在黃河。它在講史之中也有虛構，但公共自然時空卻是它不能改變的敘述框架。因此它的時空不是作者個人私有的創造性時空。

公共的時間，不是像小說的特殊人造時空那樣，可以獨立自存，在其中事件自爲因果，自爲起始與結束。公共時間是綿延無盡的。因此講史雖不可避免地常只能講一段時間中的歷史，如講三國或五代，然歷史並不因其所講史事結束而終止。講史雖只講一段落之史，但其時間卻永遠是綿延不盡的，厥故在此。講史所常表現出的大河意象，流水逝波，滾滾而去，即顯現了歷史的綿延意義。試看《東周列國志》開卷詞曰：

道德三皇五帝，功名夏后商周，英雄五霸鬧春秋，頃刻興亡過半。
青史幾行名姓，北邙無數荒邱，前人田地後人收，說甚龍爭虎鬥！

講述的雖是東周一代之事，敘述者的時間觀卻顯然是整個歷史。所謂「青史」，包含的即是三皇五帝夏周商周以來，乃至東周以後之「後人」的歷史。東周之龍爭虎鬥，只是這歷史長流中一個小浪花，雖然可觀，畢竟頃刻即過，歷史之流，仍將繼續奔騰而去，《儒林外史》第一回開端詞不也說了嗎？「百代興亡朝復暮，江風吹倒前朝樹」。講史之講興亡，正是在江水滾滾的基礎上說的。

講史，是「講說《通鑑》漢唐歷代書史文傳興廢戰爭之事」。說興亡，乃講史之重點。興亡只有放在歷史長流中才能得見。所以說：綿延不盡的時間，是講史的敘事基礎。

但是，把歷史類比於江水，豈不是將空間時間化了嗎？講史對空間向來缺乏應有的關注。中國的講史，不曾考慮到歷史也可以用一種「一時性」的空間布列來展開、來說明，反而慣用一種以時間瓦解空間布列的方法來說明歷史⑫。例如講史最主要的，就是講三分、五代，東周七雄等在空間上分裂對峙相抗衡的時代。這些在空間上分庭抗禮、布列棋分的局面，在時間中被推倒，然後歷史之流再朝前滾滾流去。分立的空間，束成一條時間線。「話說天下大勢，合久必分，分久必合」（《三國演義》第一回），便彷彿如一條線，如順著線往下看，我們會看到這條線在某些地方絲縷鬆開了、分散了，但散開的絲縷不久後又合攏起來，線仍是一線。空間上的分散，到了講史中就成了這麼一種時間化的狀況。

這時，其時間自然是一種線性的、連續的時間。依此時間觀，講史者事實上進行著與正統史學家完全一樣的歷史敘述工作。波蘭史學家耶日·托波爾斯基《歷史學方法論》曾對歷史敘述做了這樣的界定：

> 單是描述和依據某一理論，還不能構成歷史記敘。什麼才是充分滿足於把某一記敘看成為歷史記敘的條件呢？這個要素就是時間，它也是歷史記敘的必要條件。……它把每一件歷史的記敘都置於時間標度的適當位置上，並標明了這一記敘所遵循的時間流向。……時間流向賦予了上述記敘以定向性（第二十三章〈歷史敘述的性質和手段〉第二節）⑬

所謂時間流向，即意謂著這種時間也是連續的、線性的。依這種時間進行的歷史敍述。最基本的便是年表或編年史之類形式。講史，比以紀傳體爲主要敍述形式的正史，更嚴格地採用了編年敍述的方法，乃是顯而易見的。即使某些以人物爲中心之「類講史小說」，如《薛仁貴平西演傳》《楊家通俗演義》、《五虎平西》前後傳、《海公大紅袍全傳》、《萬花樓楊包狄演義》等，也都是依公衆時間爲編年敍述，而不是以 主角人物的個人時間爲軸線展開敍述的。

六、歷史的解釋

但是，在托波爾斯基的理論中，他仍將編年史著作和歷史編撰學做了區分；他覺得。編年史家是依時間順序，記敍了他覺得有意義的事，然而編年史亦僅止於此，它對未來之事並不處理；反之，歷史編撰學的作者，卻是依他對於整個歷史之整體的了解來寫歷史的。因此，編年史的作者，是選擇性地記敍了一些事情，歷史編撰家則能說明這些事在歷史中的意義，能夠從整體上透視時間。而其所以能夠如此，則是來自他的識見、性情、博學所構成的歷史想像力。用中國史學術語來說，他講的就是章學誠所謂「史著」和「史識」的問題，編年史並不認爲即是「史著」，因爲作者欠缺洞觀歷史全局的識見，以及對歷史整體的掌握⑭。

這個論斷，在講史中恰好是說不通的。講史必須在兩個方面顯示出說話人的歷史識見：一、是他所講述的歷史，乃是一種有定向的歷史，大江東去，歷史亦向「東」去，這個東，豈不顯示了歷史的目的與意義？二、講史雖講一段史事，但此一段史事僅爲整體歷史長流中之一波瀾而已，講史者正好是基於他對歷史之整體了解，來講述這其中一段史事的。

感到時間只朝一個方向流動，是人的基本感覺之一，也是史學上常見的態度。若時間流動有定向，則歷史的進程便具有不可逆性，可是這種進程（亦即時間之流動）究竟是如何構成的呢？歷史之動力爲何？又，如果時間之流有一定的方向，那麼其方向爲何？誰決定這個方向？

這都是歷史哲學上的大問題。講史，不是只在茶餘飯後說一段古講一段史罷了。它要向一群早已遠離歷史事件現場的人去講說一堆陳年往事，它是要向他們表明：所講者僅是一堆胡亂堆積到一起的事件和人物，互不相干，毫無章法。還是要向聽衆顯示這些事件與歷程可以構成一個統一的整體，而且它有意義、可理解，理解其意義更有助於讓我們獲得一些智慧（包括我們對歷史進展之原因、動力、目的更有認識，對人在歷史中的處境更有體會，對人生更有覺察……等）？史學家說史著必須「通古今之變，究天人之際」，以上這些，不正是旨在通貫古今，說明其變與所以變，窮究人與歷史整體動向的關係嗎？但史官可以僅只職司紀錄，不再追問或窮究這些歷史哲學的大問題，講史可不行。它若不談這些，誰願聽那些陳芝麻爛穀子，與我們又沒什麼相干的事呢？

因此，我們可以發現講史有比一般正史更多的歷史解釋。把雜亂零散的事件，看成一個統一的整體，認爲其中存在著一些內在的聯繫；而其發展，又可以找到一種規律；只有通過對此規律之認識與體會，許多史事才能被理解。

這是歷史動向與意義的總體解釋，講史中常見的因果論和天命論等都屬於這種解釋。

如《新編五代史平話·梁史平話》把歷史發展分成三個階段，一是黃帝殺炎帝、捉蚩尤「做著個廝殺的頭腦，教天下後世習用干戈」；其次是「湯伐桀，武王伐紂，皆是以臣弑君，篡奪了夏殷的天下。湯武不合做了這個樣子，後來周室衰微，諸侯強大，春秋之世二百四十年之間，臣弒其君的也有，子弒其父的也有」；第三是「只有漢高祖姓劉字季，他取秦始皇天下不用篡弒之謀」。殺戮的歷史，本來至此應可有一轉折，不幸劉邦「只因疑忌功臣，如韓王信、彭越、陳豨之徒，皆不免族滅誅夷。這三個功臣抱屈啣冤，禱於天帝。天帝可憐見三個功臣無辜被戮，命他們三個托生做三個豪傑出來；韓信去曹家托生個做個曹操、彭越去孫家托生做著個孫權、陳豨去那宗室家托生做著個劉備」。以致於「這三個分了他的天下。……三國各有史，道是《三國志》是也」。

魯迅論此，但謂其「立論頗奇，而亦雜以誕妄之因果說」而已。嗚呼！此誠不能知何謂講史也⓯。這裡，是對歷史進行整體意義的說明：歷史是在殺伐中發展的，戰爭弒逆與仇恨報復，總之，是衝突造成了歷史的變動⓰。衝突有許多類型，三國這一段歷史，則是屬於因仇恨報復之因果所構成的。而且，由三國之分立，更須藉三位功臣之報復才能解釋爲何一個統一的歷史、統一的天下分裂了。天下三分，三國又各有史。但分立分裂的歷史，透過這個因果論的解釋，卻仍可以統合成一個整體，仍然表現爲「一個」歷史的進程。

這種衝突史觀，以及附屬於其中的因果論，不是正統儒家的觀點，也不是佛家的觀點，乃是真正的歷史觀點。三國分漢，卻要從漢朝的源頭上說因果，可見它是從歷史的整體來掌握它所要敘述的那一段史事的。《全相三國志平話》採用此一解說（只是把陳豨換掉，說是英布轉生爲孫權、彭越轉生爲劉備），並不偶然。《三國演義》對三國的理解，甚至對整個歷史的解釋，則與《五代史平話》《全相三國志平話》迥異。

它以「話說天下大勢，分久必合，合久必分：周末七國分爭，并入於秦；及秦滅之後，楚漢分爭，又并入於漢」開端。天下如此分分合合，就是歷史的動態。但歷史爲何會如此？「推其致亂之由」，應該在於秉國者失德。所以漢之所以分裂，「殆始於桓靈二帝。桓帝禁錮善類，崇信宦官」。根據這個觀點，合理的推理，當然就是唯有有德者才能使歷史復歸於統一了。

《三國演義》尊劉抑曹，反覆形容劉備寬仁愛民而曹操奸邪權詐，便是基於這個觀點。書中周倉面告魯肅：「天下土地，唯有德者居之」，亦是此意。第六十回劉備自道：「操以急，吾以寬；操以暴，吾以仁；操以譎，吾以忠」。整部書，雖講三國，其實重點即在曹魏與蜀漢兩方，孫吳只是陪襯，所以藉曹操之口，向劉備說：「天下英雄，唯吾與使君耳」。而此二方之對比，則正如劉備所說，是正邪之對比。

讀過《史記》的人都不難聯想起司馬遷在〈伯夷列傳〉中那段感嘆。歷史的發展，往往使人質疑我們所相信的歷史規律。「天道無親，常與善人」或「天下土地，唯有德者居之」只成爲人類一廂情願的希冀，歷史的發展似乎另有邏輯。什麼邏輯呢？司馬遷和羅貫中都不約而同地稱此爲「天命」或「天數」。《三國演義》一百二十回結尾有詩云：

……紛紛世事無窮盡，天數茫茫不可逃，鼎足三分已成夢，後人憑弔空牢騷。

書中顯現的是正與邪的衝突，整個三國歷史則顯示了主觀願望與歷史客觀存有的衝突。所謂天數，即是這種客觀的、歷史本身及其進展的理則。若用黑格爾的話來說，殆即「理性」：

> 理性在主宰著世界，以至於說世界歷史是個理性的發展過程。……理性就是本體，它是無限的力量，它自己就是所有自然生活及精神生活之無限內容，它是無限的形式，它是這些內容的啓動者。

歷史自有理性在其中，理性是本體，所以一切都不能脫離它，它也有無限的力量去創生一切事物，不必再靠什麼外在的力量（例如上帝）來啓動這歷史理性的實現過程。所以理性本身就有無限的內容，它所要實現的東西就在它自身裡面，不是由外面再找內容。一切事物或歷史發展之終極目的，也即是理性的實現。此所謂天數有定、天數不可逃。歷史，只有從這裡看，才能看到它不只有一些具體的事物，更有其內在目的性，有比自然生滅興亡更深一層的必然方向在⑰。

由這個角度看，「在面對德性、倫理、宗教虔誠在歷史上所遭逢的命運時，我們千萬不要沈溺在喋喋不休的悲嘆中。美好及有益的事物常遭到不測，醜惡及卑劣之事反倒平步青雲」，因爲：

> 我們可以把歷史當作一個無情的祭台。在這個祭台上，民族的幸福、國家的智慧、以及個人的德行都要橫遭宰割。但吾人的思想必須同時去追問：到底這些駭人的犧牲是爲誰而設？是爲了什麼終極目的而生？……那不過是吾人所稱爲實體性的規定，要實現其絕對之終極目的所需之手段而已。或者說，亦僅是世界歷史之眞正結果而已⑱。

用《三國演義》的話來講，就是：「孔明六出祁山前，願以隻手將天補；何期歷數到此終，長星半夜落山塢。姜維獨憑氣力高，九伐中原空劬勞」，固然令「後人憑弔空牢騷」，但這些正是用以說明及完成歷史的終極目的，顯現歷史的理性：「天數茫茫不可逃」。

明清朝迄今許多小說評論者，斤斤計較《三國演義》與《三國志》在史事層面的真妄，或指摘《演義》多虛構故不如正史，或批評其受限於史實而不能如小說那樣恣其想像，都是不懂什麼是歷史的胡扯[19]。從「通古今之變，究天人之際」的史學終極精神來說，從它由一時一地之史事敘述中逼顯出歷史之動向與意義、洞達歷史之理性詭譎、具有歷史哲學探索之意蘊等各方面說，《三國志》怎能望《三國演義》之項背？

然此不獨《五代史評話》《全相三國志平話》《三國演義》諸書才能如此，對歷史進行其意義與動向的總體解釋，乃是講史的基本性質，如《東周列國志》敘述周秦變局，結論是：「卜世雖然八百年，半由人事由半天」；《封神演義》講武王伐紂，彷彿是因紂寵信妲己，無道而失天下，其實乃是：「豈是紂王求妲己，應知天意屬西周」「上天垂象皆如此，徒令英雄嘆不平」；《三遂平妖傳》云：「漢家天下分爲三國，唐家天下變做梁朝，這也是兩家國運將終，天使其然。……詩曰：飲啄由來總是天，順將行素學前賢」……，無不是就著天人之際的問題發言。其言深淺純漓不一，然此一敘述傾向，允爲講史之特色所在[20]。

七、敘述的文本

歷史之動向與意義，必須從歷史發展之全程來看；說書人所要指出的意義，就存在於他所講述的整個歷史之中。他只有把這整段歷史講述出來，才能說明這段歷史的意義。這個行爲，表明了歷史的意義就在歷史裡，一切事物也都須經由歷史才能獲得了解。正如《三遂平妖傳》引首所云：

飲啄由來總是天，順將行素學前賢，飯蔬飲水眞各分，食祿乘車亦偶然，紙虎狗形實費筆，井蛙龍勢豈安眠，請看三遂平妖傳，禍福分明在簡編。

整個《三遂平妖傳》說明了「人窮通有命，只宜安分，不可强求」的意義。這個意義，不是孤言一理，以使人起信的型態，而是要求人在閱讀或聽講這一段歷史時獲得理解。說書人「紙虎狗形實費筆」，努力講述此一史事，是爲了使人獲知這個對人生有意義的道理；聽讀的人，讀此簡編，則是爲了得到這個意義。

在這種結構關係中，認爲理不孤懸，歷史之意義即在歷史之中，一切事物也唯有通過歷史才能獲致理解，正是一種歷史主義的態度。說話人以此態度講說歷史時，他便不可能是在歷史之外，以一種客觀的態度去描述史實，而是入乎其中的，充滿了主觀的感情、偏見以及他對歷史的解說，「設身處地」地敘說歷史。歷史與其合一，是通過說書人的生命演出，才使這段歷史重新存在，重新在這個世上上演，並爲人所理解。故講史又稱「演史」，歷史在此重演。

此重演、重敍、重說之史，當然不同於歷史的「原貌」，因此其中必有增刪移易添換者。爲何重演時要如此增刪改易呢？這既關聯著說話人本身主觀的生命條件，也關係著他對歷史意義的掌握。他講史並不純屬娛樂好玩的，他總是希望所講的歷史能給人慰藉、寄託，給人以價值、意義。故其中滿含著價值判斷、意義說明，不是單純且客觀的敘述。

這是講史的傳統，不僅古之講史如此，今之講史亦然。例如高陽撰述「歷史小說」千萬言，並不只在說故事而已，他屢云其史論及歷史小說非常注意各朝代的中心勢力。所謂中心勢力，例如東漢的外戚與宦官、唐代的藩鎮、明代的宦官。中心勢力若在外戚宦官，必將導致亡國；若在藩鎮，則必形成割據。唯有高級知識份子成爲中心勢力，方能導國步於正途。他所嚮往之政治，乃是一種文人或知識份子政治。但是，做爲一位文人，他又深知文人知識份子之間最嚴重的問題，就是文人相輕。故如西漢文景之治，唐朝的貞觀、開元，北宋太宗末年至神宗朝，明代宣德、弘治兩朝，清代的同光中興等，文人能獲用世，固皆能開一文治之局，然皆不旋踵而漸啓門户之爭。知識份子可能因意見之不同，逐漸發展成政策之爭、權勢之爭，黨同伐異，而逐漸釀爲意氣之爭，馴致國本動搖。對於這種爭鬥，他悼焉傷懷，屢於其著述中言之。

據他的了解，明代東林與閹黨的鬥爭，原是以地域分的派系發展開來的，後亦仍歸於地域派系之對立，形成南北之爭。此爭不只把明朝爭亡了，入清以後仍在爭。丁酉科場案，即北派得八旗之助，痛擊南派之結果。接著是「奏銷案」、「哭廟案」，南士飽受打擊。直到辛酉政變時，南派始獲大勝。戊戌政變，則是南北之爭。兩敗俱傷，清朝也完蛋了。這個觀點，才是他寫作的主腦所在。倘或不能通過講史而彰明這類意義，那麼講李娃、講妲己，便只是愛情小說，講荆軻、講風塵三俠，也僅是傳奇俠義，都不能視爲講史。

這種以通過對歷史的講述而使人獲得歷史之意義的活動，在當代思潮中受到三方面的衝擊，一是史學界，逐漸走向客觀實證史學，講究史料之外部考訂與內部訓詁解析，想追究歷史的原貌，强調歷史認知時應該客觀，也相信史料及研究方法是客觀的，以致於歷史主義發生了變化，反而極力反對由歷史中探求意義，以及解釋者與歷史的互動。二是哲學界，現象學以後的思潮，如傅柯、德希達等人，或欲扭轉歷史學爲考古學，或宣稱哲學須挑戰歷史，要埋葬意義世界，歷史主義自然也被棄若敝屣[21]。三則是文學界，受到「新批評」的衝擊，反對把作品和其歷史關聯起來說，視作品爲獨立之有機體，論文者就作品分析其肌理及文字構成即可，歷史批評遂成已陳之芻狗。這種悲慘的命運，自然也導致了講史（或所謂歷史小說）在文學及史學批評界都不獲青睞。

不料風水輪流轉，新歷史主義又悄悄地崛起了，這些新歷史主義者認爲歷史不是過去的事件，而是「被敍述的文本」。它在反對歷史進程有一因果連續之規律方面，與講史甚爲不同，但它强調歷史只是敍述的文本，故歷史和文學其實屬於同一個符號系統，歷史的虛構成分和敍述方式，與文學使用之方法甚爲相似，則正好可以用來說明講史的另一個特點[22]

講史，不就是在瓦舍書會中敍述的文本嗎？在當代史學向敍述史學回歸之際，我們發現講史符合了歷史敍述的四項要求：⑴它是依時間而構成的敍述，這個時間，基本上是編年的。⑵它並非單純的編年史式敍述，而是「有含意的敍述」。是對有意義的事，予以敍述；且從這件事乃至歷史之整體意義上來展開敍述。⑶它對意義之掌握，不自史料來，而來自敍述者的歷史之想像。這包括了他敍述的語言、分類與編排的概念、生命氣質、歷史觀等等。⑷它也具有對歷史規律的探求。因此，它是一種真正合格的歷史敍述，同時也是文學性文本。

它與小說的差別，則是小說雖亦能與其他非文學性文本相互流通往來，但卻無法構成一種完整的歷史敍述。其方法與目的，都與講史不同。

值今史學界不甚重視講史、文學研究界又重小說而輕講史之時代，對於講史，我們應有更多探討及理解才是。

注釋

❶ 見孟瑤《中國小說史》第三册，頁 304－343。民國五九年，傳記文學出版社。

❷ 見葉朗《中國小說美學》第四章。民國七六年里仁書局本。

❸ 同注❷。

❹ 見胡士瑩《話本小說概論》第十七章〈關於講史〉，民國七二年，丹青出版社本。

❺ 分見龔鵬程〈傳統與反傳統〉，收入民國八十年東大圖書公司《近代思想史散論》；〈論清代的俠義小說〉，收入民國八十二年學生書局《俠與中國社會》。

❻ 說話人的家數，究竟應如何認定，各人解讀文獻頗不相同，詳見胡士瑩書第四章。但不論如何認定，說話四家中有小說、說經、講史三家，是大夥一致同意的。

❼ 胡士瑩雖然承認宋代說話中講史與小說是兩個不同的家數，但他不明白兩者究竟有何實際的不同，其病與王國維類似。

❽ 龔鵬程〈關於元雜劇本事考〉，收入華正書局《讀詩隅記》中。

❾ 因此講史本身也構成了另一種完整的編年國史體系。馮夢龍《新列國志》可觀道人〈序〉說：「自羅貫中《三國志》一書，以國史演爲通俗演義百餘回，爲世所尚。嗣是效顰者衆，因而有夏書，商書、列國、兩漢、唐書、殘唐，南北宋諸刻，其浩瀚與正史分籤並架」，便指出了這正史以外分籤並架之另一種史述系統。這一系統甚爲龐大，包括《盤古至唐虞傳》，鍾惺編；《有夏誌傳》，鍾惺編；《有商誌傳》，鍾惺編；《開闢衍繹通俗志傳》周游撰；《封神演義》，許仲琳編；《列國志傳》，余邵魚撰；《全漢志傳》，熊大木撰；《西漢通俗演義》甄偉撰；《東漢十二帝通俗演義》，謝詔撰；《三國志演義》，羅貫中撰；《續編三國志後傳》，無名氏撰；《後三國石珠演義》，無名氏撰；《東西晉演義》，無名氏撰；《南北史演義》《南史》《北史》，杜綱撰；《隋唐演義》，諸人穫撰；《唐書志傳通俗演

義》，熊大木撰；《殘唐五代史演傳》，羅貫中編；《飛龍全傳》吳璿刪定；《大宋中興通俗演義》，熊大木撰；《皇明英列傳》，郭勳撰；《鐵冠圖全傳》，無名氏撰；《洪秀全演義》，董小配撰；《二十四史通俗演義》，呂撫撰；《萬國演義》，張茂炯等編；……形成廿五史以外另一套史述。正史以紀傳體爲主，而此講史則以編年講述爲主。

⑩ 《文學散步》頁一六四——一七二〈文學與歷史〉。漢光文化公司，民國七四年出版。

⑪ 認爲〈陳從善梅嶺失妻〉是宋人作品，可見嚴敦易〈古今小說四十篇的撰述時代〉一文。但周妙中〈和嚴敦易先生商榷古今小說四十篇的撰述時代問題〉謂此篇時代仍待考。

⑫ 傅柯（Michel Foucault）曾說歷史學將空間時間化了，考古學則是將空間時間化，他企圖以考古學替代歷史學，建立新的不連續、斷裂、空間性之新史觀。在講史中，把空間時間化的現象卻十分明顯。

⑬ 《歷史學方法論》，一九九〇，華夏出版社出版。張家哲等譯。

⑭ 見注九所引書，第二三章第三節。

⑮ 魯迅說，見《中國小說史略》第十二篇。

⑯ 以「衝突」來解釋社會變動和歷史進程者，在當代以戰爭說及馬克斯的階級鬥爭理論最爲重要，而其理論均有可與講史互參之處。

⑰ 詳李榮添《歷史之理性：黑格爾歷史哲學導論述析》，民國八二年，學生書局，第二節〈歷史自有理性在其中〉。

⑱ 同⑬，第九節。

⑲ 這些批評《三國演義》的言論和論點分析，葉朗《中國小說美學》第四章第四節均可找到。一般的小說論者認爲講史（或所謂歷史小說）缺乏想像力，指的其實只是對事件情節的想像，而未注意到講史所需要的，不是這種想像力，乃是歷史的想像。一般史家譏嘲講史中尚有不少虛構之情節物事，則是囿於「史記實事」之偏見，未能洞達歷史敘述中應具有歷史想像力的事實，亦未能理解「敘述」具有

本質性的虛構。且因受近代實證史學影響太深，對歷史哲學問題心生厭嫌、也不能理解，故於講史頗致輕藐。實則以蠡測海者，輒謂海淺，其實非海水淺，乃蠡淺耳。

⑳ 天命天數的問題，此處不能詳論，我與張火慶另有《中國小說史論叢》，民國七三年，學生書局出版，有多篇論文談及這個問題。

㉑ 詳《葉秀山哲學論文集》頁二三——七二、九七——一三六。民國八三年五月，仰哲出版社。

㉒ 詳見張京媛編的《新歷史主義與文學批評》，一九九三，北京大學出版社，特別是〈做爲文學虛構的歷史文本〉。

元明中篇傳奇小說在中國文學發展史上的價值

陳益源

一、「元明中篇傳奇小說」的界定

回顧中國古典小說的研究，元明中篇傳奇小說是歷來十分薄弱的一環，迄今仍存在許多誤解，實不足以反映其曾經盛極一時的文學現象。有鑒於此，筆者撰有《元明中篇傳奇小說研究》❶，對《嬌紅記》、《賈雲華還魂記》、《鍾情麗集》、《龍會蘭池錄》、《雙卿筆記》、《麗史》、《荔鏡傳》、《懷春雅集》、《花神三妙傳》、《尋芳雅集》、《天緣奇遇》、《劉生覓蓮記》、《李生六一天緣》、《傳奇雅集》、《雙雙傳》、《五金魚傳》等十六部作品，一一專章探索各書的版本及其故事內容，技巧與內涵，淵源與影響，另立緒論、結論二章，綜述元明中篇傳奇小說的廣泛流傳及其研究價值。今趁中國古典文學研究會第十四屆年度會議的召開，特擇要擷其首尾重新整理成本文，以公開就教於方家，並籲請學界重視此一中國文學史、小說史不容忽略的重要環節。

首先，讓我們來談談何謂「元明中篇傳奇小說」？中國文學研究者慣稱唐宋文言小說為唐宋傳奇，或唐宋短篇小說，因爲其篇幅平均約在二、三千上下，張鷟《遊仙窟》特長，亦不過九千；到了元明時代，一方面短篇文言小說的創作傳統持續未斷，另一方面也有尋求突破者，如元初宋梅洞愛情名著《嬌紅記》即多達一萬八千言，明初李昌祺的《賈雲華還魂記》也長約一萬四、五千字，其後《鍾情麗集》增至二萬七千，《荔鏡傳》、《懷春雅集》、《花神三妙傳》、《尋芳雅集》、《天緣奇遇》、《李生六一天緣》、《傳奇雅集》等也都超過二萬，甚至有高達四萬字以上如《劉生覓蓮記》者，數量可觀。這批具有長篇化傾向的元明文言作品，因多穿插詩詞韻文（少則一、二十，多則一、二百），所以孫楷第最早名之曰「詩文小說」❷，後來又有人名之曰「文言話本」、「文言擬話本」❸，此外，稱之爲「中篇傳奇小說」或「長篇傳奇小說」的，則更爲普遍。稱之爲「長篇傳奇小說」者，以日本學者大塚秀高較早，他稱元代及明朝前期刊行之《嬌紅記》、《鍾情麗集》諸作爲「長篇傳奇小說」，有所解釋：

> 傳奇小說定義……，凡唐代濫觴之種種才子佳人劍俠妖怪故事，以及其後一脈相承之文體，皆足徵表其貌。然而何類傳奇小說方可冠以長篇之名，則非毫無可議之處。問題著眼點不只是篇幅字數，其內容情節亦是關鍵所在。不過，在此筆者姑且稍嫌含糊地將長篇傳奇小說界定爲：創作於元代以後，以單行本刊行的傳奇小說，或是與此文字篇幅近似的傳奇小說。❹

接受此說者不乏其人。可是，把一、二萬字至多四、五萬字的作品歸爲「長篇」，雖便於與

「短篇」對稱，但難免跟現代一般小說分類觀點頗相牴觸，所以鄭振鐸早在一九二九年舊作《中國小說的分類及其演化的趨勢》，即有「中篇小說」之稱：

> 中篇小說之名，在中國頗爲新鮮。其實像中篇小說一流的作品，我們是「早已有之」的了。中篇小說蓋即短的長篇小說（novelette）。他們是界於長篇小說（novel）與短篇小說（short story）之間的一種不長不短的小說；其篇幅，長到能夠自成一冊，單獨刊行，短到可以半日或數時的時間讀完了牠。……《嬌紅傳》（這些作品卻往往見收於明人的小說雜文集如《豔異編》、《國色天香》等等，單行者不多）、《鍾情麗集》等等，也都是篇幅較長，可以獨立的《遊仙窟》一體的作品。……大都中篇小說，其內容以所謂「豔情」的故事爲最多。其文字則以文言寫成者爲最多，以白話寫成者較少。仔細分之，亦可分析爲「傳奇」及「評話」二體；而傳奇體的作品，其數量遠勝於評話體的。❺

日本伊藤漱平便逕稱之爲「中篇傳奇小說」，此外，接受此說者也不少。事實上，無論是「長篇傳奇小說」或「中篇傳奇小說」，所指的都是《嬌紅記》、《鍾情麗集》等同一批作品。由於這批作品自成體系，篇幅確實「不長不短」，形式與內容則因循唐宋傳奇體製，史筆、詩才，議論兼而有之，又多以浪漫愛情故事爲主要題材，正與唐傳奇代表作《鶯鶯傳》一脈相承，絕非「詩文小說」一詞可以涵蓋，也跟「話本」的敘事方式迥異，當以「敘述婉麗，文辭華豔」的「傳奇小說」爲名較妥❻，所以筆者參從鄭振鐸、伊藤漱平等人之說，將大約一萬字以上的這類文言愛情故事定名爲「中篇傳奇小說」，取其篇幅特徵跟歷代短篇文言小說有所畫分，兼與清代《燕山外史》、《蟫史》等一、二十萬言的文言作品，以及明清動輒數十萬言的長篇白話小說區別開來。

二、中國文學研究十分薄弱的一環

元明二代的文言小說，在中國文學研究史上，乃至中國文言小說的研究史上一向是受到輕忽的。因爲一般公認我國文言小說的兩大高峰，乃唐人傳奇與清初蒲松齡《聊齋誌異》，其間，宋人傳奇因有新興的話本小說盛行而漸呈衰歇之勢，但仍不乏將唐宋傳奇相提並論者。至於元代傳奇小說，面對雜劇的蓬勃發展，創作狀態的確更形沈滯，直到明初洪武年間瞿佑短篇傳奇小說集《剪燈新話》問世，掀起模仿熱潮（現存者如永樂年間李昌祺的《剪燈餘話》、宣德年間趙弼的《效顰集》、萬曆年間邵景詹的《覓燈因話》等），正像魯迅所言：「傳奇風韻，明末實彌漫天下，至易代不改也」❼。可是即使明知如此，重白話、輕文言的現當代學者很長一段時間還是普遍不能認清其真正的成就，如享有盛名的劉大杰《中國文學發展史》便說：

> 我敍述明代的小說以長篇爲主，短篇平話次之。至於那些唐人傳奇式的小說，如瞿佑的《剪燈新話》及李禎的《剪燈餘話》一類的作品，在這一時代，已經失去其重要性，只好從略了。❽

實際上，《剪燈》系列的短篇傳奇小說集，以及罕爲人知或久佚海外的《鴛渚誌餘雪窗談異》、《輪迴醒世》、《刪補文苑楂橘》、《幽怪詩譚》諸作，既是聯繫唐宋傳奇與《聊齋誌異》不可或缺的橋樑，又是明清白話小說和戲曲取材的主要對象，其重要性絕對絕對不該只是一筆帶過。這項事實，在後來衆多的文學史著作中，幸已逐漸獲得肯定。然而，猶有不足的是，由《嬌紅記》領軍，曾與《剪燈》一系並存的元明中篇傳奇小說，至今仍未爭得一席之地，能注意到它們的中國文學史微乎其微。近年來幾部斷代文學史，對於《嬌紅》系列的中篇傳奇小說，或者隻字不提❾，或者三言兩語即「略而不論」❿；專論明代文學而能留意元人《嬌紅記》「是一篇極爲可貴的傑作」者如吳志達的《明清文學史（明代卷）》⓫，是十分少有的，可惜他在肯定「明代文言小說的地位與影響」時，依舊只能觸及收錄在《剪燈餘話》卷五的《賈雲華還魂記》（又誤以爲它：「篇幅之長，爲明傳奇小說之最」），竟完全忽略《鍾情麗集》等一大批明代中篇傳奇小說的存在。

再拿中國小說史的專著來說，開山鼻祖魯迅《中國小說史略》可能還不及發現元明中篇傳奇小說的大量存在，幾部效顰的《中國小說史》⓬更不用談了，而在魯迅《史略》基礎上另立規模的孟瑤《中國小說史》，雖然提到收錄中篇傳奇小說的《繡谷春容》⓭，卻未深論。近幾年中國大陸出版幾部中國小說史，則甚至倒退到連《繡谷春容》一類的小說通俗類書及其收錄的元明中篇傳奇小說，都絕口不提⓮。至於專門研究中國文言小說的著作，有的也只是約略述及：「元代長達近百年，雜劇與散曲的創作轟轟烈烈，可傳奇小說卻寂無聲音，只有宋梅洞的《嬌紅記》孤零零地在藝圃中搖□，算是證明了這一品種還活著。」並在介紹《剪燈餘話》時提到《賈雲華還魂記》而已⓯；有的甚至還將《嬌紅記》的時代挪動，說它

「係明代前期的作品」[16]。連中國文言小說研究專著尚且如此，遑論其他小說史或文學史了。可見元明中篇傳奇小說研究，確實是目前中國文學史、小說史十分薄弱的一環[17]

三、廣見於明清通俗類書與小說彙編

研究中國文學，撰寫中國小說史，特別是文言小說史，而無視於元明中篇傳奇小說的大量存在，無論如何是絕對不足以反映我國文學發展的歷史真相的。袁行霈、侯忠義編《中國文言小說書目》，雖僅據明人高儒《百川書志》史部小史類，著錄了《嬌紅記》二卷、《李嬌玉香羅記》(三卷)、《鍾情麗集》四卷、《豔情集》八卷、《懷春雅集》二卷、《雙偶集》三卷[18]。但是這並不表示元明中篇傳奇小說只有這六種，而是由於他們在這類小說單行本難尋的情況下，沒能充分利用明清通俗類書與文言小說彙編的緣故。元明中篇傳奇小說廣為通俗類書、傳奇小說集所收錄的情形，日本學者大塚秀高曾在其〈明代後期文言小說刊行概況〉一文中製有一表[19]。讓人一目了然；今改依中篇傳奇小說問世時代先後大致次序，刪去《情義奇姻》一種[20]，增補一清抄本傳奇小說集《豔情逸史》，重新製表如下：

	嬌紅記	鍾情麗集	龍會蘭池錄	雙卿筆記	懷春雅集	花神三妙傳	尋芳雅集	天緣奇遇	劉生覓蓮記	李生六一天緣	傳奇雅集	雙雙傳	五金魚傳
國色天香		9.10	1	5		6	4	7.8	2.3				
繡谷春容	5	11.12	2			6	1	9.10	3.4	7.8			
萬錦情林		1				2	4	5	3		6		
何大掄本燕居筆記	7.8	3.4			9.10	5.6		1.2					
林近陽本燕居筆記	8.9	6.7			9.10	2.3	1	4.5					
花陣綺言	8	6.7			9.10	2.3	1	4.5	11.12				
風流十傳	5	1			(7)	3	6	4				2	8
余公仁本燕居筆記	6	2			(7)	4	1	5	9			3	8
豔情逸史	3	6				4	7	5		1.2			

表中，阿拉伯數字爲類書與小說選集的卷次。《國色天香》等九書亦按先後次序排列，彼此關係複雜，略言之：㈠《國色天香》有萬卷樓周對峰（曰校）、敬業堂周文煒（如山）兩種刻本系統，後者直承前者；㈡《繡谷春容》亦直承《國色天香》周對峰刻本而來，或謂其「是坊間流行的《國色天香》的祖本」㉑，本末倒置，另外藏於大連圖書館的《豔情逸史》，收錄《李生六一天緣》等六種元明中篇傳奇小說，實即據《繡谷春容》過錄；㈢《萬錦情林》中篇傳奇小說的來源與《國色天香》並無關聯，編者余象斗選錄的其他作品有盜襲原作評語故意作成自已有過加工的模樣㉒；㈣何、林、余三本《燕居筆記》收錄的中篇傳奇小說各有所本，另一清代巾箱本《博古齋庚訂燕居筆記藻學情林》，書題「閩潭龍鍾道人輯／豫金呵笑道人校閱」，只收錄一種中篇傳奇小說《鍾情集軺生會瑜娘》（即《鍾情麗集》），㉓或與余本有關，此處所謂「余本」與大塚先生所名「馮本」全同㉔；㈤《花陣綺言》七種小說，《劉生覓蓮記》取自《國色天香》，餘皆逕據林本《燕居筆記》迻錄；㈥《風流十傳》，僅見八卷，標榜「陳眉公（繼儒）先生批評」，實際編纂刪訂者另有其人，可能是金鏡（字容成）㉕；㈦余本《燕居筆記》直接抄襲《風流十傳》，惟《鍾情麗集》前半及《風流十傳》未收的《劉生覓蓮記》，另採自《萬錦情林》；㈧以上各書收錄的中篇傳奇小說題名不一，繁簡各異，《風流十傳》卷七、余本《燕居筆記》下之卷七的《融春集》，實與何、林二本《燕居筆記》和《花陣綺言》卷九、卷十的《懷春雅集》差異甚大，不應視爲名異實同。

此外，收錄元明中篇傳奇小說的明清文言小說彙編仍有不少，清代大型類書《古今圖書集成》也曾出現，現亦列表如下：

	一見賞心編	豔異編	情史	十二卷本剪燈叢話	綠窗女史	雪窗談異	香豔叢書	女聊齋志異	古今圖書集成·閨媛典
嬌紅記	1	19	14	1	5	2	−3	4	368
賈雲華還魂記	3	21	9		6	3			368
鍾情麗集	1								
花神三妙傳	2								
尋芳雅集	2								
劉生覓蓮記	3								

表中，《一見賞心編》與前表的《國色天香》關係密切，其餘則自成一個系統㉖。《賈雲華還魂記》一直是做爲《剪燈餘話》的附錄（卷五）流傳，雖不見於前表，但它跟前表中的元明中篇傳奇小說息息相關，而《豔異編》等明清文言小說彙編對它和《嬌紅記》似乎顯得特別青睞。

綜合上列二表，去其重複，明清通俗類書與小說彙編收錄的元明中篇傳奇小說，合計已有《嬌紅記》等十四篇，未被收錄者仍多，如新近才從族譜裡被發現的《麗史》（長約一萬言）[27]，和別名《荔枝奇逢》的陳三五娘故事早期小說《荔鏡傳》（長約二萬七千言）[28]，均未在列。葉德均〈讀明代傳奇文七種〉指出：「就見存及各家書目著錄約略估計，單篇一類至少當在四十種以上。」[29]薛洪〈明清文言小說管窺〉也說：「從我們掌握的材料看，這種小說至少有四十餘種」[30]，這樣的數據雖然是在不嚴格界定篇幅長短的情況下統計出來的，但元明中篇傳奇小說的實際數量想必與此相去不遠，只是許多單行本未被通俗類書與小說彙編收錄，漸次散亡罷了，例如前述明人高儒《百川書志》著錄過的《豔情集》八卷（「國朝郴陽南谷靜齋雷世清編著」）、《李嬌玉香羅記》三卷（「國朝閩南三山趙元暉編輯」）、《雙偶集》三卷（「國朝貴溪樊應魁著」），即已佚失不傳。

四、歷來的評價及其存在的意義

《百川書志》有序作於嘉靖十九年（一五四〇），編者高儒可能是對元明中篇傳奇小說發表評論的第一人。他在著錄《嬌紅記》、《鍾情麗集》、《豔情集》、《李嬌玉香羅記》、《懷春雅集》、《雙偶集》六種單行本之後，論道：

> 以上六種，皆本《鶯鶯傳》而作，語帶煙花，氣含脂粉，鑿穴穿牆之期，越禮傷身之事，不爲莊人所取，但備一體，爲解睡之具耳。[31]

高儒此言觸及《嬌紅記》諸作的淵源、風格、題材及價值判斷，可惜過於簡略，看待小說的觀念也頗受侷限，他大概預料不到從嘉靖到萬曆年間，這類作品竟然如雨後春筍地接連在文壇出現，並成為通俗類書、小說彙編的寵兒，廣泛流傳於社會上。

曾於明清盛行一時的通俗類書和小說彙編，尤其是明刊本，後來也跟元明中篇傳奇小說的早期單行本一樣，逐漸散佚，流傳海外，現當代學者中首先對元明中篇傳奇小說做出評價的孫楷第先生，便是遠赴東瀛訪書才有機會發現大批明代傳奇小說，其撰於一九三二年的《日本東京所見小說書目》，卷六介紹《風流十傳》收錄的八種之後曾有一段按語，表達了他自己的看法：

> 凡此等文字皆演以文言，多羼入詩詞。其甚者連篇累牘，觸目皆是，幾若以詩為骨幹，而第以散文聯絡之者。而詩既俚鄙，文亦淺陋，間多穢語，宜為下士所覽觀。此等作法，為前此所無。……余嘗考此等格範，蓋由瞿佑李昌祺啓之。……自此而後，轉相仿效，乃有以詩與文拼合之文言小說。乃至下士俗儒，稍知韻語，偶涉文字，便思把筆；蚓竅蠅聲，堆積未已，又成為不文不白之『詩文小說』。（原注：因以詩文拼成，今姑名之為詩文小說。）而其言固淺陋易曉，既無唐賢之風標，又非瞿李之矜持，施之於文理粗通一知半解之人，乃適投其所好。流播既廣，知之者眾。乃至名公才子，亦譜其事為劇本矣。是以此等文字，以文藝價值言之，其價值固極微，若以文學史眼光觀察，則其在某一期間某一社會有相當之地位，亦不必否認。……要之，泝本溯源，亦唐人傳奇之末流也。㉜

孫氏此言一出，影響甚廣，如譚正璧、譚尋《古本稀見小說匯考》輾轉介紹日本所藏的《風流十傳》時，幾乎全部因襲孫氏的看法，亦以「詩文小說」譏之，並說：「全書文體，亦與《遊仙窟》爲同流……。以文藝言之，固風格較低，但用文學史眼光來觀察，那麼它在某一時期某一社會有相當的地位，亦足以反映當時時代的一角。」[33]王重民《中國善本書提要》介紹通俗類書《繡谷春容》時，也有類似的意見，他說：按是書爲宋、元、明三代傳奇文與遊戲文字之總集，上欄載傳奇十篇，……大致與《風流十傳》、《國色天香》、《萬錦情林》、《燕居筆記》等編所選相同。論其歷史，不論其價值，此類著作，爲《剪燈新話》、《效顰集》之流裔，直開後來才子佳人派小說之源。在明代嘉、萬間章回白話小說鼎盛之時，猶當有其一席之地，想亦爲研究小說史者所不廢。」[34]

孫、譚、王諸氏能暫時拋開文藝價值的成見，換從文學史的角度來看待元明中篇傳奇小說，一致肯定它們在當時社會佔有一定的地位，且對後世文學（如名公才子所譜的劇本、才子佳人派小說）有所影響，這種態度相當客觀。後來的一些小說研究者，思考古典小說發展問題或論述中國文言小說的發展及其創作傳統時，往往漠視這一批中篇傳奇小說的存在[35]，甚至誤以爲從元末到嘉靖年間中國通俗小說呈現了兩百年的空白[36]，比較之下，孫氏等前輩學者的眼光還是頗爲獨到的。不過值得商榷的是，他們係憑藉《風流十傳》與《繡谷春容》立論，偏偏這兩部合集選本選錄的內容不夠全面，又多刪節，與各元明中篇傳奇小說的原貌有段不小的差距，而且這些小說的年代有先有後，文藝價值也有高有低，人物心理性格刻畫生動、故事情節感人肺腑者並不少，作品裡穿插大量詩詞是其特徵之一，運用的技巧也有好有壞，但「以詩爲骨幹，而第以散文聯絡之者」幾乎是不存在的，不能一概而論。簡單、籠統地概括元明中篇傳奇小說的價值，是難以反映其存在的真正意義的。

緣於資料的散佚罕存，加上囿於習見，歷來文學史家對元明二代文言小說的評價明顯不足，對元明中篇傳奇小說的基本認識更是缺乏，因此輕忽其存在者比比皆是；也正由於如此，當代研究者能注意到元明中篇傳奇小說的並不多，以致迄今仍留下重重的疑點，遮蔽了文學歷史的真相。因果循環的結果，使得元明中篇傳奇小說的意義與價值長期遭受埋沒。

學界關於元明中篇傳奇小說的認知的確十分有限，大部分的作品從未有過專文研究，少數幾篇相關論述卻又不免有所誤會或曲解。例如作者問題，這些作品和許許多多的明清小說一樣，不題撰人者多，其中不無僞托之嫌（如《鍾情麗集》衆人都說是丘濬所作，實則不然），但它們也絕不可能如孫楷第所說都是「稍知韻語」的「下士俗儒」所爲，像《嬌紅記》的作者宋梅洞、《賈雲華還魂記》的作者李昌祺、應是《雙雙傳》作者的梅鼎祚，均非泛泛之輩。成書年代方面，有明確時間記載的只有《賈雲華還魂記》一篇，大多數只能利用別的材料來加以判別，今人卻有主張元人《嬌紅記》是明代文學的新說，但此說純屬無根的臆測。直到目前，將清刊《三妙傳》（即《花神三妙傳》）、《奇遇記》（即《天緣奇遇》）、《覓蓮記》（即《劉生覓蓮記》）和《荔鏡傳》，視爲清代小說者仍大有人在，殊不知它們實爲明人作品；《懷春雅集》和《尋芳雅集》明明不同，卻又老是有人將它們混爲一談。《風流十傳》卷七、余本《燕居筆記》下之卷七裡的《融春集》實與《懷春雅集》差異甚大，也不見有人發現，還拿《融春集》的提要去介紹《懷春雅集》。如果不能正確判斷各中篇傳奇小說的成書先後和彼此關係，我們恐怕是很難看清文學發展與演變的軌跡的。關於技巧與內涵，有人斥《龍會蘭池錄》爲平庸、低劣，這樣的說法有欠公允。元明中篇傳奇小說固然多數「語帶煙花，氣含脂粉」，但「詩既俚鄙，文亦淺陋，間多穢語」並非真是其共同的特色，不然不會有那麼多著名的小說、戲曲受其啓迪。《嬌紅記》無疑曾受唐傳奇《鶯鶯傳》的影響，可是它並非沒有自己的成就，否則明代中篇傳奇小說不會奉之爲圭臬，它們真正是在《嬌紅記》的開路下蓬勃發展起來的（而不是「由瞿佑李昌祺啓之」或「《剪燈新話》、《效顰集》之流裔」）。明乎此，則深入研究元明中篇傳奇小說，釐清其發展脈絡，還其在中國文學史上應有的地位與價值，實是古典小說、戲曲研究者的當務之急。

五、自成體系而且不乏佳構

透過對現存十六種主要元明中篇傳奇小說的深入研究，我們可以看出：由元人宋梅洞《嬌紅記》領軍，首開中篇傳奇小說寫作先河之後，《賈雲華還魂記》、《鍾情麗集》、《麗史》、《龍會蘭池錄》、《懷春雅集》、《花神三妙傳》、《尋芳雅集》、《天緣奇遇》、《劉生覓蓮記》、《傳奇雅集》、《雙雙傳》、《五金魚傳》等十二篇，都和它直接有關。另外，《雙卿筆記》、《荔鏡傳》、《李生六一天緣》三篇，雖未留下取資《嬌紅記》的明顯痕跡，但《雙卿筆記》有直接參考《鍾情麗集》的可能，又曾影響《李生六一天緣》和《傳奇雅集》；《荔鏡傳》既有抄襲《鍾情麗集》的地方，又成爲《劉生覓蓮記》裡的典故；《李生六一天緣》除了受《雙卿筆記》影響之外，《花神三妙傳》、《尋芳雅集》和《天緣奇遇》也都是它取材的對象。可見從《嬌紅記》到《五金魚傳》，元明中篇傳奇小說是一脈相承、自成體系的一股創作風潮。《嬌紅記》以再現生活真實的創作手法，細緻刻畫申純、王嬌娘生死不渝的一場愛情悲劇，在藝術上取得了高度的成就，堪與《鶯鶯傳》媲美，又著實和《西廂記》在明清讀者心目中並居典範地位，它是元代小說的奇葩，璀璨耀眼，日本學者伊藤漱平、大陸學者程毅中均予肯定，吳志達先生也有同感[37]。後出的《嬌紅》系列作品，經常累積前作的成果，逐步往前推展，在此一中篇傳奇小說的體系中形成階段性的特點，而且不乏佳構。明永樂年間李昌祺的《賈雲華還魂記》實以《嬌紅記》爲主要模擬的對象，延續但淡化其悲劇色彩，成化末年玉峰主人的《鍾情麗集》則進一步轉悲爲喜，兩者描寫兒女情態皆頗傳神，也都有與《嬌紅記》分庭抗禮、一爭長短的強烈企圖，塑造出來的純情男女（魏鵬、賈雲華，辜輅、黎瑜娘）對愛情的執著堅貞，亦如申純、王嬌娘一般感人。藉著《鍾情麗集》的重新推動，明代中篇傳奇小說開始密集出現。弘治、正德年間（至遲不晚於嘉靖初）問世的《龍會蘭池錄》、《雙卿筆記》、《麗史》、《荔鏡傳》、《懷春雅集》，基本上還保持著故事一男一女（頂多一男二女）的專情，繼續通過蔣世隆、黃瑞蘭，華國文、張順卿，伊處玉、凌無金，陳必卿、王碧琚，蘇道春、潘玉貞等人主動追求愛情的悲歡離合，展開對傳統不合理婚姻制度的撻伐，或對不良官場文化的批判，同時反映出時代的動盪和社會的不安，寫實味道依舊濃烈。自《懷春雅集》以降，嘉靖年間《花神三妙傳》、《尋芳雅集》、《天緣奇遇》三部中篇，顯然在寫作風格上起了不小的變化，前二者雖亦述及時代社會的雜亂景象，但一男三女式的遇合和露骨的床笫描寫，使得作品的格調轉趨卑下，尤其《天緣奇遇》雖直承《嬌紅記》、《懷春雅集》而來，卻比《尋芳雅集》更加大膽地側重男女性愛的鋪敘，祁羽狄與「香台十二釵」的縱慾場面，對其後的小說起了負面的影響。後來，《劉生覓蓮記》曾有反彈，譏斥《天緣奇遇》爲「獸心狗行，喪盡天真」，努力擺脫豔情文風，加強人物心理刻畫，使劉一春、孫碧蓮重現申純、王嬌娘以至蘇道春、潘玉貞的影子，可是終究阻擋不了像《李生六一天緣》、《傳奇雅集》對《花神三妙傳》、《尋芳雅集》，特別是《天緣奇遇》的抄襲仿效，極力鼓吹一夫多妻的自然合理，字裡行間瀰漫淫詞穢語，竟然不以爲恥。約在萬曆年間最後成書的兩部中篇《雙雙傳》和《五金魚傳》（均經刪節），都是元明中篇傳奇小說（包括《天緣奇遇》在內）綜合影響的產物，可喜的是，《雙雙傳》風格雖然前後不一，但正顯示出文學繼承與創新的累進過程，某些筆觸十分細膩、生動，男主角鄙視功名的氣度也讓人印象深刻，《五金魚傳》格調雖不甚高，然仍具備完整有條的結構、依托史實的筆法、專屬詩詞的穿插與活潑生動的對白等特色，比起《天緣奇遇》一類的豔情之作，品質略有回升，尚不致令人太過失望。

從《嬌紅記》到《五金魚傳》，其間中篇傳奇小說散佚的當不在少數（已知者還包括《賈雲華還魂記》模擬對象之一的《柔柔傳》，睦人桂衡所製），不過就現存者觀察，它們確實一脈相承、自成體系，甚至是層層相因，彼此關係固然複雜（如《劉生覓蓮記》受《懷春雅集》影響而又影響其改寫本《融春集》），發展演進的軌跡則甚爲清晰，對其他文言小說像《緣珠傳》、《張于湖傳》、《金蘭四友傳》、《沈月英》等也見影響。自《嬌紅記》以後，這批中篇傳奇小說的風格和成就呈現著階段性的差異，個別而言不乏佳構，整體看來表現也不俗，若不明就裡，僅憑其穿插大量詩詞或專寫男女情愛，即一味抹煞其文藝價值，貶之爲「唐人傳奇之末流」，那是不夠客觀的。

六、影響了明清白話小說的發展

過去因為缺乏對元明中篇傳奇小說的深入研究，論者不但錯將《嬌紅記》當成明代作品，把《賈雲華還魂記》誤以為宋人、元人之作，還有人主張《嬌紅記》：「似從瞿佑《剪燈新話》等一流沿襲遞嬗而來」[38]，或說收錄在《繡谷春容》和《風流十傳》等通俗類書與小說彙編裡的中篇傳奇小說是：「由瞿佑李昌祺啓之」或「《剪燈新話》、《效顰集》之流裔」，其實這樣的說法都不正確。洪武間瞿佑《剪燈新話》、永樂間李昌祺《剪燈餘話》對明代短篇傳奇小說乃至白話小說和戲曲，影響深遠，對明代中篇傳奇小說的發展也確實有過推波助瀾的作用，例如《鍾情麗集》借鑑過《剪燈新話》裡的《秋香亭記》、《聯芳樓記》、《渭塘奇遇記》、《牡丹燈記》、《翠翠傳》，而《龍會蘭池錄》、《懷春雅集》也參考過《聯芳樓記》、《李生六一天緣》抄襲過《鑑湖夜泛記》（《剪燈新話》）的情節，《傳奇雅集》也運用了《聯芳樓記》、《秋香亭記》和《剪燈餘話》裡《連理樹記》、《鸞鸞傳》的現成詩句，這些都不必否認，不過無論就篇幅佈局、題材風格或敘事技巧來說，明代流行的中篇傳奇小說（包括李昌祺見到《剪燈新話》七年之前創作完成的《賈雲華還魂記》），都是直承《嬌紅記》的創作傳統而來，屬於《嬌紅》系列作品，與《剪燈》系列各成體系，一起推動了明代文壇的繁榮，不宜遽以流裔視之。

自成體系的《嬌紅》系列中篇傳奇小說，雖然以愛情為主要題材，諷刺與譴責的比重略遜於《剪燈》二話[39]，但它與《剪燈》系列的短篇傳奇小說一樣，對於明清白話小說和戲曲有著非常强烈的影響。白話小說方面，《剪燈》系列影響所及多在短篇作品，《嬌紅》系列於此亦有發揮，如《賈雲華還魂記》曾被《西湖二集》卷二十七的《灑雪堂巧結良緣》改寫（又輯入《西湖拾遺》卷四十三），《警世通言》卷三十四《王嬌鸞百年長恨》也有刻意改寫《尋芳雅集》的痕跡，《歡喜冤家》第二、第十、第二十回亦分別抄襲了《尋芳雅集》、《鍾情麗集》的情節和詩句；此外，由於篇幅體製相近的緣故，明清中、長篇的白話小說受元明中篇傳奇小說影響的程度更大。例如《繡榻野史》與《嬌紅記》、《花神三妙傳》，《弁而釵·情貞紀》、《金雲翹傳》與《嬌紅記》、《尋芳雅集》，《桃花影》、《春燈鬧》、《鬧花叢》與《嬌紅記》、《天緣奇遇》、《五金魚傳》，《五色石·二橋春》與《嬌紅記》、《賈雲華還魂記》，《駐春園小史》與《嬌紅記》、《賈雲華還魂記》、《鍾情麗集》、《荔鏡傳》；以及《嬌紅記》與《野叟曝言》、《濃情快史》、《蜃樓志》，《賈雲華還魂記》與《合錦回文傳》、《繡屏緣》、《都是幻·寫真幻》，《天緣奇遇》與《杏花天》（及簡本《濃情秘史》）、《巫夢緣》（及簡本《戀情人》），《李生六一天緣》與《浪史》，《五金魚傳》與《五鳳吟》等，都有很直接的證據，證明明清中、長篇白話小說和《嬌紅》系列中篇傳奇小說息息相關。

其中，《金雲翹傳》、《五色石·二橋春》、《駐春園小史》、《合錦回文傳》、《繡屏緣》、《都是幻·寫真幻》等才子佳人小說，受到《嬌紅記》及其以後《賈雲華還魂記》、《鍾情麗集》等明代早期以情感敘述爲主者影響較大；《繡榻野史》、《桃花影》、《弁而釵·情貞紀》、《春燈鬧》、《鬧花叢》、《杏花天》、《巫夢緣》、《浪史》等豔情淫穢小說，則受到《嬌紅記》及其以後《花神三妙傳》、《天緣奇遇》等明代中後期以性愛描寫爲主者影響較烈。元明中篇傳奇小說兩種不同階段、不同主題和風格的走向，對明末清初檯面上和地底下流行的兩類小說，均有帶頭作用。以上所舉，還只是就有明確證據者而言，如果放大眼光來看，明末清初許多才子佳人小說的敘事模式，以及更多的豔情淫穢小說，如《夢中緣》、《五美圖》、《玉樓春》、《醒名花》、《巫山豔史》，乃至「像彈詞《九美圖》、《十美圖》之類，還是和這類傳奇小說一脈相承」㊵

王重民先生曾說《繡谷春容》選錄的十種中篇傳奇小說：「直開後來才子佳人派之源」，現已證實此言不虛，而且它們對明清白話小說影響範圍之廣和程度之大，恐怕還遠超乎他的想像。例如在衆多才子佳人、豔情淫穢小說之外，世情小說名著《金瓶梅》，無論是萬曆本《金瓶梅詞話》或崇禎本《新刻繡像批評金瓶梅》，今經仔細比對尋檢，我們也發現《嬌紅記》、《賈雲華還魂記》、《鍾情麗集》、《懷春雅集》都有大量的詩詞和文字、情節，爲《金瓶梅》所抄用，這對《金瓶梅》一書文字的校勘自有價值，同時增進了我們對《金瓶梅》寫作素材來源及其運用現成素材情況的瞭解，也讓我們對《金瓶梅》詩詞詮釋角度兼及作者問題的探討有所反省，香港梅節先生即從《金瓶梅詞話》大量襲用《懷春雅集》詩文，呈現出生硬代入、比擬不倫，不解原書、隨意竄改的特點，配合其他引詩過失相同、腹笥不豐累疊引用的類似現象，撰成〈從套用竄改《懷春雅集》詩文看《金瓶梅詞話》的作者〉一文，主張：「現在《詞話》大量襲用、竄改《懷春雅集》等詩詞被發現，使『大名士說』更難自圓其說。如果《詞話》真的出自大名士、鉅公之手，俗文學雖非其所長，雅文學本應是他們的當行本領，何以連幾句詩都謅不出來，……不說王世貞、賈三近、屠隆，就連一個正統文人，也不屑爲。不過，如果我們換一個位置，把《金瓶梅詞話》視爲書會才人一類中下知識分子的作品，則這些問題都可以得到較完滿的解答。」㊶此一高見，立基於堅實證據之上

《懷春雅集》之外，《嬌紅記》、《賈雲華還魂記》、《鍾情麗集》等亦可爲證)，這在聚訟紛紜的《金瓶梅》作者爭論中，無疑發人深省，而且是相當值得肯定的。

七、成爲元明清三代戲曲取材的淵藪

關於元明中篇傳奇小說對戲曲的影響，孫楷第先生最早提到所謂「詩文說」：「流播既廣，知之者衆。乃至名公才子，亦譜其事爲劇本矣。」至於共有哪些劇本是據它們來改編的呢？則未見明言。後來譚正璧補充孫說，指名十二部雜劇、傳奇係據《風流十傳》小說八種改編，但有錯誤，如誤信「盧伯生」作《嬌紅記》傳奇，錯將謝惠《鴛鴦記》說成《鴛鴦記》等[42]；葉德均亦曾另據《國色天香》別出的《七種才情傳奇書》(誤《龍會蘭池錄》作《蘭會龍池錄》)，指名七部戲曲據以改編，然頗多遺漏[43]；張發穎、刁雲展又據《花陣綺言》收錄的七種小說，指名有十部戲曲據之改編，卻未能肯定《嬌紅雙美》(即《嬌紅記》)與劉東生《金童玉女嬌紅記》雜劇的先後關係[44]；莊一拂《古典戲曲存目彙考》用力甚勤，闡明元明清三代戲曲與元明中篇傳奇小說的關係最富，可惜仍有缺漏或訛誤[45]。今確定是根據元明中篇傳奇小說改編的戲曲至少有二十四部之多，列表如下：

元明中篇傳奇小說改編的元明清戲曲

嬌紅記	《王嬌春死葬鴛鴦塚》雜劇（元·邾經） 《金童玉女嬌紅記》雜劇（明·劉東生） 《嬌紅記》雜劇（明·湯舜民） 《嬌紅記》雜劇（明·金文質） 《嬌紅記》戲文（明·沈壽卿） 《節義鴛鴦塚嬌紅記》傳奇（明·孟稱舜） 《兩鍾情》傳奇（清·許逸）
鍾情麗集	《畫鶯記》傳奇（明·趙於禮）
賈雲華還魂記	《賈雲華還魂記》戲文（明·溧陽人作） 《指腹記》傳奇（明·沈希福） 《分釵記》傳奇（明·謝天瑞） 《姻緣記》傳奇（明·馮之可） 《金鳳釵》傳奇（明·闕名） 《灑雪堂》傳奇（明·梅孝巳）

懷春雅集	《忠節記》傳奇（明·錢質之） 《懷春記》傳奇（明·王五完） 《忠烈記》傳奇（明·謝天瑞）
花神三妙傳	《三妙記》傳奇（明·若水居士）
尋芳雅集	《鴛鸞記》傳奇（明·謝惠） 《三奇緣》傳奇（清·闕名）
天緣奇遇	《玉香記》傳奇（明·程文修） 《玉如意記》傳奇（明·闕名）
劉生覓蓮記	《覓蓮記》傳奇（明·鄒逢時） 《想當然》傳奇（明·款思主人，王光魯托）

按：表中《王嬌春死葬鴛鴦塚》或作《玉嬌春》、《死葬鴛鴦塚》一劇，《畫鶯記》別題《黃鶯記》、《題鶯記》，我們都視爲一部處理；存疑中的元王實甫作《嬌紅記》雜劇、明葉憲祖《雙卿記》傳奇二種（仍有分別改編自《嬌紅記》、《雙卿筆記》的可能），尚且未包括在內；時代約在《荔鏡傳》小說之後的嘉靖本南戲《荔鏡記》或更後的《荔枝記》，小說、戲曲故事題材雖一，但不無直接各自民間傳說取材的可能，亦不列入；可能和《懷春雅集》後半情節有關的《羅囊記》，也暫時排除。

因元明清三代戲曲和元明中篇傳奇小說散佚情況都頗爲嚴重，所以除了上表所列之外，想必還有不少没被發現。表中的二十四部戲曲，確爲名公才子手筆，惜乎泰半佚失不傳，或僅存部分曲文，難以遝據作品論其優劣，然而完整保留下來的五種（《金童玉女嬌紅記》、《節義鴛鴦塚嬌紅記》、《兩鍾情》、《灑雪堂》、《想當然》），則普遍獲得肯定，其中尤以孟稱舜《節義鴛鴦塚嬌紅記》享譽最高（但因大家對原著認識不足，以致出現將小說既有成就歸諸孟劇獨創的失當情形）。

中國古典小說和戲曲，在藝術上常見相互借鑑與交流，在題材内容上也確有雙向交融、彼此轉化的現象㊻，我們從《龍會蘭池錄》據南戲《拜月亭》（《幽閨記》）加工成篇（又參考《玉簫女兩世姻緣》諸劇），和《賈雲華還魂記》、《雙雙傳》各有借鑑元雜劇《迷青瑣倩女離魂》、《東　記》的可能，以及《荔鏡傳》與南戲《荔鏡記》、《荔枝記》有所融合又都留下佚失的《青梅記》的寶貴線索來看，可以更加確定這一點。不過，就元明中篇傳奇小說和元明清三代戲曲的關係而言，誠如任二北所論：「大都由話轉劇，……其由戲轉話者，傳例較少。」㊼這也是不爭的事實，若欲以較少的特例推翻常態，進而斷定《嬌紅記》等作長於心理描寫的特點是「從戲曲中搬過來的」、「是在小說、戲劇等各種樣式的文學作品的交錯影響下產生的」（藉以證明《嬌紅記》是明代的作品）㊽，或說其文體必「受宋金諸宮調及元明彈詞的影響，故形式上以詩爲主而以散文爲附」㊾，則難免有本末倒置，以偏蓋全之嫌。《嬌紅》系列的中篇傳奇小說和《剪燈》系列的短篇傳奇小說一樣，都是後代戲曲家取材的淵藪，這是無庸置疑的。

八、中國文學史不容忽略的重要環節

元清江宋梅洞《嬌紅記》做爲一部文言中篇傳奇小說，看在戲曲愛好者眼中，不免感到：「事俱而文深，非人莫能讀」[50]，這就好像白話小說的忠實讀者視《剪燈新話》、《鶯鶯傳》、《效顰集》、《水滸傳》、《鍾情麗集》、《懷春雅集》、《秉燭清談》、《如意傳》、《于湖記》等文言或近於文言之作：「其間語句文確，讀者往往不能暢懷」[51]，道理相同。拘泥其說（又誤認「事俱而文深」爲「事促而文深」），遽論現存《嬌紅記》乃明人無名氏改作[52]，未免牽强，這和誤認清刊《荔鏡傳》、《覓蓮記》等書爲清代小說一樣，都不足採信。對於元明中篇傳奇小說，實有必要正確認識作品的作者及其成書年代，明辨作品的版本與故事內容，不把異者混爲一談（如《懷春雅集》和《尋芳雅集》、《融春集》），正視作品的技巧與內涵，釐清其發展脈絡和優劣高下，探討作品的淵源與影響，辨別其和諸體小說、戲曲的真正關係，甚至再發掘作品的文藝表現及文學演變之外的價值（如《龍會蘭池錄》不但不平庸還澄清了萬曆年間的一樁公案，《賈雲華還魂記》則促進了中國和朝鮮的文化交流等），我們相信在衆多的疑點和誤解得到解決之後，元明中篇傳奇小說存在的意義與價值應當予以重估才對。

民國以來，前輩學者如孫楷第、鄭振鐸、趙景深、葉德均、嚴敦易、齊如山、周楞伽、譚正璧諸氏，先後在其舊作中對元明中篇傳奇小說有過披荊斬棘的初步探索，雖受限於材料的不足，立論偶有閃失，但給後學者啓發實大。近之學者如日本的伊藤漱平、大塚秀高、岡崎由美，中國大陸的程毅中、薛洪勣、侯忠義、吳志達諸位先生，過去也各有專文或相關研究，即使留下一些爭議，卻都加速了我們對元明中篇傳奇小說的深入瞭解。九〇年代以後，雖然探討明清小說思潮者，仍未顧及元明中篇傳奇小說掀起的創作、閱讀兼及批評的熱潮[53]，論述明代傳記體小說或探究文言小說人物性格刻畫者，亦未留心《嬌紅》系列作品的豐碩成果[54]，整體研究還是十分薄弱，不過薛洪勣、岡崎由美等人仍然孜孜不倦地在這塊園地上辛勤耕耘[55]，並有越來越多的學者，如蕭相愷、孫一珍、劉浩明、石昌渝、何長江幾位先生，加入討論的行列。蕭相愷《宋元小說簡史》特別注意《嬌紅記》及其影響[56]，孫一珍〈明代小說的橫向勝攬與正名〉特別注意「中篇小說，像《鍾情麗集》等」的存在[57]，劉浩明在《中國歷代小說辭典》裡條列評介了《國色天香》等通俗類書及若干短、中篇通俗傳奇小說[58]，石昌渝《中國小說源流論》既界說文言與白話，短篇、中篇和長篇的分野，又暢論了元明中篇傳奇小說的通俗化狀況[59]，何長江既有〈《國色天香》成書年限〉、〈《燕居筆記》編者余公仁小考〉的微觀短論，又發表了〈論元明長篇傳奇小說的發展歷程〉的宏觀長文[60]，雖然彼此觀點有些出入，值得商榷之處猶多[61]，未必能夠一下掃淨積埋元明中篇傳奇小說已久的塵埃，不過我們樂觀的相信，透過大家一起的關注，元明中篇傳奇小說研究薄弱的現象可望逐步得到改善，而它們在中國文學史上應該佔有的適當地位，也必將獲致比較客觀的認定。

本文的重新整理，省略個別元明中篇傳奇小說的詳細考辨與註解，主要是在檢討過去研究的不足，就其整體發展的面貌提出若干研究心得，以供同好參考斧正。筆者願意再次誠摯呼籲，今後中國小說（特別是文言小說）、中國文學研究者，不再輕忽這批自成體系而且不乏佳構，又强烈影響明清白話小說發展，還成爲元明清三代戲曲取材淵藪的元明中篇傳奇小說，因爲它們確實是中國文學史不容忽略的重要環節，在中國文學發展史上是具有相當程度的價值的。

注釋

❶ 中國文化大學中文研究所博士論文，王三慶先生指導，一九九四年十二月。

❷ 語見孫著《日本東京所見小說書目》卷六《風流十傳》條按語，北京人民文學出版社，一九九一年五月第三次印刷，頁一二六～一二七。

❸ 薛洪（薛洪勣）《明清文言小說管窺》一文做此主張，見吉林省社會科學院（內部發行）《學術研究叢刊》，一九八〇年第一期，頁八三。

❹ 大塚秀高著有《明代後期文言小說刊行概況》（上）（下），謝碧霞譯，譯文載於臺灣學生書局《中國書目季刊》第十九卷第二期（頁六〇～七五）、第三期（頁三四～五一），一九八五年九月、十二月；引文見第二期頁六〇。

❺ 此文收入《鄭振鐸古典文學論文集》，上海古籍出版社，一九八四年一月，頁三三〇～三四六；引文見頁三三四～三三五。

❻ 引語見魯迅《中國小說史略》第八篇，台北風雲時代出版公司，一九九〇年十一月，頁八五。雖然《劉生覓蓮記》曾將這類小說稱爲「話本」，但是它們幾無任何「得勝頭回」之類的帽頭或「說話」人穿插的慣用術語，通篇演以文言，與現今之「話本」的概念也有很大的差別，故似不宜以「文言話本」、「文言擬話本」名之。

❼ 語見魯迅《中國小說史略》第二十二篇，同❻，頁二五七。

❽ 台北華正書局校訂本，一九八二年五月，頁九三二。

❾ 例如吳組緗、沈天佑《宋元文學史稿》，北京大學出版部，一九八九年五月。又如顧建華《中國元代文學史》，列入北京人民出版社《百卷本中國全史》，一九九四年一月；趙景雲、何賢峰《中國明代文學史》，同上，一九九四年四月。

❿ 例如鄧紹基主編《元代文學史》，北京人民文學出版社，一九九一年十二月（頁五九五、六〇七）。

⓫ 武漢大學出版社，一九九一年十二月，頁一〇四。

⓬ 參馬幼垣《中國小說史集稿》（台北時報文化出版公司，一九八七年三月二版）卷下〈郭箴一「中國小說史」的來源〉（頁二六一～二六四）、〈評李輝英的「中國小說史」〉（頁二七五～二七八）。

⓭ 台北傳記文學出版社，一九八〇年十月再版，頁二三五。

⓮ 例如楊子堅《新編中國古代小說史》，南京大學出版社，一九九〇年六月；齊裕焜主編《中國古代小說演變史》，敦煌文藝出版社，一九九〇年九月；徐君慧《中國小說史》，廣西教育出版社，一九九一年十二月；李悔吾《中國小說史漫稿》，湖北教育出版社，一九九二年七月。

⓯ 見陳文新《中國文言小說流派研究》，武漢大學出版社，一九九三年九月（頁一九二～二〇一）。

⓰ 如侯忠義、劉世林《中國文言小說史稿》（下册），北京大學出版社，一九九三年二月，頁一一〇。

⓱ 這種研究薄弱的現象，直到九〇年代以後才稍見改善，可惜多半侷限於單篇研究論文，不及寫入中國文學史或中國小說史，詳參本文第八節。

⓲ 北京大學出版社，一九八一年十一月，頁三三八～三三九。

⓳ 同❹，第十九卷第二期，一九八五年九月，頁七〇。

⓴ 《情義奇姻》不到五千字，收錄在《萬錦情林》卷四下層，很可能是編者（余象斗）爲補足版面，臨時拼湊而作，詳參拙作〈《情義奇姻》與《劉方三義傳》〉，南京《明清小說研究》一九九三年第二期，頁二一七～二三四。

㉑ 語見鄭振鐸〈明清二代的平話集〉，一九三一年舊作，收入《西諦書話》，北京三聯書店，一九八三年十月，頁一四六。孟瑤《中國小說史》亦承此說，同⓭。

㉒ 詳參王師三慶〈《萬錦情林》初探〉，載於台北《明史研究專刊》第十期，明史研究小組印行，一九九二年十月，頁三七～七一。

㉓ 此本《燕居筆記》，北京圖書館有藏，鄭振鐸《西諦書話》曾予介紹，同㉑，頁一八八～一八九。

㉔ 全名《增補批點圖像燕居筆記》，書題「明叟馮猶龍增編／書林余公仁批補」，實乃余氏編刊，假托馮氏之名。原書藏日本宮內廳書陵部及佐伯文庫。

㉕ 原書現藏日本東京大學東洋文化研究所雙紅堂文庫，其卷一《鍾情麗集》篇末附一跋語，自言：「是集詞逸詩工，且鋪敘甚好，予愛之，爲之删訂，參之眉公，眉公曰：其付梓乎？……予名金鏡，字容成，侯居小郗巷中。」

㉖ 其中十二卷本《剪燈叢話》爲自好子編輯，與合刻《剪燈新話》、《剪燈餘話》、《覓燈因話》之《剪燈叢話》不同一書，董康購自日本，後歸藏北京圖書館，載不凡亦有一殘本（見《小說見聞錄》，浙江人民出版社，一九八〇年二月，頁二四〇～二四一）。

㉗ 詳參官桂銓〈新發現的明代文言小說《麗史》〉，附錄《麗史》全文，載於北京《文獻》一九九三年第三期，頁三～一九。

㉘ 詳參拙作〈《荔鏡傳》考〉，北京《文學遺產》一九九三年第六期，頁八三～九六。

㉙ 見葉著《戲曲小說叢考》，北京中華書局，一九七九年五月，頁五三五。

㉚ 同❸，頁八三。

㉛ 台北成文出版社《書目類編》第二十七册，一九七八年七月據一九五七年古典文出版社排印本影印，總頁一一九六〇。

㉜ 同❷。

㉝ 浙江文藝出版社，一九八四年十一月，頁二六～二八。

㉞ 台北明文書局版，一九八二年十二月，頁三九九。

㉟ 如王瑞功〈關於古典小說發展問題的思考〉，濟南《文史哲》一九八六年第六期，頁三～八；崔子恩〈論中國文言小說的發展及其創作傳統〉，《中國社會科學院研究生院學報》一九八六年第六期，頁五二

～五七。

㊱見陳大康〈論小說史上的兩百年空白〉，《華東師範大學學報》（哲學社會科學版）一九九〇年第五期，頁七七～八四；又見其專著《通俗小說的歷史軌跡》第二章「通俗小說近二百年停滯局面的形成」，湖南出版社，一九九三年一月，頁三三～六六。

㊲詳參伊藤漱平〈《嬌紅記》成書經緯：其變遷及流傳過程〉（謝碧霞譯），台北《中外文學》第十三卷第十二期，一九八五年五月，頁九〇～一一一；程毅中〈《嬌紅記》在小說藝術發展中的歷史價值〉，《許昌師專學報》（社會科學版）一九九〇年第二期，頁一五～二〇；吳志達《明清文學史（明代卷）》，同⑪，吳志達〈關於中國文言小說的幾個問題〉，《武漢大學學報》（社會科學版）一九九三年第三期，頁八九～九六。另參拙作〈明清小說裏的《嬌紅記》〉，中國古典文學研究會編《古典文學》第十一集，臺灣學生書局，一九九〇年十二月，頁一九七～二三七。

㊳語見嚴敦易《元劇斟疑》七十二《鴛鴦塚》條，中華書局上海編輯所，一九六二年十二月第二次印刷，頁六五二。

㊴詳參皮師述民〈明初《剪燈二話》裡的諷刺與譴責〉，新加坡國立大學中文系學術論文第十三種，一九八三年，二十二頁。其結論云：「《剪燈》一系的小說，其價值不僅在它們是明代文言小說的代表，也不止是供給了戲曲和白話小說的本事資料，更在於以這種嶄新的文言小說形式，結合了言之有物的諷刺譴責內容，使清代的小說發展和茁壯起來。」（頁二二）

㊵語見程毅中〈略談才子佳人小說的歷史發展〉，《明清小說論叢》第一輯，瀋陽春風文藝出版社，一九八四年五月，頁三六。

㊶一九九三年九月寧波「第六屆《金瓶梅》學術研討會」論文。另參拙作〈《懷春雅集》考〉，同上。

㊷見譚正璧、譚尋《古本稀見小說匯考》，同㉝，頁二六～二七。

㊸見〈讀明代傳奇文七種〉一文，收入葉著《小說戲曲叢考》，同㉙。文中認爲《花神三妙傳》未曾被改

編爲戲曲（頁五四〇），實非。

㊹ 見〈《花陣綺言》對戲曲、小說的影響——明末清初小說述要之二〉一文，載於《社會科學輯刊》一九八二年第六期，頁一五三。其實該雜劇丘汝乘序已明言劉東生《金童玉女嬌紅記》，是據「元清江宋梅洞《嬌紅記》」改編而來。

㊺ 如未知許逸《兩鍾情》傳奇係改編自《嬌紅記》，誤將《賈雲華還魂記》故事與《金鳳釵記》混爲一談，又誤判別名《桃花凝》、《奇緣配》的《三奇緣》傳奇爲《天緣奇遇》改編劇本等。見該書（上海古籍出版社，一九八二年十二月）頁一二五九，頁九九〇、一二二三，頁一五二五。

㊻ 詳參劉輝〈題材內容的單向吸收與雙向交融——中國小說與戲曲比較研究之二〉（原載《藝術百家》一九八八年第三期），收入劉著《小說戲曲論集》，台北貫雅文化事業有限公司，一九九二年三月，頁五五～七七。

㊼ 《優語集》卷五「鑽彌遠」條按語，上海文藝出版社，一九八二年十月第二次印刷，頁一三九。

㊽ 語見薛洪（薛洪勣）〈明清文言小說管窺〉，同❸，頁八四。

㊾ 同㊷，頁二八。

㊿ 語見丘汝乘宣德十年（一四三五）〈金童玉女嬌紅記〉雜劇序。

51 語見欣欣子〈金瓶梅詞話序〉。

52 同㊽。

53 例如董國炎〈蕩子·柔情·童心——明代小說思潮〉，北岳文藝出版社，一九九二年九月；王國健《明清小說思潮論稿》，廣州出版社，一九九三年九月。

54 例如陳蘭村〈明代傳記體小說略論〉，《貴州社會科學》一九九三年第四期，頁五七～六二；唐富齡〈文言小說人物性格刻畫的歷史進程〉，《武漢大學學報》（社會科學版）一九九〇年第四期，頁九五～一〇二。唐富齡專書《文言小說高峰的回歸——《聊齋志異》縱橫研究》（武漢大學出版社，一九九〇年七月），第一章論述「文言小説的發展脈絡及分期特點」，亦完全忽略元明中篇傳奇小説的存在。

55 薛洪勣近年撰有〈明清文言小説的發展歷程〉（長春《社會科學戰線》一九九〇年第二期，頁二五四～二六一）、〈中國小説史上的一個發展環節——明代「文言話本」縱橫談〉（同上，一九九年第一期，頁二八八～二九三），以及《中國古代小説百科全書》上關於所謂「文言話本」的若干詞條，北京中國大百科全書出版社，一九九三年四月；岡崎由美則撰有〈明代長篇傳奇小説的敘事特徵〉，一九九三年九月北京「中國古代小説國際研討會」論文。

56 見下册，頁二三八～二四一，遼寧教育出版社《中國古代小説評介叢書》第一輯，一九九二年十月。

57 收入中國社會科學院文研所編《俞平伯先生從事文學活動六十五周年紀念論文集》，巴蜀書社，一九九二年三月，頁三四一～三六五。

58 第二卷（宋、元、明），書由黃霖主編，雲南人民出版社出版，一九九三年三月，相關條目見頁一八八～二〇一。

59 見第一章第二節（頁一七～一八）、第三節（頁二七～三〇），第四章第五節（頁一九二～一九五）、第六節（頁二〇〇～二〇七），北京三聯書店，一九九四年二月。另其〈「小説」界説〉一文，亦述及《嬌紅記》等中篇傳奇小説，載於北京《文學遺產》一九九四年第一期，頁八五～九二。

60 三文分別載於南京《明清小説研究》一九九三年第二期（頁二五〇～二五一）、一九九三年第三期（頁一〇五～一〇八）、一九九四年第二期（頁一三四～一四四）。

61 例如何長江〈論元明長篇傳奇小説的發展歷程〉主張《龍會蘭池錄》產生於元初，似乎有意爲南戲《拜月亭》（《幽閨記》）和它的先後關係翻案（南京《明清小説研究》一九九四年第二期，頁一三五）。但這是不必要也不可能的，因爲《龍會蘭池錄》不僅熟用《嬌紅記》「嬌娘漬」的典故，還運用了明初瞿佑《剪燈新話》卷一〈聯芳樓記〉的典故和文字，又曾參考過成化年間的《鍾情麗集》，絕不可能是元初的作品，詳參拙作〈《龍會蘭池錄》考〉，台北《中國文化大學中文學報》第二期，一九九四年六月，頁二二一～二四四。

有關《大唐三藏取經詩話》的一些問題

王國良

一、前言

自從民國五年（西元一九一六年），羅振玉影印日本三浦梧棲所有京都栂尾高山寺舊藏本《大唐三藏取經詩話》及德富蘇峰所有高山寺舊藏本《新雕大唐三藏法師取經記》，迄今已達八十年。兩書一再翻印和重新標點排印，頗稱熱鬧。❶除了當年羅振玉、王國維二人撰寫的跋語之外，研究古典小說或通俗文學並及語言學的中外專家學者，先後寫了將近二十篇相關的論文。特別是近十幾年，大陸學者的研究成果陸續發表，值得小說學界的關注與重視。❷

吾人檢視各家的論著，它們涉及了書名原始、作品屬性、撰者身份、成書年代、刊印時間、故事源流、內容考證……等問題（或範圍）的研討。其中，有些看法比較一致，同時也存在不少分歧，有待大家深入的探究。由於時間匆促，本論文準備只就某些外圍問題先作介紹，並稍作檢討考辨。

二、書名原始

日本明正天皇寬永十年（一六三三年，明思宗崇禎六年），佚名編《高山寺聖教目錄》，其卷上著錄《玄奘取經記》二部。❸因爲記載太簡單，世人大抵不知其詳。迨辛亥革命時，羅振玉、王國維避居日本，訪得原高山寺藏書《大唐三藏取經詩話》及《新雕大唐三藏法師取經記》，撰跋並分別影印問世，吾人乃確知《玄奘取經記》二部之真相，而兩者的命名與同書異名之緣由等相關問題，也就成爲重要話題。今依時間先後，引述幾家比較具有代表性的意見如下：

(1)王國維《大唐三藏取經詩話·跋》：「其稱詩話，非唐宋士（大）夫所謂詩話。以其中有詩有話，故得此名。其有詞有話者，則謂之詞話也。」❹

(2)孫楷第〈《大唐三藏取經詩話》提要〉：「此書以白文與詩偈相間。……凡敷演故事，以偈詞與白相間者，唐人謂之詞文，元以來謂之詞話。此編謂之詞話，實無不可。其云詩話，或書肆所妄擬。（王）國維詩話、詞話之分，近於臆測。話本謂之詩話，除此書外，未有他例，宋元人亦無此記載，蓋不然矣。」❺

(3)葉德均《宋元明講唱文學》：「所謂詩話，只有元刊《大唐三藏取經詩話》一種。它所以稱爲詩話是因爲書中有不少的詩，而這類詩又是通俗的詩讚。所以它和詞話中詩讚體是同類，應屬於詞話範圍，並非和詞話對立的另一種。」❻

(4)太田辰夫〈《大唐三藏取經詩話》考〉：「《取經記》做爲『新雕』這一點，也可認爲是較晚出版的。新雕就是新版，……大概《詩話》是小型本，版也不好，因此才出版易讀的新版吧！這時，《詩話》之名也容易跟普通所說的『詩話』混淆，因此改爲小說常有的『記』的名稱。」❼

(5)胡士瑩《話本小說概論》：「宋人話本中題『詩話』的，現存者只有《大唐三藏取經詩話》一種。『詩話』之名，亦僅此一見。王國維在這部僅存的殘本《詩話》跋語中說：「……。」顧名思義，王氏這種說法並無錯誤。我們從《取經詩話》的實例來看，……它確實是詩和話夾雜組織而成，插入的詩，與話文有密切的聯繫，而且每節之末都用詩句作結，所以叫做『詩話』。……《取經詩話》中有不少『乃留詩曰』、『遂成詩曰』云云，都是藝人唱的部份，說得明白一點，就是以詩代話，所以叫做『詩話』。」❽

(6)程毅中《宋元話本》：「《大唐三藏取經詩話》……這個話本名叫『詩話』，和『詞話』一樣，並不是批評詩詞創作的詩話，而是中間夾著詩詞的話本。詞話裡的詞，一般就是七言詩句的唱詞，並不是長短句依調填字的詞。所以詩話也就是詞話。另有一種本子叫做《大唐三藏取經記》，就不用詩話這個名稱。可見他的名稱也不是固定的。」❾

(7)李時人、蔡鏡浩〈《大唐三藏取經詩話》成書時代考辨〉：「……對於變文，宋元人一般缺乏認識。但是拿到這篇作品的人顯然看出了它和當時話本在體裁上的不同，於是取書中人物『以詩代話』的特點，姑名之『詩話』(又名《大唐三藏取經記》，可見書名爲刻書人任意爲之，並未守其舊名，或原本同於某些敦煌寫卷，並無題名，亦未可知)。在講唱文學中，『詩話』之名，前無舊例，後無繼者，千百年來，僅此一例，大概就是這樣產生的。」❿

(8)李時人、蔡鏡浩〈《大唐三藏取經詩話》發微〉：「……《取經詩話》種種形式體製上的特點，都是唐、五代變文、話本體製的表現。《取經詩話》題名中的『詩話』並非標明它的體裁，其又一刻本名《大唐三藏法師取經記》，可證『詩話』並非原書題名的固定組成部份。」⓫

(9)張錦池〈《大唐三藏取經詩話》成書年代考論〉：「……題名《取經詩話》，從『詩話』二字上亦可發現它的時代印記。周紹良謂《敦煌變文集》裏列爲開卷第一篇的伍子胥故事，從其體裁和特徵來看，乃是一篇早期的『詩話』。這是有道理的。王國維說《取經詩話》，『其稱詩話，非唐宋士大夫所謂詩話……』照我看來，唐宋士大夫所謂『詩話』，當分爲兩種體製。一種如司空圖《詩品》和嚴羽《滄浪詩話》，實際上是『詩論』。另一種如孟棨《本事詩》和歐陽修《六一詩話》，道吟詠者事，說吟詠者詩，實際上倒有幾分像『小說』。《取經詩話》的體製與前者絕異，與後者卻有內在的共同點。足見《取經詩話》中的人以詩代話，它不只受了變文的影響，還受了《本事詩》一類『詩話』的影響。」⓬

按：從上述八家（李時人、蔡鏡浩合撰，以一家計）的意見中，我們發現王國維的說法，不只最早提出，而且具有創發性。葉德鈞、胡士瑩、張錦池三人，接受『詩話』這個名稱，並在王氏的說詞之外，另做補充、引申。程毅中是稍有保留地接受。太田辰夫對《詩話》名題，未表示意見；但對『取經記』之名，則推測係由刻印者所改動。而孫楷第則懷疑名題係書肆所妄擬，李時人、蔡鏡浩也認爲是刻書人任意冠上的。至於原書有無題名，或本名如何，目前由於缺乏相關佐證之文獻資料，只有暫時存疑。

三、作品屬性

以現有的通俗文學史料而論，中晚唐、五代俗講與説話的底本，諸如：講經文、變文、話本、詞文、俗賦等，數量頗爲可觀。這些作品，或是韻散交錯，或偏重散體，或全爲唱詞，林林總總，形式不一。它們發展到宋代，又以講唱混合，或者純爲説話的型態，在瓦舍勾欄與流動場所中呈現出來。根據孟元老《東京夢華錄》的記載，北宋汴京瓦肆裡的説話科目，至少有講史、小説、説諢話三種，唯獨缺少『説經』一門。胡士瑩在《話本小説概論》裡推測，大概説經在北宋尚未進入瓦子，即使有之，亦未必盛行，因而遲至南宋始成爲一家數。[13]《大唐三藏取經詩話》影印問世以來，其所屬家數門類，亦逐漸成爲爭論的焦點。今引述俗講、説經、小説三派不同意見的代表性文字，做爲參考。

(一) 俗講底本（變文）

李時人、蔡鏡浩〈《大唐三藏取經詩話》成書時代考辨〉：「鑑於《取經詩話》在體製和表現形式等方面和現存宋元話本有明顯的不同，有人曾經猜想它可能屬於至今體製和表現形式都無考的『説經』話本系統。……但據耐得翁《都城紀勝》和吳自牧《夢粱錄》説：『説經，謂演説佛書。』《取經詩話》雖然是一個描寫取經的宗教故事，但它以人物的命運遭遇爲中心，與佛經教義顯然沒有過多的聯繫，實在不能説是『演説佛書』。……所以把《取經詩話》説成『説經』話本是沒有根據的。其實，許多專家都看到了《取經詩話》和敦煌變文無論在體製和表現手法上都非常相似，而和宋代話本有明顯的區別。如果我們排除了宋代產生的可能性，那麼，它就只能是唐五代「俗講」的底本，或者就是一篇變文（或採用「轉變」形式講唱的話本）。」[14]

(二) 說經（講經）話本

(1)孫楷第《大唐三藏取經詩話》提要〉：「此書以白文與詩偈相間，核其文體，與唐五代講經之變文實同。宋人說話四科中有說經，此編當爲宋人說經之本。」[15]

(2)方詩銘〈《大唐三藏取經詩話》爲宋人說經話本考〉：「宋代說話人中，有『說經』一科，宋代的說經是由唐代俗講直接演變來的；而唐代的俗講，在五代末年的時候，仍然是很活躍地流行在寺院裡。與說經的關係既然是如此的密切，而且在時間上又是如此的接近，則它們在形式上或內容上一定有密切的相似的地方。用這一個準尺去衡量宋代的說經，我想，是不會差得太遠的。因此，在流傳到今天的很少的宋人話本中，我發現宋代說經的話本：《大唐三藏取經詩話》。」[16]

(3)太田辰夫〈《大唐三藏取經詩話》考〉：「此部小說乃是所謂『說話人』中屬於『說經』的人使用的藍本之一。其中有詩有話。」[17]

(4)陳汝衡《宋代說書史》：「唐代寺院裡和尚講經，也就是變文講唱，記載在《敦煌變文集》裡的已相當可觀。到了宋代，民間藝人繼承唐人講經的流韻，在勾欄瓦肆裏向聽衆『演說佛書』（《都城紀勝》和《夢粱錄》）。可惜這方面的資料特別少，說經話本《大唐三藏取經詩話》卻幸運地被保留下來。」[18]

(5)程毅中《宋元話本》：「現存的《大唐三藏取經詩話》，應該是一本早期的說經性質的話本。它有很重要的史料價值。……它講的是唐三藏取經故事，應該算作說經說參請一類的話本。唐代講佛經故事的變文，如《降魔變文》裡所講舍利弗和勞度叉鬥法的故事，和它很有些相似的地方。這本《取經詩話》可以看作唐代變文的直接後裔，而且在形式上也有許多相似的地方。……」⑲

(6)高明閣〈《取經詩話》閱讀札記〉：「這部時代較早的《詩話》，沿襲的是『變文』以來的記錄方法，這只要從它的每一則，都標目爲『……處第……』，便使讀者馬上會察覺得出，正如研究者所說『是變文體例的一個遺跡』。我們在指出這遺跡的同時，必須强調一下它之所以用『處』字的緣故，……『處』就是場所、地方。因爲『經變的表現手法，不只是囀唱的「變文」，還有訴諸視覺的「變相」』。……因而這『處』字，與其說來自『變文』，莫如說來自『變相』。『變相』本來是像演幻燈那樣，畫成一幅幅的故事連環畫，一面翻開特定的一張給聽衆看，同時講唱這一張所代表的全段的故事。至於到了後來，完全發展爲『講唱文學』，不再依靠拉洋片式了，『……處』也就没人再用了。因此，說《詩話》『近古』，而且出自『說經』家，這就是證據之一。」⑳

(7)張錦池〈《大唐三藏取經詩話》『說話』家數考論〉：「……《取經詩話》的『說話』家數，既不可能是『講史』，又不可能是『小說』，更不可能是『合生』之類。那麼……比較密合事理的，只能是『說經』。說《取經詩話》的『說話』家數是屬於『說經』，這不只於事理始爲密合，而且也可以從它的思想內容與藝術形式的特點上獲得有力的證明。……其實說《取經詩話》的『說話』家數是屬於『說經』，這不只從作品的藝術形式和思想內容可以獲得

證明，而且也是自古以來的一種約定俗成的看法。」㉑

(三) 小說話本

胡士瑩《話本小說概論》：「《取經詩話》所用的文體是屬於『小說』範疇的『詩話』體，有人說它是一個『說經』話本是不對的。『說經』的性質是『演說佛書』，這在《都城紀勝》和《夢粱錄》兩書裏記載得很清楚。取經不等於說經，『詩話』無論從《取經詩話》或伍子胥故事，以及下文的《張子房慕道記》等來看，其內容都是以人物命運遭遇爲中心，敍述故事，而且近乎靈怪、神仙、發跡、變泰之類，顯然是『小說』一類，不過篇幅有大小，所以在內容上是和說經毫無共同之處的。」㉒

按：中外小說研究者，大抵相信《取經詩話》應屬於宋代說話中『說經』一類，唯獨已故的話本小說研究專家胡士瑩氏獨排衆議，將之歸入『小說』家數。一九八九年，哈爾濱師範大學張錦池教授發表〈考論〉一文，洋洋灑灑一萬五千言左右，就是想徹底釐清宋人說話的分類問題，並答辯胡氏之質疑而寫，考辨精細周到而具有說服力。至於李時人、蔡鏡浩二人，因爲將《取經詩話》的成書上推到晚唐五代（說詳後文），很自然得出它是『俗講』之底本或者變文的結論。

四、撰者身份

《取經詩話》基本上屬於通俗文學系統，宋元各家著述，從未提及或引用，想找尋原作者，幾乎不可能。不得已而自作品的文學表現手法與思想傾向，推求撰者的身份背景，對原著的詮釋和理解也有一定的助益。目前所知，大約有：民間說話人、佛教中人（含俗講僧）兩種說法。

㈠ 民間說話人（市人）

⑴魯迅《中國小說的歷史的變遷》：「這《大唐三藏取經詩話》，雖然是《西遊記》的先聲，但又頗不同。如『盜人參果』一事，在《西遊記》上是孫悟空要盜，而唐僧不許；在《取經詩話》裡是仙桃，孫悟空不盜，而唐僧使命去盜——這與其說時代，倒不如說是作者思想之不同處。因爲《西遊記》之作者是士大夫，而《取經詩話》之作者是市人。」[23]

⑵陳汝衡《宋代說書史》：「到了宋代，民間藝人繼承唐人講經的流風餘韻，在勾欄瓦肆裏向聽衆『演說佛書』。可惜這方面的資料特別少，說經話本《大唐三藏取經詩話》卻幸運地被保留下來。」[24]

⑶劉堅〈《大唐三藏取經詩話》寫作時代蠡測〉：「《大唐三藏取經詩話》有兩種版本：〈1〉宋刊小字本，題《大唐三藏取經詩話》，……〈2〉宋刊大字本，題《新雕大唐三藏法師取經記》，……兩書題名雖異而內容全同，演述玄奘取經故事。作者不可考，大約是民間的說話人。」[25]

⑷徐朔方《大唐三藏取經詩話‧前言》：「此書的刊行當在宋元之際。它是現存最早的以唐僧取經爲題材的民間說唱藝人傳本。」[26]

(二) 佛教中人

(1)李時人、蔡鏡浩〈《大唐三藏取經詩話》成書時代考辨〉：「從《取經詩話》所反映的虔誠的宗教情緒和作品所提出的佛教人物可以看出，這部作品的作者是佛教中人。在三藏所取回佛經中，作品特別提出一部《多心經》，而且借定光佛之口說出這部經『上達天宮，下至地府，陰陽莫測，愼勿輕傳，薄福衆生，故難承受』。唐太宗得到《般若心經》，竟『如獲眼精，內外道場，鮮花迎請』。……作者如此處理，可見其有一定的佛典和佛史知識，這一點，宋代的『説話』藝人是做不到的。」㉗

(2)李時人、蔡鏡浩〈《大唐三藏取經詩話》發微〉：「《取經詩話》產生於佛教發展乃至鼎盛，佛經翻譯和宣講流行的時代，又是一部佛教徒創作的宗教文學作品，尤有較濃的密宗色彩，……《取經詩話》是中國僧人的創作、描寫中國佛教故事的文學作品，根植於中國社會生活和文化的土壤。」㉘

(3)張錦池〈《大唐三藏取經詩話》成書年代考論〉：「『詩話』這一名稱，通常認爲來自歐陽修的《六一詩話》。《取經詩話》雖自成一體，卻仍没有擺脱晚唐五代『俗講』話本的羈絆，當出於衝出寺院而步入『瓦子』的『俗講』僧人之手，而這一情況是始於北宋晚期。……《取經詩話》決不是什麼『佛教極盛時期的寺院作品』，而是佛教蒙受壓抑時期的信男信女們的思想反映。」㉙

按：第一派主張撰者是瓦舍中的説話人。魯迅舉了《西遊記》孫悟空盜人參果和《取經詩話》猴行者盜取仙桃的例子做比較，並補充説明云：「士大夫論人極嚴，以爲唐僧豈應盜人參果，所以必須將這事推到猴子身上去；而市人評論人則較爲寬恕，以爲唐僧盜幾個區區仙桃有何要緊，便不再經心作意地替他隱瞞，竟放筆寫上去了。」[30] 陳汝衡將唐代寺院裏和尚講經的風氣，跟宋代民間藝人在勾欄瓦肆說經的情形，相互比附。劉堅、徐朔方二人的說詞，因爲未做任何解釋，比較缺乏說服力。至於第二派人士，固然一致認爲作者係佛教徒，立論的方向卻小有差異。李時人、蔡鏡浩從《取經詩話》所反映的宗教情操和佛教諸神，斷定它是佛教極盛時期之教中人士（或爲僧徒）所撰；張錦池則以爲《取經詩話》出自佛教受壓抑時期的俗講僧人之手。原作品產生的環境背景，所以會有佛教正當興盛或處於衰歇狀態的不同理解，顯然是受到雙方對作品產生時代看法歧異的制約與影響（成書年代問題，詳下一節）。就整體而言，個人比較贊同張氏〈考論〉的意見。

五、成書年代

對於撰人不明，又缺乏相關文獻記載做佐證的民間作品，想要完全弄清楚它的寫作時代，實非易事。較早期的學者，習慣用書籍的刊印年代或故事情節演進狀況做爲憑證，推論《取經詩話》之成書年代。晚近的學人，開始從事作品的體製形式、思想內容、語言現象（包括語音、語法、語彙），以及某些特別的時代印記，從事細密的考察，審慎地找出可能的答案。目前所知，關於《取經詩話》的成書，大約有：晚唐五代說、北宋說、南宋說、元代說四種，依次引述如下：

㈠　晚唐、五代

⑴劉堅〈《大唐三藏取經詩話》寫作時代蠡測〉：「《大唐三藏取經詩話》……作者不可考，大約是民間的說話人。……這部《取經詩話》歷來認爲南宋作品，大約只是因爲它刊刻於南宋之故，實際上並沒有作品本身所反映出來的佐證。……綜合上文從語音、語法、語彙三個方面對《取經詩話》和變文所作比較的結果來看，兩者之間相似之處是很多的。說《大唐三藏取經詩話》與敦煌所出《廬山遠公話》、《韓擒虎話本》、《唐太宗入冥記》、《葉淨能詩》一樣，其時代早於現今所見宋人話本，……它的時代至遲也該是北宋，因爲它的語言確與南宋的話本有所不同。根據我們在前面所作的考察，這部話本的時代還有可能上推到晚唐五代。」㉛

⑵李時人、蔡鏡浩〈《大唐三藏取經詩話》成書時代考辨〉：「《大唐三藏取經詩話》是一部以『三藏法師』西行求法爲題材的通俗文學作品，……。我們所看到的有關論著都稱其爲宋代話本。……存世《取經詩話》刻本有小字巾箱本一種，大字本一種……。王國維考定爲南宋刻本（又說元刻）。但書刻於宋元，不等於說它就一定是宋元話本。在對它的體製形式、思想內容及語言現象等方面進行初步考察以後，我們發現，它可能早在晚唐、五代就已成書，實是唐、五代寺院『俗講』的底本。……」㉜

㈡　北　宋

⑴王力《漢語史稿》中册：「我們認爲只有《大唐三藏取經詩話》是宋代作品（可能還

是北宋）；《京本通俗小說》和《五代史平話》、《三國志平話》等都是元代作品，或者是經元代人改寫過的。」㉝

(2)程毅中《宋元話本》：「《大唐三藏取經詩話》所講的取經故事還是非常簡略，只有途中歷經磨難的故事，而沒有齊天大聖鬧天宮和江流兒認母報仇等故事，甚至敦煌寫卷中已有的唐太宗入冥故事，也沒有吸收進去。南宋詩人劉克莊曾在〈釋道六言十首〉詩中寫到：『取經煩猴行者，吟詩輸鶴阿師。』可見猴行者取經故事遲至南宋時就已流傳。而到了元代，就出現了《西遊記平話》（又名《唐三藏西遊記》）。……平話在《西遊記》故事的發展演變過程中，起著里程碑的作用。從而也可以反證《大唐三藏取經詩話》應該是早期的話本，甚至還可能是北宋時期產生的。」㉞

(3)張錦池〈《大唐三藏取經詩話》成書年代考論〉：「照我的看法，晚唐五代時未必有以『取經煩猴行者』爲特質的唐僧取經故事流傳民間，當然也就無從說起『傳世《取經詩話》的最後寫定時間不會晚於晚唐五代』問題。……如果說，猴行者的出現是玄奘取經故事神魔化的主要標誌，那麼，標題大多帶一個『處』字則反映了這部作品體製上的主要特徵。我們知道，敘述中在韻散交替的地方以『處』字表明故事情節的轉折和場面的變換，這是唐五代變文體製上的顯著特點。……《取經詩話》現存十五個小節標題竟有十一個帶『處』字，這無疑是受了變文的影響。然而，妙能不用於敘述中韻散交替處而創爲標目，並且題內敘事已有如〈到陝西王長者妻殺兒處第十七〉，內容不囿於對『處』字的『陳說』，這是需要注意的。還需要注意的是，《取經詩話》的有詩有話，珠聯璧合，詩皆由書中人物自己信口吟唱，成爲促進故事發展的一個有機部份，這當然與宋人小說話本裏詩句是以說話人立場吟唱出來微有不同，而明顯地是受了以詩人作人物對話或內心獨白的〈伍子胥變文〉等的影響。然而，妙能跳出一段詩，一段話，聯珠間玉的程式，創爲每節皆以話起，以詩結，珠玉生輝的格局，其體製與表現形式上的特點卓然如此，不唯對變文體製的一種長足發展，已著後世章回體小說及諸宮調之先鞭，與其將它歸屬於唐五代變文，毋寧說它是某種新體製的最早的一個雛形。……《取經詩話》的這種體製及其表現形式，顯然不太可能產生於變文尚具有生命力的晚唐五代時期。其實，《取經詩話》不可能成書於北宋以前，還可以從書中找到最有力的內證。〈入大梵天王宮第三〉寫三藏法師在猴行者引導下，同往『北方毗沙門大梵天王水晶宮赴齋』。其中有這麼一段插曲：

> 羅漢問曰：「今日謝師入宮。師善講經否？」玄奘曰：「是經講得，無經不講。」羅漢曰：「會講《法華經》？」玄奘曰：「此是小事。」當時五百尊者、大梵王，一千餘人，咸集聽經。玄奘一氣講說，如瓶注水，大開玄妙。衆皆稱讚不可思議。

這一內證當然不是某些語言現象問題。……這一內證也不是屬於佛教思想觀念問題。……這一內證實質上是個考僧制上的問題，它打著極其鮮明的時代烙印，所以足以一棰定音。湯用彤《隋唐佛教史稿》附錄二〈五代宋元明佛教事略〉，曾這樣記述五代以來歷朝效法唐中宗師法科舉制度，敕天下試經度僧以對全國僧數寺數加以限制而謹防其濫，……這說明：五代兩宋的度僧制，其內容各不相同。唯『北宋所試經，率爲《法華經》』。這還說明：《取經詩話》寫三藏法師赴齋大梵天王水晶宮，齋前羅漢請這位下界法師升座講說《法華經》，實際上是現實生活中的試經度僧制在作者頭腦中的反映。從而也就有力地證明：《取經詩話》的成書年代，其上限不會早於北宋前期，甚至不會早於仁宗年間。那麽，《取經詩話》會不會是宋末元初的作品呢？更不會。我們有充分的理由可以證明：它的成書年代，其下限不會晚於南宋前期，甚至不會晚於高宗年間。……《取經詩話》極有可能最後寫定於『俗講』僧人可以離開寺院到『瓦子』宣講的宋徽宗年間。」㉟

(三) 南宋（宋）

(1)王國維〈大唐三藏取經詩話跋〉：「……書中載玄奘取經，皆出猴行者之力，即西遊演義所本。……今金人院本、元人雜劇皆佚，而南宋人所撰話本尚存，豈非人間希有之秘笈乎？」㊱

(2)方詩銘〈《大唐三藏取經詩話》爲宋人說經話本考〉：「……《詩話》的產生時代，一定是在《永樂大典》本的《西遊記》以前，換一句話說，即是《詩話》應該是宋人作品，而決不是產生於元代。」㊲

(四) 元代

魯迅《中國小說史略·宋元之擬話本》：「《大唐三藏取經詩話》……卷尾一行云『中瓦子張家印』。張家爲宋時臨安書鋪，世因以爲宋刊，然逮於元朝，張家或亦爲無恙，則此書或爲元人撰，未可知矣。」㊳

按：主張《取經詩話》成書於宋（南宋）或宋元之間，這是一般文學史家與小說史家的普遍看法。試以晚近成書又具有代表性的文學史、小說史爲例，斷其成書於宋（特別指南宋）者，有孟瑤著《中國小說史》、陳汝衡著《宋代說書史》、游國恩等編著《中國文學史》、葉慶炳著《中國文學史》、馬積高等編著《中國古代文學史》……㊴；斷其成書於宋末元初者，有北京大學中文系編《中國小說史》、劉大杰著《中國文學發展史》……㊵。兩派的說法，大抵出自王國維、魯迅二人對《取經詩話》編撰刊行時代的推論。另外，方詩銘則試著以《永樂大典》所收元本《西遊記平話》文字的流暢，內容極爲繁複，與樸質而原始的《詩話》做比較，證明《詩話》應該是宋代的作品。

一九八二年下半年，大陸學者劉堅、李時人等（與蔡鏡浩合作）分別撰文推翻舊說，提出嶄新的看法。劉堅〈……寫作時代蠡測〉一文，試圖分析《取經詩話》語言上的某些特點，並以之同敦煌變文相比較。首先，取全書二十九首詩，扣除用韻符合《廣韻》「獨用」，「同用」規定的十二首，拿其餘十七首與變文比較，歸納出兩者押韻上諸多共同點。其次，找尋《取經詩話》和變文裏處於萌芽狀態的語法現象，如：『得』、『了』、『把』、『將』等字虛化的情況；表示動量的格式，在變文、《取經詩話》及其他宋人話本中的異同處。再其次，探討變文和《取經詩話》在語彙方面用法多所累同，宋人話本則有意義改變或棄置不用的狀況。綜合以上三個項目比較研究的結果，劉氏獲得如下的結論：《取經詩話》和變文之間，相似的地方很多，其時代早於現今所見宋人話本，至遲也該是北宋，還有可能往上推到晚唐五代。㊶

李時人等〈……成書時代考辨〉一篇，其重點有三：(一)、《取經詩話》與敦煌變文，無論在體製和表現形式上都非常相似，而跟宋代話本有明顯的區別。(二)、《取經詩話》在相當程度上可看成宗教書籍。它所表現出來的思想內容，主要是對西行求法行動的讚美，對佛和佛法的崇拜，對西方極樂世界的宣揚，對正果西天的嚮往等。這些都是唐五代流行的佛教思想觀念的反映。(三)、《取經詩話》的用詞習慣和變文有很多一致之處，某些特殊語法現象也十分相似，其押韻情形與敦煌俗文學作品的用韻基本吻合。綜合三個方面的考察，撰者的結論是：《取經詩話》的最後寫定時間不會遲於晚唐、五代。㊷稍後，李、蔡二人又合撰〈《大唐三藏取經詩話》發微〉專文，結合舊作和劉堅〈……寫作時代蠡測〉裏的例證，强調《取經詩話》具有釐清説唱文學史上的某些問題、考察《西遊記》之成書及孫悟空形象的淵源、提供研究唐五代語言材料等諸多價值，可惜無甚新義。㊸

張錦池〈……成書年代考論〉一文，發表的時間最晚，篇幅也比較長。張氏在審視了自民國初年王國維以來各家有關《取經詩話》成書年代之意見後，不管他是贊成或反對，均彙集相關文獻，詳加論證考辨，必要時則提出個人的觀點。文章最後精彩扼要的結論是：認爲早在晚唐五代便有『唐僧取經故事』流行於民間，這種看法是有問題的。《取經詩話》的成書年代，其上限不會早於北宋仁宗年間，其下限不會晚於南宋高宗年間，極有可能是北宋晚期的作品。它是兩宋取經故事的弄潮兒，而不是其總匯。儘管有可能是刊印於南宋晚期，但不能把刊印時間與成書年代混爲一談。㊹

六、刊印時間

古籍版本的鑑定，通常可歸納爲直觀法與理攻法兩種。直觀法即對古書之紙質、墨色、字體、裝訂、刀法、版式等，先憑視覺觀察，以獲取第一印象。理攻法可分爲二：一就古書所留下的線索，如刊記、序跋、避諱、刻工，以及書中之記年、記事、記人等加以推斷；一從各種文獻上的記載，加以考訂。直觀法和理攻法必須相輔相成，缺一不可。㊺《取經詩話》、《取經記》二書，民國初年陸續被羅振玉、王國維發現並摹印問世以來，有關刊印年代的考訂，大致也遵循著直觀法、理攻法兩大路線進行。只是每個人的機緣不同，學問功力有高下，因此，得到的結果也難免有出入。目前所知，大概有宋刻、元刻兩種說法，分別引述如下：

㈠宋（南宋）刻

⑴王國維《大唐三藏取經詩話·跋》：「宋槧《大唐三藏取經詩話》三卷，日本高山寺舊藏。……闕卷上第一葉、卷中第二、三葉，卷末有『中瓦子張家印』款一行。中瓦子爲宋臨安府街名，倡優劇場之所在也。……此云『中瓦子張家印』，蓋即《夢粱錄》之張官人經史子文籍鋪。」㊻

⑵羅振玉《大唐三藏取經詩話·跋》：「宋人平話，傳世最少，舊但有《宣和遺事》而已。近年若《五代平話》、《京本小說》，漸有重刊本，此外仍不多見。此三浦將軍所藏，予借付影印，宋人平話之傳人間者，遂得四種。」㊼

⑶羅振玉《大唐三藏法師取經記·跋》：「日本三浦將軍所藏《唐三藏取經詩話》巾箱本，予既命工影寫，頗惜其佚葉。聞德富氏成簣堂文庫中，尚有別本，又移書求觀。書往不逾旬，蘇峰翁果寄所藏本至，亟取以校巾箱本。稱名雖異，而實是一書。……且皆爲高山寺

藏，而此本刊刻尤精。書中『驚』字作『驚』，『敬』字缺末筆，蓋亦宋槧也。」[48]

(4)德富蘇峰〈魯迅氏之《中國小說史略》〉：「《大唐三藏取經記》者，實是我的成簣堂的插架中之一；而《取經詩話》的袖珍本，則是故三蒲觀樹將軍的珍藏。……這不但作爲宋槧的稀本；作爲宋代所著的說話本，也是可珍重的罷！然而魯迅氏卻輕輕地斷定道：『此書或爲元人撰，未可知矣。』……魯迅氏未見這兩書的原版，所以不知究竟，倘一見，則其爲宋槧，決不容疑。其紙質，其墨色，其字體，無不皆然。不僅因爲張家是宋時的臨安的書鋪。加之，至於成簣堂的《取經記》，則有著可以說是宋版的特色的闕字。好個羅振玉氏，於此早已覺到了。……想魯迅氏未讀羅氏此文，所以疑是或爲元人之作罷。」[49]

(5)鄭振鐸〈宋人話本〉：「此話本（《唐三藏取經詩話》）的時代不可知，但王國維氏據書末『中瓦子張家印』數字，而斷定其爲宋槧。語頗可信。故此話本，當然亦必爲宋代的產物。但也有人加以懷疑的。不過我們如果一讀元代吳昌齡的《西遊記雜劇》，便知這部原始的取經故事其產生必定是遠在於吳氏《西遊記雜劇》之前的。換一句話說，必定是在元代之前的宋代的。而『中瓦子印』數字恰好證實其爲南宋臨安城中所出產的東西，而沒有什麼疑義。」[50]

(6)小川環樹〈《西遊記》的原本及其改作〉：「今天所看到的《大唐三藏取經詩話》三卷，卷末有『中瓦子張家印』字樣。『中瓦子』爲南宋的京城臨安街名，是演出各種技藝的娛樂場所，『張家』似爲書坊名。可見在南宋末年左右，已經有了說玄奘取經故事的話本了。」[51]

(7)胡士瑩《話本小說概論》：「《大唐三藏取經詩話》……此書刻工字體質樸中有圓活之

致，證以王（國維）氏跋語，當為南宋晚期的刊本。」52

(8)鄭明娳《西遊記探源》：「《大唐三藏取經詩話》及《取經記》……兩本只文字小異，內容實同。《詩話》，王國維推斷為宋本，其跋云……。又羅（振玉）跋《取經記》云：『書中驚字作驚，敬字缺末筆，則此亦宋槧也。』缺筆是因避宋太祖趙敬之諱。因此斷為宋本。歷來學者都從此說。唯周樹人疑為元本，但又無充分反駁證據，故世人仍定為宋本。」53

(二)元　刊

(1)王國維《兩浙古刊本考》卷上：「杭州府刊版……辛，元雜本……《大唐三藏取經詩話》三卷……」54

(2)魯迅《中國小說史略》：「……《大唐三藏取經詩話》……卷尾一行云『中瓦子張家印』。張家為宋時臨安書鋪，世因以為宋刊，然逮於元朝，張家或亦無恙，則此書或為元人所撰，未可知矣。」55

(3)魯迅〈關於《唐三藏取經詩話》的版本〉：「我先前作《中國小說史略》時，曾疑此書為元槧，甚招收藏者德富蘇峰先生的不滿，著論闢謬，我也略加答辯，……藏書家欲其所藏版本之古，史家則不然。故於舊書，不以缺筆定時代，……也不專以地名定時代，……也不僅據文意的華樸巧拙定時代，……所以倘無積極的確證，《唐三藏取經詩話》似乎還可懷疑為元槧。」56

按：王國維在乙卯（一九一五年）春撰《取經詩話·跋》，首先拈出『中瓦子張家印』牌記，並考出中瓦子張家即南宋臨安府中瓦子張官人經史子文籍鋪，並斷定《取經詩話》為南宋刊本。次年（丙辰）十月，羅振玉獲睹德富氏所藏《取經記》，以爲此本刊刻比《取經詩話》精工，而且書中避宋太祖的祖父趙敬名諱，證據確鑿，因此肯定是宋槧。

魯迅撰《中國小説史略》，看到《取經詩話》、《取經記》的影刻本，字跡模糊，效果欠佳，因此懷疑它們（特別是《取經詩話》）是中瓦子張家在元朝所刊印。爲此，引來了《取經記》原收藏者德富蘇峰在東京《國民新聞》撰文批駁；稍後，鄭振鐸在《中學生雜誌》登表的〈宋人話本〉裏，也委婉地表示不敢苟同。魯迅均曾立即反應，快速以專文或信函的方式做答辯或説明。近年，顧志興撰《浙江出版史研究——中唐五代兩宋時期》，其第三章第五節，將《大唐三藏取經記》（按：當爲《大唐三藏取經詩話》）説成南宋臨安府張家所刊；同時，又引魯迅《中國小説史略》、王國維〈兩浙古刊本考〉，表示該書或係元刊。[57]平心而論，魯迅當時固然顯得防衛性稍強，説詞卻不無道理。也許有朝一日，《取經詩話》、《取經記》兩種真本同時出現在一流的版本學家面前，經過重新鑑定，澈底研究，到底它們是宋刊本、宋刊元印本，或者是元刊本，應可真相大白。

七、刊刻先後

《取經詩話》與《取經記》兩書，誰先誰後的問題，其實是由「刊印時間」衍生出來的。可惜《取經記》殘闕太甚，又未留存相關資料，討論起來倍加困難。現今所見，剛好有《取經記》在前、《取經詩話》在前兩種截然不同的看法，不妨略做引述如後：

(一)《取經記》在前說

(1)長澤規矩也〈《大唐三藏法師取經記》與《大唐三藏取經詩話》〉：「《取經記》校刻精良，《詩話》則誤脱較多。因此，《取經記》早出而接近原作，《詩話》又據以翻刻成較高雅的巾箱本。當然也不排除兩者有一共同祖本的可能。若是有人主張脱誤較多而版式精美的《詩話》在前，《取經記》爲後刻，恐怕很難成立。」58

(2)杜德橋〈《西遊記》：相關來源的研究〉：「……做爲避諱而缺筆的『敬』字，在宋代不論字形字音都極避諱。在《取經記》中很顯然的處處可見，但《詩話》中只有三處可見，其他地方未避諱，故應較晚出。……再以《取經記》十三頁及《詩話》第三十頁的一段文字相校核，可見《取經記》除了一個空白字外，其他句子都很通順，而《詩話》的段句不順，文意不通，故《取經記》應較接近原版，《詩話》可能是依《取經記》排印而產生錯誤的。」59

(二)《取經詩話》在前說

太田辰夫〈《大唐三藏取經詩話》考〉：「《取經記》中正確的地方，前後文脈都很明白流暢，而《詩話》中正確的地方，卻有些無法從文脈中推測意思的特殊語句。例如：《詩話》第十四，『優鉢羅』，《取經記》誤爲『優鉢維』；第十七『廣布梁緣』，《取經記》誤爲『廣布津梁』等。『梁』指梁武帝，與津梁之梁無關，因此，應是《取經記》臆改的。又《詩話》第十五，『猶悶』，《取經記》改爲『添悶』，這大約『猶』是『憂』的誤字吧！用『猶』

意思就不通，於是改爲字形類似的『添』。此外，《取經記》做爲『新雕』這一點，也可認爲是較晚出版的。新雕就是新版，當然必有舊版存在。大概《詩話》是小型本，版也不好，因此才出版易讀的新版吧！這時，《詩話》之名也容易跟普通所說的『詩話』（詩之評論隨筆）混淆，因此改爲小說常有的『記』的名稱。」[60]

按：日本長澤氏曾有機會先後目睹《取經記》及《取經詩話》原本，復取二書影印本詳加比勘，確信《取經記》校印精良，較能接近原作。不過由於書題上有『新雕』兩字，所以他猜測《取經記》與《取經詩話》之間，未必存在底本與翻刻本的關係，它們卻可以有共同的祖本做根據。杜德橋以書中避諱字的嚴格遵守與否，還有文意字句的通暢情況爲基準，推論《取經記》接近原版，大抵可信。至於《取經詩話》是不是依據《取經記》翻印而成，則不得而知。

在太田氏之前，小川貫弌所撰〈《大唐三藏取經詩話》之形成〉，即曾據『新雕』二字推斷《取經記》爲再版書。[61]太田氏既比對《取經詩話》、《取經記》二本的某些正誤異同，又見《取經記》標明『新雕』，於是推論《取經詩話》乃按照《取經記》翻版並改名。兩派似乎都言之成理。然而他們證據相同，結論卻迥易，正顯示以目前的文獻資料，採用既有的傳統方法，可能永遠找不出確切的答案。除非有新的證物出土，或者在研究方法上翻新，否則很難有所突破。

八、結語

我們環顧也檢視了八十年來與《取經詩話》（或《取經記》）有關的大部份著述，發現從解釋書籍名題、判定作品屬性、推測撰者身份、考求成書年代、斷定刊印時間，到爭論書版出現先後等外圍問題，儼然成爲研究討論的焦點。至於作品的內容及形式的探討，就顯得比較單薄而沈寂，學界宜多加留意。

在所有的論著當中，民國四年王國維所撰《取經詩話》跋文，不只時間最早，意見也很精闢中肯，幾乎成了多數學者撰文立論的基準與指引，影響廣大而深遠。劉堅、李時人等關於成書於晚唐五代的新説，已經引起大陸不少學者的注意，或贊成或反對，大家都在重新思考成書年代的問題，並努力尋找更多具有説服力的論證資料與方法。可惜大多數的專家，幾乎都遺忘或忽略了《取經詩話》是一部廣受群衆歡迎的民間通俗文學作品的殘留本，它具備有創作上的集體性及流傳中的變異性。因此，推求其撰者身份與成書年代，似乎不宜限於單一的答案。

最後，有一件事不能不提，多年來，台灣學者在討論《取經詩話》方面幾乎完全缺席了，也不太有人正視晚近大陸上的研究成果，值得反省。

注釋

❶《大唐三藏取經詩話》影印本，計有：

1.民國五年九月，羅振玉印本；

2.一九五五年四月，北京文學古籍刊行社印本；

3.民國七〇（？）年，台北廣文書局印本；

4.一九九二（？）年，上海古籍出版社印本。

其排印本，則有：

1.民國一四年，上海商務印書館印本；

2.一九五四年一〇月，上海古典文學出版社印本；

3.民國四九年一月，台北世界書局印本；

4.一九五八年八月，上海中華書局上海編輯所印本；

5.民國七〇年一月，台北河洛圖書出版社，《宋元平話五種》本；

6.一九九一年五月，鄭州中州古籍出版社，《宋元說經話本集》本；

7.一九九五年一月，北京商務印書館，《近代漢語語法資料彙編·宋代卷》本。

《新雕大唐三藏法師取經記》影印本，計有：

1.民國五年一〇月，羅振玉《吉石盦叢書》印本；

2.一九五五年四月，北京文學古籍刊行社印本；

3.一九九二（？）年，上海古籍出版社印本。

❷目前所知相關論著，條舉如後：

1.王國維，《大唐三藏取經詩話》跋，民國4年春；

2.羅振玉，《大唐三藏取經詩話》跋，民國5年9月；
3.羅振玉，《新雕大唐三藏法師取經記》跋，見《吉石盦叢書》本，民國5年10月；
4.魯迅，關於《三藏取經記》等，《北新週刊》二一期，民國一六年一月；
5.魯迅，關於大唐三藏取經詩話，《中學生》一二期，民國二〇年二月；
6.長澤規矩也，《大唐三藏法師取經記》與《大唐三藏取經詩話》，《書誌學》一三卷六期，一九三九年一二月；
7.方詩銘，《大唐三藏取經詩話》爲宋人說經話本考，《文史雜誌》5卷7期、8期，一九四五年八月；
8.平野顯照，《大唐三藏取經詩話》的一些考察，《支那學報》（大谷大）創刊號，一九五六年三月；
9.小川貫弌，《大唐三藏取經詩話》的形成，《龍谷大學論集》三六二期，一九五九年五月
10.太田辰夫，《大唐三藏取經詩話》考，《神户外大論叢》一七卷一、三期，一九六六年六月；
11.太田辰夫，《大唐三藏取經詩話》補考，《長江季刊》（神户大）第一期，一九六二年一月；
12.潘壽康，《大唐三藏取經詩話》，見《話本與小說》（台北黎明文化公司），民國六二年一二月；
13.劉堅，《大唐三藏取經詩話》寫作時代蠡測，一九八二卷五期，一九八二年九月；
14.李時人、蔡鏡浩，《大唐三藏取經詩話》成書時代考辨，《徐州師院學報》一九八二年第三期，一九八二年九月；
15.高明閣，《取經詩話》閱讀札記，見《西遊記研究》（江蘇古籍出版社），一九八四年三月；
16.李時人、蔡鏡浩，《大唐三藏取經詩話》發微，《徐州師院學報》一九八七年第二期，一九八七年六月；
17.周中明，論吳承恩《西遊記》對《取經詩話》的繼承與發展，《安徽大學學報》一九八七年第二期，一九八七年六月；
18.張錦池，《大唐三藏取經詩話》「說話」家數考論——兼談宋人「說話」分類問題，《學術交流》一九

八九年第三期，一九八九年六月；

19. 張錦池，《大唐三藏取經詩話》故事源流考論，《求是學刊》一九九〇年第一期，一九九〇年二月；

20. 張錦池，《大唐三藏取經詩話》成書年代考論，《學術交流》一九九〇年第四期，一九九〇年八月；

21. 張乘健，《大唐三藏法師取經記》史實考源，《文史》三八輯，一九九四年二月。

❸ 民國六二年六月，台北新文豐出版社影印，《法寶總目錄》(三)，頁九一七，中欄。

❹ 民國五年九月，影印本卷末附錄；又民國65年7月，台北商務印書館，《海寧王靜安先生遺書》(三)，頁一三四七～一三四九。

❺ 民國六一年三月，台北台灣商務印書館，《續修四庫全書提要》(十一)，頁一八〇九，未題撰人；又載一九九〇年一〇月，北京人民文學出版社，孫楷第著，《戲曲小說書錄解題》，頁九九九。

❻ 民國六七年五月，台北河洛圖書出版社影印，頁四〇。

❼ 太田氏論文，見註之一一；本譯文轉引自鄭明娳《西遊記探源》(民國七〇年，台北文開出版社)，頁三三三。

❽ 一九八〇年五月，北京中華書局，頁一六九～一七〇。

❾ 一九八〇年一〇月，北京中華書局，頁二九。

❿ 見❷之一四。今引自李時人，《西遊記考論》(一九九一年，浙江古籍出版社)，頁六七。

⓫ 見❷之一六。今引自《西遊記考論》，頁八六。

⓬ 見❷之二〇。頁一一四。

⓭ 同❽，頁一〇一。

⓮ 見❷之頁一四。今引自《西遊記考論》，頁六七。

⓯ 同❺。

⓰ 見❷之七，頁七〇～七一。

⑰見②之一一，頁一三八。
⑱一九七九年一〇月，上海文藝出版社，頁一一三。
⑲同⑨，頁二九。
⑳見②之一五，頁一六一～一六二。
㉑見②之一八，頁一二七～一二八。
㉒同⑧，頁一七〇～一七一。
㉓一九五七年九月，香港中流出版社，頁一三。
㉔同⑱。
㉕同②之一三，頁三七一。
㉖一九九二（？）年，上海古籍出版社，《古本小說集成·大唐三藏取經詩話》，頁一。
㉗見《西遊記考論》，頁七三。
㉘見《西遊記考論》，頁八九。
㉙同②之二〇，頁一一四轉頁六七。
㉚同㉓。
㉛同②之一三，頁三七一、三七九。
㉜見《西遊記考論》，頁六一。
㉝民國五九年一〇月，台北泰順書局影印，頁三〇七。
㉞同⑨，頁三二、三四。
㉟同②之二〇，頁一一〇～一一四，轉頁六七。
㊱同④。
㊲見②之七，頁七一。

㊳ 民國五八年一〇月，台北明倫出版社影印，頁一二四。

㊴ 孟瑤，《中國小說史》（民國55年，台北文星書店），頁一九八；陳汝衡，《宋代說書史》，頁一二三；游國恩等，《中國文學史》（民國八〇年，台北五南書局重排），頁八四二；葉慶炳，《中國文學史》（民國七六年，台北學生書局），頁一八七；馬積高，《中國古代文學史》（下），（一九九二年，長沙湖南人民出版社），頁二六三。

㊵ 北大中文系，《中國小說史》（一九七八年，北京人民文學出版社），頁一三五；劉大杰，《中國文學發展史》（一九八二年，上海古籍出版社），頁一〇四五。

㊶ 同❷之一三，頁三七一～三七九。

㊷ 見《西遊記考論》，頁六一～八一。

㊸ 見《西遊記考論》，頁八三～九三。

㊹ 同❷之二〇，頁一〇八～一一四轉頁六七。

㊺ 參見李清志，《古書版本鑑定研究》（民國75年，台北文史哲出版社），頁四。

㊻ 同❷之一。

㊼ 同❷之二。

㊽ 同❷之三。

㊾ 民國七八年一二月，台北谷風出版社，《魯迅全集·華蓋集續編》，頁三八六～三八七轉載中譯。

㊿ 原載民國二〇年一月，《中學生》一一。今見《中國文學中的小說傳統》（民國74年，台北木鐸出版社），頁五九。

51 小川環樹，〈《西遊記》的原本及其改作〉（一九六八年，東京岩波書店，《中國小說史的研究》）。胡天民譯文，載《中國古典小說戲曲論集》（一九八五年，上海古籍出版社），頁一五七～一五八。

52 見《話本小說概論》，頁一九八。

53 民國七一年九月，台北文開出版社，《西遊記探源》（上），頁五。

54 台北台灣商務印書館，《海寧王靜安先生遺書》（十），頁四三五九。

55 同38。

56 原篇名：〈關於《大唐三藏取經詩話》〉，民國二〇年二月，《中學生》一二。今見谷風版，《魯迅全集·二心集》，頁二七四。

57 一九九一年五月，杭州浙江人民出版社，頁一一九～一二〇。

58 同註2之七，頁一三

59 轉引自鄭明娳，《西遊記探源》，頁三二。

60 同59，頁三二～三三。

61 同59，頁三三。

烏托邦與女性主義

——近四十年有關《鏡花緣》研究的回顧

黎活仁

一、本文的研究角度

這篇論文是爲了配合研討會的主題而寫的，目的是要給《鏡花緣》這部小説的研究作一回顧。作流水賬式的交代，也是一種層次，不過，我的野心是想利用這一機會，結合九十年代流行的文化思潮來作一探討，那麼整理出來的內容，也就不一定會爲素材所局限，而可以另有天地。九十年代最爲人關注的是女性主義，其實《鏡花緣》之所以被幾位大師級的學者發掘出來，也是因爲五四時期有過婦女解放運動，《鏡花緣》的題材正好發揮，於是就加以肯定。五四以後，中國的女權主義又沈靜下來，到八十年代末期，忽然又再度興起，在這段期間，學者對《鏡花緣》，又有了不同的看法。話又説回來，討論《鏡花緣》的文章，總難免涉及烏托邦與女性主義的問題。

二、逐漸成爲顯學的《鏡花緣》

九十年代的中國文學研究，一方面令人感到興奮，一方面又令人感到煩惱。興奮的，是資料源源不斷刊印出來，電腦技術也幫了大忙，譬如這次在蒐集資料的過程之中，用上了《中華民國期刊論文索引光碟系統》（台北中央圖書館），又剛好看到于玲曼以電腦資料庫軟件編製的《中國古典小說戲曲研究索引》（一九九二），所以事半功倍。在長途電話和傳真交加之下，又找到一些深藏於書館的博士碩士論文。蒐集資料的過程，固然需要充沛的精力，資料找來以後，更費力的是應付異采紛呈的方法論。各種各樣的方法論在七十年代開始引進《鏡花緣》研究之後，論文的研究水準大爲提高，因爲可以較明確見出優點。如果《鏡花緣》的評價能夠較前稍爲提升，那麼近十年的許多學者，都是李汝珍的功臣。

(一) 一九四九年以前的《鏡花緣》研究

《鏡花緣》這本小說，經胡適的品題（一九三〇）之後，引起文學家的注意，可是在一九四九年之前，評論文章不多，只有吳魯星（余克超，一九八七）、鄭振鐸（余克超，一九八七）、馮沅君（沅君一九二五）、張若谷（一九二六）、孫佳訊（一九三三）、陳望道（一九三四）、林語堂（一九三五）、華雯（一九四四）、徐若萍（一九四八）、倉田淳之助（一九四七）寫過文章（于曼玲，一九九二：四六八—四六九）。其中吳、鄭兩位在一九二四年十月至一九二五年十二月間，來往通信達十六封，可見熱心的程度（余克超，一九八七），鄭當時在主編《小說月報》，聲名藉甚，但《鏡花緣》未因此成爲顯學。胡適、林語堂、陳望道、鄭振鐸等著名學者對《鏡花緣》的肯定，也許是當代年輕人不易理解的，因爲現在年輕人大概沒有機會見到纏足的陋習，李汝珍生逢封建保守的時代，卻能爲婦女鳴不平，的確容易得到五四時期知識分子的好評。值得一提的是，孫佳訊自一九三三年開始，就長期進行《鏡花緣》的研究，一九四九後，孫氏留居大陸，文革前發表文章不多，至文革後，又再度活躍起來，並把文章結集出版（一九八四）。

㈡ 文革前和文革後大陸的研究情況

中國大陸在文革（一九六六—七六）前，有關《鏡花緣》研究的文章只有十四篇（于曼玲，一九九二），並不十分重視，直至文革後才有進一步的發展，到一九九三年爲止，已發表文章近五十篇（于曼玲，一九九二），朱眉叔（一九九二）寫了作爲入門讀物的專書一種，另胡邦偉、沈伯峻似有《鏡花緣研究》的寫作計劃（何滿子，一九八六），曾跟胡適通訊的孫佳訊，也於一九八六年出了專書。八十年代中期，又出版了刊物《鏡花緣研究》，一九八六年八月十三日至十七日，並曾於江蘇連雲港召開首屆《鏡花緣》學術討論會，各地學者前來參加者至五十人。大會討論內容包括作者、版本、本事、方言、思想、藝術、影響等等（林同，一九九一；王書同，一九八七）。

㈢ 一九四九年於台灣的飛躍進展

一九四九年之後，台灣學者於《鏡花緣》研究的興趣相對較大，到一九九五年爲止，有碩士論文三篇（Lee 黎登鑫，一九七二；蘇淑芳，一九七八；王季文，一九七九），另博士論文兩篇（Chiang 姜台芬，1988；Wang 王安琪一九九〇）。所謂後出轉精，博士論文之中，以王安琪的創意最值得留意，論文所列參考資料，也可以補其他目錄之不足尤其英語文獻，至爲詳審。一九四九年後，台灣的相關論文，據于曼玲目錄（一九九二）著錄四篇，實則約二十多篇。以英文寫作的不在此列。至於香港，則目錄所見有兩篇（吳雙翼一九五八，梁鎮乾，一九六五），雖然經常見於著錄，但似乎未見重視，論文的學術性方面自以刊登於《中外文學》和《漢學研究》的文章較爲充實。李辰冬（一九七一）的論文，較多爲學者引用。至於夏志清（一九七五）論文中譯，也視爲重要文章之一。過去的四十年，比較文學研究在台灣有了很大的進展，外文系學者的論文，不斷引進各種西方流行的理論以爲分析，這些論文大大地提高了研究《鏡花緣》的理論水平。

(四) 英、美、俄德諸國的譯介

至於歐美方面，據王麗娜《中國古典小說戲曲名著在國外》（一九八八：三二四—三三一）一書的介紹，則英譯有十種（部分不是全譯），德、俄各一種，至於論文方面，俄文三篇，英文則著錄七篇，比對王安琪博士論文所附目錄，則可增補之處尚多，較重要的例如特別是没收高信生的博士論文（Kao, 1977），高信生是第一位以《鏡花緣》取得博士的學者，一九八一年還出了單行本，成爲以英語寫作《鏡花緣》論文的學者必引的著作。張弘《中國文學在英國》（一九九二：二七〇—二八一）於《鏡花緣》也有專章討論，特別是頗爲詳細地介紹了張心滄（Chiang, 1955）有關斯賓塞（Edmand Spenser, 1552－1599）的長詩《仙后》與《鏡花緣》的比較研究。王麗娜有較簡短的總結：大抵張心滄認爲《鏡花緣》針對女皇所說的四種罪惡因素——酒、色、財、氣的描寫，是一種藝術手段，這種的寓意，與《仙后》有相似之處，「西方文學界對張心滄這部專著很重視，認爲它對研究《鏡花緣》小說提供了有用的參考材料」（一九九八：三二八）。以英語寫作而爲學者引用最多的是夏志清（夏志清1975；Hsia, 1974）的研究，他的論文最早刊於台灣的《淡江評論》（Tamkang Review）五卷二號（一九七四），同年有黃維樑的中譯。《淡江評論》刊有台灣或華裔學者以英語發表有關《鏡花緣》論文多篇，所以評估台灣研究《鏡花緣》的成績，不妨留意。此外，台灣留學外國的學者之中，以黃碧端（Wang, 1980）研究中國烏托邦的博士論文（威斯康辛大學，一九八〇）與《鏡花緣》較有關係，文中闢有專章討論。黃氏目前以社會文化評論家的形象活躍於台灣。

(五) 日本學者的研究

日本學者研究論文較多集中在婦女解放面，一九四八年，松枝茂夫在《中國的小說》一書特設專章討論《鏡花緣》，論調約與胡適相同，較多著眼於婦女解放，此後對此感興趣的學者不多，至今沒有全譯（小野，一九八四：四一）。日本學者有兩方面的研究，倒是值得中國學者留意的，太田辰夫（一九四八）從清代北京語的角度，以語法分析，認爲《鏡花緣》不是日常使用北京話的人寫的。相關生平資料說李汝珍在二、三十歲左右移居海州，但據小說推論，李汝珍到江蘇北部海州前，在其年幼之時，已在該地住過，如果是一直住在北京的話，他的語法應該與《紅樓夢》和《兒女英雄傳》相近，云云；不過，長期研究李汝珍生平的孫佳訊在八十年代手訂的〈李汝珍生平簡表〉（孫佳訊，一九八四：一四〇）之中，則沒有這種推測；至於海州方言，孫佳訊（一九八七：二三三—二三五）認爲用得不多，也有些用語還可能是李汝珍家鄉的方言。也有學者認爲李汝珍音韻學著作《李氏音鑒》稿本是北京大學所藏的《音學臆說》（小野，一九八四：五四；花登，一九八三）。除此之外，中野美代子（一九七四）的《中國人的思維模式》對《鏡花緣》也有一些看法，這本書在海峽兩岸都有譯本，流通極廣，成爲八、九十年代最廣爲中國人閱讀的日本漢學著作之一。

㈥小結：較爲重要的研究論文

以上的概覽式的報導，主要根據于曼玲（一九九二）、王麗娜（一九八八）和王安琪（博士論文，一九九〇）的目錄。除此之外，《鏡花緣》的評論，也見於一些鑑賞辭典，例如《中國古典小說藝術鑒賞辭典》（沈伯俊，一九九一），又或者一些明清小說研究專書，例如，《明清小說的藝術世界》（蔣松源，一九九二）。過去已發表的中外論文之中，以胡適（一九三五）、陳望道（一九三四）、李辰冬（一九六二）、夏志清（一九七七；中譯，一九七五）等的較爲重要。至於分析方法，則以王安琪的博士論文最有特色，論文內容是以巴赫金的梅尼普式諷刺爲基礎，

三、關於李汝珍的新資料

李汝珍，字松石，號松石道人，河北大興（今北京大興）人，約生於乾隆二十八年（一

七六三），約卒於道光十年（一八三〇）。一七八二年，李氏年約二十歲，隨其兄李汝璜移居江蘇海州，海州板浦即今日的連雲港市。李汝璜在板浦爲官達十六年，卸任後又在該地繼續居住了兩年。李汝珍也在板浦續弦，妻子是板浦許氏，《鏡花緣》一書約於李氏三十五歲時開始寫作，大部分在板浦完成，小說內容與當地的環境（王同書，一九八七：二五八－二五九，孫佳訊，一九八七：二三〇－二三三）和文人風尚很有關係。李汝珍一生並不得志，對仕途雖有幻想，曾因水患捐官，得縣丞之職（嘉慶六年，一八〇一，李時人，一八九七），但沒有什麼作用，晚年頗爲困頓。《鏡花緣止在嘉慶二十三年（一八一八）問世，據序的資料顯示，是前後花了三十年寫成的。有《李氏音鑒》和圍棋譜《受子譜選》流傳於世（李昌華，一九九二；孫佳訊，一九八四：一四〇－一四二）。論者認爲李汝珍的小說，也用上音韻學以至中醫學的知識，《鏡花緣》形成一種「百科全書式」的寫法（王安琪，一九九〇）

四、圓形回歸的結構

《鏡花緣》是一個謫仙到凡塵歷劫的故事。王孝廉在論「圓形回歸的神話」的大文已把這種中國小說作了系統的分析（一九八七）。王孝廉的方法是以埃利亞代（Mircea Eliade）的神話學理論爲依歸，譬如聖與俗、永遠回歸的時間等等概念，《紅樓夢》就是一個以原始、歷劫、回歸的圓形循環結構（王孝廉，一九八七：五七七；林連祥，一九八一）。《鏡花緣》則是百花仙子及九十九位花仙被貶下凡歷劫的故事，話說一年殘冬，武則天醉令百花齊放，其時百花仙子因事未歸，百花無由請示，結果聽命於武后，上帝大怒，以爲她們獻媚於人主，因貶百花仙子和衆花下凡。百花仙子降生唐敖家，取名唐小山。唐敖在小山十二歲時中了探花，但爲人揭發與「叛黨」有結拜之誼，因此心灰意冷，隨親戚到海外漫遊，從第八回到四十回上半，是寫在海外的見聞，內容一般認爲是取材自《山海經》等古籍而加以變化，王季文的碩士論文（一九七九），主要是考證這些海外諸國描寫如何取材古籍。李汝珍於海外諸國的想像，頗有科幻小說的味道，可惜不涉性愛（黃克武，一九九一，三九三），否則更有後現代特色。其海外旅遊部分，以《格列佛遊記》加以比較研究者較多，《鏡花緣》一書很早成就比較文學的格局，原因就在於此。晚近享有盛名的卡爾維諾（I talo Calvino，1923－1985），也以類似的段落，再結合幻想寫成《看不見的城市》一書，足見旅遊也可以有賣點。中野美代子認爲「中國人不接受大海所喚起的幻想」，中國人傳統上是「內陸型的旅行家」，鄭和是個例外，而且中國人到海外旅行的大旅行家，都有特定目的，《鏡花緣》「令人不滿之處確實很多」，譬如海外所到之處，言語思想都能自由溝通，與《格列佛遊記》的好奇心和異國風情大異其趣（一九九二觀點依次見二六，二六，十六，十七，十六）。

五、女性的烏托邦

《鏡花緣》的海外見聞之中，女兒國的描寫最爲人所熟知。女兒國之中，男人被稱爲婦人，且要受纏足之苦。關於女性烏托邦之源流，也有現成論文可參（張若谷，一九二六：林樹明一九九三，奧德治，一九九〇）。奧德治的論文說，與《鏡花緣》幾乎同時的丹麥作品

——一七四一年霍勒堡（Ludwig Holberg）的《地心之旅》（Niels Klein,s Journey Under the Ground），也有類似的性別倒錯的描述，但男女服裝並未互換，至於《鏡花緣》的女兒國，則男人穿中土女服。至於一六九三年福瓦尼（Gabriel de Foigny）的《發現新大陸》（A New Discovery of Terra Australis Incognita），則島上人都是雌雄同體，具有兩性的特徵，所以沒有性別歧視（奧德治，一九九〇：九五）。張小虹〈解構女人國〉認爲《鏡花緣》是一種「男性中心的女人國」，以顛倒「日常社會的男尊女卑」，其爲王者又要納妾，又著令「婦人」林之洋纏足，諸如此類不過是「父權意識形態投射下的產物」（張小虹，一九九三b：一三六，一三九）。這是女性主義者的詮釋，前輩學者倒很滿意李汝珍能爲女性講話，譬如「反對雙重道德標準，反對纏足，反對塗脂粉，反對算命合婚，提倡女子教育，更進而主張女子參政」（鮑家麟，一九七二：一二）。順帶一提的是：第五十一回到一百回，是《鏡花緣》的第二部分，寫衆才女武后開科考試之時，得到功名。

六、「梅尼普」式諷刺

研究《鏡花緣》的文章，都表示十分欣賞其中的諷刺，專門以諷刺理論探討的論文也不少，而且質量也十分的好，其中以黃克武（一九九一）、王安琪（WANG,1990）和Mark Elvin（一九九一）的論文爲代表。特別是王安琪的觀點，對整個晚清諷刺小說研究，都有一定的意義。

(一) 王德威、張小虹等於「梅尼普」諷刺的應用

關於「梅尼普」諷刺（王安琪譯作「曼氏諷刺」，Menippean Satire），王安琪在〈巴赫汀與傅萊：論曼氏諷刺〉（一九九〇）作了扼要的介紹。她的博士論文的一些重要論點，也包括在這篇論文之中。《鏡花緣》使用了許多文人的知識，在評論家眼中，往往得到「掉書袋」的負面批評，王安琪認爲如果引用「梅尼普」諷刺的觀念，從「百科全書大雜燴」的觀點分析中國小說，就不會輕易認爲中國小說雜亂無章，反而可以重新評估這些作品的意義，又指出侯健的中國小說研究（侯健，一九八三：三九）於《三寶太監西洋記》、《野叟暴言》、《兒女英雄傳》的分析，已採用這一觀點（王安琪，一九九〇：一一二）。至於認爲《鏡花緣》的敗筆在於「掉書袋」的言論，在胡適、鄭振鐸諸公之前，似乎也是「公論」（湯雄飛，一九六七：一五九），現在忽然間「跡近賣弄的酒令、雙關語、及諷刺詩文等，因之難引起讀者的喜愛」（同上）的酷評，一經品題之後，馬上升格，都變成優點。如此化腐朽爲神奇，說王安琪是李汝珍的功臣，不爲過。現在學者喜掉書袋，而又爲人推崇者，非錢鍾書莫屬，王安琪又引用王德威於錢氏小說〈靈感〉的分析，以爲張目，認爲錢氏「自嘲嘲人，莊諧並重」（王德威，一九八八：一四六），又「吊兒郎當」「藐視學術」的態度，實深得傅萊(Northrop Frye) 式的「梅尼普」諷刺，云云（王安琪，一九九〇：一二二）。

王安琪進一步又認爲王德威透過王和禎《玫瑰玫瑰我愛您》等的論述，企圖「努力在中國文學領域裡也建立一個相去不遠的嘉年華傳統，範圍包括李漁的《肉蒲團》、《二十年目睹之怪現狀》、《文明小史》、《官場現形記》、以至五四之後的老舍《老張的哲學》、黃春明《看

海的日子》、王文興《背海的人》等等，這些作品諷刺、幽默、嘲弄兼而有之，體裁千變萬化，讀者和評論者往往不解作者苦心經營，以致直斥爲插科打諢（王安琪，一九九〇：一二二；王德威，一九八八：二四五）。張小虹也運用了嘉年華會的觀點研究莫言的《紅高粱》，以揭示該小說笑文化的特質（張小虹，一九九三a），所以這一理論，在台灣也許是認爲在可接受範圍之內。（廖炳惠，一九八五a，一九八五b）

(二) 巴赫金的「嘉年華會」理論

「嘉年華會」的理論，其實在王安琪的論文（一九九〇）已有很詳細的交代：巴赫金（Mikhail Bakhtin）《拉伯雷與中世紀和文藝復興時期的民間文化》（一九六五）和《陀思妥耶夫斯基詩學問題》（一九二九，中譯：一九八八）之中，提出一種「笑文化」的理論，稱爲「狂歡文化」，認爲小說的「狂歡文化」來自古代的嘉年華會，並以嘉年華會的觀念解釋梅尼普諷刺，認爲能夠包容各種文類，《鏡花緣》尤其適用於巴赫金式梅尼普諷刺云云（王安琪，一九九〇：一〇九，一二三）。我在這裡也許間單地介紹一下「梅尼普」諷刺。目前巴赫金的《陀思妥耶夫斯基詩學問題》已有中譯，參考稱便，巴赫金在這本書裡面給「梅尼普」諷刺作了非常詳細的分析，所以我想只要結合《鏡花緣》作一扼要說明就可以了。巴赫金認爲小說的體裁有三個來源：史詩、雄辯術、狂歡節，形成了歐洲小說發展史上的三條線索（一五九），跟著他就舉出「梅尼普」諷刺的十四種主要特徵，這十四種特徵在王安琪的論文已加以撮寫譯介（一九九〇）。其中第十一點說，「梅尼普」諷刺常常帶有烏托邦的成分，通過夢境或遠遊到達未知的國度表現出來（一七〇），這正是《鏡花緣》一書的主要架構。第十二點提示，「梅尼普」諷刺廣泛插入各種文類，如故事、書信、演說、筵席交談等等，在《鏡花緣》比較值得一提的是第四十一回有迴文詩，這是一種需要非常高度技巧文學作品，另外，第八十八回插入才女唐閨臣的一篇〈天女散花賦〉，第九十三回又花了不筆墨寫了衆才女在筵席之上行酒令，以及交談笑謔的場面。巴赫金最後（第十四點）提到「梅尼普」諷刺是一個時代的百科全書，是古代的一種「新聞體」，充滿當代各種哲學、宗教、思想的、科學的學派、流派、思潮等等，字裡行間進行公開的或隱蔽的辯論（一七〇——一七一）；《鏡花緣》則雜有儒釋道的學說，常常透過海外旅行見聞檢討這些思想，在君子國和女兒國的描述之中，又存有對當代儒學實踐以至纏足陋習的質疑，對男尊女卑的社會暗中作了批判。「梅尼普」諷刺是透過民俗文化及其狂歡式的「笑」文化特質，以嘲弄的方式顛覆正統文化的理性，這是語言上的特徵；另一方面，「這種節日狂歡的精神，把身體（或其他生理、物質方面）表現得醜大怪誕（廖炳惠，一九八五ｂ：二四五）。〔活仁案〕：《鏡花緣》的「醜怪身體」（grostesque）描寫也很特出，譬如女王在林之洋纏足之後，細細加以鑑賞，林之洋私下除掉裹足布，被打屁股，執法者還爲其上的嫩滑好看的皮膚贊嘆一番。有幾個諷刺，又取材自糞便（黃克武，一九九一：三九三黃逸民，一九八九：六三）。對吃、拉和身體下部的誇張描寫，正是嘉年華會文化的特徵。

七、結　論

如上所述，八、九十年代的學者引進了西洋流行的理論，修訂或深化了如胡適、夏志清的論述，取得良好的進展。這種文學史現象的分析，不但適用於《鏡花緣》研究，而且對整個清末文學的解釋，都會有相當深遠的影響。

[資料蒐集過程中，得到樽本照雄教授、劉漢初教授、周純一先生、陳信元先生、方美芬小姐的幫助，謹此致以十二萬分的謝意！]

注釋

AO

奧德治（一九九〇）：〈烏托邦思想與女性主義〉，《中外文學》十八卷十期，三月，九三—九七。

BA

巴赫金（Bakhtin, Mikhail, 1988）：《陀思妥耶夫斯基詩學問題》，白春仁、顧亞玲譯，北京：三聯書店。

HUANG

黃逸民（一九八九）：〈嘉年華會與雌雄同體的交會——以一個中古法國傳奇爲例〉，《中外文學》十八卷一期，六月，八五—六八。

HOU

侯健（一九八三）：《中國小說比較研究》，台北：東大圖書公司。

LIN

林樹明（一九九三）：〈「女人國」：父系意識形態鏡像〉，《外國文學研究》四期，四月，二九—三五。

LIU

廖炳惠（一九八五a）：〈論述與對話：巴克汀逝世十周年〉，《中外文學》十四卷四期，九月，一二五—一三二。

——（一九八五b）：〈巴克定與德希達〉，《解構批評論集》（台北：東大圖書公司），二三五—二五八。

WANG

王安琪（一九九〇）：〈巴赫汀與傅萊；論曼氏諷刺〉，《中外文學》十九期二期，七月，一〇七—一二六。

王德威（一九八六）：《從劉鶚到王禎和——中國現代寫實小說散論》，台北：時報文化。

·（一九八八）：《眾聲喧嘩——三十與八十年代的中國小說》，台北：遠流出版社。

ZHANG

張小虹（一九九三a）：〈《紅高粱》中的女人與性〉，《後現代／女人：權力、慾望與性別表演》（台北：時報文化），五六—六八。

·（一九九三b）：〈解構女人國〉同上，一三六—一四四。

《鏡花緣》研究目錄

［這一部分以于曼玲目錄（1992）底本增訂，于氏目錄體例詳略不一，部分只注起始頁碼，只有起而沒迄的頁碼處，則以 xx 注記。起迄均缺，一時又沒法查明的，只好付諸闕如。］

1. 一九四九年以前的研究

CHEN

陳望道（一九三四）：〈《鏡花緣》與婦女問題〉，《女青年月訊》十三卷三期，三月，（收入《望道文輯》，一九三六）。

HU

胡　適（一九二四）：〈《鏡花緣》的引論〉，《胡適文存》（上海：亞東圖書公司），一一九—一六八。

SUAN

孫佳訊（一九二八）：〈《鏡花緣》補考〉，《秋野》二卷五期（收在《胡適文存》三集）。

·（一九三〇）：〈孫佳訊先生回信〉，《胡適文存》（上海：亞東書局，），三集，八六—八六二。

·（一九三三）：〈海屬《鏡花緣》傳說辨證〉，《青年界》四卷四期，九月。

·（一九四〇）：〈再辨《鏡花緣》傳說〉，《學術》三期。

WU

吳魯星（一九二八）：〈《鏡花緣》考證〉，（據孫佳訊《鏡花緣公案辨》〔一九八四〕的引言）

XU

徐若萍（一九四八）：〈一個女性同情者李汝珍〉，《婦女月訊》七卷四期，四月，一三—一五。

徐紹蘧（一九三三）：〈讀《鏡花緣》傳說辨的反響〉，《連雲報》七月。（據孫佳訊《鏡花緣公案辨》〔一九八四〕的引言）

YUAN

沅君（一九二五）：〈《鏡花緣》與中國神話〉，《語絲》五十四期，十一月一四—一九。

ZHANG

張若谷（一九二六）：〈關於「女兒國」的考證〉，《文學周報》二二八期，六月

2. **一九四九年以後中國大陸的研究**

FU

傅逵（一九五五）：〈《鏡花緣》可能不是李汝珍一人所作〉，《文學書刊介紹》八期。

HAO

昊旻（一九八五）：〈《格列佛遊記》與《鏡花緣》比較淺談〉，《喀什師範學院學報》三期，八六—九三。

HE

何滿子（一九八六）：〈說文學遺產的借鑒：爲胡邦煒、沈伯峻《鏡花緣研究》所作的序〉，《明清小說研究》三期，四月，二四—二七。

・（一九八七）：〈古代小說退潮期的別格——「雜家小說」——《鏡花緣研究》淺說〉，《社會科學戰線》一期，一月，二六七—二七一。

HU

胡邦煒等（一九八四）：〈忽聞海上有仙山，山在虛無縹緲間：試論《鏡花緣》的思想認識意義〉，《武漢師院學報（哲社）》六期，七六—XX。

JIANG

蔣松源（一九九二）：〈展現「海外」世界奇觀的《鏡花緣》〉，《明清小說的藝術世界》（婁清泉、蔣松源、潭邦和著，武昌：華中師範大學出版社），二七九—二九二。

KE

柯大詡（一九八三）：〈《紅樓夢》與《鏡花緣》〉，《紅樓夢學刊》二月號，一六八—一七二。

LI

李昌華（一九九二）：〈鏡花緣〉，《明清小說鑒賞辭典》（何滿子、李時人主編，杭州：浙江古籍出版社），八三七—八五四。

李長之（一九五五）：〈《鏡花緣》試論〉，《新建設》八十六期，十一月，五二—五八。

・（一九五六）：〈新版的《鏡花緣》〉，《光明日報》三月四日。

李奇林（一九八六）：〈《鏡花緣》與《格列佛遊記》的諷刺藝術〉，《鹽城師專學報（社科）》

四期。六一—XX。

·（一九九〇）：〈首屆《鏡花緣》學術研討會述評〉，《明清小說研究》三—四期，二七九—二九〇。

李時人（一九八七）：〈李汝珍「河南縣丞」之任初考〉，《明清小說研究》六期，二三七—二四二。

LIN

林　同（一九九一）：〈首屆《鏡花緣》學術研討會評述〉，《明清小說研究》增刊，二〇三—二一一。

LING

凌　石（一九八七）：〈《鏡花緣研究》理想境界淺議〉，《明清小說研究》六期，十二月，二二三—二二八。

LIU

劉承智（一九八〇）：〈《鏡花緣》裡談反切〉，《語文教學》六期。

劉世德（一九五六）：〈《鏡花緣》的反封建傾向〉，《讀書月報》八期。

MAO

毛忠賢（一九八九）：〈《鏡花緣》對《紅樓夢》女性問題的反思〉，《文史知識》十一期，五六—五九。

·（一九九〇）：〈《鏡花緣》對《紅樓夢》的繼承與突破：兼論明清小說中女性形象的演變〉，《人文雜志》二期，三月，一一六—一二〇。

MING

鳴皋（一九五五）：〈《鏡花緣》的反對科學制度〉，《文學書刊》八期。

OU

歐陽健（一九八七）：〈海的探險和海外世界的發現：《鏡花緣研究》歷史價值爭議論〉，《青海社會科學》五期，六九—XX。

QIN

秦瘦鷗（一九八九）：〈怎樣評價《鏡花緣》〉，《書林》四期，四月，三三—三四。

SHAO

邵士權（一九九一）：〈論《鏡花緣》對中國古典小說美學標準的新拓展〉，《人文雜志》三期，一一九—一二四。

SHEN

沈伯俊等（一九八五）：〈論《鏡花緣》對科舉制度的批判〉，《西南師師院學報（哲社）》一期，二九—XX。

·（一九八七）：〈《儒林外史》與《鏡花緣研究》〉，《社會科學研究》一期，一月，八四—八九。

·楊凡舟、羅斌（一九九一）：〈鏡花緣〉，《中國古典小說藝術鑒賞辭典》（段啓明主編，北京：北京師範大學出版社），八二九—八三九。

沈海燕（一九九〇）：〈幻想國度中的理想和現實：《格列佛遊記》與《鏡花緣》〉，《比較文學三百篇》（上海：上海文藝出版社），七四二—七四六。

SHI

試 得（一九六二）：〈李汝珍的《疏庵詩草序》〉，《光明日報》十一月十八日。

時 雍（一九六〇）：〈《鏡花緣》的幻境和我們的現實〉，《湖北日報》創刊號，四月十七日。

SONG

宋任遠（一九八五）：〈《鏡花緣》與《格列佛遊記》〉，《書林》六期，六月，四六—四七。

宋致新（一九八五）：〈海外奇國對照談《鏡花緣》〉，《中國古典文學鑒賞》創刊號，五三—XX。

SUAN

孫佳訊（一九六一）：〈關於《鏡花緣》作者的傳說〉，《雨花》五期。

·（一九八〇）：〈《鏡花緣》作者辨疑案〉，《中華文史論叢》三輯，八月，一〇一—一五四。

·（一九八三）：〈《鏡花緣》成書與初刻時間考〉，《文學遺產增刊》十五期，九月。一四一—一四八。

·（一九八四）：《鏡花緣公案疑》，濟南：齊魯書社。

·（一九八七）：〈《鏡花緣公案疑》補說〉，《明清小說研究》六期，十二月，二二九—二三六。

孫一珍（一九八八）：〈李汝珍及其《鏡花緣》〉，《文史知識》九期，九月，二五—二八。

WANG

王　安（一九五五）：〈兩面國：讀《鏡花緣》筆記〉，《讀書月報》創刊號，七月。

王　捷（一九八四）：〈《鏡花緣》與《格列佛遊記》簡論〉，《徐州師院學報（哲社）》四期，四四—四九。

王開濟（一九五五）：〈對《鏡花緣》注釋的幾點意見〉，《光明日報》十一月十三日。

王麗娜（一九八八）：〈《鏡花緣》〉，《中國古典小說戲曲名著在國外》（上海：學林出版社）三二四—三三一。

王同書（一九八七）：〈首屆《鏡花緣》學術討論會綜述〉，《明清小說研究》六期，二五〇—二六〇。

王永寬（一九八八）：〈漫話小人國〉，《文史知識》四期，一二〇—一二四。

WEI

魏　雨（一九六二）：〈李汝珍和《鏡花緣》〉，《河北日報》二月二十八日。

WEN

聞　起（一九八六）：〈借鏡花水月，寫世道人心：《鏡花緣》的筆法和讀法〉，《文史知識》四期，四月，二五—三四。

文　言（一九五五）：〈《鏡花緣》的傾向性〉，《文學書刊介紹》八期。

XU

徐士年（一九五七）：〈談談《鏡花緣》〉，《中國古典小說評論集》（北京：北京出版社），一五六—一五九。

YE

葉勝年（一九八五）：〈試比較《格列佛遊記》和《鏡花緣》的創作動機表現手法〉，《鎮江師專學報（社科）》四期，六九—XX。

YU

余克超、張傳藻（一九八七）：〈鄭振鐸與《鏡花緣》研究〉，《明清小說研究》六期，十二月。二四三—二四九。

ZHAO

趙慶江（一九九三）：〈《鏡花緣》與醫藥文化〉，《人民日報》（海外版）二月四日，八。

ZHANG

張　弘（一九八七）：〈比較視野裡的《鏡花緣》〉，《中國文學在英國》（廣州：花城出版社），二七〇—二八一。

張友鶴（一九五五）：〈《鏡花緣》的原初版本〉，《文學書刊介紹》八期。

張　訓（一九八八）：《《鏡花緣》與《紅樓夢》》，《淮陰師專學報（哲社）》四期，六二—六六。

ZHONG

鍾鳴奇（一九九一）：〈胍承與超越：論《鏡花緣》〉，《明清小說研究》四期一八九—二〇二。

3. 一九四九年以後台灣方面的研究

BAO

鮑家麟（一九七二）：〈李汝珍的男女平等思想〉，《食貨月刊》一卷十二期，三月，一一二—

二一。

CAI

蔡義忠（一九七二）：〈李汝珍的《鏡花緣》〉，《從施耐庵到徐志摩》（台北：清流出版社），八一—八三。

DU

杜念殊（一九六一）：〈《鏡花緣》〉，《今日世界》十期，三月，一一三—一二一。

·（一九六二）：〈李汝珍著《鏡花緣》〉，《中國文選》七十期，二月，九七—一〇六。

FAN

范劍平（一九五二）：〈《鏡花緣》和飄洋船〉，《中國時報》七期，二月，二四—二五。

HUANG

黃克武（一九九一）：〈《鏡花緣》之幽默——清中葉中國幽默文學之分析〉，《漢學研究》九卷一期，六月，三五三—三三九。

LI

李辰冬（一九七一）：〈《鏡花緣》的價值〉，《文學欣賞的途徑》（台北：三民書局），一二三—一三七。（原刊《學粹》十五卷五期，一九六二年二月，八—一二）

李玉馨（一九九三）：〈反傳統與擁傳統：論《鏡花緣》中的女權思想〉，《中外文學》二十二卷六期，十一月，一〇八—一二〇。

LIN

林連祥（一九八一）：〈《鏡花緣》結構探索〉，《中外文學》九卷八期，一月，二八—三七。

林宗霖（一九六四）：〈李汝珍——爲女性爭一口氣的小說家〉，《勵進》三五五期，九月，七八—八二。

QIAN

錢靜方（一九八二）：〈《鏡花緣》考〉，《小說叢考》（台北：新文豐出版公司），六八—七二。

SI

思　兼（一九六三）：〈《鏡花緣》及其作者〉，《新文藝》二一七期，四月，一三六—一四三。

SU

蘇淑芬（一九七八）：《鏡花緣研究》，碩士論文，東吳大學。

·（一九八二）：〈李汝珍用寓言表示諷刺的創作精神〉，《中國古典小說研究專集》（台北：聯經出版事業公司）第五集，二四三—二六八。

TANG

湯雄飛（一九六七）：〈寓社會諷刺於傳奇小說——《鏡花緣》與《烏有鄉》之比較研究〉，《中外文學》七卷七期，十二月，一二六—一六〇。

WANG

王季文（一九七九）：《鏡花緣神話國度研究》，碩士論文，輔仁大學。

XIA

夏志清（一九七五）：〈文人小說家和中國文化——《鏡花緣》研究〉，《中國古典小說論集》

（台北：幼獅文化公司期刊部），二六五—三〇三。（原刊《幼獅文藝》四十卷三期，一九六三年九月，一八—二九；《中華月報》七一〇期，一九七四，一〇—二三）。

XIE

謝繼芳（一九六〇）：〈《鏡花緣》中的傳統中國社會〉，《現代學苑》八卷八期，八月，一三—一九。

XU

許金枝（一九八〇）：〈《鏡花緣》字母圖探微〉，《中正嶺學術研究集刊》九期，六月，一一九—一六三。

YAO

姚曉天（一九五七）：〈李汝珍和《鏡花緣》〉，《青年戰士報》六期，六月十二日。

YIN

尹文漢（一九六五）：〈《鏡花緣》述評〉，《文史學報》十二期，七月，一二一—一二五。

YUE

樂蘅軍（一九八五）：〈蓬萊詭戲——論《鏡花緣》的世界觀〉，《中國古典文學研究叢刊》（小說之部三，柯慶明、林明德主編，台北：巨流圖書公司，三版，一九七九年初版）。

YOU

尤信雄（一九六八）：〈《鏡花緣》的主旨及其成就〉，《國文學報》八期，六月，一一三—一二〇。（別見《鵝湖》五卷十期，一九八〇，四月，四一—四五）。

4. 一九四九年以後香港方面的研究

LIANG
梁鎮乾（一九五四）：〈《鏡花緣》雜考〉，《新亞中文系年刊》三期，六月，八二—九七。
WU
吳雙翼（一九五八）：〈《鏡花緣》及其他〉，《明清小説講話》（香港：上海書局，再版），八六—九四。

5. 英文論文目錄

Adkins, E.C.S. 1954. "Ching – hua Yuan — China,s Gulliver,s Travels, "*China Society Annual* ,34 – 37,50.

Brandauer, Frederick P. 1977. "Women in the Ching – hua Yuan : Emancipation Towards a Confucian Ideal," *Journal of Asian Studies* 36.4 (Autumn):45 – 46.

Chan ,Leo Tak – hung 陳德鴻 1989. "Religion and Structure in the Ching – hua Yuan," *Tamking Review* 20.1 (Autumn):45 – 46.

Chiang, H.C. 張心滄 1955. trans. *Allegory and Courtesy in Spenser: A Chinese View*. Edinburgh: Edinburgh UP.

Chiang, T,ai – fen 姜台芬 1989. "The Allegorical Quest: The Problem of Meaning in the Pilgrim's Progress and Ching – hua Yuan ". *Diss. National Taiwan U.*

Ederhard, Wolfram. 1971. "Ideas about Social Reforms in the Novel of Ching－hua Y uan ," *Moral and Social Values of Chinese* , Ed. Wolfram Eberhard. Taipei: *Chinese Materials and Research Aids Service Center*, 413－421.

Elvin, Mark 1991. "The Spectrum of Accessibility: Type of Humour in The Destinies of the Flowers in the Mirror," *A Festschrift in Honour of D. C. Lan* ,Ed. Roger t. Ames. Hong Kong: The Chinese U of Hong Kong, 101－117.

Evans, Nancy J.F. 1970. "Social Criticism in the Ch,ing: The Novel Ching－hua Yuan ," *Paper on China* 23 (July):52－66.

Ho, Peng－yoke and Yu Wang－luen 1974. "Physical Immortality in the Early Nineteenth Century Novel Ching－hua Yuan ," *Oriens Extremus* 21, 33－51.

Hu, Shin 胡適 1924. "A Chinese declaration of the Right of Women," *Chinese Social and Political Science Review* 8.2, 100－109.

——, 1934. "A Chinese, Gulliver, on Woman,s Right," *People ,s Tribune* ,New Series 7, 121－127.

Lin, Daniel L.H. 林連祥 1980. "The Examintion Syndrome in Ching-Hua Yuan," *Tamking Review* 11.2, (Winter):161－168.

Lin, Yu-tang 林語堂 1935. "Feminist Thought in Ancient China," *Tien Hsia Monthy*《天下月刊》1.2, 147－150.

Wans , An Chi. 1991. "Gulliver,s Travels and Ching－hua yuan Revisited: A Menippe an Approach

《〈格列佛遊記〉與〈鏡花緣〉再探：曼氏諷刺理論》," Diss. National Taiwan U 1991.

Yu, Wang-luen 1974. "Knowledge of Mathematics and science in Ching-Hua Yuan," *Oriens Extremus* 21, 217–236.

6. 日文論文目錄

CUN

村松英（一九五三）：〈李汝珍與女王國〉，《三田文學》四十三卷八號，十月，二二一—二二五。

HUA

花登正宏（一九八三）：〈關於北京大學藏《音學臆說》〉，《集刊東洋學》四十九輯，五月，五四—七一。

JU

駒林麻理子（一九七六）：〈《鏡花緣》與婦女問題以及有關的女性〉，《東海大學紀要（教養學部）》七輯，十一月，六一—七九。

TAI

太田辰夫（一九七四）：〈《鏡花緣》考〉，《東方學》四十八輯，七月，五七—六九。

TANG

湯淺幸孫（一九五一）：〈《鏡花緣》備忘錄〉，《說林》三卷八—九期，八—九月，二二五—三二，二二九—三二。

XIAO

小野和子（一九八四）：〈《鏡花緣》的世界——清朝考證學者的烏托邦〉，《思想》七二一號，七月，四〇—五五。

小原一雄（一九五一）：〈小説《鏡花緣》的特點——特別是有關婦女問題〉，《松山大商大論集》十七卷三號，八月，八九—一〇二。

ZHONG

中野美代子（一九九二）：〈《鏡花緣》與《格列佛遊記》——關於認識的局限性〉，《中國人的思維模式》（北雪譯，北京：中國廣播出版社），一三—一九。

《三寶太監西洋記》所受的其他小說的影響

二階堂　善弘

前　言

《三寶太監西洋記通俗演義》，簡稱《西洋記》。那部小說在《中國通俗小說書目》屬於「講史小說」，但是從內容來看，應該屬於「靈怪小說」。所以魯迅《中國小說史略》，這部小說分類於「神魔小說」❶。

《西洋記》取材於明鄭和西洋行，不過小說裡所敘述的故事完全以張天師及燃燈佛化身碧峰長老兩個隨西洋行的高手跟西洋妖士法師們鬥法爲主。這種情形跟《西遊記》的主題不是玄奘取經而是孫悟空治妖狀況完全一樣。所以可以說，《西洋記》屬於《西遊記》、《封神演義》等一類典型性的神怪小說。

這種明代神怪小說，包含許多元明代發達的民間信仰的神話，但是到了清代，已經那些神話在民間失去了本來的面貌，張翼等很多文人要「考證」神明的來歷，就說明他們在民間已經找不到神傳說的情況。所以清中期以後，民間卻用《封神演義》來解釋神明的由來。可是《封神演義》這本小說的性格有問題，《封神》的作者把很多故事隨便地改變，然而一般民衆當然不曉得這種事，因此，神話的內容愈來愈亂❷。比方說哪吒太子，祂的名字明顯地表示祂從印度傳來的神，祂的信仰是隨著唐代毘沙門天王的信仰盛行而流行的。不過現在很多人相信祂助周武王與姜子牙伐商紂王的武將，那就是《封神榜》的影響。《西遊記》沒有這種事，故事多半直接地反映當時一般流行的神傳說。那麼，《西洋記》的情形如何？有人說《西洋記》的作者捏造許多故事。不過筆者想，這個看法不對，只是作者所看見的資料是特別的而已。

另外，幾位學者批評《西洋記》的作者「抄襲」其他小說的問題。關於這個問題，趙景深氏引諸家見解而論過❸。

> 魯迅《中國小說史略》說，「《西洋記》所述戰事，頗竊《西遊記》、《封神傳》」。向覺明〔達〕說，「《西洋記》的作者一定看過吳承恩的《西遊記》，所以模仿的形跡很重。……」除上舉者外，還可以看出一些處，如，金角大仙、銀角大仙是襲用《西遊記》裏的金角大王、銀角大王。…他如哪吒、韋馱等亦均見於《西遊》、《封神》，……《西洋記》引用《西遊記》之處，雖是不少，提到《三國演義》之處卻更多，……此外第二十六回曾提到《封神傳》中的雷震子，第三十四回裏又曾提到《水滸》裏的浪裏白條張順。

趙氏及諸家所舉的《西遊記》、《三國演義》、《水滸傳》、《封神演義》對於《西洋記》的影響很詳細，又富於具體性。還有前野直彬氏指摘《國色天香》等的影響❹。的確是，《西洋記》的作者襲用以前的很多文學作品。除了通俗小說，還用很多雜劇、道典等。但是這種情形，在通俗文學的世界上，很普遍的現象。不只是《西洋記》的事。在現在的觀點來看，通俗文學之間的相互影響，當然不應該單純地批判❺。

《西洋記》的作者——羅懋登的活動時期大概在明萬曆年間，號二南里人，寫《香山記》傳奇等，在戲曲方面有些創作。好像他的寫法適乎戲劇方面，所以《西洋記》中的台詞太長，只一個人始終說話的回也有。一方面，輕妙的對話也很多。據他的自序，《西洋記》的成立在萬曆二十五年。但是從那篇自序看不出來特別的思想。❻

另外，羅氏寫《搜神記》的序文。《搜神記》是跟《三教源流搜神大全》一樣的「神學類書」之一。明萬曆所編的《續道藏》收這《搜神記》❼，不過奇怪的事，《續道藏》裏的序缺落羅的署名，日本內閣文庫所藏的版本明顯地有他的署名。這表示羅懋登通曉許多神明的傳說。筆者以前研討過《三教搜神大全》和《西洋記》中的「老君道教源流」❽。結果，發現兩種記載之間有不少的差異。筆者認爲，如果一個傳說有幾個異傳，羅氏有敢採用民間一般最流行的傳說的傾向。所以筆者想《西洋記》作者襲用神話的事卻有積極的意義。

下面要討論的也是關於《西洋記》所受的其他通俗文學的影響。但是，筆者以爲，羅懋登引用資料的時候，他改寫的地方不多，而且很少「捏造」。那麼很多學者所指的故事內容的差異從哪兒來的？以下研討《西洋記》裏所記載的幾個記載，分析內容，來證明羅氏所看見的資料是現在我們能看的不一樣的資料，進而探討《西洋記》卻保留著當時流行的很多神話的異傳。

一、關於八仙人員的差異

在《西洋記》第四十四回中登場八仙。八仙在明代已經很有名的神格，可是奇怪的事，《三教搜神大全》、《搜神記》中都沒有「八仙」的項目。羅懋登是跟《搜神記》有關係的人，爲何他不加八仙的記事呢？筆者推測那是由於兩書的性格的差異。《搜神記》裏的文章都是靠前代的記事寫的，還有，它的內容以南方有力的神明爲主。《西洋記》也偏重南方的，可是那個傾向比較輕。

現在民間流傳的八仙的人員是，鍾離權、呂洞賓、鐵拐李、藍采和、韓湘子、張果老、何仙姑、曹國舅八位神仙。元雜劇裡祂們的構成流動性相當大。現在流行的傳說頗受《八仙東遊記》的影響。應該注意的事，在元明代的戲劇中，卻很少完全跟現在的八仙一致的記載。尤其是有一樣主題的明朝《八仙過海》劇與《東遊記》中的人員也不一樣。在元明戲劇中，除了前記八個以外，還有徐神翁、張四郎等仙人[9]。

關於《西洋記》裏的八仙，最早指摘的人就是俞樾。他在《春在常隨筆》云[10]：

> 又世俗所傳八仙，此書則無張果、何仙姑，而別有風僧壽、元壺子，不知何許人。豈明代有此異說歟？《圖畫見聞錄》孟蜀張素卿畫八仙眞形，有曰長壽仙者，或即此風僧壽乎？書雖淺陋，而歷年數百，便有可備考證者，未可草草讀過也。

則《西洋記》第四十四回云，

……只一陣信風吹下八位神仙來，齊齊的朝著佛爺爺行一個禮，第一位漢鍾離，第二位呂洞賓，第三位李鐵拐，第四位風僧壽，第五位藍采和，第六位玄壺子，第七位曹國舅，第八位韓湘子。

……這裏的人員跟《八仙東遊記》有些不同，就明顯地說明羅氏沒受到《東遊記》的影響。

還有，趙景深氏介紹俞說而云⓫：

……這與引用八仙名一樣，故意捏造出元壺子和風僧壽來，而把張果老和何仙姑刪去。……

這個記載是真的羅氏的捏造嗎？的確是元明雜劇裡沒有風僧壽、玄壺子兩位神仙。不過《集說詮真》中有關八仙的考證，云⓬：

世所傳八仙，宋以前未之聞也，其起於元乎？委巷叢談，遂成故事。八仙即漢鍾離、呂洞賓·張果、藍采和、韓湘子、曹國舅、何仙姑、李元中。見《事物原會》。……《通考全書》載漢鍾離八仙中，無李元中，而有鐵拐李。《續文獻通考》載漢鍾離等八仙中，無李元中、張果、何仙姑，而有鐵拐李、風僧哥、玄壺子。

文中所指的《續文獻通考》不是清代的而是明王圻寫的《續文獻通考》。的確是，同書卷二四一有這個記載，而把風僧壽寫成風僧哥。這竟意味著甚麼呢？至少說明了《西洋記》的記載有根據，不是羅氏隨便地寫來的。或者王圻看羅書嗎？也有可能。不過如果這樣的話，風僧壽的名爲甚麼不一樣呢？筆者想王圻和羅懋登是各依同一系統的資料而記錄的。總之，八仙的人員構成在明末流動性仍然高，不應該說哪個是標準，哪個是揑造。卻要積極地評價《西洋記》裡還保留著很多當時的異傳。

二、傳國之璽與關元帥——跟《三國演義》有關連的故事

《西遊記》中，三藏師徒們尋求的是西天的佛經，可笑的是那個經文都是用漢字寫的，不是梵文的。同樣地，《西洋記》裏也有往西方尋求的東西，那就是傳國之玉璽。小說裏說，永樂帝叫鄭和去西洋的目的是，爲了尋求元朝皇帝帶走的傳國璽。則第九回云，

> 卻說楚武王當國，國中有一個百姓，姓卞名和。……這塊石頭必定有塊寶玉。載之而歸，獻於武王。武王使玉人視之，玉人說道，石也。武王說和欺君，刖其右足。……卞和抱著這塊石頭，日夜號哭，……方才把個石頭解開來，只見裏面果眞是一塊嬌滴滴美玉無瑕。後來秦始皇併呑六國，得了這玉。到了二十六年上，揀選天下良工，把

這塊玉解爲三段。中一段，碾做一個天子的傳玉璽。方圓約有四寸，頂上鐫一個五龍交紐，面上李斯鐫八個篆字。是那個八篆字。是，受命於天，富壽永昌。……到二十八年上，始皇東狩，過洞庭湖，風浪大作，舟船將覆，始皇懼，……令投傳國璽於水，投迄，風平浪靜。……最後三十六年，始皇巡狩，到華陰，有個人手持一物，遮道而來。……其人說道，持此以還祖龍。……那個人已自不見蹤跡了。故此只是傳國璽復歸於秦始皇。始皇崩，子嬰將璽獻與漢高祖。王莽篡位，元祐皇太后將印去打王尋、蘇獻，崩其一角，以黃金鑲之。光武得此璽於宜陽，孫策得此璽於新殿南井中婦人屍項下，曹操得此璽於許昌，唐高祖得此璽於晉陽，宋太祖得此璽於陳橋兵變之中，元人得此璽於崖山之下，……故此這個歷代傳國璽，陷在西番去了。

在這裏，則說秦始皇所做的傳國璽，歷代王朝傳遞下來，到了明代卻落在西番之地。這段話是張天師對永樂帝奏上的。張天師又說，卞氏獻上的玉後來分開了三個部分來做三個印章，一個是皇帝的傳國璽，一個是三茅真君的印，最後一個就是張天師的印。這張天師是小說裏很重要的角色，不過小說裏只說「張某」，他的名字，第幾代天師等都不明白。據《漢天師世家》的記事，比較有名的永樂時期的張天師有第四十三代張宇初。當然他沒有西洋行的事，這事只是小說的虛構而已。可是至少看出來他的創作態度。

然後永樂帝要借其他的印來替代傳國璽，結果都歸於失敗。其後鄭和、張天師、金長老等受了皇帝的命令，出發西洋。這也不是歷史事實。實在是，鄭和的航海的目的是貿易等別的理由⑬。還有，有人懷疑，永樂帝探索建文帝的下落，要抓他。也有可能。

根據《通典》的記載⑭，秦始皇做的玉璽在漢朝仍然繼續使用，可是以後王朝自己做自己用的印璽，所以歷史上卻沒有那樣「傳國」玉璽。但是這個傳說到了明代仍然爲人所相信。《明史》輿服志四有關記載說，

弘治十三年，鄠縣民毛志學於泥河濱得玉璽，其文曰，受命於天，既壽永昌。色白微青，螭紐。陝西巡撫熊翀以爲秦璽復出，遣人獻之。禮部尚書傅瀚言，自有秦璽以來，歷代得喪眞僞之跡具載史籍。今所進篆文與《輟耕錄》等書模載魚篆文不同，……竊惟璽之用，以識文書，防詐僞，非以爲寶玩也。自秦始皇得藍田玉以爲璽，漢以後傳用之。……帝從其言，卻而不用。

在明代弘治年間真的有獻秦玉璽的人，然而皇帝卻其璽不用等事，讓人覺得相當好奇。從陝西出土的情況來看，這個玉璽不是冒充的可能性也不少。可是由於這個記事，明代沒有傳國璽的事明白。

那麼《西洋記》中的傳國之玉璽的事從哪兒來的？筆者想就是《三國演義》的影響⑮。則《三國演義》第六回云，

〔孫〕堅喚軍士點起火把，下井打撈，撈起一婦人屍首。……啓視之，乃一玉璽，方圓四寸，上鐫五龍交紐。旁缺一角，以黃金鑲之。上有篆文八字云。受命於天，既壽永昌。堅得璽，乃問程普。普曰，此傳國璽也。此玉是昔日卞和於荊山之下，見鳳凰

於石上，載而進之楚文王，解之，果得玉。秦二十六年，令玉工琢爲璽。李斯篆此八字於其上。二十八年，始皇巡狩至洞庭湖，風浪大作，舟將覆，急投玉璽於湖而止。至三十八年，始皇巡狩至華陰，有人手持璽遮道。與從者曰，將此還祖龍。言訖不見。此璽復歸親秦。明年始皇崩，子嬰將玉璽獻於漢高祖。後王莽簒逆，考元皇太后將璽打王尋，蘇獻，崩其一角，以金鑲之。光武得此實於宜陽。

這個故事，從裴松之注《三國志》引用的韋昭《吳書》敷衍來的。則，

吳書云，堅入洛，掃除漢宗廟，祀以太牢。堅軍城南甄官井上，旦有五色氣舉軍驚怪，莫有敢汲。堅令人入井探得漢傳國璽。文曰，受命於天，既壽永昌。方圓四寸，上紐交五龍，上一角缺。

《西洋記》裏張天師自己說他據《資治通鑑》的記載奏上這件事，不過，《資治通鑑》卷六〇中玉璽記錄更短，不足論。看來《三國演義》跟裴注引用的《吳書》文上一致的詞多。《西洋記》的文章是用白話來改寫的。要注意的是，在這裏《西洋記》和《三國演義》之間有些差異。一個是，《西洋記》有漢以後的傳國璽的來歷。尤其是他弄錯人名，把孫堅寫成孫策。也許羅懋登自己寫出來的。另一個是只在《西洋記》有卞和呼冤的事。的確《三國演義》本文中没有這事，可是有些早期版本，在注釋裏卻有有關記載。例如，明弘治版的《三國志通俗演義》卷二的注跟《西洋記》的文章很相似[16]。大概，這是羅懋登依據這弘治本系

統的《三國》版本改寫出來的。羅氏引用《三國》這段話，爲的是本來沒有特別出航理由的鄭和西洋行，勉强給一個目的的⑰。羅氏對傳國之璽附與《西遊》中西天佛經同樣的地位。但是，在小說的後段，找玉璽的事已變了不重要的事情。這是小說結構上的缺點，也表示羅氏的文學技術能力比較差。

另外，《西洋記》裏常常出現關公—關元帥。第十三回中形容關帥云，

……第四位生得赤赤的，赤如血，
鳳翅綠巾星火裂，三綹髭鬚腦後撇。
臥蠶一皺肝膽寒，鳳眼圓睜神鬼怯。
青龍刀擺半天昏，跨赤兔壇前謾謁。
原來面白的是個馬元帥，面黑的是個趙元帥，面青的是個溫元帥，面赤的是個關元帥。……

關於關公的論文雖然多，但是仍有未盡之處⑱。根據筆者的了解，關帝神格化的變遷過了幾個階段。從六朝到唐代，早期道教文獻上找不到關公的名字。筆者認爲關公神格化佛教比道教來得早。第一個階段在唐代。這個時期關公被佛教爲守護神。很多通俗小說裡說關公跟佛教有密切的關係，那就留下古來的傳說。另外這個時期在民間也有關公神格化。那個時期在民間把關公稱爲「關三郎」。這個稱呼卻產出了別的神格，就是關公的三男關索。這樣的傾向不止是關公的事，二郎神、李天王、東嶽大帝等有名的神明在五代以後受了極大的變

化。第二階段是在宋代被道教爲元帥神的事。所謂「四大元帥」，最普遍的是溫、關、馬、趙四個元帥神。關帝的紅臉色是恐怕這個時期確定的，本來跟其他的元帥的臉色有關係，後來勉强說，紅色音味著忠義，就是不了解道教史上的關帝地位的。這個時期關公的職務是管理地獄，另有治鬼。還沒有財神的功能。後來關公的地位升高了，所以把康元帥代替關公，成爲四大元帥之一。第三階段是在元明代受了《三國演義》或者有些《三國》戲的影響，把關公稱爲「王」或「帝君」。第四個階段在清代，由於受清王朝的特别的崇拜，關公的地位愈來愈高。同時被附與很多本來無有的性格。這類情形在清以後也仍然繼續。但是上面所說的事是過了極端地單純化的，實在的變遷更複雜，又當然跟民間信仰有相互影響。

那麼前面所看的《西洋記》裡的關公形象如何？依我來看，《西洋記》的關公相當於第二階段的發展情形。則四大元帥之一，只是爲張天師所使役的武神而已。一般來講，明代神怪文學裡的關公的地位不一定是高。比方說《北遊記》的關公是只是玄天上帝的部下，尤其是《大破蚩尤》劇裡說，關公本來是個小小的土地神[19]。《西洋》《北遊》裡的關公雖然有比較高的地位，不過沒有玄天上帝那麼高。元明代的代表性的武神不是關帝而是玄帝。在一部特別重視關帝的記述也有。譬如《西洋記》第七十六回好像關元帥當主角的戲。其中，馬溫趙三元帥被妖禪師敗走，不過只關帥沒有這種事，也表示當時已經關帝的地位升高些了。在這裏妖禪師所說的關公的由來完全根據《三國演義》的故事。也算是《三國演義》的影響。可是描寫關帥時卻用比較舊的資料，好像羅氏所用的資料相當複雜。至少由關公的形象來判斷，羅氏寫的文章裡還保留著不少的明以前的神故事。

三、軟水、唐太宗入冥——《西遊記》故事的引用

關於《西洋記》所受的《西遊記》強烈的影響，既有很多研究者的指摘。則向達氏說：

……依我來看，《西洋記》的作者一定看見過吳承恩的《西遊記》，所以模仿的形跡很重。例如，《西洋記》卷十第四十六回說到右先鋒劉蔭在女兒國影身橋上照影有孕，誤飲子母河水等等，這完全是襲取《西遊記》第五十三回唐三藏師徒們在子母河受災的故事。……⑳

還有趙景深氏說：

如，金角大仙、銀角大仙是襲用《西遊記》裏的金角大王，銀角大王、羊角大仙是襲用《西遊記》裏的羊力大仙。《西洋記》第二十一回竟把魏徵斬涇河老龍和唐太宗遊地府的故事完全引了進去。惟師徒四衆名稱與《西遊記》略異，豬八戒作朱八戒，沙和尚作淌來僧，這與引用八仙一樣，故意捏造出元壺子和風僧壽來，……㉑。

的確，不得不認《西洋記》模仿《西遊記》的地方很多，而且，那些模仿在從文學技巧來看似乎不成功。可是，第二十一回唐太宗入冥的故事的差異，是否真的羅氏捏造？筆者以

爲不然。則《西洋記》第二十一回云：

當原先大唐朝，有個蜀郡成都人，姓袁，道號天罡先生。……每日在十字街頭賣卦營生。其日有一個秀才來占課。袁天罡起下課來，說道，占課君子，你不是凡人。那秀才道，我不是個凡人，還是甚麼。袁天罡道，你是個水府龍神。……袁天罡道，你該行雨快了。就在三日後，玉皇有旨，差你午牌時分起雲，未牌時分下雨。雨有四十八萬點。……那曉得少幾點，違滅了敕旨，玉皇傳令該斬，差唐太宗駕下左丞相魏徵監斬。……袁天罡道，……到太宗爺寢殿托一個夢，將此情哀訴與他。……魏徵丞相著了一會棋，到了午牌時分，……不覺的伏在桌子上打一瞌睡。……一會兒丞相醒將回來，道，……只因玉帝有旨，差臣南天門外監斬金河老龍，復旨才回。……夜至三更，金河老龍直至宮裏，拉住唐太宗，要他塡命。唐太宗驚懼。……當有護國公秦叔寶、鄂國公尉遲敬德，……兩個國公把守宮門。龍王又來時，抬頭一看，左邊是個天蓬星站著，右邊是個黑煞星站著，他哪裏敢進。龍王沒奈何，竟投閻君告下了一紙陰狀，陰司拘到唐王。…唐王沒奈何，親自許他削髮出家，前往西天雷音寶刹，面佛求取眞經。……

卻說唐王許下了老龍超度，果眞的要削髮出家，……百官上表奏道，天不可一日無日，國不可一日無君。既是前言要踐，莫若張掛榜文，召集天下僧人。內中揀選個有得行的。代萬歲取經，庶爲兩善。唐太宗准奏，大張皇榜，召集天下僧人，果眞的就有一個僧人，俗姓陳，金山寺長老拾得的留養成人，法名光蕊，有德有行，竟往長安揭了皇榜，面見太宗。太宗大喜，封爲御弟，賜名玄奘。帶了三個徒弟，一個是齊天大聖，一個是淌來僧，一個是朱八戒。師徒們前往西天取經。當得齊天大聖將我海龍王奏過天庭，封奏掌教釋迦牟尼佛牒文，撤去軟水，借來硬水，不能過去。……

這個故事是大概相當於《西遊記》的從第九回到第十二回的部分[22]。不過，跟現在看得到的《西遊記》比起來內容的差異更多，不止是三藏師徒的名稱。這些差異從哪兒來的？以下要加以詳細的討論。

這個故事的開端就是袁天罡和金河龍王打賭的事。在《西遊記》中，這兩個變成袁守誠和涇河龍王，然而故事的內容沒有特別的差異。龍王的名稱是由於音近而訛的。該注意的是，《西洋記》裡出現的不是袁守誠而是袁天罡。因爲根據太田辰夫氏的推測，以前的《西遊記》故事裡登場的也是袁天罡。袁天罡在《西遊記》中被稱「唐朝欽天監台正先生袁天罡」，而稱袁守誠是他的叔父。根據太田氏的研究，這個故事本來占卦的是袁天罡，可是後來《西遊記》中他的地位升高了，所以不合適里中的算命先生。太田氏又說，明初《永樂大典》所引用的《西遊記》這個故事，已經變成了袁守誠[23]。這意味著甚麼？筆者推論，羅懋登所看見的《西遊記》不是明代的可能性很大。

故事裡還有秦叔寶、尉遲敬德守護門的事。《西遊記》說明，後來把兩將軍的畫貼在門上就是門神的起源。《西洋記》中卻沒有這門神的說明，而有秦叔寶是天篷星的化身，尉遲敬德黑煞星的下凡的說明。《西遊記》裡說豬八戒的前身是天篷元帥，所以如果秦叔寶是天篷的話發生一種矛盾。可是楊景賢的《西遊記雜劇》裡說，豬八戒的前身是摩利支天部下的御車將軍。所以舊的《西遊記》裡，豬八戒不是天篷的可能性很大。另外，《大唐秦王詞話》中也說，秦叔寶是個天篷星，尉遲敬德是個黑煞星。大概在元明流行的說話裡這兩個將軍是星宿的下凡。一定是《西洋記》保留這種說話。

還有，太宗遊冥與三藏取經的經緯也差異不少。《西洋記》說，唐太宗爲了龍王超度，自己要出家取經。然後三藏替太宗去西天取經。可是現在的《西遊記》裡面，這些故事好像沒有關聯的。在地獄，龍王的事也幾乎沒有問題的樣子，回陽界以後蕭瑀奏上敬佛的事。之後受了觀音菩薩的點化玄奘去西天。《西遊記》裡，有把一個一個故事勉强分開的味兒，《西洋記》中的這故事自然地進行，沒有加技巧的痕跡。所以筆者以爲，關於這個故事《西洋記》的結構卻是本來的樣子。

趙景深氏主張，三藏師徒的名稱是羅懋登揑造的。這個指摘很有問題。在《西洋記》的師徒們出現順序是，一，齊天大聖〔孫悟空〕，二，淌來僧〔沙和尚〕，三，朱八戒〔豬八戒〕。跟現在所看得見的不同。這也是反映著以前的《西遊》故事。豬八戒在《西遊》故事發展階段中，最後加入師徒們。所以《大唐三藏取經詩話》裡有孫行者和沙和尚的前身，而沒有豬八戒的前身。還有，豬八戒的名字是朱八戒。這就是跟《朴通事諺解》引用的元代《西遊記》一樣的。根據太田辰夫氏的指摘，元代《西遊記》裡豬八戒本來姓朱，不過明王朝的姓也是朱，所以後來配合這個事情來改寫成「豬」八戒[24]。這也表示羅氏看的是元版的《西遊記》。

最後的軟水故事也有不少的問題。《西遊記》中找不到這個軟水的事。只這事羅氏寫出來的可能性也有。可是筆者想，《西洋記》裡引用《西遊記》，爲的是，對燃燈佛的下凡碧峰長老的問，東海龍王回答軟水是真難過去的地方。所以如果以前的《西遊記》裡沒有這個故事的話，龍王費很多時間說明很不自然。另外，《西遊記》第八回中，釋迦如來云，

> 我觀四大部洲，衆生善惡各方不一。東勝神洲者，……我西牛賀洲者，不貪不殺，……但那南贍部洲者，貪淫樂禍多殺多爭，……我今有三藏眞經可以勸人爲善。

從這記載來看，《西遊記》的西天在西牛賀洲，而東土在南贍部洲。按照這個地理觀，去西天時一定要過海。不過現在的《西遊記》中似乎沒有過海的事。所以筆者推測，明以前的《西遊記》裡本來有三藏師徒辛苦地過軟水的故事，而後來刪去了。明本《西遊記》沒有過海的理由不明白。當然歷史上的玄奘西天行當然沒有過海的事，一般來說，明本《西遊記》往往靠「常識性」的判斷改寫很多故事，所以原來有的「荒唐」事也減少了。

總而言之，羅氏所看的《西遊記》是元代版本的可能性相當大，所以趙氏等指摘的事都是跟現在的《西遊記》的差異而已。《西洋記》卻保留著元代的傳說，我們應該了解這種資料的複雜性，不能簡單地判斷哪一個是標準。

四、雷震子、哪吒及姜太公——《封神演義》影響的有無

趙景深氏等說，《西洋記》受了《封神演義》的影響。關於這意見，筆者不同意。因爲筆者認爲《封神演義》的成立在明萬曆後期[25]，所以想有萬曆二十五年序文的《西洋記》跟

《封神演義》都是同時期的創作。恐怕沒有相互影響。

趙氏舉的例子是第二十六回出現的雷震子。可是這不一定是《封神》的影響，因爲元代成立的《武王伐紂平話》裡也有雷震子。如果要論兩者的影響關係的話，應該選擇只在《西洋》《封神》中看的神明或故事。不過事實上，合適這個條件的神格並不多。只有燃燈佛〔燃燈道人〕，李天王〔李靖〕等幾個人物而已。燃燈佛在《封神》與《西洋》的形象完全不一樣。《西洋記》中燃燈佛是個佛菩薩的領袖，而且其形象絕不出傳統的佛教之外。不過《封神》的燃燈道人完全是個道教神仙，同時是元始天尊十二大弟子的首。當然《封神》的形象是特別的。兩者之間似乎任何關係也沒有。

哪吒太子也是《西洋》和《封神》都登場的神。而祂在《武王伐紂平話》不出現。哪吒在《西遊記》中也是重要的神明，所以當然考慮哪吒也是《西遊記》影響的可能性。則《西洋記》第四十四回形容哪吒云：

……只見右手下又一位神將。身長三丈六尺，三個頭，六隻手，六隻眼，六般兵器。朝著佛爺爺打個問訊。說道，小神是哪吒三太子是也。領了牟尼佛爺慈旨，特來聽宣。……

關於哪吒的形象，現在最流行的是《封神》的打扮。則持三種寶貝，火尖槍、乾坤圈、混天綾，上了風火輪，還有四面八臂。然而明代一般的形象不一樣，《西遊記》的形容是「即變做三頭六臂，惡狠狠，手持六般兵器，乃是斬妖劍、砍妖刀、縛妖索、降魔杵、繡毬兒、火輪兒」，當然騎著風火輪㉖。看起來《西洋記》的形象跟《西遊記》很近。但是《西遊》中稱哪吒是玉皇大帝的部下，而《西洋》說祂領了如來的命令。一般而言，很多故事中說哪吒是玉帝部下，例如《南遊記》《三教源流搜神大全》都是這樣，可是也有別的說法，明代《猛烈那吒三變化》劇裡稱，哪吒三太子是如來前的善勝童子㉗。在明代，哪吒還保留著佛教神的特色，總之，《西洋記》的哪吒的形象似乎跟其他的小說無關的樣子。

那麼從《封神》到《西洋》的影響根本沒有嗎？關於這事還有一個可疑的記載，就第五十六回說，

……小神還不認得他，還要吃他，那老者就狠是一聲喝，早已喝下一位馬元帥來，把塊金磚丟在鷹愁澗裏，你說這老者是哪個，原來渭河裏釣魚，飛熊入夢，八十歲遇文王，開周家八百年天下的萬神之祖姜子牙是也。

在這裏把姜子牙稱爲「萬神之祖」。將這個記載認爲《封神》的影響，就是很自然的事。趙氏應該舉這個例子。可是筆者仍然懷疑這個記載不是《封神榜》的影響，因爲《武王伐紂平話》裡也有近乎封神的記事，還有，「太公封神」的傳說從《史記》時代存在的。筆者推測，太公封神不是《封神》的作者發明的，他卻利用一般流行的這種傳說來寫封神故事。

五、天妃的保佑——《下西洋》雜劇的存在

《孤本元明雜劇》有《下西洋》雜劇。正題是《奉天命三保下西洋》。這齣雜劇的結構很簡單，則西洋國未服王化，所以鄭和承皇命借神助下西洋，打敗西洋國王，叫他獻寶物。幾乎《西洋記》的極端的單純化。這戲大概明中期的作品，所以羅懋登利用這齣雜劇的可能性很大。但是，《下西洋》雜劇和《西洋記》之間的差異也相當大。譬如，鄭和以外的主要人物—碧峰長老、張天師、永樂帝等不出現這戲裡。神明也是一樣，除了一個神明之外，《下西洋》劇裡任何神佛也沒有。那個唯一的例外，就是天妃娘娘—媽祖。則《下西洋》劇中云：

> ……天妃云，起立乾坤大地中，驅雷喚雨聚神兵，四時享祭民安樂，保助山河社稷興。吾神乃天妃神是也。……吾神受上帝敕令，管領九江之總，雄鎮五湖源流。……今有天朝欽差內直忠臣太監三保等官，前往海外西洋等處，和取方物，今駕海船數隻，在此江口屯住。今日他同衆官要來祭祀吾神，祈保浪息風停，海舟平安回國㉘。

《下西洋》雜劇裡强調天妃的保佑。那事大概反映著歷史事實，則鄭和西洋行時，媽祖常常示顯靈驗。關於這件事，包遵彭氏已有詳細地檢討，而不注意到《下西洋》雜劇㉙。筆者想，羅氏做《西洋記》時利用這雜劇的可能性也不少。可是事實上，《西洋記》中有關媽

祖的記載不多。只布第二十二回裡，天妃出現來拯救鄭和寶船，天妃娘娘自己云，

> ……吾神天妃宮主是也。奉玉帝敕旨，永護大明國寶船。汝等日間瞻視太陽所行，夜來觀看紅燈所在，永無疏失，福國庇民。……

從文辭上看來，共通的部分實在是太少，所以不能判斷羅懋登是否利用這齣雜劇。筆者想，《西洋記》中也强調媽祖的保佑，一方面是史實的反映，一方面是表示羅氏採用中國南方的神話比較多。還表示當時的媽祖信仰的盛行。

結　語

以上，筆者檢討《西洋記》跟其他小說的關係，其中特別討論神話爲主。要注意的是，《西洋記》作者利用的資料相當複雜，而且反映元代明初的神話的記載也相當多。以前的研究者簡單地判斷，《西洋記》裡的神話是亂改的，可是這樣的看法太膚淺，不了解元明代神話的性格。

《西洋記》裡還有很多神話故事。例如，玄天上帝下凡、燃燈佛與張三丰合作、五鬼鬧都等等。尤其是，J. J. L. Duyvenduk 氏重視的遊冥界的說話真是令人好奇的㉚。不過關於這些問題，在別的機會要檢討㉛。

注釋

❶ 參見孫楷第氏著《中國通俗小說書目》〔人民文學出版社〕六七頁「明清講史」，及魯迅《中國小說史略》〔里仁書局版〕「明之神魔小說下」一五四頁以下。

❷ 研究神話的方法，還有，從故事的內容取出主題來比較神話之後，分類神話或者解釋裏面的思想的辦法。可是筆者認爲，這種方法有時候容易流於恣意地設定神話類型。因爲民間神話的流傳相當複雜，再加上，一個神話的內容很容易改變。所以，筆者想研究明神怪小說的故事時，用元明雜劇、神學類書、道教經典等資料來考究故事的傳統方法仍然有效。因爲那種資料的成立背景、地方性等還不明白的地方太多。例如，《封神》跟《西遊》寫的前後也似乎沒有定論。跟據筆者的瞭解，《封神》寫的時期顯然在《西遊》之後。目前要的還是分析這種資料的性格。

❸ 趙景深氏《三寶太監西洋記》。上海古籍出版社版《三寶太監西洋記通俗演義》附錄三所載。同書一三二〇頁。

❹ 參見前野直彬氏《中國小說史考》〔日文・秋山書店〕四〇三頁。

❺ 關於這件事，參見張火慶氏「《三寶太監西洋記》的兩個問題—出使動機與西洋所在」《興大中文學報》第一期，民國七七年，七〇頁。

❻ 有些學者主張此序示倭患的問題，參見前注張氏論文七一頁。

❼ 《搜神記》在《續道藏》第一一〇五及一一〇六冊筆者認爲編輯《搜神記》的人就是羅懋登。

❽ 參見拙論「關於明代的道教始源說話」〔日文〕《論叢亞洲之文化與思想》第一號，一九九二年。

❾ 關於八仙的變遷，已經有很多論文。筆者特別參考的，如浦江清氏「八仙考」《清華學報》十一卷一期，民國二五年，及張俐雯氏《八仙故事淵源考述》〔國立中正大學中文研究所碩士論文〕民國八二年等。

⑩ 上海古籍出版社《三寶太監西洋記》附錄一，一二八九頁。

⑪ 參見上海古籍出版社《三寶太西洋記》附錄一，一三二〇頁。

⑫ 黄伯祿《集說詮真》第三册。另外，參見呂宗力等編《中國民間諸神》〔學生書局〕，九〇四頁以下。

⑬ 關於鄭和下西洋的動機，張火慶氏詳細地討論過。前記張氏《三寶太監西洋記》的兩個問題」七三頁以下。還有參見，包遵彭氏「鄭和下西洋之寶船考」《包遵彭文存》民國六九年，六九頁以下。

⑭ 《通典》卷六三，禮二三，嘉禮八。

⑮ 關於這件事，又有張火慶氏的指摘。則張氏「《三寶太監西洋記》的兩個問題」七五及七六頁。而卻趙景深氏所指的《三國演義》的影響中，沒有提起玉璽的事。

⑯ 《明弘治版三國志通俗演義》〔新文豐出版公司〕六二頁。

⑰ 參見前提張氏「《三寶太監西洋記》的兩個問題」七七頁。

⑱ 關於關帝的變遷，參見《中國民間諸神》〔學生書局〕下册，六五七頁等。

⑲ 《關雲長大破蚩尤》劇，就是《孤本元明雜劇》〔臺灣商務印書館〕第八册所收。

⑳ 向達氏「論羅懋登著三寶太監西洋記通俗演義」。上海古籍出版社《三寶太監西洋記》附錄二所收，同書一二九七頁。

㉑ 上海古籍出版社《三寶太監西洋記》附錄三，一三二〇頁。

㉒ 當然《西遊記》有很多種的版本。這裏所說的《西遊記》是世德堂本等的明代一百回本。

㉓ 太田辰夫氏「《永樂大典》本西遊記考」，《西遊記之研究》〔日文·研文出版〕所收。參見同書一七〇頁。另外，元雜劇《柳毅傳書》〔《元曲選》中華書局所收〕中見，「涇河龍王」的名稱，《西遊記》的作者〔當然不是吳承恩〕利用這雜劇的可能性大。

㉔ 太田辰失氏「《朴通事諺解》所引西遊記考」，前揭《西遊記之研究》八四頁。

㉕ 參見拙論「關於《封神演義》的成立」〔日文〕《東洋文化復刊》第六八號，一九九二年。

㉖ 從《西遊記》第四回引用。除此以外《水滸傳》和《大唐秦王詞話》裡形容哪吒「八臂」。

㉗ 《猛烈哪吒三變化》，《孤本元明雜劇》第九册所收。

㉘ 《奉天命三保下西洋》，《孤本元明雜劇》第八册所收。

㉙ 參見「論三寶太監下西洋記演義與天后故事的影響」，《包遵彭文存》〔國立中央圖書館〕民國六十九年。同書一二四頁。包氏同書中指摘的神話與《西洋記》的關係也相當重要。不過包氏所看的範圍未廣，所以誤解神話的記載不少。

㉚ 「A Chinese Divina Commedia」J. J. L. Duyvendak T'oung Pao 41 1952.

㉛ 這篇文章原在《對道教文化的展望》〔平河出版社〕一九九四年。原文是日文，筆者用同名論文翻譯成中文，而改寫的部分不少。

王國維與祁彪佳
——論哲學、心學與劇曲的審美意識

孫中曾

前言

中國近代戲曲大興，其關鍵在於王國維（一八七七～一九二七）的劇曲研究，而首要即在，王國維重新審定戲曲的文學價值及給予歷史定位，將元曲提昇至與唐詩、宋詞並駕的「一代文學」，戲曲珍寶自始才重現天日，其對中國戲曲研究的貢獻，真不可沒。但王國維對戲曲的文學評斷，卻往往令研究者陷入兩難困境，如衆所知，他對明朝戲曲的評價極差，常令後進者有難措手足之感，如青木正兒在《中國近世戲曲史》的〈序〉中言，王國維嘗冷然地告訴青木正兒說：「明以後無足取，元曲爲活文學，明清之曲死文學也」❶。王國維在《宋元戲曲史》中亦言：「故余謂北劇南戲曲限於元代，非過爲苛論也」❷，因而，這個揚元抑明清的斷言，對於戲曲的研究者而言，常常陷於兩難境地，一則不願（情感上的認同）惟翻其論點，二則又想一吐明劇作價值的快語，兩難情懷壘於胸中，既痛且癢，搔之則痛，止之則癢，實是中國戲曲研究的二難境地。

其實，面對此一問題時，若詳加檢索王國維之後的戲曲研究，其原因即可略窺一二，賴橋本在〈民國以來的曲學〉中嘗强調曲學的發展有三個方向，即曲律之學、考據校刊與戲曲創作❸，很明顯的是，整個劇作的研究方向，對於戲劇美學或戲曲審美意識的探討卻付之闕如，近幾年研究中國美學的風氣喧騰塵上，有不少學者注意到戲曲美學的問題，但相對而言，這個面向的研究仍然太少，此一現象誠如大陸學者郭英德所言，中國戲曲的研究尚未能充分掌握文學上的特徵及意義，他說，「對戲曲發展史總體演進軌跡的把握和對戲曲文學總體徵的論述，則或略焉不論，或語焉不詳」❹，整個戲曲的文學定位與評價，嚴格而言，尚且停留在王國維的品評之上，因此，對於王國維的二難評斷，或者存而不論或乾脆避開不談。即使有所論斷，也草草了事。事實上，王國維能夠提振戲曲的文學地位，並予以無上價值，正是立基於其美學體系的論述，而王國維的美學系統，卻是立基於完備的哲學架構，也就是哲學、美學與文學理論三者間是統貫爲一的整體建構，戲曲的審美意識就是間構的環節，故而，若無法檢索出王國維美學系統與戲曲美學的關係時，當然無法進行超越（beyond）戲曲理論的二難困境。實際上，戲曲的文學地位的定奪標準是建立在其審美意義之上的，這也是王國維真正貢獻之所在，但從戲曲研究的發展史上看，除了悲劇論有進一步的進展外，戲曲的審美意識在王國維之後，瞬間被白話文學的理論所取代，一時間，戲曲的文學價值及地位，不費吹灰之力、垂手即得，王國維的「自然」說成爲「白話」的註腳，是耶、非耶，是否王國維的審美意識與白話文學、俗文學的審美觀相合一致？在戲曲研究的回顧與前瞻上，王國維從哲學、美學系統所建構的戲曲審美意識，根本已經開出戲曲美學的路向，但由於王國維在其美學完成階段的幽微大義，遂導至其戲曲美學的湮没沈埋，而以哲學通貫美學文學的詮釋進路，更無人論及，因而，哲學、心學、理學與審美意識間的言詮系統，正值得吾人三思。

王國維從哲學所建構的文學審美意識，從詮釋的角度來看，正可說明哲學與戲曲理論間所存在的隱藏關係，從這種戲曲美學的詮釋爲起點，才可以深刻地論述出中國戲曲立基於中國文化天人觀的文化美感，若由宏觀的立場而言，戲曲的文學本質，透過哲學的深化歷程，更可强化戲曲理論的重構基礎。文學與哲學互動的顯例，以晚明公安派的文學風潮最爲顯著，就戲曲品評而言，李卓吾（一五三六～一六〇二）論「化工」與「畫工」的兩種審美標準，就與其美學意識有密不可分的關係，實際上，不論是李卓吾，公安三袁、或周海門（一五四七～一六二九）、陶望齡（一五六二～一六〇九）均承繼於王陽明（一四七二～一五二九）「心學」的本體思潮，哲學文學的一體構成，實是晚明審美意識的一大特色，若從這個角度來看，王國維以哲學爲主軸所建立的方法論及審美意識，才是解開思想內路的參考座標，由此一面向來看祁彪佳《遠山堂劇品》及《遠山堂曲品》的戲曲審美意識就更具意義。何以祁彪佳的〔曲品〕與〔劇品〕要由哲學（或心學）加以考量？或者說，祁彪佳的〔曲品〕與〔劇品〕應該如何定位才是公允，這自然涉及祁彪佳的學問型態及生命情調的真實狀況才可能予以判斷。但整體而言，祁彪佳成長於浙東，是浙東會稽的望族，浙東是明中晚期心學發展的重鎮，從王陽明、王龍溪（一四九八～一五八三），到周海門、陶望齡，最後到陶奭齡（一五？～一六三九），劉宗周（一五七七～一六四五）等，在浙東一地心學論辯之風未嘗稍歇，祁彪佳早年參予証人講會，問學於陶奭齡與劉宗周，講究性命之學，並修証己身，陶奭齡更是引領浙東文學旗幟領袖陶望齡之弟，在此一背景之下，陽明心學的影響明確可知，晚明左派王學的文學特徵就是文哲一體，李卓吾（一五三六～一六〇二）的「童心說」，公安三袁以一派學問爲本體，陶望齡則提出「心造」爲本體。以陽明心學爲本體的文學思潮，除了展開新的議題之外，最重要的影響是，對文學本質的重構，更確切的說，是美感意識的轉向，祁彪佳的〔曲品〕與〔劇品〕應該由此考察，才能看出文哲一體的美學與戲曲審美意識的定位及意義。若由此一面向來看王國維的戲曲定位，在方法論上，王國維與祁彪佳有極高的同質性。

在進入本文之前，對於王國維與祁彪佳之間應有的聯想，先論列於此。因爲王國維與祁彪佳兩人在人生命運曲折上，有相當高的同質性。首先，從地域而言，祁彪佳在浙東會稽；王國維身在浙西海寧瀕臨海鹽，就戲曲的傳統而言，這二地均與明清戲曲發展有關；就學問路向而言，兩人均受哲學（心學）熏陶在先，而品評與研究在後；就生命情調而言，既重哲學的思辯，同時又鍾情於美感情意之興發；若以命運曲折而言，同是身處末世的時空，最後，又同以自沈於水，保全名節天道爲最終選擇。遺憾的是，祁氏作品在王國維自沈之後才披露於世，雖然王國維知道祁氏的作品，但終未得見❺，而祁氏也不可能預知三百年後，王國維有同樣心境來斷定戲曲，彼此一致的心意，在時空交錯中擦肩而過，其天呼！

一、王國維的美學、文學與戲曲的審美意識

王國維的戲曲研究，從他的美學體系來看，戲曲可說是哲學、美學與文學的最高峰，但由於《宋元戲曲史》寫得直易明白，很難看出其一貫的美學架構，簡言之，導至研究者很難察覺到王國維內隱的審美意識，因而對王國維戲曲審美觀的了解，均不甚了了，一般均是套

用「意境」、「境界」之詞、或引用「自然」爲論，但甚少專門的研究，經過八十年今，其研究的不足實足以讓有識者引爲浩嘆。事實上，從王國維的著作來看，早期的論述到《宋元戲曲史》的寫成，確實指向一個美學體系的完成，境界說與古雅論則標示著美學與文學間的相互支立》，並且立下審美的一貫標準，然而在此中，由於文化認同心境的轉換，語言遺詞的轉化，王國維幽隱曲折的心境，及典雅文詞後面的理論意向，由於艱澀的德國美學體系，及傳統詩評的簡白文句，遂使王國維的美學體系趨於兩途，一則以其觀念艱難深奧，視爲偏頗之西化解釋；一則因爲文字簡白，則以「古典詞說」爲本，或以無甚新意視之，或以比較異同解之。殊不知王國維的美學體系何來兩端，不論是康德、叔本華的哲學語彙；抑是《人間詞話》、《宋元戲曲史》的傳統語句，對王國維而言，都是一貫的美學體系，同樣的審美意識與審美標準。但是由於深奧哲學與簡易文句的背反現象，確實讓人難以掌握其全面的理論系統。當然，戲曲審美意識的晦昧不明，是可以理解的。

其實，要進入王國維的理論構成，陳寅恪（一八九〇～一九六九）對王國維的評價是不可忽視的。陳寅恪在〈王靜安先生遺書序〉中認爲，王國維對藝文戲曲的貢獻在於「取外來之觀念，與固有之材料互相參証」[6]，陳寅恪的評斷最能表出王國維的學術精神，陳寅恪雖然年紀小於王國維，但從學問與志業的趨向上看，是最能領略王國維心境與學問之人，陳寅恪在〈輓王靜安先生〉中言「吾儕所學關天意，並世相知妒道真」最能看出兩人情誼與志業的一致。所以陳寅恪所言「取外來之觀念」，正點出王國維思想核心之所在。

王國維對於「美」的概念，主要是架構在康德（Immanuel Kant，1724～1804）、叔本華（Arthur Schopenhauer，1788～1860）的美學概念之上，尤其叔本華的主要著作《意志及其表象世界》的影響最爲巨大。因此，王國維對於「美」的看法主要是源自於叔本華，特別是以美學、文學間的「美」的作用，最引起王國維的注意。就叔本華的哲學言，美的純粹無利害的本質，能夠暫時解除人生因意志而產生種種欲求的痛苦，因此，天才能夠掌握到理念（Idea）而創造出藝術品，人們則因爲觀看聽聞藝術品而得以解除痛苦，而藝術品則是音樂、文學（戲劇、詩）、繪畫、建築等具體作品。所以就王國維而言，「文學」便是「美」的具體呈現，而美學的具體功能則仰賴文學方得成立。根據叔本華的觀點，戲劇是文學作品的最高峰，同時也是人生最深刻的表現，是隸屬於天才的作品。王國維相當認同這個觀點，因而，若比較其美學的晚期作品「古雅說」的觀點，以及《人間詞話》的品評標準，王國維對戲曲審美意識的觀點幾可呼之欲出，而揚元抑明清的困境才可得以說明。

從德國觀念論來看，美學或藝術不是單獨的學科，而是連繫在整個哲學的體系之上，也就是說，哲學、美學與文學三者間是互相關聯的一套理論系統，要了解王國維必定要先對此有清楚的認識。

㈠ 哲學、美學與文學的本質關係

王國維的美學思想，嚴格而言，可分成三個階段，第一階段以叔本華的美學思想爲核心，以解脫人生痛苦爲依歸，强調悲劇的功能，基本上是以戲曲的作用爲主；第二階段則進行創作的實踐及美學體系的反省，康德的形式論及中國古典作品的審美標準都是促成反省的因素；自第三階段始，王國維建立了一套完備的美學言說，以中國的語言形式爲工具，以古典的審美語句爲立論標準，對中國文學、以及藝術進行審美判斷，寓德國的美學議題於傳統審美品評之中，以「意境」與「古雅」分述「理型」(Idea)與「天才」之論，既統述了美的本質，又調和形式論的立場，這是王國維美學思想的成熟期，也是最後階段。但是，無論那一階段，王國維始終一貫地以哲學爲其思想的後設基礎。

王國維在〈奏定經學科大學文學科大學章呈書後〉說：

> 今文學科大學中既援外國文學矣！不解外國哲學之大意，而欲全解其文學，是猶卻行而求前，南轅而北其轍，必不可得之數也。且定美之標準，與文學上之原理者，亦惟可于哲學之一分科之美學中求之。❼

王國維明確的指出「文學」與「美學」「哲學」間的關係，這三者間是一個互相構成的理論體系，尤其哲學更是入手的把柄，王國維以哲學爲西方文學理論的基礎所在，可謂是直剖關目之要，一針見血；但就中國文學而言，王國維並未改其立場，他說：

> 至文學與哲學之關係，其密切亦不下于經學今文，吾國文學上之最寶貴者，孰過于周秦以前之古典乎！《繫辭上下傳》實與《孟子》、《戴記》等爲儒最粹之文學，若自其思想言之，則又純粹之哲學也。今不解其思想，但玩其文辭，則其文學上之價値已失其大半，此外，周秦諸子亦何莫不然。自宋以後，哲學漸與文學離，然如〈太極圖說〉、〈通書〉、〈正蒙〉、〈皇極經世〉等，自文辭上觀之，雖欲不謂之工，豈可得哉！此外，如朱子之於南宋，陽明之於明，非獨以哲學鳴，言其文學，亦斷非同時龍川、

冰心、及前後七子等所能及也。凡此諸子之書，亦哲學亦文學，今捨其哲學而徒研其文學，欲其完全解釋，安可得也。❽

王國維從哲學與文學的角度來檢視傳統的文學，可看出王國維試圖運用新的視角來重新釐定文學與哲學的本質。王國維强調「亦哲學亦文學」的立場，正可突顯文哲一體的思想。從這個觀念推衍出去，才能夠說明其戲曲審美判斷的依據何在，同時，從這樣的一體關係才可能看出晚明戲曲批評的審美基礎。哲學、文學與美學的一體關係，就王國維而言，根本是本質上的必然，既不可分而論之，也不可略而不言，總之，戲曲的審美意識不可能脫離哲學而獨自成立，甚且，戲曲的審美判斷根本就立基於哲學之上。

值得問的問題是，王國維很清楚地意識到，中國傳統上文哲二分的事實，但他爲何又要將此二者調和起來統而論之？事實上，這關涉到西方思想衝擊的問題。陳寅恪所謂：「取外來之觀念」，此言非虛，因爲西方的文學理論很明顯的，是建構在哲學的論辯之上，希臘辯士、柏拉圖、亞里斯多德、泛希臘時期、羅馬帝國等，除了論喜劇、悲劇外，修辭學與邏輯往往是同一的論述型式，因此，西方的文哲合一論，對中國傳統文論而言（尤其是宋朝之後），相對而言，更具說服力，尤其是德國的哲學體系，往往熔藝術、文學、哲學爲一爐，因此，文學的意義與哲學體系爲同一的關係，在文學的審美判定上，哲學才是判斷的基礎。從王國維的思想及文獻上看，他調和文哲二分的傳統論法，就是試圖藉由哲學體系，重新審視傳統的文學價值。其中最重要的，就是審視戲曲的文學價值與定位。

(二) 王國維的美學思想及其戲曲的審美意識

王國維從西方的角度來審查中國的文學發展時，尤其以德國的哲學體系爲參照的話，應該很快地發現，中國戲曲地位的幽隱不彰，而且，若從叔本華論述人生意志、以人生爲其哲學的目的來看，描繪人生百態的戲曲（或戲劇）正是其哲學體系中重要的一環，同樣的，王國維心志所趨也是戲曲，他在〈自序二〉中嘗表明，要撰寫戲曲以提振中國的文學地位。當然，王國維的想法來自於哲學思想，如前所述，王國維受到叔本華哲學的影響，認爲美學的具體表現就是文學與藝術，文學的所有創作，又以戲劇爲頂點所在，王國維在其第一篇文學評論〈紅樓夢評論〉中言：「叔本華置詩歌於美術之頂點，又置悲劇於詩歌之頂點」[9]，可見，王國維在其前期思想中，即已將戲曲的位置安放妥當，因此，《宋元戲曲史》的完成雖然標示著王國維具體成就，但事實上，王國維對於戲曲的定位始終一致，不嘗改變。

王國維雖然有固定的戲曲定位，但就戲曲的審美意識而言，卻有階段性的變化；其變化如前所述，可分成三階段。第一階段，主要是依從叔本華的哲學體系，這是王國維戲曲審美意識的基礎，主要是偏向於人生痛苦的解脫作用，因此以悲劇論的內容爲核心對中國戲曲的喜劇模式略有微詞。第二階段主要是以實踐與反省爲主，寫詩是爲戲曲的創作做準備，其間心路歷程婉約動人，最可看出王國維鍾情戲曲的心志。第三階段，則是其美學體系完成時期，「古雅説」、「境界説」，甚至品評的用詞，都代表王國維融貫中西的特質，而《宋元戲曲史》的完成，最可代表王國維臻至成熟的思想。

(三) 王國維戲曲審美的思想發展

由上所論，可以確知王國維對戲曲的審美意識是體隨著其美學體系而來的，因此，王國維的美學體系才是解開迷津的關鍵，因爲王國維自《人間詞話》完稿之後，對於美學已甚少置詞，《宋元戲曲史》是寓美學於考證，品評涵泳，故最爲隱晦，若不明晰其思想意念，要由這裏打開王國維品評的標準，可説是難上加難。故就方法論而言，其哲學體系及美學系統才具有本質性作用。所以，王國維的曲學著錄，及《宋元戲曲史》的論述，並不足以解決問題，也因此，如何自其美學與戲曲間互動，哲學理論與戲劇間的環節扣鈕入手，又如何找出叔本華美學中的戲劇定位，及王國維怎樣將之運用，分析其理論間的互動與定位，才是建立王國維戲曲審美意識的不二法門。

王國維所固守最嚴格而又最根本的觀念爲何，即「理念」（Idea），由前所論，可以得知叔本華的理念裡，實是解除人生苦痛的辨法，因此，叔本華也在第一階段時，論述理念與詩歌的關係，這雖然是最素樸的觀念，卻也是最根本的一環。在「詩歌」的説明上，他引叔氏説法：

> 唯詩歌（幷戲劇小説言之）一道，雖藉概念之助，以喚起吾人之直觀，然其價值全存於其能直觀與否。詩之所以多用此比興者，其源全由於此也。……詩歌之所寫者，人生之實念，故吾人於詩歌中可得人生完全之知識。⑩

其實王國維對戲曲的注意，是源自於叔本華的美學體系，王國維第一次論到戲劇小說，並不是論述分析，而是引用其文字（就是直接翻譯），王國維在稍早發表的〈孔子之美育主義〉，引述到雕刻、建築與繪畫、詩詞四者，就是無一論及戲劇[11]，可見，王國維並未意識到戲劇的重要性。但叔本華的美學卻開始了領他進入戲曲的殿堂。雖然王國維至此才意識到戲曲的藝術地位；但卻十分準確地掌握了戲劇（劇曲）就是藝術的高峰的觀念，同時，也意識到戲劇就是人生理念的描寫，由前一章所述可知，境界說實與理念有極其密切的關係，事實上，王國維戲曲的審美意識實立基於此。其後的論點，均不離此概念之外。

由於叔本華美學建構的關係，詩、戲劇與小說三者成爲王國維特別重視的部分。就〈紅樓夢評論〉而言，其中論述的文本，除了來自解除人生痛苦的純粹無利害關係的文本說明外，其論述的文本來源，主要部分來自《意志和表象之世界》第 51 節的部分，這是叔本華美學體系的重要文本。主要是論敘詩律（poetry）、傳奇小說（romance）、史詩（epic）和戲劇（drama）。其真正的精神，是展現理念和文字敍述之間的關係，以「具體化」的過程，即如何以抽象概念安排得像是可被知覺（直觀）的關係，和戲劇、詩如何能夠展示理念爲主旨。尤其是以「詩」爲展現文學（或展現理念）爲敍述的重心，叔本華更表明：「悲劇，被認爲而且被體會成，是詩的藝術的頂峰，這是就它的效果之宏與成就之難來講的」[12]。叔本華的理念來自德國狂飆時期的文學風潮，尤其以歌德（Goethe，1749～1832）和席勒（Schiller，1759～1805）爲主，詩劇《浮士德》的成就，達到德國文學的高峰，浮士德是以詩做文體的形式，然後結合成一戲劇結構的文學作品。因此不論叔本華，黑格爾或謝林，都給予「詩」極高的地位。尤其浮士德的撰成過程，是由德國各地所傳頌的「浮士德博士」的地方民俗歌曲及傳說故事所編撰改寫而成。其文體形成由民歌、民謠改編而成長編結構完整的敍事詩劇。因此，叔本華特別强調地方民風、民謠在文學中所占的地位。由於德國文學的最高峰有此特色，自然形成逐步上升的文學架構，由低層到高層的形式結構，是德國觀念論美學中評價藝術作品的特色。這當然也影響了文體難易的程度問題，下層文體是構成上層文體的基礎，叔本華認爲抒情詩是較易的文體，而傳奇、詩史和戲劇是較難的文體，抒情是主觀的表敍，敍事則是客觀的展示等，都與由下而上的文學架構有關。

很明顯的，王國維在寫〈《紅樓夢》批評〉時，尚未注意到這個層面的問題，其觀點仍集中在文學作品中所表敍的精神，因此區分出悲劇的三種型態與中國的樂天精神；又以優美，宏壯對比於「眩惑」來品評中國的眩惑作品⑬。基本上，除少數作品，如《紅樓夢》、《桃花扇》外，王國維均給予負面的評價。若從《宋元戲曲史》的敍述來做一比較，可發現其差異有天壤之別，王國維對元劇的品評是：「以爲能道人情，狀物態，詞俊拔，而出於自然，蓋古所未有，而後人所不能髣髴也」⑭，其間差異如此之大，最根本的關鍵就是審美意識，雖然王國維的審美意戲，在早、晚期，均同樣受叔本華思想的影響，但由於面向（dimention）的不同，導致王國維的審美意識產生兩個軸向，一個是以悲劇意識、解除人生苦痛爲主的審美意識；另一個則是以「古雅說」、「境界論」及形式文字爲軸心的審美意識。因此，第一期的審美意識集中在「意識論的大架構中」，從詩到戲曲的概念尚未成形，當然「一代文學」的概念自然不可能落實，民謠采風的文學價值，顯然，在此時均尚未有明確的意識。

從第一階段到第三階段的過程中，是以反思與實踐爲這時期的代表。從王國維在〈文學小言〉（1906）中區分抒情與敘事兩種型態，又說明一爲主觀，一爲客觀的跡象看，王國維顯然已經注意到，並已深入研究《意志和表象之世界》第51節的重大關節。再參以〈自序二〉所言，由詩詞創作的成功要進而求戲曲的創作歷程來看，叔本華已經接受了（甚或德國觀念論）由下層到上層的文體架構。由此可以斷定，審視戲曲的角度已經有所改變。改變的轉折點，是由於深入叔本華所建構的文學架構。這些論述相關到「一代文學」的意義，及「民謠元曲」的文學價值，以及「境界」概念的成形，與戲曲研究方向的確立。

叔本華在論到抒情詩（Lyrical poetry）時，認爲抒情時的形式最爲簡單，因此，很容易引發心靈的感動，外界的强烈激動就可得到靈感，創造出美麗的詩篇，因此，這些名不見經傳的詩人、情歌、民謠的個人，都嘗經留下抒情詩的成就，叔本華說：

> 從一些名不見經傳的個人留下的那許多零零落落的歌曲，我們得到證實，特別是那些德國民歌，其中最精彩的一本編纂就是那部 Wunderhorn《奇妙的號角》，此外還有各個民族那些無數的情歌、民謠等，因爲掌握片刻的心靈，並寫成歌曲，就是這類詩的整個成就。[15]

各國所存在的民謠、情歌，都是把握到理念時，所迸發出來、一時的藝術創作。王國維在〈文學小言〉中的第（八）、（十五）、（十七）中顯示出此一思想，王國維說：

> 八：燕燕于飛，差池其羽。燕燕于飛，頡之頏之。

睍睍黃鳥，載好其音。昔我往矣，楊柳依依。

詩人體物之妙，侔於造化，然皆述於離人、孽子、征夫之口，故知情感眞者，其觀物亦眞。

十五：抒情之詩不待專門之詩人而後能之也。若夫抒事則其所需之時日長，而其所取之材料富，非天才而又有暇日者不能此。此詩家之數之所不可更仆數，而敘事文學家殆不能及百分之一也。

十八：今舖餟的文學之途，蓋已開矣！吾寧聞征夫思婦之聲，而不屑此等文學嚚然污吾耳也，⑯

所謂「征夫思婦」、「離人孽子征夫」均是指民謠民風而言，再從「抒情」與「敍事」二分來看，王國維確實把民風民俗視爲文學上「自然」的表現。這個觀點與日後的審美意識的轉變有密切的關係。王國維論元曲時嘗言：「獨元曲以許用襯字故，故輒以許多俗語，或以自然之聲音形容之」，民間文學具代表自然的美學意涵，是叔本華訴求的重點，王國維順著這個審美意識而下，戲曲的價値，尤其在「鬱堙沈晦者，且數百年」的境遇下，正投以不同的眼光，予以重新估量品評。

對於王國維審美意識的轉向，以及天才與凡俗之間的間隙鴻溝，從自然而出的民間文學，促使王國維對「自然」與「理念」間的關係有更深一層的認識。而「詩」與「戲曲」間層層向上的文學體系，導使王國維對戲曲的注意。

王國維最爲膾炙人口的論點是「凡一代有一代之文學」，所謂的「一代文學」最值玩味，王國維引焦循（——）之言曰：「一代有一代之所勝」，似乎這兩者之間所論相同，其實論點則一，但內涵卻不相同，王國維在《宋元戲曲史》中，論及元代的曲何以能夠稱爲「一代的文學」，他舉出若干理由，實則這些理由，正相應於其美學系統。因爲，「一代文學」的概念，早已存在王國維的思想之中，這也與第二階段的思想轉變有密切的關係。叔本華在闡明理念何以是直觀（即知覺），而非概念之時，他明白的說出，天才是靠著知覺的感受其生命及世界，因此，只有知覺的印象才可能將感受轉化成創作，因此，天才的作品是與時代共同存在的，因爲，靠著知覺（即理念）轉化的基礎就是時代（這個世界，這個時間）。所以叔本華說：

所有模仿者所有形式化的人，在概念裏頭體會了其他那些可以做爲榜樣的成就（所以如此）的性質，但他們決無法把內在的生命給予一件作品，一個世代，換句話說，各個時期遲眊的大衆，本身只認知概念並且死抓住它們不放；所以他們用自然而然的大聲的讚美，接納「做作」（不自然）地作品。不管怎樣，經過若干年，這些作品變成不合口味，因爲時代的精神已轉換，換言之，風行的概念，就是那些作品能夠生根的地方已改變了。只有直接從自然與生命中提煉出來眞正的作品，才仍然是青春永駐並且強壯的，正像自然和生命一樣。因爲它們不屬於任何年代，它們屬於人類。……，在每一個時代每一種藝術裏，「情緒地波動」占住了時代精神的主流，那經常只是個人所擁有的東西。無論如何，情緒的波動，是時代精神現象中，一件老舊的袍子，它一直存在，並被體認。基於所有這些觀點，我們說，一般來講要贏得後代的讚美，便只有犧牲當代的讚美，反過來也一樣。⑰

叔本華對理念與時代間的關係，呈現兩個問題，一是時代的藝術與永恒藝術的兩種事實；第二個問題是時代感受性的問題。從第一個問題來看，顯然概念所形成的形式化是時代波動中的産動。而時代的藝術是時代舊袍子所産生的藝術，可說是形式化、概念化、模仿的藝術。而永恒的藝術，雖是永恒，但卻必須在時代的意識下才能産生，因此，永恒的藝術必然是時代的産物。而這也是第二個問題所蘊含的問題。叔本華的文本，令吾人直接想起王國維對「古雅」的看法，其相同的概念是形式的，後天的，是隨時間而變的。同時，也會令吾人連想「一代文學」的意涵。當然，「古雅說」與叔本華的觀念仍有出入，但可以確定的是，王國維可以從這裏切入，進入第三個美學範疇之中，即古雅的審美標準。同樣的，在〈文學小言〉第十三條中，已經可以看出「一代文學」的雛形。若從「形式化」入手，則又可看出「一代文學」與文學興替間的關係，《人間詞話》言：

四言敝而有楚辭，楚辭敝而有五言，……蓋文體通行既久，染指遂多，自成習套。豪傑之士亦難於其中自出新意，故遁而作他體以自解脱。一切文體，所以始盛而終衰者，皆由於此。故謂文學後不如前，余未敢信。但就一體論，則此説固無以易也。

「習套」就是形式化，若從「古雅」的範疇來談，就是形成一種「形式之美之形式之美」，因爲這「形式之美」已經十分完備，天才也無所使力，故必須創出新體以求解脱，王國維論文體興替，正説明一代文學與形式化之間的關係。所以，一代文學的概念就是時代的形式創造，而這個創造除了是天才的天賦之外，同時，也因爲時代所造就成的「理念」如此。既是「理念」爲軸，則「自然」、「情境、就是基本的審美條件。

王國維從第二階段轉到第三階段，就是其美學建構的完成階段，同時，也是其戲曲審美意識的最後階段。事實上，戲曲的審美意識是與其美學體系等同的，就是說，在《宋元戲曲史》成書的階段，其戲曲的審美意識就是以「理念」爲其思想的核心，在應用上則以「境界」、「古雅」爲其審美的準則及評斷的標準。掌握住這三個方向，自然就掌握了王國維對戲曲的審美意識。

(四) 王國維戲曲的「意境說」及其審美意識

王國維在〈元劇之文章〉中說：

> 然元劇最佳之處，不在其思想結構，而在其文章，其文章之妙，亦一言以蔽之曰：有意境而已矣。何以謂之有意境？曰寫情則沁人心脾，寫景則在人耳目，述事則如其口出是也。古詩詞之佳者無不如是，元曲亦然。明以後其思想結構，儘有勝於前人者，唯意境則爲元人所獨擅。

王國維認爲元劇最值得表揚的部分是「文章」，而以「意境」爲其審美的判準，「意境」指的就是「寫情」、「寫景」與「敘事」三者，這三者在《人間詞話》中也出現過，所謂「大家之作」正指此而已。

就叔本華而言，「詩」、「文章」等，其目的只有一個，就是「揭示理念」，但文學所使用的文字是抽象的概念，這樣如何能夠讓「詩」產生具體性的「理念」，變成可被直觀（知覺）的「理念」呢！換句話說，如何達到「沁人心脾」、「在人耳目」、「如其口出」的感受呢？其實，這就是叔本華要以詩、戲劇爲「理念」時，所必須解開的難題。叔本華認爲：「詩，可以確定的，它的目標也是在於揭示理念、揭示意志具體化的層次，靠著詩人的意識（poetical sense）掌握它們，清晰而活生生地，把它傳給聽衆（hearer）」，如何是清晰而活生生（distinctness and vividness）的描述呢？叔本華說：

> 理念當然是可被知覺的（perceptible）；因而，在詩中僅有各種抽象概念（abstract conceptions）直接地透過文詞（words）傳達，這些概念的象徵，顯然地試圖讓接受者（hearer）獲得生活的理念（Ideas of life），而這僅可能透過其自身想像力（imagination）的幫助才可能產生。爲了達到這個目標，因而推動想像力的作用，讓抽象概念（構成詩和枯燥散文的直接材料）如此排列，用這樣的方式讓範圍（spheres）彼此交叉，如此致使沒有任何一個「一般性的抽象概念（abstract universality）」可以遺留下來，取而代之的是，一個可感知的象徵（a perceptible repesentative）照亮在想象力中；而這經常是根據詩人的意圖，更進一步修正他的文詞（words）而達到的。……詩人知道怎樣從抽象的透明概念所具備的普遍性藉用他們混合的方式，去沈澱具體的（concrete）、個別的（the individual），可知覺的觀念（perceptitate idea）。因爲，理念僅能夠被直觀（知覺）認知；而理念的認識卻是藝術的目的。因此，大詩人如同大化學家一般，其技巧經常讓我們獲致吾人所想要的、精準的沈澱物。「可感知」這個目

> 標，是藉著詩中大量描敘詞的幫助，是藉著愈來愈窄化每個一般性的概念，直到最終獲致「可感知」爲止。荷馬（Homer）每用一個名詞，幾乎都加上一個形容詞（描敘詞），這讓荷馬的概念互相交叉並大量地減少其名詞概念的範圍，因而，這帶到了一個如此接近直觀（知覺）的地方。⑱

簡單的說，就是用抽象概念彼此交叉的作用，將一般性的抽象概念削去，最後產生出一個可直觀（可感知）的圖像，或是用描敘詞來窄化一般性的概念，直到可直觀的範圍產生爲止，也就是，讓想像力被啓明，可想像出那可直觀的理念爲止。其實，這和「境界」有異曲同功之妙，境界是形成一種構成鮮明，可被直觀的場域；而意境則是用文字扣住概念，讓概念形成可被感知的象徵，強迫想像力運作，使成爲一可被直觀的理念。因此，王國維說，元劇最佳之處，在文章，而文章之妙，在意境，文章與意境的如何扣合得住呢？叔本華的理論給我們一個極佳的註腳，所以文章要有意境，則必須「寫情則沁人心脾，寫景則在人耳目，述事則如其口出」。情、景、事三者，均要求「真」，若就「理念」而言，情、景、事三者，就如同被知覺一般，而「理念」的要求正是「真」。因此，從王國維思想脈絡來看，「意境」之說仍必須扣緊「理念」來談，方能看出其中蘊含的深刻意圖。

劇曲是以曲所構成的戲劇，有文章，有結構，但王國維品評時專就「意境」來看，也就是以文章來斷定元劇的價值，其實，王國維的斷定與其美學體系有關。因爲，要稱之爲美，則只有三個範疇可談，一是壯美，二是優美，三是古雅，優美與壯美隸屬於天才的範疇，而以一時代的精神來看，中國歷朝中，那一朝的知識分子最沒有利害相砥的關係呢？其實只有元朝，而這正如王國維所言：

蓋元劇之作者，其人均非有名位學問也；其作劇也，非有藏之名山，傳之其人之意也。彼以意興之所至爲之，以自娛娛人。關目之拙，所不問也；思想之卑陋，所不諱也；人物之矛盾，所不顧也；彼但摹其胸中之感想，與時代之情狀。而眞摯之理與秀傑之氣，時流露其間。故謂元曲爲中國最自然之文學，無不可也。若其文字之自然，則又爲其必然之結果，抑其次也。

所謂「意興之所至」「自娛娛人」、「但摹胸中之感想」「與時代之情狀」，等形容，均趨向一個時代精神的感知，而這個感知是最無利害關係的時代所存在的感知，從理論上來講，沒有一個時代比元朝更爲純粹，因此，元朝理所當然地，應該出現最自然的文體（或文章），因爲，在這個時代中，所感知到的理念應該是最純粹的狀態。所以，它的文章自然應該是最美的，最自然的。王國維順推這個論證，若得到其境界中確實掌握了「理念」的精神。論證就互相符合，顯然的，王國維思想中有極其强烈的時代性。時代的本質已經先天的決定了天才與文體的興衰，但同時，他又有極大的熱情，要解消時代和天才的限制，因此，形式的美感（包括境界說的常人之境與詩人之境）與「古雅說」的創立，才真正地建構出其凡俗世界中的美感意識。由此看來，元代與明代的劇曲審定，一則爲天才，一則爲古雅，豈不適宜。

二、比較可能性的構成

(一)一個方法論上的說明

王國維與祁彪佳的比較，在理論上是否可能？這個比較的問題，就構成一個「比較可能性」的問題，就這個問題而言，必需要有比較意義的說明，或者，是否能夠從比較中構成一個新的意義空間，甚或，從比較中能夠重新思考人性（human nature）、或人類思維在異文化中形成溝通的可能性，或者，一種同質性思維在文化區格以下，能夠產生多少溝通與互動的可能性。這樣的想法，其實就是一種方法論的說明。

王國維與祁彪佳之所以能夠構成比較，主要還是立基於「主體性」的思維模式。從中國思想來看，以「主體性」爲核心的思想，應該是從孟子，陸象山到王陽明爲主，這路思想又以王陽明爲最高峰，王陽明以「吾心」作爲認知吾心與世界的主體，同時，以吾心作爲構成世界的首出原則，這種原則，理論上，具有說明人文現象、文化生成與自然現象的能力，因此，從人文、文化的架構來看，倫理世界與審美判斷的原則，理應可以從「主體性」的構作原則中進一步發展。所以，王陽明之後，情識之風大盛，泰州、公安的狂風烈燄，岐義、正統的論辯不休，何者不與「情」、「性」、「自然」的詮釋有關；而人人手握言詮把柄，品評賞鑑、肆意縱橫的評點流風，如何能說不與「主體性」相干，這些晚明現象，若統合來看，正說明陽明「良知」心學的另一個面向，即陽明學除了道德性命的面向外，審美判斷的發展是理論上的應然，而在具體的歷史脈胳上，晚明風氣的意義定位，由審美的立場加以考察，諸多特殊現象可以得到充分而完備的說明。因此，由這個觀點來看祁彪佳的《曲品》與《劇品》，其意義尤爲重要，因爲祁彪佳所生長的環境，正是在浙東會稽，浙東自陽明講學於陽明洞後，王龍溪、周海門、陶望齡一脈傳承，論辯「心體」的風氣特別濃厚，同時，浙東的學風，自陶望齡、陶奭齡引領講會之後，三教的論述，儒佛的互動都日趨熾烈，而且審美文風更有遂漸展開之勢，因此，祁彪佳身處晚明浙東，既講求性命修身之道，又留連忘返於戲曲、庭園、古玩、書畫之間；既實踐「一體之仁」的經世理念，又躬身築園、品評創作小道之流的戲曲作品，盡情盡性於生命之趣味意興，這種多元性格的複合體，正是陽明之後的常態現象。而這正與「主體性」思維有密不可分的關係。

若從「主體性」作爲比較的共通點，那麼，康德，如同哥白尼把宇宙的中心歸位給太陽一般，把人的「主體性」放置到優先的位置，就是一個比較上必然的起點。從西力衝擊以來，以康德爲起點的德國觀念論的種種研究，始終是一個學習與比較的重心，這個現象絕非偶然所致。就西方思想而言，康德的《純粹理性批判》（Critique of Pure Reason）撰成之後，以心靈認知主體爲一先天（a priori）構造的論點，遂漸取代亞里斯多德的形成（forms）與質料（matters）的論證形式，先天的認知構作，把「人」的位置向前推進，也就是人的「主體性」成爲衡量世界的首要之義。這個「主體性」的倒轉，形成一個新的認識體系，從「主體性」出發，幾乎是康德之後，每個思想家所必須面對的問題。歌德、席勒、謝林（Schelling，1775～1854），菲希特（Fichee，1762～1814），黑格爾（Hegel，1770～1831），叔本華，無一超出「主體性」的思想軸線，從「主體性」出發，德國引發了強烈的狂飆時期

(strum and Drang)，就是在藝術、文學上的浪漫主義（Romantic），事實上，康德的後繼者，在先驗哲學（Transcendental Philosophy）的引導下，從詩、歌劇、音樂、宗教、歷史各個領域中勾勒出全新的概念。這正如卡西勒（E. Cassirer，1874～1945）所言：

> 每個人都從他自己的立場、自己的心志來領會康德。深刻的哲學著作絕不只在哲學領域內發揮力量。它會變成智性光輝的來源，投向每個方向。⑲

貝多芬讀康德的《實踐理性批判》後深受感動而創造不朽之音樂就是明證，更重要的是，在《判斷力批判》（Critique of Judgement）之後，不論是德國觀念論，或叔本華的意志論，二者都離不開審美的主體性作用，而且，對於藝術作品的評價，均建立在其美學系統之下。也就是說，在先驗哲學的「主體性」的考量下，審美判斷與先驗哲學有密切的關係。

王國維與祁彪佳的比較，從「形式」上看，是由「主體性」進行比較的工作，但是，若從文學定位，文學價值與文學意義的立場來加以考察，更可看出比較所產生的意義。首先，就戲劇在西方文化的地位而言，王國維深受康德、叔本華的影響，因此，對於德國的思想型態有深刻的認識，就德國而言，叔本華將悲劇置於「詩」的最高峰，這絕非偶然，黑格爾也以史詩、悲劇、喜劇作爲「精神的藝術品」的說明，其實，王國維所探索進入的心靈世界，是進入以戲劇爲其文學特徵的文化範疇之中。這個範疇，是以「主體性」爲把柄，對戲劇的意義重新釐定詮釋的審美判斷，而戲劇，就西方整體文化而言，是其文學作品的主流，而且，自有一套審美的判定法則。王國維由這樣的視野，來觀看中國的戲曲，自然能夠看出文學地位的差異，因此，詮釋戲曲文學定位的工作，就是一個「比較」的構作，而這個比較的準則，又建構在戲曲的審美意識之上，所以，王國維是以西方的「主體性」、爲根基，對傳說戲曲進行審美判斷的工作，同時，又因爲戲劇在西方文化中的定位，使得戲曲的重要性，相對的，就昇高甚多。但有趣的是，祁彪佳以「心學」爲入手，對於一般視爲小技的戲曲，卻有十分不同的意見，而且，在某一程度上，實顯出相當明顯的審美意識，這雙重關係，合併來看，就構成了「比較可能性」的基礎。其次，就文化的差異性而言，語言的結構可能會構成文學上的不可溝通，但是，就戲劇（或戲曲）而言，故事的情節與人生悲歡離合的場景卻有人性的共通面，也就是說，人性在戲劇的文學表達上，具有極高的同質性，這使得經由戲劇的形式，可看出文化差異的同與異。從這個角度來講，也是「比較」的可能基礎。

最後，就具體的歷史條件而言，王國維由早期的「心造」觀點，到鑽研康德、叔本華，最後，又像贊劉宗周，這個歷史的線索，也提供了比較的堅實基礎。

㈡ 王國維的哲學與心學：一個方法論上的中間環節

王國維的早年思想，有極濃厚的「心學」傾向，因此，順著這個路向，可以發現王國維偏好叔本華與康德，不是全然毫無原因的。而且，王國維在接受叔本華思想之後，對中國哲學進行評析時，也對「心學」、「理學」的思想有所評論，可見王國維的哲學體系與心學有一必然的關係，從這個關係上，才能合理地接上祁彪佳的審美意識，也有能夠合法地進行「比較」的意義問題。

對於王國維與康德、叔本華的思想互動，有人認爲，何以王國維會受到叔本華較大的影響？也有人質疑，叔本華在當時並未受到時代的重視，何以王國維對之情有獨鍾？一般人往往多重視王國維受西方哲學思想的一面，至於王國維與之互動的一面，往往缺而不談，大陸學者王可平、吳維平所言〈王國維實學思想探源〉中就指出此一議題，並言：「我們研究王國維對西方尤其叔本華思想的接受問題時，常常忽視了二者之間存在具體的雙向結構關係」⑳，「雙向結構」的觀點，指出本質性的共通點，以及其間存在的是互動關係。這個論點，可以幫助我們再一次地重新反省王國維的思想歷程。

首先，就本質性而言，王國維早期著作並不多，值得一提的是〈題友人三十小象〉，詩云：

> 勸君惜取鏡中姿，三十光陰隙裏馳，四海一身原偶寄，千金三致豈前期。論才君自輕儕輩，學道余猶半點痴，差喜平生同一癖，宵深愛誦劍南詩。
>
> 幾看昆池累劫灰，俄驚滄海又樓台，早知世界由心造，無奈悲歡觸緒來。翁埠潮回千頃月，超山雪盡萬株梅，卜鄰莫忌他年約，同醉中山酒一杯。㉑

這兩首詩，可清楚洞見王國維的早期思想，「學道余猶半點痴」、「宵深愛誦劍南詩」、「早知世界由心造」三句正可顯示其內心世界。王國維早年鍾愛陸游（1125~1210）的詩作，可了解王國維早年的經世抱負。而「黠」、與「痴」的求道心情，似乎又是其一生學問的寫照，值得一提的是，《人間詞話》提及陸游的只有一處，其言「南宋詞人，白石有格而無情，劍南有氣而乏韻，其堪與北宋人頡頏者，唯一幼安耳」㉒，早年所「愛誦」的劍南詩，到

《人間詞話》寫成時，明顯地，有很不同的認定，其差異的原因，正是王國維「美感意識」的轉變所致，當王國維言：「早知世界由心造」時，就是一個轉變的契機，王國維在這首詩中，通篇流貫心學與佛家因緣聚滅的思想，「四海一身原偶寄」，及「幾看昆池累劫灰」、「俄驚滄海又樓台」，都可看出其對人事變遷的體認，而「早知世界由心造」更可看出主觀唯心的想法，王國維認爲世界的建構是「心」的作用，因此，「心造」的世界，其變化是起於主觀而非外物，所以下一句才有「無奈悲歡觸緒來」的無奈情懷，本來「心造」的世界，滄海、樓台；昆池、劫灰均是因緣聚合的幻象，但卻會觸動心緒而有悲歡的情緒。這雖然是王國維的感嘆，但卻是王國維最真實的思想描寫。「心造」之説，本是佛家曹洞宗的禪話，若扣緊「偶寄」、「悲歡觸緒來」、「昆池累劫灰」、「滄海又樓台」，都與佛教思想極爲密切。但就「心造」之意而言，若扣緊的是「學道」一詞，則與陽明「心學」的發展自是相關。

如前所述，「雙向結構」的互動説法要能有意義，王國維早期思想自然極爲重要，也就是，其本質性的共通點才是兩者間的基礎，王國維以「心造」爲其觀看世界的方法，本質上就接近主觀唯心論的立場，「心」的作用才是建構世界的基礎，難怪王國維在〈自序〉中言：「一日見田岡君之文集中，有引汗德、叔本華之哲學者，心甚喜之」[23]，從西方哲學思想來看，德國觀念論的起點是康德，康德首先確定人類知識上的先天結構，若浮泛説來，這先天結構可以視爲「心造」的基礎，因此王國維在〈汗德像贊〉中言：「人之最靈，厥維天官，外以接物，內用反觀」[24]，王國維把握「天官」的作用，其地位與「心造」相等，差別的是，西方所建構的龐大系統與層層説明的理論結構。因此，在先驗的立場上，王國維擇取康德爲其研究哲學的起點，是有意向性（intentionality）的選擇，若就「心造」的佛教境界而言，則叔本華取向東方的哲學立場，也是「雙向結構」的應然基礎。

就中國哲學而言，「雙向結構」要能夠站穩，則王國維對中國哲學的品評也應有所回應，尤其對「心學」的回應，關於這點，王國維著墨於中國哲學處並不多見，但卻具有典範性作用，其中與心學之關係，最重要，最能看出王國維對中國哲學的定位，無過於〈釋理〉一文。王國維對中國哲學的分析，主要集中在〈論性〉(1904)、〈釋理〉(1904)、〈原命〉(1906)，與〈國朝漢學派戴阮二家之哲學說〉(1904)四篇，明顯可見的是，他以〈性〉、〈理〉、〈命〉三個中國古典哲學命題，重新予以分析。當然，本文並不預備深究此問題㉕，但王國維對中國哲學的檢討，正可以看出「雙向結構」的互動情形。

〈釋理〉一文，在方法論上，與〈江樓夢評論〉並無差異，是建立在中西比較會通的立場，不過，〈釋理〉的對象是「哲學命題」，所以在比較的立場上，他首先對「理」字進行字義的解析，從中文字義他歸結出：「所謂理者，不過謂吾心分析之作用，及物之可分析者而已」㉖；由西方字義來看時，他以各國的「理性」為字源，分析英文的 Reason，法文的 Raison，希臘文的 Logos，拉丁文的 Ratio，及德文的 Vernunft，最後結論是「理」具有雙重意義，即廣義的「理由義」及狹義的「理性義」。王國維以此為基礎，對「理」進行更深入(比較範圍更大)的說明。

從〈釋理〉一文，可以看出王國維在知識論架構上受到叔本華的影響，他論證時言：

> 汗德……，謂宇宙不能賦吾心以法則，而吾心實與宇以法則，則其視此律為主觀的而非客觀的，實與休蒙(休謨 D. Hume)同1也，此說至叔本華而更精密證之。叔氏謂吾人直

觀時已有悟性（即「自果推因」之作用）之作用行乎其間，當一物呈於吾前也，吾人所直接感知者五官中之感覺耳。由此主觀之感覺進而求其因於客觀上之外物，於是感覺遂變而爲直觀，此因果律之最初之作用也。由此主觀與客觀間之因果關係而視客觀上之外物，其間亦皆有因果之關係。此於先天中預定之者也。而此先天中之所預定所以能於後天中證明之者，則以此因果律乃吾人悟性之形式，而物之現於後天中者，無不入此形式，故其〈充足理由論文〉之所陳述實較汗德之說更爲精密完備也。夫以充足理由原則中之因果律，即事實上之理由，猶全屬吾人主觀之作用。況知識上之理由，及吾人知力之一種之理性乎！……由是觀之，則所謂理者，不過理性、理由二義，而皆主觀上之物也。㉗

簡言之，王國維從叔本華「充足理由」的概念中，論證出悟性中的「理由」與理性均是「主觀」的。所以他說：

理之意義，以理由而言，爲吾人知識之普遍之形式；以理性而言，則爲吾人構造概念，及定概念間之聯繫之作用，而知力之一種也。故理之爲物，但有主觀之意義，而無客觀的意義，易言以明之，但有心理學上之意義，而無形而上學上之意義也。㉘

從這裏可以看出，王國維此時的思想實是主觀唯心論者，就此而言，和其早期「心造」想法十分接近。這個立場，就中國哲學而言，似乎只有王陽明的「唯心」論才能符合王國維對「主觀」的看法，因此，他對朱熹（1130～1200）和陽明（1472～1529）的判別，可看出王國維和心學的真正關係。他說：

> 觀吾中國之哲學，則理之有客觀的意義，實自宋人始，……故朱子所謂理，與希臘斯多葛派之所謂理，皆預想一客觀的理存於生天、生地、生人之前，而吾心之理不過其一部分而已，於是理之概念自物理學上之意義出，至宋以後而遂得形而上學之意義。㉙

又言陽明之學爲：

> 如上所述，俚者主觀之物也，故對朱子之實在論而有所謂觀念論者起焉，夫孟子既以理爲心之所同然，至王文成則明說之曰：「夫物理不外於吾心，外吾心而求物理，無物理矣！遺物理而求吾心，吾心又何物。」我國人之說理者，未有深切著明如此者也。㉚

王國維既洞見天陽明「心學」的真正意義，同時，也相信主觀唯心論的哲學立場與「心學」的路徑一致，從「心造」的想法沿續而來，王國維迎向康德、叔本華的先驗立場，承繼先驗哲學之後，再以其論證形式來檢視中國哲學中的哲學定位，由此看來，王國維的思維是互動的模式，其思想所展現的意義，不僅僅是哲學論證上的說明，同時，也證明「雙向結構」的關係，「雙向結構」在同質性的意義下才因此而建立。

雙向結構關係並不只是說明其認識論的問題而已，事實上，這包含整個哲學系統中的互動模式，甚至整個文化系統間的互動問題亦可含攝在內。在本文、並不想、也不能將此問題做充分的論述，因此，僅就「美感意識」而言，即可顯示其意義所在。王國維對古典詩詞的品評是以《人間詞話》爲主，但《人間詞話》中卻引用傳統的語言進行品評的工作，這正是「雙向結構」中「美感意識」互動下的結果，同樣，就王國維所致意的哲學系統來看，其「美感意識」自是哲學系統中的一支，雖然西方觀念論的系統明白地建構出其間的關聯性，但就中國哲學系統來看，其中當然有關連性，但其關連的結構卻是隱而不見的，因此，心學的「審美意識」正可自其品評的概念中求得。由此來看，王國維的戲曲審美意識（或對戲曲詩詞的品評），與祁彪佳《遠山堂劇品》、《遠山堂曲品》所顯示的「審美意識」，才具有比較上的意義。

最後，我想以王國維〈題蕺山先生遺象〉(1919)來結尾。王國維生平只對二人有像贊之文，一是康德，一是劉宗周，二人同是哲學家，康德把「我」轉成地球的新支點（即先驗的部分），劉宗周則是陽明學後「主意」之說的儒學殿軍。祁彪佳早年參與「證人會」，受教於劉宗周門下，嘗言：「心與太虛同體，萬物不離太虛，豈有心物外哉」[31]，三百年後，王國維鍾情於唯心之說，而有象贊贊文，其間是同質性而導致的趨向，亦是本質之相近使然，其間有不可得者，因而，僅以其贊文做結：

> 山陰別子亢姚宗，儒效分明浩氣中，封事萬言多慷慨，過江一死轉從容。僧祇劫去留人譜，風義衰時拜鬼雄，我是祝（開美）陳（乾初）鄉後輩，披圖莫訝涕無從。[32]

三、祁彪佳與戲曲的審美意識

祁彪佳首先廣受人們的注意，是由於《遠山堂曲品》與《遠山堂劇品》的披露，《曲品》與《劇品》以大量著錄的曲目，博得世人的注目，尤其以《曲》、《劇》兩品的曲目，可以塡補明朝戲劇的曲目，並可藉以校對明朝劇曲的整體發展，而明傳奇的種類繁多，更展現出明代戲曲蓬勃發展的時況。因此，對於《曲品》與《劇品》的深究，往往以刊校的用途居多。近年來，明朝戲曲的研究風氣大盛，研究日趨於戲曲傳統審美術語的探究，如「本色」、「當行」的釐定，《曲品》、《劇品》往往是摘取一二的材料，[33]整體而言，沒有專門就祁佳彪《曲品》、《劇品》的品評工作做歷史的定位，在台灣，對祁彪佳先生用力最深，作品最多的應屬應裕康先生，應裕康嘗有系統地論述祁彪佳的生平及作品[34]，其中〈祁彪佳遠山堂《曲品》及《劇品》〉，是第一篇有系統介紹祁彪佳《曲品》與《劇品》的作品。應裕康詳盡論述「境」在《曲》、《劇》兩品的特殊作用，同時，他更進一步强調，祁氏的作品並不僅只是「文獻上的價值」，因此，他以「戲曲理論」來涵蓋祁氏《曲品》與劇品》的文學定位。應先生所言極是，這對祁彪佳的《劇品》與《曲品》而言，將之提高到戲曲理論的層次才是公允的評價。

同樣的，若將祁彪佳的《曲品》與《劇品》視之爲一審美判斷的品評作品，那麼，《曲品》與《劇品》所呈現出來的理論意義勢必會涵涉「文學批評」與「審美意識」兩個層面，這樣的觀點，正是透過王國維之後，在方法論的合法性基礎下，自然產生的結果。同時，若將祁彪佳放在整個陽明後學、浙東文風的背景下，那麼，所能夠引起的比較範圍（思想、文化）等議題，均會擴大許多。因此，從前一章方法論的線索論列而下，對於祁彪佳的《遠山堂曲品》與《遠山堂劇品》均會有不同既往的詮釋。

㈠ 浙東心學、文風與審美意識的發達

祁彪佳對於戲曲的品評，其實和浙東及晚明文風有密切的關係，祁彪佳的好友張岱（張宗子）（1597～1685？）在其〈自爲墓志銘〉中言：「少爲紈絝子弟，極愛繁華，好精舍，好美婢，好孌童，好鮮衣，好美食，好駿馬，好華燈，好煙火，好黎園，好鼓吹，好古董，好花鳥，兼以茶淫橘虐，書蠹詩魔」㉟，明末有才之士，如張岱所言，大抵如是，晚明文人呈現的多樣性風貌，張岱可說是典型代表，但若只看其生活浮華的外相，必然無法理解，何以能夠寫出《石匱書》、《四書遇》，以及《越中三不朽圖贊》的事實，事實上，張岱的生活看似奢華荒唐，但就思想的層面而言，有其嚴肅的意義，這在乾隆〈郡志文苑傳〉中，也可看出一些端倪，其傳曰：

> 張岱……及長，文思坌涌，好結納海內勝流。園林詩酒之社，必頡頏其間。累世通顯，服食豪侈。畜黎園數部，日聚諸名士，度曲徵歌，詼諧雜進，及以古事挑之，則自四部七略，以至唐宋說家，薈粹瑣屑之書，靡不賅悉。㊱

張岱在〈越人三不朽圖小敘〉中言：

余少好纂述國朝典故，故見吾越大老之立德、立功、立言以三不朽垂世者多有其人，追想儀容不勝仰慕。37

張岱的思想型態，若要歸類的話，是屬於品評鑑賞的思想風格，因此，「薈粹瑣屑之書，靡不賅悉」、或「纂述國朝典故」，或在《四書遇》中言：「蓋遇之云者，謂不於其家，不於其寓，直於途次之中邂逅遇之也。古人見道旁蛇鬥而悟草書，見公孫大娘舞劍器而筆法大進。蓋有以遇之也」38，在學術上而言，旁羅搜集的資料，正是爲品評鑑賞的預備工夫，至於好精舍、好美食，好黎園等等，論到「好」字之精，則又是品鑑之學，所以，從張岱的典型模式來看，鑑美賞評根本就融於日常生活之中，因此，就這種思想型態而言，其基礎就是審美意識的建立。但是，這並不表示與修身道德有必然性的悖反，張岱在《四書遇》的〈自序〉中言其幼年受學的情形，他說：

余幼遵大父教，不讀朱註。凡看經書，未嘗敢以各家注疏橫據胸中。正襟危坐，朗誦白文數十餘過，其意義忽然有省。39

從這段說明，可以看到張岱的家教甚嚴，同時，也躬行「六經皆我註腳」的解讀方式。張岱是明中晚期重要思想家張元忭（1538～1588）的曾孫，張陽和嘗受學於王畿（王龍溪），但強調陽明「心學」的發用，嘗說：「孔門之學在求仁，仁者以萬物一體，成已成物，元非兩事，古人初發心即以明明德於天下屬已任，陽明先生云：「親民即是明明德」40。所以張岱承受家學甚深，同樣也講究性命之學。所以張岱在言三不朽圖贊的作用時，言：

> 開卷晤對，見道學諸公，則自知有媿衾影。見忠節諸公，則自慚有虧忠孝。見清介諸公，則自恨糾纏名利。㊶

張岱的自我反省，何等真切，又何等莊重呢？祁彪佳與張岱互爲莫逆，與張岱最爲友好，所謂「日衆諸名士，度曲徵歌」，應該有祁彪佳的參與。祁彪佳在〈棄錄〉（即乙卯年，1639）中有記：

> 赴張宗子，招胡公占、王士美、張毅儒，已待於於梅花書屋飲半，就介子家看滇茶一鼓，乃與長耀歸。㊷

又記：

> 又以八求樓之式，詢之張宗子。㊸

在祁彪佳的《日記》中，記載與張宗子，來往互訪的情形。同時，祁彪佳最爲沈溺的築園，張岱也是重要的諮詢對象，他所撰寫的《寓山注》，張岱對每一園景均有品鑑的詩文，同時，張岱在《琅環文集》中也留有〈跋寓山注二則〉，在〈與祁世培〉書中，亦言：「造園亭之難，難于結構，更難于命名」[44]。可見，祁彪佳與張岱間的密切交往。

但祁彪佳與浙東的心學又有什麼關係呢？其實，其間有十分錯綜複雜的關係，首先張岱的家學乃承自於王龍溪，而浙東一地乃承自王龍溪、周海門、陶望齡一脈的學問。張岱刻《越人三不朽圖贊》，以道學居首，並標示其以陽明學脈爲傳承之心志，若再考察收列的人物，依張岱原刻的次序爲，王陽明、錢緒山、王龍溪、徐仁、李彭山、張文恭、周海門與劉宗周，而列陶望齡於文學、陶奭齡於隱遁。所以張岱未參與證人社講等，也未進入白馬會講會，但秉持家學，論道參禪於浙東文人社友之間。祁彪佳參與講會，雖然只及三會，但與浙東文風卻極接近。浙東文風，以陶望齡爲宗本，並以密雲悟、湛然澄的禪悅爲權柄，互爲應用，[45]祁彪佳雖然以劉宗周爲師，但在「白馬山」之會時，顯然與管霞標，史孝咸諸人較爲接近。因此，再加上祁彪佳、及其父親祁承㸁護持湛澄禪師多年，基本上，祁氏一族的流風較偏爲陶氏兄弟一邊，而與劉宗周以道德修身爲命的風格稍有差異。嚴格而言，浙東自王龍溪之後，王陽和的影響始終不大，真正對浙東思潮產生影響的是周海門與陶望齡，周、陶二人，則又以周海門的學術根抵爲厚，而實際在論學的諸生，常常又與浙東的湛然澄、及其弟子、密雲悟及諸弟子間的參禪論辯爲主，同時，若再加上祁氏家族的文人流風，參與其間的現象來看，浙東文人風氣，反倒與陶氏兄弟的引領風氣爲首要因素。而陶望齡以文學祭酒的聲名，論文袁氏兄弟，論畫與董其昌，參禪修證與湛然澄、密雲悟，修山築園於吼山，同時又與周海門連袂講學，開講會盛況，實已開一股文人風氣，這股文人風氣，若以張岱爲代表的話，事實上，所開出的正是一股審美風潮。但在這股風潮的背後，其實仍然未脫離陽明心學的「主體性」作用。即使如張岱般地豪放不羈，仍然要寫《四書遇》，以留等「一竅特留，以待深心明眼之人，邂逅相遇，遂成莫逆耳」[46]，雖是品玩賞析的文人風潮，但是其中仍有深刻的主體思維在把握持捉。這是在反省此一思潮時，必須要留意之處。

(二) 浙東心學體系與戲曲的品評二途

若說祁彪佳在當時，是在浙東文風的思潮下影響所致，那麼，就必須了解浙東文風與其心學體系間的關係，而且，就心學體系而言，戲曲小道，往往被視爲敗壞人心的重要因素，這些問題，在浙東的心學系統中。究竟如何，都是應該解決的問題。

事實上，如前所述，浙東以陶望齡爲主、引領文壇、造成文風的話，那麼，劉宗周基本上，就是要捍衛儒門正道。因此，這就必須要釐清浙東心學論學問的若干問題。才能夠正確的看出戲曲在浙東思維中的真正意義與定位。

要釐清浙東思想的問題，可以從黃宗羲在〈思舊錄〉與〈子劉子行狀〉的回憶中，看出一些問題的端倪。就黃宗羲的講法來看，他認爲證人會最後導致有白馬分會之事，宗主陶奭齡，而不以劉宗周爲主腦的原因是由於宗風的滲入，同時，也是由於劉宗周與陶奭齡兩人在理論上有極大差距所致[47]，黃宗羲親身參予證人講會，對此公案當然所知甚詳，但仍然未能明說其源由關係。事實上，就浙東學風的發展而言，其間分合也正與審美品評的流風有關，因此，特別提出以供釐清。

浙東學風的提領，如前所述，主要是由於周海門與陶望齡不斷努力提撕所致，所以，浙東的思想，在一定意義下，與周海門、陶望齡有極密切的關係。但是自周海門晚年，陶望齡去逝後，浙東的講會幾乎中止。因此，劉宗周在當時倡議，與陶望齡之弟陶奭齡共同出面，以「證人會」爲名重開講會，這其實是浙東的美事，但何以又會導致最終的分裂呢？就目前資料文獻看來，與劉宗周的立論有明顯的關係。而這也與劉宗周和陶奭齡之間的學問進路的差異有關。當然，這裏並不打算細分其間思想的分歧問題，但是這卻與前一小節所敘述的浙東文風有密切的關係。因此，在此就直接進入與戲曲有關的議題。

在「證人會」的「證人會約」中，有一〈約言〉及〈約戒〉，主要均出自劉宗周之手，在〈約言〉中，主要是論〈約戒〉的理論基礎，因此，在〈戒約〉中就定下會約的戒律，重者則令其「出會」，輕者則「上罰」，其中關於戲曲的若干條抄錄如下，在〈戒閨幃〉條目中，其戒爲：

> 縱妻女入廟燒香、看戲、看燈者出會。
>
> 縱妻女學詩詞、寫扇作書、琴棋誇謔者出會。[48]

在〈戒遊蕩〉條中言：

> 觀戲場，看龍舟，神會，婦女者，上罰。
>
> 習市語，稱綽號，造歌謠。傳奇、小說者，上罰。[49]

劉宗周在「證人會」會中的「戒約」，很明顯的是反對戲曲的「觀看」與「創作」。而他在日後，以〈會約〉爲基礎，撰寫《人譜》時，更加明白的宣稱，「流連花石」、「好古玩」、

「好書畫」、「畜優人」、「觀戲場」、「習市語」、「稱綽號」、「造歌證」，等都是屬於「物物不極」的範疇，即所謂的「藂過百行」之類。就是「功過格」中的「過」，是必須加以克制的行爲[50]。對於劉宗周有關戲曲的看法，只有條目，仍然不能了解劉宗周對戲曲的評價，因此，這裏再引入〈人譜雜記〉中的事例加以佐證，在〈警畜優人〉中言：

語云：歌演戲劇則姦盜易生，故畜優人者，導之奸也。多妾媵者，縱之奸也。陽明先生自立志後，群少復來戲游，先生曰：「吾已爲聖人徒矣！」，豈從子輩游，群小自此退去，而先生行始卓。[51]

在〈警觀戲場〉中言：

黃忠宣公（福）在宣廟時，一日命觀戲，曰：「臣性不好戲」，命圍棋，曰：「臣不會著棋」，問：「何以不會」，曰：「臣幼時父師嚴，只教讀書，不學無益之事，所以不會」。

橫渠先生曰：「鄭衛之音悲哀，令人意思流連，又生怠惰之意，從而致驕淫之心。雖珍寶奇貨其始感人也，亦不如是切，從而生無限嗜欲，故孔子曰：「必放之」，亦是聖人經歷過，但聖人能不爲物所移耳。[52]

在〈警造歌謠〉中言：

> 薛文清公曰：「輕言戲謔，最害事，蓋言不妄發，則言出而人信之，苟輕言戲謔，後雖有誠實之言，亦弗之信矣！」
>
> 先正云：捏造歌謠，不惟不當作，亦不當聽。徒損心術，長浮風耳！若一聽之則清淨，心田中亦下一不淨種子矣！
>
> 劉貢父（攽）滑稽善謔，酷甚矛刃，而晚得惡疾。景王亮結社相嘲，號豬嘴關，而舉社齏粉，故知口業之報人，非固多鬼，責尤重。
>
> 法秀圓通禪師嘗語黃魯直（庭堅）曰：「公作艷歌小詞可罷之」，魯直曰：「空中語耳，非殺非偷，不致墮惡道」，秀曰：「君以邪言蕩搖人心，使踰禮越禁，其罪豈止墮惡道而已」，魯直由是不作詞曲。[53]

劉宗周對於戲曲的品評，可以看出，就劉宗周而言，是無益之事，甚且會使人的德性敗壞，所謂的：「不淨種子」，則直截地認爲戲曲實是促使人心敗壞的種子（因素）。但從陶奭齡的觀點來看，認爲戲劇有其宣導人心行善的功能，也有令人心蕩神搖的作用。他在《小柴桑喃喃錄》中有數條論列戲曲的觀點，今分列如下：

> 今之院本即古之樂章也。每演戲時，見孝子悌弟，忠臣義士一言感心，則涕泗橫流不能自己，僅視左右無不皆然。此其動人最神、最速，較之老儒擁臯比講經義，與夫老納登座說法，功效百千萬倍。有志世道者，宜就此設教，不可視爲戲劇，漫不加意也。

又言：

《渡蟻》《還帶》《四德》等劇，視之尤能令人知因果報應，秋毫不爽，殺盜淫妄，不覺自化，而好生樂義之念，油然生矣。

又言：

余嘗欲第院本作四等。如《四喜》《百順》之類「頌」也，有慶喜之事則演之；《五倫》《四德》《香囊》《還帶》等「大雅」也，《八義》《葛衣》等「小雅」也。尋常家庭燕會則演之。《拜月》《綉儒》等「風」也，閑庭、別館、朋友小集或可演之；至於《曇花》《長生》《邯鄲》《南柯》之類，謂之「逸品」，在四「詩」之外，禪林通院皆可搬演，以代道場齋醮之事。若夫《西廂》《玉簪》等諸淫媟之戲，亟宜放絕，禁書坊不得鬻，禁優人不得學，違者痛懲之，亦厚風俗，正人心之一助也。[54]

陶奭齡的觀點主要是從「厚風俗」、「正人心」的觀點爲判準，並且將戲劇視爲「有志世道」者，應該善加留意運用的工具。並同《詩經》的「大雅」、「小雅」、「頌」與「風」等同起來，依場合功用不同而加以區分，可見陶奭齡强調戲劇有「移風善俗」的功效，較之儒、僧的說道論經，更有速效。但是，對於《西廂》、《王簪》等搖蕩人心，使人趨淫的「淫媟之戲」，則應嚴加防範。甚至要「禁優人不得學」，陶望齡很顯然的是以道德之風來加以斷定戲曲的優劣價值。

若比較劉宗周與陶奭齡的觀點，其對戲劇的品斷相差甚巨，劉宗周採取完全斷絕的立場，但陶奭齡則對於「好」的戲劇尤應致意。雖然就使人向善的動機完全相同，但劉宗周與陶奭齡在方法的使用上，幾有天壤之別。

因此，姑且先不論劉宗周與陶奭齡在義理上的差別，但就戲劇一事，就甚有可議之處。因此，若從浙東心學的發展來看，陶望齡與陶奭齡比較强調文與哲之間的連繫，也就是比較由審美品評的角度進行道德主體，自然本色的「人的建立」。而劉宗周則以强烈的「道德規範」來促使人心的返正。所以，同是「證人」，其實在義理、方法、詮釋上均有差異。因此，也導致證人會的分裂瓦解。

但就戲曲而言，劉宗周與陶奭齡的品評，可說是兩個路向的發展。而祁彪佳在此一氛圍之下，顯然日趨於陶奭齡一方，是可理解的事實。而陶望齡與劉宗周的論點，均對祁彪佳日後對戲曲的看法有一定的影響。這在祁彪佳而言，整個心學體系的作用，對於品評戲曲的審美意識有甚多影響，尤其陶望齡、奭齡所標示的「人」之本色與境界，並其文風的倡導，從審美的角度而言，實是不可忽視的重要因子。

(三) 祁彪佳對戲曲的審美意識

祁彪佳的《遠山堂曲品》與《遠山堂劇品》中有許多品評之語，這品評之語自然構成一套審美的說明，其實，其評語就是其對戲曲的審美判斷，但總括其整體而言，祁彪佳的〈曲品敍〉最能看出其審美意識的總體準則。在〈曲品敍〉中其言：

品成作而嘆曰：「詞至今日而極盛，至今日而亦極衰。學究、屠沽、盡傳子墨；黃鍾、瓦缶雜陳，而莫知其是非。予操三寸不律，爲詞場董狐，予則予，奪則奪，一人而瑕瑜不相掩，一帙而雅俗不相貸，誰其能幻我以黎丘哉！[55]

從這段中，可清楚地看出，祁彪佳要寫《曲品》的原因正是要予以品鑑，所謂：「莫知其是非」、「爲詞場董狐」，正是要論斷戲曲的「是」與「非」，而所謂「一人而瑕瑜不相掩」、「一帙而雅俗不相貸」，則是說明其抱持的客觀立場，不因「人」而受其左右，也不因爲同一戲曲，即給予同一評價。現在，最重要的就是，其判斷的準則爲何？祁彪佳說：

> 不知夫予之品也，愼名器，未嘗不愛人材。韻失矣，進而求其調，調失矣，進而求其詞；詞陋矣，又進而求其事。或調有合於韻律，或詞有當於本色，或事有關於風教，苟片善之可稱，亦無微而不錄。故呂以嚴，予以寬；呂以隘，予以廣；呂後詞華而先音律，予則賞音律而兼收詞華。[56]

祁彪佳所說的準則有三點：就是音律韻調，詞藻與風教。祁氏認爲這三者，只要能夠有任一的優點就給予品列評鑑。這三個品鑑的標準，對祁彪佳而言，是同一的，並無優先次序之別。因此，他對照於呂天成（1575～1582～1613～1624）《曲品》的審判標準而言：「呂後詞華而先音律，予則賞音律而兼收詞華」，由此可知，祁彪佳認爲呂天或重音律甚於文詞之優美。但祁氏則認爲文詞的重要性並不亞於「音律」。所以，對於文詞的品評，既相涉於詞文的是否「本色」，同時，又相涉於詞文是否有違「風教」、或有進於「風教」。對於戲曲的教化意義，其實正可突顯祁彪佳與浙東心學、文風間的關係，呂天成在《曲品，卷上》的總言中言：「關風教特其粗耳」[57]，對於以「風教」來判析戲曲的論點，以「粗」字加以反諷。但祁彪佳則將之列入審美的標準之一。由此看來，祁彪佳是以整體對戲曲的鑑賞爲其立場，因而，會有音韻、文字與教化三者的評斷。在這裏值得注意的是，除了「教化」之外，對於文字的品鑑就更具意義。因爲，就陶望齡倡導文風看來，其詩文的品斷是以「人」的本質爲主，故講求「自然」，並強調在「生活日間」中得之。因此，對於文字的意義，是以返回「本真」之「人」爲第一義。這就「主體性」而言，其「自然」之意，正是托個別主體的質性而有不同的長短優劣，所以文字務必講究「自然」，這個「自然」就是「人」的「本色」。[58]陶奭齡在論及「本色」時，是就人的本性而言的[59]。若就祁彪佳以「詞華」的論點，以及《曲品》《劇品》對「詞」及「文」的品鑑來看，文詞所寫之「境」既涉「自然」，以又兼「情」之真切，又語「人倫教化」，就此三者論列，則浙東審美的文人品評，與心學體系間的關係，實是呼之欲出。所以就三者審美的準則來看，音韻本屬「戲曲」中必然的審美判準，而「詞華」的意義則就審美判斷而言，則有多重的審美結構隱於其間，戲曲的故事結構，需由文詞烘托而出，這就關涉到其組織結構是否自然，而因爲文詞的描寫，因此「本色」、「自然」、「境」之真切與否，能否引發出「情」的諸多審美判斷，均與文詞相涉，而其鑑賞之詞，所謂：「即眼前事，口頭語，刻畫入髓，決不留一寸餘地，容別人生活」的品評，與王國維言：「寫情則沁人心脾，寫景則在人耳目，求事則如其口出」的斷語，實有異曲同工之妙，再者，「詞華」也相涉於是否有「淫詞」之嫌，是否「穢惡」不堪，則又有關

「風教」[60]。因此，祁彪佳的審美意識中强調出「詞華」的範疇，確實在審美的判斷上，有其特殊的意涵。而這樣的審美意識，與浙東的審美文風，其實有著密切的關係。

結語

從王國維到祁彪佳，由於「主體性」的概念，因此對於「真」、「自然」與文字的相合而言，幾乎是强調以「人」爲主體之審美判斷的同一模式，在本文中，對於祁彪佳的論述，只點到其「審美意識」與心學間的關係，至於祁彪佳整個對劇曲的審美結構，在此並未和盤托出，一則由於其體系過於龐大，一則由於字數可能過量，因此，只能另文再論。但是，對於王國維與祁彪佳相對於哲學、心學間的關係，以及這兩者與審美意識的關係，才是本文主要之意圖。對於這樣的想法，在所謂的「回顧與展望」的標題時，所想指出的是，戲曲的審美判斷與審美意識，實是建立戲曲理論，或戲曲評論中很基本的基礎，瞻之前賢，拓疆辟土之功，實有賴後進繼續貿進，對於中國戲曲的理論，能夠比之西方戲劇而無愧色，王國維首倡「一代文學」之旨，至今以此回顧，尚希能有所不負。

注釋

❶ 參見青木正兒著，《中國近世戲曲史》〈原序〉（台北，商務出版社，民77年）頁1。

❷ 王國維，《宋元戲曲史》〈第十六章，餘論〉（台北，商務印書館，民52年）頁161。

王國維對於明朝的典章文物，往往貶多譽少，尤其最對於明戲曲的評價，更以「一代文學」的差序來論例，王國維在《庚辛之間讀書記》（1900～1911）的《盛明雜劇初集》中言：「雜劇唯元人擅場，明代工此者寥寥，宣正之間，周憲王號爲作者，然規摹元人了無生氣，且多吉祥頌壽之作，其庸惡殆與宋人壽詞相等」。王國維對於明戲曲的評價，由此可見。

參《王國維先生全集初編第四册》〈庚辛之間讀書記，盛明雜劇初集〉（台北，大通書局，民60年）頁151。

❸ 賴橋本：〈民國以來的曲學〉，《中國古典文學論文精選叢刊》，曾永義編（台北，幼獅書局，民69年）頁1～29。

❹ 郭英德：《明清文人傳奇研究》〈前言〉（台北，文津出版社，台81年版）頁4。

❺ 王國維自沈於民國十六年（1927），經過十年之後，紹興縣修志會於民國二十六年（1937）七月十六日，始覓得《祁忠敏公日記》等，由祁氏十四孫祁允敬公諸於世，在〈祁忠敏公遺書存日記〉中並未記載〈遠山堂曲品〉、〈遠山堂劇品〉，而〈曲品〉〈劇品〉乃遲至一九五五年，黃裳氏《遠山堂明曲品劇品校錄》出版，始重新問世。王國維雖深知祁氏家藏劇曲甚富，但始終無緣得見，其在〈曲餘自序·又〉中言：「下訖天崇，私家插架之軸，則有章邱之李（列朝詩集李開先小傳）、臨川之湯（姚士粦見只編卷中）、黃州之劉（靜居詩話卷十五臧懋循條下）、山陰之淡生（同上卷一六祁承㸁條下）海虞之述古（錢曾也是圖書目）富者千飲，次亦數百」，又錄「山陰祁氏淡生堂，所藏元明傳奇，多至八百餘部」，可見王國維應留意於祁氏的戲曲收藏，但祁氏諸書卻是在祖先訓示「不能刻不敢刻二語」之下，

迨民國肇立，始能遵循遺訓出諸於世，其十四孫允敬言：「降及不肖幸逢國權光復，已無亡清忌諱，正可全部付梓」；而王國維之死卻與民國革命或有關係，因此，兩朝之間，同一學問，擦肩而過，雖是小事，但爲千古史心，或提出聊資一談。

❻ 陳寅恪：《金明館叢稿二編》〈王靜安先生遺書序〉（台北，里仁書局翻印，民 70 年）頁 219。

❼ 王國維：《王國維先生全集初編第五册》〈奏定經學科大學文學科大學章程書後〉（台北，大通書局，民 60 年）頁 1937。

❽ 同上註，頁 1936～1937。

❾ 同❺，〈《紅樓夢》評論〉，頁 1754。

❿ 同❺，〈叔本華之哲學及其教育學說〉，頁 1692～1694。

⓫ 王國維：〈孔子之美育主義〉，收入劉剛强編輯：《王國維美論文選》，（長沙，湖南人民，1987）頁 5。

⓬ Schopenhauer, Arthur, The philosophy of Schopenhauer. Edit and with an introduction by. Irwin Edman. page. 326.

⓭ 請參閱：〈《紅樓夢》評論〉，文中對於「眩惑」的作品，及何謂中國的樂天精神有詳細的描述。

⓮ 王國維：《宋元戲曲史》〈自序〉（台北，商務印書館，民 60 年），頁 1。

⓯ 同⓬，頁 321～322。

⓰ 同❼，〈文學小言〉，頁 1916～1920。

⓱ 同⓬，頁 303～304。

⓲ 同⓬，頁 312～313。

⓳ 卡西勒著，孟祥森譯：《盧梭康德與歌德》（台北，龍田出版社，民 67 年）頁 161。

⓴ 王可平，吳維平：〈王國維美學思想探源〉，中國文化月刊，154 期，民 81、08，頁 102。

㉑ 同❼，〈靜安詩稿——題友人三十小像〉頁 1529～1530。

㉒ 王國維：《人間詞話》。參《人間詞話校注》（台北，漢京文化公司）

㉓ 同❼，〈自序〉，頁1896。

㉔ 同❼，〈汗德像贊〉，頁1902。

㉕ 同❼，〈釋理〉，頁1659。

㉖ 同❼，〈釋理〉，頁1659。

㉗ 同上註，頁1672～1674。

㉘ 同❼，〈釋理〉，頁1677。

㉙ 同上註，頁1671。

㉚ 同❼，〈釋理〉，頁1672。

㉛ 王恩任、季重甫原本：《祁忠敏公年譜》頁10。

㉜ 同❼，〈題戢山先生遺像〉，頁1209。

㉝ 「當行本色」之說，其實就是中國古典審美判斷的用語，不論是詩、詞、戲曲，「本色」、「當行」的用法，對應的是一美學範疇；對於中國傳說的審美用語，龔鵬程先生首發其義，在《詩史本色與妙悟》書中第三章〈論本色〉的論述，最爲詳盡，以「本色」爲品評的特色與規範，實頗能解決傳統文論的爭執。順著這個方向，蔡孟珍則撰〈曲編中的「當行本色說」〉，論述曲論中的審美規範，均或多或少論及祁彪佳，最近潘麗珠所論〈明代曲論中的「情」論探索〉，也將祁彪佳論列進去。因此，舉凡近年來論述戲曲審美、品評的研究，均或多或少會論列到祁彪佳。又龔鵬程近作：〈南北曲爭霸記〉也引入祁彪佳登錄的南北曲曲錄作爲盛衰消長的實錄。另外，王安祈也使用祁彪佳的日記，參照《曲品》、《劇品》的曲目，將明朝戲曲的狀態，活脫脫地表現出來。以上最近的研究，事實上，均脫離不開祁彪佳的《曲品》與《劇品》。

龔鵬程：《詩史本色與妙悟》，〈第三章：論本色〉（台北，學生書局，民八十二年），頁93～136。

蔡孟珍：〈曲論中的「當行本色」說〉，《中國學術年刊》，八十三年，頁 333～363。
潘麗珠：〈明代曲論中的「情」論探索〉，《國文學報》第二十三期，民國八十三年六月，頁 125～134。
龔鵬程：《晚明思潮》〈第十一章：南北曲爭霸記〉（台北，里仁書局，民國八十三年）頁 381～434。
王安祁：《明代傳奇之劇場及其藝術》（台北，學生書局，民 78 年）。

㉞ 應裕康對於祁彪佳的研究，共有六篇，今分錄如下：
〈王編《祁忠敏公年譜》述評〉，《中國學術年刊》第三期，頁 125～144。
〈祁彪佳著作考〉，《木鐸》第十一期，頁 49～82。
〈祁彪佳的生平及其傳記資料〉，《高雄師院學報》第十五期，頁 1～10。
〈讀《祁忠敏公年譜》與《祁忠敏公日記》〉，《高雄師大學報》第一期，頁 1～25。
〈自祁忠敏公奏疏看明末朝政〉，《高雄師大學報》第二期，頁 1～29。
〈祁彪佳遠山堂《曲品》及《劇品》初探〉，《故宮學術季刊》第九卷，第二期，頁 75～115。

㉟ 張岱：《琅嬛文集》〈卷之五，自爲墓志銘〉（湖南，岳麓書社，1985）頁 199。

㊱ 張岱：《越中三不朽圖贊》，〈傳〉，中華民國七年紹興印刷局印。傳一。

㊲ 同上註，〈越人三不朽圖贊小敘〉。原序一。

㊳ 張岱：《四書遇》〈自序〉（浙江，浙江古藉出版社，1974），自序頁一。

㊴ 同上註，自序頁一。

㊵ 張元汴：《不二齋文選》〈答李見羅〉，卷之三頁之四十三。

㊶ 同㊲。

㊷ 祁彪佳：《祁彪佳文稿》〈祁忠敏公日記：棄錄〉頁 1150。

㊸ 同上註，頁 1149。

㊹ 同㉟，參見〈跋寓山注二則〉、〈其二〉，頁 210，頁 211；又另參〈與祁世培〉，頁 139，頁 140。

㊺ 請參考孫中曾：〈明末禪宗在浙東興盛之緣由探討〉，《國際佛學年刊》第二期，1992，頁141～176。

㊻ 同㊳。

㊼ 關於劉宗周與陶奭齡共同主持證人會，並導使最後有白馬會的分裂事情，是明末講會的重要公案，由於不是本篇所處理的問題，因此，並不能著墨過多，但是可以確知的一些問題是，以劉宗周爲主的論述，與陶奭齡的論述，確實存有極大的不同。至於宗風滲入浙東的問題，我已在㊺中說明，有專文處理，而黃宗羲的論點，則請參考《黃宗羲全集》第一冊的部分。

㊽ 劉宗周：《劉子全書》〈約戒〉（台北，華文書局，民58年）頁195。

㊾ 同上註，頁196。

㊿ 同㊽，〈語類一，人譜〉〈人譜正篇〉，頁46。

51 劉宗周：《劉子全書遺編》卷十五〈人譜雜記〉，（日本，中文出版社，1975）頁1175。

52 同上註。

53 同51，頁1185。

54 陶奭齡：《小柴桑喃喃錄》卷上，頁六十五，頁六十六。

55 祁彪佳：《遠山堂曲品》〈曲品敘〉，收錄揚家駱主編，《國學名著珍本彙刊，歷代詩史長編二輯》（台北，鼎文書局，民63年）頁五。

56 同上註。

57 呂天成，《曲品》卷上，餘同55，頁210。

58 關於陶望齡的文學觀點，請參照孫中曾：〈浙東儒佛互動對文學的影響——以陶望齡爲例〉《文學與佛學關係論文集》（台北，學生書局，民83年）。

59 陶奭齡在《小柴桑喃喃錄》中言：

吾友靜溫王子，少慕道，不問生計，家本累千金，晚至衣食都缺。世惟出家兒一瓢一衲便可度時。若畜一絲長物，便非本色。

因此，此本色即是指出家人的應有質地，也是指其人的本質性情而言。

⑥⓪ 對於祁彪佳上述的評語，均摘自《遠山堂曲品》與《遠山堂劇品》，在此不一一述出出處。

傳世之《金瓶梅》非原作

魏子雲

今天，我們所能讀到的《金瓶梅》，傳世的版本，共有三種：一、新刻金瓶梅詞話，二、新刻批評繡像金瓶梅，三、皋鶴堂張竹坡批評第一奇書。基於《金瓶梅詞話》有東吳弄珠客序於萬曆丁巳（四十五）季冬的年月，被稱爲「萬曆本」，新刻繡像批評金瓶梅，上有崇禎避諱字❶，可以肯定是崇禎年代的刻本，被稱爲「崇禎本」。這個刻本與《金瓶梅詞話》有顯著的不同，不但第一回全部改寫過了，其中情節、文辭，以及回前回後的證詩，也大多不同。至於「皋鶴堂張竹坡批評」的《第一奇書》，是清熙間刻本，其底本是崇禎本。在沒有再發現新的史料以前，可以說「金瓶梅詞話」是今見的最早刻本，崇禎本稍後。雖有人說崇禎本的底本與《金瓶梅詞話》的底本，不是同一淵源，但崇禎本的兩種不同款式的刻本❷，都延襲了《金瓶梅詞》本的誤刻字❸。所以我們今天來研討《金瓶梅》的一些問題，仍應以《金瓶梅詞話》爲根，崇禎本輔之。

本文論點指出《金瓶梅》非原始作品的內容，自是以《金瓶梅詞話》的版本，作爲根據的。特先說明。

我認爲傳世的《金瓶梅》，內容已非原作，全是從《金瓶梅詞話》中發現到的，特予

「要言不繁」的一一摘取出來，作爲研究該書者的參考。

一、引詞及入話問題

> 丈夫隻手把吳鉤，欲斬萬人頭。如何鐵石打成心性，卻爲花柔。請看項籍並劉季，一似使人愁。只因撞著虞姬戚氏，豪傑都休。

這一闋「眼兒媚」曲子，雖是宋人卓田的作品，文辭也略有不同，但這詞既然引錄在《金瓶梅》的第一回前，作爲小說內容的啓示，就應當視作是這小說作者的意想，否則，作者採用這闋曲子，放在書前作爲詞證，就沒有意義了。還說：「此一隻詞兒，單說著情色二字，乃一體一用。……」於是下面便說到項羽寵虞姬，終爲韓信所敗，劉邦寵戚夫人，打算廢去太子立趙王如意，好在太子有四皓輔佐，未成其事。所以用這兩個故事，來證說「英雄難過美人關」的所謂「鐵石心性」的英雄「卻爲花柔」，這兩人「撞見虞姬戚氏，豪傑都休。」按此證說的詞意，這小說的故事，應該是有關英雄們的「情色」情節。可是《金瓶梅》的小說情節，只是一位清河縣的黑道人物，混到一個五品官秩的提刑千户而已。

雖然，入話中還寫了這麼一段：「如今這一本書，乃虎中美女，後引出一個風情故事來。一個好色的婦女，因與了破落户相通，日日追懽，朝朝迷戀。後不免屍橫刀下，命染黃泉。永不得著綺穿羅，不再能施朱傅粉。靜而思之，著甚來由。況這婦人，他死有甚事？貪他的斷了堂堂六尺之軀，愛他的丟了潑天閧產業。驚了東平府，大鬧了清河縣。端的不知誰婦女？誰的妻小？後日乞何人占用？死於何人之手？……」我們從文詞語意上看，這段話似是改寫者，要想把故事轉接到西門慶頭上去。卻又寫得十分牽強。我們不必在此費辭，只要用些兒心思，從語意上去思維一番，就會覺得文詞上，還是留有不少破綻。譬如「貪他的斷了堂堂六尺之軀」，這人不是西門慶，也不是武松，只能是張大户。可是張大户是個老頭子。「愛他的丟了潑天鬨產業。」潘金蓮的情夫當中，《金瓶梅》裡面，沒有這個人。「驚了東平府，大鬧了清河縣。」今日的《金瓶梅》裡面，沒有寫這些情節。武大被毒死，潘金蓮被殺死，《金瓶梅》寫有「驚動了東平府，大鬧了清縣」的情節？沒有。

今見的《金瓶梅》，寫的是清河縣一位十兄弟幫會的黑道頭子西門慶，只是個人身家興衰的故事。他雖然厮混上一個五品官秩的提刑千户，上攀到當朝太師蔡京，還作了蔡京的乾兒子，想來，西門慶終究不是一位可以用項羽劉邦可以作比況的人物。尤其是，劉邦寵戚夫人有廢嫡立庶的一番説詞，簡直與西門慶風馬牛。

所以我說，《金瓶梅》中的這段入話，是一項戴不到西門慶頭上的王冠。[4]

二、第十七、十八回中的賈廉、賈慶、西門慶

西門慶這個幫會中的黑道頭子，在沒有攀緣到蔡京，還沒有一官半職的時候，就已經是東京八十萬禁軍提督楊戩的親家陳洪攀結了兒女之親，陳洪的兒子陳經濟娶了西門慶的女兒。可是這楊戩等官員，被兵科給事中宇文虛中參劾，拿到三法司會審，下了獄。手下親黨，也受到了牽連。西門慶是陳洪的爪牙，遂也受到了牽連。聖旨：「蔡京姑留輔政，王

輔、楊戩便拿三法司會問明白來說。」於是「欽此，欽遵！續交該三法司會問過，並黨惡人犯，王輔、楊戩、本兵不職，縱虜深入，荼毒生民，損失折將，失陷內地，律應處斬。手下壞事家人；書辦官掾親黨；董升、盧虎、楊盛、龐宣、韓宗仁、陳洪、黃玉、賈廉、劉盛、趙弘道等查出有名人犯。俱問擬枷號一個月，滿日發邊衛充軍。」這一參本在《金瓶梅詞話》第十七回第四、五兩頁。

這一份本章，是西門慶的女婿陳經濟，從京城逃出，袖出來的。這裡還寫著：「西門慶不看，萬事皆休，看了耳邊廂只聽颼的一聲，魂魄不知往那裡去了？正是：驚損六葉連肝肺，諕壞三毛七孔心。」奇怪，這本章中沒有西門慶的名字，西門慶看了何以這樣害怕？如果說，這一名單中的十人，還有手下親黨，西門慶就是這十人之內的手下人。若是抓去枷號了他們，也少不了西門慶。可是，我們若是這樣替小說家解說，到第十八回，又銜接不上了。

西門慶看了這一本章之後，馬上派人晉京去花錢打點。打點什麼呢？第十八回上寫西門慶派家人來保，到了京城找到了「禮部尚書李邦彥」，送上五百兩銀子，要求把名單上的「西門慶」名字塗改掉。這裡寫著：「來保下邊就把禮物呈上。邦彥看了，說道：『你蔡太爺分上，又是你楊老爺親（家），我怎好受此禮物。況你楊爺，昨日聖心回動，已沒事。但只是手下之人，科道參語甚重，已定問發幾個。』即令堂候官取過昨日科中送的幾個名字與他瞧。上寫著：『王輔名下，書辦官董昇，家人王廉，班頭黃玉；楊戩名下：壞事書辦官盧虎，幹辦楊盛，府掾韓宗仁、趙弘道、班頭劉成（盛），親黨陳洪、西門慶、胡四等。皆鷹犬之徒，狐假狐威之輩。揆置本官，倚勢害人。貪殘無比，積弊如山，小民蹙額，市肆爲之騷然。乞敕下諸司將一干人犯，或投之荒裔，以禦魑魅，或置之典刑，以正國法，不可使一日留於世也。」下面又寫道：「來保見了，慌的只顧磕頭，告道：『十人就是西門慶家人，望老爺開天地之心，超生則個。』高安（李府的家人）又替他跪稟一次。邦彥見五百兩金銀，只買一個名字，如何不做分上。即令左右抬書案過來，取筆將文卷上西門慶名字，改作『賈慶』。一面收上禮物去。……」

寫在第十七回中的這張名單，是陳經濟帶來的一張「邸報」，寫在第十八回的這張名單，是「科中」（應是刑科給事中）送到禮部的一張名單。前後兩回，居然兩張同一案的名單，人名不同，豈不是問題？

至於「邸報」上的名單何以兩不相符？我們可以這樣推想：「邸報」上的名單在先，科中送來的名單在後，後者糾正了前者，所以科中的名單，沒有了賈廉、龐宣，添上了王廉、西門慶、胡四。這樣想，在情理上，雖也說得通的，但問題是：第三人稱的作者，應有文辭上的交代，竟沒有。若按第十七回所寫西門慶看到「邸報」後的恐懼情況來說，怎的「邸報」竟沒有西門慶的名字？又怎的到了第十八回，科裡送來的名單纔有？名字又不同？這情形，顯然是後人改寫前人的作品造成的。

再說，禮部尚書李邦彥，只是「取筆將文卷上西門慶的名字，改作賈慶❺。」我想，如把「賈廉」這名字改作「賈慶」，豈不是比「西門慶」改作「賈慶」，在筆畫上要方便得多？如此推想，可以認爲「邸報」上的名單，那個「賈廉」就是後來名單上的「西門慶」，當可臆想早期的傳抄本，是賈廉的故事，男主角不是西門慶。

何況，禮部尚書怎的管到刑部的案件上去？

三、苗青謀財害主❻的問題

按苗青謀財害主的故事，寫在第四十七回到四十九回，情節共三回，如照《金瓶梅》所寫，這一個故事，這三回已把全部故事結束。

這故事寫的是揚州苗員外苗天秀，要到東京開封府一位做通判的表兄處，去尋求功名。遂打整了兩箱金銀，再裝載了一船貨物，帶了小廝安童與家人苗青，打從水路而行。不想苗青勾通了兩個船伕，在徐州洪把苗員外殺死，抛入水中，小廝安童也推下河去了。於是苗青與兩個船伕，瓜分了船上的貨物及金銀。苗青的謀財害命案就這樣造成，這位揚州的苗員外，也在此結束。

不想安童被漁人救起，得以不死；因而苗青案發。

這位苗員外的小廝安童，在漁家住居下來，漁人也應允慢慢爲他訪查兇手。一天，安童跟隨漁人在河口賣魚，發現了那兩個船伕，便俱狀告到了提刑院，提來兩個船伕，一個叫陳三，一個叫翁八。一經勘問，知道還有個苗青共謀，遂再發票差人緝捕苗青。

這時的苗青，已在臨清開設店舖。得知此情，忙把店門鎖了，躲在經紀樂三家。樂三家住的是韓道國、王六兒夫婦。樂三知道韓道國的老婆王六兒，是提刑所副千户西門慶的相好，遂建議花銀子錢，託王六兒打點。苗青爲了保命，把所有貨物，摒擋了一千七百兩銀子，光是西門慶就送了一千兩。等到官司了結，苗青雖然逃得了一條性命，但害命謀來的財產，只餘下了一百五十兩，還得拿出五十兩來答謝樂三嫂。所以苗青離開臨清返回揚州，謀財害命來的財物，已無太多剩餘，只保得一條性命。

而且寫著這位揚州的苗員外，「家有萬貫家財，頗好詩禮」，苗青是苗天秀的家人（傭工），因與苗員外的寵妾刁氏有染，被苗員外發現，抓來痛打了一頓。本要把苗青驅逐出門，苗青央懇親鄰說情，再三規勸苗員外，方始留下。「詞話本」還寫明苗青「平日是個浪子」。苗青雖然在提刑所中，只處死了兩個船伕，賣放了苗青，安童保領在外，聽候傳問。之後，安童到京都向苗員外的表兄黃通判訴情，又上告到山東巡按御史曾孝序的手上。雖然，曾孝序上了一道本章，參劾清河衛所的提刑正副千户夏延齡與西門慶，但經過西門慶送出了一大筆金銀財物，不但沒有參劾倒西門慶等人，這位巡按大人曾孝序，反而遭到調職，再羅織個罪名遣戍邊外。

按說，苗青的這件案子，已經在四十七回到四十九回全部結束，可是，在《金瓶梅》的情節中，以後還繼續寫到這位「苗青」，還有一位「苗員外」與「苗小湖」等人。

寫到「苗青」的部分，有第五十一回，第七十七回，還有第八十一回。請看：

㈠ 第五十一回：

……西門慶出來，燒了紙，打發起身。交付二人兩封信，一封到揚州碼頭上，投王伯儒店裡下，這一封就往揚州城內，抓尋苗青，問他的事情下落？快來回報我。如銀子不夠，我後邊再交來保稍去。……

(二) 第七十七回

西門慶走到廳上，崔本見了磕頭畢，放了書帳。說：「船到碼頭，少車稅銀兩。我從臘月初一日起身，在揚州與他兩個分路，他們兩個往揚州去了。俺們都到苗親家住了兩日。因說苗青替老爹使了十兩銀子，抬了個揚州衛一個千户的女子，十六歲了，名喚楚雲。說不盡的花如臉，玉如肌、星如眼、月如眉、柳如腰、襪如　，兩隻腳兒，恰剛三寸。……

(三) 第八十一回

……話說韓道國與來保兩個，自從西門慶將二十兩銀子，打發他在江南等處置辦貨物，抓尋苗青家內宿歇。苗青見了西門慶手札，想他活命之恩，盡力趨奉他兩個。成日尋花問柳，飲酒作樂。一日初冬天氣，寒雲淡淡，衰雅戚戚，樹木彫零，景物蕭瑟，不勝旅思。於是二人忙將銀往各處，買了布疋，裝在揚州苗青家下，待貨物買完起身。……

這三回，是指名指姓寫出的「苗青」二字。另外，還有第五十五回、第六十七回，寫有「苗員外」、「苗小湖」等姓苗的人物情節，而且都是揚州人。請看：

(一) 第五十五回

……西門慶遠遠望見一個官員，也乘著轎進龍德坊來。西門慶仔細一認，倒是揚州苗員外。卻不想苗員外也望見西門慶了。兩個同下轎作揖，敍來寒溫，原來這個苗員外，是第一個財主，他身上也現做個散官之職，向來結交在蔡太師門下，那時也來上壽，恰遇了故人。當下兩個忙匆匆，路次說了幾句，分手而別。……

(二) 第六十七回

西門慶吃了飯，就過對門房子裡，看著兌銀，打包寫書信。二十四日燒紙，打發夥計崔本、來保並後生榮海、胡秀五人，起身往南邊去。寫了一封信，稍（捎）與苗小湖，就寫（謝）他重禮。

這兩回，又出現了兩個姓苗的，一個是「苗員外」，從小說的語言，說到這位「苗員外」的情況，他「是第一個財主」，應是指的這位苗員外，是揚州的首富。「他身上也現做個散官之職，向來結交在蔡太師門下，」可以據此來肯定這位「苗員外」，不是苗青。那麼，第六十七回中的「苗小湖」呢？認爲「苗小湖」就是苗青。似也有「跡」可尋。所以我曾認定，這位「苗小湖」就是「苗青」。

這位「苗小湖」是怎等樣人呢？第六十七回以前，小說的情節中，沒有寫到此一名字的人物。但在第八十一回，「苗小湖」這個名字又出現了。

這裡寫著：「苗青見了西門慶手札，想他活命之恩，儘力奉成。他兩個成天尋花問柳，飲酒取樂。一日初冬天氣，寒雲淡淡，哀雁淒淒，樹木彫零，景物蕭瑟，不勝旅思。於是二人連忙將銀往各處，置了布疋，裝在揚州苗青家安下。待貨物買完起身。先是韓道國的表子，揚州舊院王玉枝兒，來保請了林彩虹妹子小紅，日逐請揚州鹽客王海峰與苗青遊賞寶應湖。……」之後，韓道國與胡秀吵嘴，要打胡秀，小說上又寫著：「被來保、苗小湖做好做歹勸住了。」從這第八十回的詞語來看，這裡的「苗小湖」，可能是「苗青」。但小說的情節與詞語上，並無隻字交代。

按苗青的謀財害主情節，寫到第四十九回結束，也不會使讀者感到有欠缺。在《金瓶梅》的情節中，業已烘襯出了西門慶在交通官吏的廣大神通，連巡按御史也莫奈他何！同時，也寫出了《金瓶梅》那個時代的政治黑暗，清官如曾孝序者，竟因了他的爲官正直，居然落了個謫戍的下場。可以說苗青的情節，已經完成了一個不算小的任務，苗青不再上場，也不致於使讀者認爲苗青的故事，還沒有完。那麼，我們如把苗青的情節，擴大去推想呢？這位苗青自然還應有他回到揚州後的情節。安童還沒有死，苗天秀的表兄黃美，還在開封府任通判之職。這兩個人物，都是可以延續苗青情節的轉圜關鍵。所以，我們可以推想苗青的情節，在第四十九回之後，還應該有。果然，第五十一回又寫到了苗青，到了第八十一回又寫到了苗青，基乎此，我們可以肯定的說，在原始的《金瓶梅》情節中，苗青的故事，極可能綿到第八十一回。只是其中的原始情節，已被《金瓶梅詞話》的改寫者，把它改寫掉了。

四、證詩與回目的問題

《金瓶梅詞話》中的證詩，無論文前、文後、或情節進行之間，引證的詩詞，大多與內容有著河漢空溟之遠。讀來總覺得那些證詩，與小說情節，印證不上。這類的證詩，可以說隨手皆是。今隨手錄一二如左：

㈠第三十六回文前

富貴遙望斂江西　一片孤雲對夕暉
有淚應投煙樹斷　無書堪寄雁鱗稀
問安已負三千里　流落空壞十二時
海闊天高都是念　憑誰爲我說歸期

按這三十六回的回目，是「翟謙寄書尋女子，西門慶結交蔡狀元」，內容也是，並未偏出回目，但這八句律詩，放在這一回的文詞開頭，委實推繹不出這詩與小說情節有何關聯？

㈡第四十八回文後

得失榮枯命裡該　皆因年月日時栽
胸中有志終須到　囊中無才莫論財

按第四十八回的回目是：「曾御史參劾提刑官蔡太師奏行七件事」。曾御史的參劾，經過西門慶派人晉京打點，參本到時，便被蔡京壓下來了。去打點的人，反爲西門慶帶回三萬鹽引的專賣。西門慶的朋友蔡狀元，又點了兩淮巡鹽。可是在這一回的文尾，竟寫了這四句證詩。豈不是說西門慶之得，曾御史的失，都是命中注定的嗎？

這四句詩，還寫在第九十五回的結尾。按第九十五回的回目是「平安偷盜假當物　薛嫂喬計說人情」。在這回的末尾，已經寫了「世情看冷暖，人間逐高低」兩句證言，應說證說已貼切上了，偏又加再加上這四句，又是第四十八回使用過的。且又印證不上小說的內容。何以又引錄於此呢？

㈢　三十八回回目

按第三十八回的回目是「西門慶夾打二搗鬼，潘金蓮雪中弄琵琶」，可是文中寫的「夾打二搗鬼」情節極少，一共寫了兩處，第一處寫了二十四行餘，數來共五百八十字。第二處寫了不到四行，共計八十一字。再看這一回的前半回目，占有六頁半之多，計有三千六白餘字，「夾打二搗鬼」的情節，僅占六分之一，如何能是這篇寫回目？

按這第三十八回的前半回目，大部分篇幅寫的是西門慶與王六兒的再度勾且，韓道國反而認爲自己的妻子能與他的東家勾搭上，乃是他們難得走上的一條路。當王六兒把他與西門慶的數次交往，向韓道國細說一遍，韓道國則說：「等我明日往舖子裡去了，他若來時，妳只推我不知道，休要怠慢了他。凡事奉承他些。如今好容易賺錢，怎麼趕的這條道路。」可以說，這一回的前半回目，應是「韓道國縱婦私東主」，不應是「西門慶夾打二搗鬼」。可是，第三十三回的後半回目，倒是「韓道國縱婦爭鋒」。小說的內容，寫的則是王六兒與小叔子韓二通奸，被四個管閒事的小子，前去捉奸，使他們當場出醜，轟動了里巷。在第三十三回的情節中，並無韓道國縱婦爭鋒的事。「縱婦爭鋒」的事，在這第三十八回中。類似這種回目所寫與內容不符的情節，《金瓶梅詞話》尚有多處。凡是細心讀過《金瓶梅詞話》的人，都會挑剔出來。本文只是意在指出此些問題，不一一列舉了。

五、五十三回至五十七回的問題

由於沈德符的《萬曆野獲編》卷二五，有一篇論到《金瓶梅》的文字，其中說到「然而書實少五十三回至五十七回遍覓不得，有陋儒補以入刻。無論膚淺鄙俚，時作吳語，即前後血脈，亦絕不貫串，一見知其贗作矣！」遂至今尚有人視爲金科玉律，不但引之作證，還一一爲之作註腳。

本人是第一位提出沈氏此說，不能符契《金瓶梅詞話》情節的第一人，遂寫了「論金瓶梅第五十三至五十七回」一文，而且將《金瓶梅詞話》與崇禎本《金瓶梅》的第五十二回至五十八回七回的原刻文字，作上欄下欄相對印證，指出了沈德符此說的不符明代兩種《金瓶梅》的小說內容。曾於一九九〇年六月，提到徐州金瓶梅學會第一次國際會議上發表（註）。

若依據沈德符的說詞，《金瓶梅》於萬曆三八年間即已出版。但文中提到「馬仲良司榷吳關」語，查到馬仲良是萬曆三十八年進士，於萬曆四十一年間始行「司榷吳關」（到州虎墅關監收船鈔税銀)。遂得證明了沈德符的文章，行文的語意有隔。

從實際上在兩種刻本的相互對照研讀之下，可以肯定的證明《金瓶梅詞話》早於崇禎刻本。而《金瓶梅詞話》也是改寫本。從本文再引錄的第十七、十八兩回的宇文虛中參本中的親黨名單來看，可以據之疑想到《金瓶梅詞話》以前的《金瓶梅》，不是由《水滸傳》移來的西門慶與潘金蓮的故事，可能是一部有關政治諷喻的謗書。

袁中郎第一次讀到，贊詞是「勝枚生七發多矣！」按枚乘的「七發」，是一篇有關政論的內容。至於袁小脩解說的「金瓶梅」三字是由潘金蓮、李瓶兒、春梅三人之名嵌聯成的，或是爲改寫後的《金瓶梅》解厄之辭。

關於這一點，欣欣子的序文，提示得最清楚了。

六、欣欣子序的注釋

註：

①我曾疑「欣欣子」是馮夢龍的化名。今寧波師範學院的鄭閏先生在屠本畯的雜劇《飲中八仙記》中，發現家門一句：「家住洗墨溪泮明賢里」。則欣欣子是屠本畯，似成定案。

②此序在今見的所有明代人論及《金瓶梅》的文字史料中，都不曾說到這篇敍文。憾該序無寫作時日。

③ 欣欣子既可確定是屠本畯，則蘭陵笑笑生是屠隆，自也難以爭論。

④ 這裡稱《金瓶梅》爲「傳」，自是以人物爲情節的。且以說明此書是「有所謂」的「寄意於時俗」的內容。雖然「時俗」二字的意義，可大可小，然「時俗」之不關予政治者，殊鮮。

⑤ 「蓋有謂也」一語，豈不是說明了有所指，有所諷，有所寄寓於牢騷。

⑥ 指出人類的七情，「憂鬱爲甚」。「上智之士」，自會化解。

⑦ 「次焉者」，也會有心理排除。

⑧ 「下焉者」，又不能以詩書排解，也沒有修道的心胸可以排遣，能不因此積鬱成病嗎。

⑨ 欣欣子說蘭陵笑笑生就是爲了這一點來寫《金瓶梅》的。

⑩ 又說，《金瓶梅》傳，是蘭陵笑笑生「馨平日所蘊者」寫此傳的。我不禁要問：蘭陵笑笑生何以要耽心人類的「下焉者」會「憂鬱」成病，爲之作書排解？

⑪ 此說《金瓶梅》寫的「無非明人倫，戒淫奔，分淑慝，化善惡，知盛衰消長之機。」在今見的《金瓶梅》（詞話）中，若是從反諷觀之，則有。試問，人之「下焉者」，懂得嗎？讀後，能理會到蘭陵笑笑生這一慈悲心腸，是爲他們排解「積鬱」嗎？再說，「取報應輪迴之事，如在目前。」傳中則無。

⑫ 所謂此傳的故事情節，「始終如脈絡貫通，如萬系迎風，而不亂也。」已非今見的《金瓶梅》（詞話）。今之《金瓶梅》，脈絡已不貫通。

⑬ 今見的《金瓶梅》(詞話)是一部爲清河縣幫會頭兒西門慶作傳的情節，已不是可以「使觀者」讀了「可以一哂而忘憂」的書，甚而可以說，若是認眞讀了《金瓶梅》的人，(無論十卷本還是廿卷本)不惟不會「一哂而忘憂」，可能會「憂之更憂，憂上加憂。」

⑭ 所謂「其中未免語涉俚俗，氣含脂粉。」似乎不是此傳的缺點。

⑮ 這裡引仲尼先生的話，用「關雎」一詩的「樂而不淫，哀而不傷。」來爲此傳的「淫穢」作飾辭，似有引喻失當之病。

⑯ 誠然，富貴與淫欲相連的。飽暖思淫欲也。然富貴乃人之慕，孔子已道之。

⑰ 又說：「哀怨人之所惡也，鮮有不至於傷者。」這話頗有語病，不合義理也。按此兩句，出於《論語》(里仁)，說：「富與貴，是人之所欲也，不以其道得之，不處也。貧與賤，是人之所惡也，不以其道得之，不去也。」這裡竟把「貧賤」易爲「哀怨」，在文義上，就與上句的「富貴」二字，對稱不起來了。按「富貴」與「貧賤」，乃人生中的類別對等辭。「哀怨」二字，不是「富貴」一辭的對等。無論富貴貧賤，都有「哀」或「怨」的產生。哀、怨之於人。乃隨性適情而生，非「所欲」、「所惡」所能改其居處。凡所「哀怨」，亦無不有所「傷」感。怎能與「富貴」之令人「慕」作相對立論？看來，這兩句似非原文，或是後人改錯了。或是傳抄錯了。

⑱ 按《剪燈新話》乃瞿佑作，此說「盧景暉之《剪燈新話》」，不知何據？《秉燭清談》未見書目。其他除《鶯鶯傳》、《水滸傳》以及《如意君傳》《張于湖記》

等，都是稍早問世的書。其他都是萬曆年間流行的書。鄭振鐸的《談金瓶梅詞話》一文的判斷，合乎理則。

⑲ 此言「其間語句文確，讀者往往不能暢懷。……」當是指的語句太文了。按「文確」二字，如從文理看，似是「文體」之誤，意指前錄的那些書，都是文言語句的文體。「文確」二字費解。

⑳ 遂說「此傳」是市井間的語體，還有閨房中的瑣瑣碎碎等情話。

㉑ 唸給三尺童子聽，也能使之洞明易曉。像飲天漿拔鯨牙那樣驚喜。未免是誇飾之辭。

㉒ 雖比不上古時的理趣文集，文筆的風姿還是很可觀的。

㉓ 這部書還寫了些有關世道風化，以及懲惡揚善，有補於滌慮身心的筆墨。

㉔ 譬如男女房中之事，儘管人人都忌諱公開談論，有誰不愛它呢？

㉕ 此一文句，必有奪文。「富貴善良」四字，怎能與「是以搖動人心，蕩其素志」相銜接？看來，「富貴善良」四字之下，定有文字脫落。基乎此，自也可以想知上面說到的「哀怨人之所惡也」文句的不合義理，與此處的「奪文」錯誤，可能是同一原因。「是」，或「否」之誤。

㉖ 這一大段「高堂大廈」中的閨情描寫，就是銜接上述「動搖人心，蕩其素志」的事。遂越發的顯出「富貴善良」四字夾在其間的累贅。極明顯的就是這地方的文辭有脫落。

㉗ 「樂極必悲生」的「離別之機，將生憔悴之容」，說是「必見」且「所不能免」。

可是今之《金瓶梅》中無有這些情節。

㉘「折梅逢驛使，尺素寄魚書」的情節，也無有。

㉙「患難迫切」、「顛沛流離」，在今之《金瓶梅》中雖有，也不顯著。

㉚潘金蓮、陳經濟，是死於刀下的。其他全不是。

㉛陽世的王法，陰府的鬼神，在今之《金瓶梅》中，全失去了它的公權力。

㉜「淫人妻子，妻子淫人。」吳月娘則未嘗失貞。潘金蓮、孫雪娥只是小婆，算不得「妻子」。西門慶之死，雖可說是「禍因惡積」，死後卻又脫生到財主家去了。卻出乎「循環之機」。

㉝今之《金瓶梅》，內容所寫，並不是「悲歡離合」。

㉞「合天時」與「逆天時」的「遠則子孫悠久，近則安享終年」與「禍不旋踵」，也不是今之《金瓶梅》的故事所要表現的內容。

㉟在今見的《金瓶梅》的社會中，「人之處世」，「不經凶禍，不蒙恥辱者」可眞是「有幸」者。

㊱凡認眞讀了《金瓶梅》（今見者）的人，總會感到朱明的易姓，當可在《金瓶梅》的社會中，領略個「端倪」。欣欣子說：「笑笑生作此傳者，蓋有所謂也。」仍能在這一部改寫本中見及。若得見其原著，益可蠡知欣欣子敘中情節遺失的重要與可惜。

今之研究《金瓶梅》者，率多未能視所見之《金瓶梅》，尤其是「詞話」本，視作是後人的改寫本，向全書內容及情節上的缺失，去著眼的人，在我看來，捨美國的韓南教授，其他大多數人，都不曾注意到這些。懷疑《金瓶梅》在袁中郎讀到抄本時，似乎還不是有關西門慶與潘金蓮的故事。儘管，袁中郎的弟弟小脩，已證明是潘金蓮等人的故事。而我從《金瓶梅詞話》一書的情節中蠡之，總覺得它不是原作。認爲原作不是西門慶的故事。

附記：

關於《金瓶梅》非原作的問題，筆者自步入該書研究天地，即著眼於此。本文所提，大多寫在已印行的書上。如《金瓶梅劄記》（台北巨流圖書公司）《金瓶梅原貌探索》、《金瓶梅的幽隱探照》（以上台北學生書局）《金瓶梅審探》、《金瓶梅散論》、《金瓶梅研究廿年》（以上台北商務印書館）《明代金瓶梅史料詮釋》（台北貫雅文化事業公司）。這些書，都曾一一論及此一問題。

注釋

❶ 明朝刻本的辟諱，直到天啓元年始行明令施行，是以明刻本多在天啓時代，方有辟諱字，校，刻成較。由，刻成繇。崇禎本有天啓、崇禎兩代御諱的辟刻，如檢，刻作簡。

❷ 崇禎本《金瓶梅》，如論版本欵式，有兩種，一種十行二十二字，一種十一行二十八字。

❸ 如「詞話」第三十九回中的「老爹有甚鈞語」的「鈞」字，誤刻爲「鈞」字，崇禎本也誤刻爲「鈞」字。

❹ 我一開始步入《金瓶梅》一書研究時，就發現了此一問題，寫了一篇「金瓶梅頭上的王冠」，指出這第一回的入話，是一頂王冠，戴不到西門慶頭上去。

❺ 在崇禎本，已將第十七回中的王廉刪去，只有九人，第十八回的西門慶改成「賈廉」。

❻ 苗青謀財害主案，在《百家公案》有一案「琴童爲主人申寃」即與《金瓶梅》類似。

民國以來「武俠小說研究」評議

林保淳

從一九二三年平江不肖生以《江湖奇俠傳》開始引人矚目，至近幾年大陸勃興的「武俠熱」❶，中國武俠小說發展了近七十年的時間，其間雖幾經進退消長、滄桑變幻，學界、社會的反應也紛紜淆雜，但無疑地已成爲近、現代通俗小說的主流。所謂的「主流」，是以其參與創作、出版的人力，作品產量及社會影響力概括而得的。據羅立群《中國武俠小說史》及筆者自己簡單整理的粗略統計，至少已有五百位以上的作家，投身於武俠寫作行列，並創作了近四千部的作品。如此龐大數量的產品，透過出版、流通管道，傳播於社會中的讀者，其所可能衍生的影響力，是不言而喻的。就學術界而言，武俠小說以異軍突起的姿態，迅速佔領了通俗文學，甚至文學的鰲頭地位，自不可能不引發相應的討論。本文即擬針對此一相應討論，作一客觀而公允的評議。

一、武俠小說的發展與評論概況

武俠小說基本上是以其所挾持的巨大影響力引起矚目的，因此，相關的評論，亦在武俠小說恩怨情仇或刀光劍影的昂揚樂聲中，翩翩起舞。一般而言，武俠小說的分期，大抵可分成：㈠古代俠義小說時期；㈡民初「舊派武俠」小說時期；㈢港臺「新派武俠」時期。除了古代俠義小說部分，由於文學批評體系尚未架構成型，作品流行與批評聲浪缺乏互動的具體例證外，其他兩個時期的武俠批評，均可見到明顯「隨時以宛轉」的現象。武俠小說所充滿的商業氣息及其產銷機制，不但直接導引出强烈的反面意見，就是正面的肯定觀點，亦籠罩在一股商品化的氛圍中。武俠小說的盛衰，勾繪出批評高低峰的波式；同時，這些高低峰潮內含的批評觀點，亦反過來影響了作品的內容與意識。因此，我們有必要將武俠小說與評論納入同一時空的演變圖中，窺其大要。在此，且讓我們以鳥瞰的方式，扼要地概論武俠評論的歷史發展。

㈠「武俠」的誕生

就評論的對象而言，這三個時期的武俠小說，都曾受到矚目，尤其是古代的俠義小說，在中國人慣於「振葉尋根，觀瀾索源」的影響下，占了「古代」的天時，樂於評介武俠小說的學者，固然不會忘了「愼終追遠」一番，而若干未必排斥武俠，卻礙於時議，不敢明目張膽地爲武俠張目的學者，亦往往「藉古爲遁」，轉向於古典俠義說部，因此，在衆多評論之間，占有頗重的分量。更重要的是，古代俠義小說幾經發展，到清代末年，如《七劍十三俠》等，已完全確立了「義俠」的典型，此一深仁重義的「偉大」俠客形象，實際上隱隱操控了評價者的觀點，在武俠小說評論史上產生了或正或反的鉅大影響。

俠客之所以受到歡迎，龔鵬程曾謂：「在於人們在政治社會活動乃至一切人生裡，存有公平的渴望、正義的嚮往」，「由於內在正義和公道的需求，驅迫著我們，於是，在歷史的進程中，我們覺察到那些能夠體現、能夠完成正義的偉大人格」❷。換句話說，俠客的使命，「先天上」就是世間正義的協助者與支持者，人間公道的維護者！大體上，這是近代武俠評論的一個基點，無論是持正反意見的評論者，於此皆甚少異議。此一俠客的形象，早在明末凌濛初藉俠女韋十一娘之口，就說得相當透闢，當程元玉問及髯客「報仇」之事時，韋十一娘道：

> 不然，就是報仇，也論曲直。若曲在我，也是不敢用術報得的。……仇有幾等，皆非私仇。世間有做守令官，虐使小民，貪其賄，又害其命的；世間有做上司官，張大威權，專好諂奉，反害正直的；世間有做將帥，只剝軍餉，不勤武事，敗壞封疆的；世間有做宰相的，樹置心腹，專害異己，使賢奸倒置的；世間有做試官，私通關節，賄賂徇私，黑白混淆，使不才倖幸，才士屈抑的；此皆吾術所必誅者也！至若舞文的滑吏，武斷的土豪，自有刑宰主之；忤逆之子，負心之徒，自有雷部司之，不關我事。
>
> （《初刻拍案驚奇》卷四，〈程元玉店肆代償錢，十一娘雲岡縱譚俠〉）

在此，所謂的「報仇」，實際上已脫離了個人恩怨的範疇，而與「仗義行俠」相近，不過，韋十一娘以術自負，認為世間自有法律刑斷與神明鑒照，無須他們出手，將劍鋒指向法律、神明所不及之處。俠客原與常人無異，其所仗之「義」，是否皆合「宜」，實為一大隱憂，此所以韋十一娘仍不敢過分踰越「刑宰」與「雷部」權限之故。及至清末唐芸洲的《七劍十三俠》，則更自對世間法律刑斷與神明鑒照的質疑中，强調「貪官污史」、「勢惡土豪」、「假仁假義」等「三等極惡之人」，是「王法治他不肯，幸虧有那異人、俠士、劍客之流去收拾他」的❸。俠客原爲「反體制」、「反律法」的象徵，自此搖身一變，被賦予了更大的期許，其所管的「人間不平事」，無任何範限，儼然成爲正義與公理的化身，即此正義與公理的化身，俠客乃超凡入聖，一方面在道德人格上須無懈可擊——「俠」，一方面則須具備維護正義與公理的絕對力量——「武」。這點，事實上亦是在清代俠義小說中逐步完成的。在「俠」的方面，《七俠五義》中的南北雙俠被刻意塑造成充滿機智、正義，且一絲不苟的人物；《仙俠五花劍》凜惕於「把頂天立地的大俠，弄得像是做賊、做强盜一般，插身多事，打架尋仇，無所不爲，無孽不作。倘使下愚的人看了，只怕漸漸要把一個俠字，與一個賊字，一個盜字，併在一塊，再也分不出來，實於世道人心大有關係」❹，故筆下仙俠謹守道德分際，不敢踰越；《七劍十三俠》中，海鷗子强調「武藝實是修仙之一道」，必須「鋤惡扶良，救人危急」❺才能錬成，將道教習道養生之術與武藝合論，皆有意識地凸顯俠客的道德人格。曾國藩認爲「豪俠之徒，未可深貶」，將楊繼盛、越南星、鹿善繼、孫承宗等，爲國事鞠躬盡瘁的忠臣，與豪俠特質繫聯而言，並從儒家思想出發，以爲豪俠的特質，甚至可以入於「聖人之道」❻；章太炎論「儒俠」，以爲「儒者之義，有過於殺身成仁者乎？儒者之用，有過於除國之大害，扞國之大患者乎？」並肯定俠客「當亂世則輔民，當乎世則輔法」❼，從整個俠客意識的流變來說，皆導向了「大俠」——「爲國爲民，俠之大者」❽的趨勢。至於「武」的方面，從《施公案》、《彭公案》、《七俠五義》中，衆俠客平實而可信的武技，到《仙俠五花劍》、《七劍十三俠》重新請出唐代劍俠出神入化、匪夷所思的武功，亦無非欲强調俠客無所不能的本領，加强俠客「仗義行俠」的可能性。於是，武俠小說即是有高强的武功、有道德人格的俠風的小說觀念，於焉誕生，武俠評論的基點亦已卓然成形。

(二)「武俠」的初步定位——「次級文類」

民初以來，武俠小說的滋長，誠如姜俠魂所稱，「國病民弱，爲我國近世恥辱之一」❾，一部分是在習武救國的意識覺醒下醞釀而成的，不過，大抵上還是以消閒娛樂的創作宗旨爲主體。在新文學健將强敵環伺之下，民初舊派武俠小說挾持著龐大的讀者群，脱穎而出，縱横睥睨；由於與時潮齟齬，兼之若干「酸葡萄」的心理作祟，迅速招致反彈。一方面，武俠小說以異軍突起的姿態，迅速「掠奪」了「正統作家」龐大的讀者資源，不免令他們膽戰心驚；一方面，武俠小說狂熱所帶來的社會影響，也令他們憂心忡忡。即此，他們自不能甘於沉默。

民初武俠小說評論的基調，是在一片「反傳統」的浪潮下形成的，當時新文學家所標舉的「文學革命」大纛，表面上似是針對文學而發，實際上則一種全面性的文化省思，企圖以嶄新的角度，解構舊有的文化體制，「項莊舞劍，志在沛公」之意，甚是明顯，決非僅僅在爭論單純的文學問題，而是借文學作一種社會批判與文化反思。其劍鋒所向，其實是整個舊社會制度中的「潰疣」，如綱常禮教、專制政體等「封建」思想和體制。在他們看來，文學正是衝決此一「封建」網羅的利器，於此自不得不賦予嚴肅的意義，並關懷其所可能產生的社會影響。武俠小說作者的濃厚商業色彩及消閒娛樂的創作宗旨，基本上就與其文學理念不符，自然成爲首當其衝的抨擊目標。《禮拜六》雜誌曾在報紙上刊登了一個標題醒目的廣告

——「寧可不取小老嬤，不可不看禮拜六」，將他們心目中「神聖」的文學作品與富貴閒人褻玩女性的事繫聯爲一，就引起了一陣撻伐的聲浪，聖陶謂之爲「這實在是一種侮辱，普遍的侮辱，他們侮辱自己，侮辱文學，更侮辱他人」⓾，蠢才謂爲文學事業的墮落」，詆之爲「無恥」⓫，雖非針對武俠小說而發，卻足以代表他們普遍對此一類型文學的觀點，畢竟，新文學家認爲，在當時最有意義、社會上最需要的，是「血和淚的文學」⓬！儘管如此，新文學家面對勢如潮湧的「舊派小說」，苦無反制之力，縱使將這些作家比喻成「文丐」，他們卻不以爲「文丐」爲醜詞⓭，多少亦有點無奈，畢竟，作品商品化的趨勢，只要社會上自由化的商業機制照常運作，就無法遏止。不過，就在這觀點的主導下，「武俠」被定位成了「次級文類」。

大體上，批評者對武俠人物爲人民伸雪冤仇，一掃胸中不平之氣的作用，皆有所體認，沈雁冰以爲這是「封建的小市民要求『出路』的反映」⓮，鄭振鐸亦以爲俠客來無蹤、去無影，足可爲人民「雪不平，除强暴」⓯。然而，人民胸中的「不平之氣」，究竟是緣何而來？是基於人性自然流露的對正義公理的嚮往，還是個人「不得其平則鳴」的悲憤？顯然地，他們的見解是自後者的角度切入的得來的。既是個人的不平，則勢必有一造成不平的背後强大勢力，在此，他們直接對封建「極端的壓迫暴政」⓰展開批判。如此一來，人民的「冤仇」，實際上來自龐大的封建政權，封建政權所制定的律法，亦無非是用來壓榨人民的工具，本身是否代表普遍性的正義與公理，即值得懷疑；而清代以來建立的所謂「俠客」，既奉持律法，代君巡狩，依附在清官的卵翼下，居然成爲封建律法的代言人、維護者，又豈能真正爲人民伸冤雪仇？因此，他們一方面對展昭、黃天霸等人的「助紂爲虐」大力批判，一方面又斥人民將希望寄託於「奴才式」的俠客是「幼稚的幻想」，最終則自社會影響的角度，斷然指出武俠小說是「封建的迷魂湯」，足以瓦解人民反抗的鬥志，因而是「有毒」的作品。爲了强調武俠小說的「毒性」，他們以俠客神妙莫測的武藝之「非科學」、俠客集團之造成「祕密社會之蠢動」、社會上對「求仙訪道」的盲目嚮往爲例證，坐實了武俠小說的「罪名」[17]。

此一觀點具有極大的影響力，就是當時意欲肯定武俠小說價值的作家，也須先作「消毒」的工作，從社會影響的角度，證明武俠小說是「無害」的，如葉冷論白羽的《十二金錢鏢》、《武林爭雄記》、《聯鏢記》三部作，即强調：「所以他的故事外形盡舊，而作者的態度，思想，文學技術，都是清新的。至少可說他的武俠三部作是無毒的傳奇，無害的英雄畫；而不是誨淫，誨盜，誨人練劍練拳擋槍炮。」[18]而若干武俠小說作家，如鄭逸梅，也不得不爲其作品的內容犯了「神怪」的「通病」，出面「自懺」[19]。

此一强調社會影響的浪潮，在「民族主義」的推波助瀾下，於抗戰期間獲得全面勝利的戰果，武俠小說作家紛紛改絃易轍，棄守武俠陣線，連鴛鴦蝴蝶派的健將張恨水，在談論武俠小說的價值時，也以「英雄爲走狗」，倡言將此一有毒的作品「拉雜摧燒」之[20]。抗戰結束後，中國大陸迅速赤化，武俠創作受到遏抑，此一批評觀點，也一直持續到七〇年代的末期。在這段時間，一九六〇年復旦大學中文系所編《近代中國文學史稿》中的相關評價，可謂是最具代表性的：

> 武俠小說在長期以來，一直起著極爲有害和反動的作用，它掩蓋階級矛盾的本質方

面，把階級的矛盾說成只是純粹的個人恩怨，而且麻痺人民的戰鬥和反抗意志，宣傳迷信思想、因果報應和各種封建觀念，使讀者進一步浸沉在幻想中而忘掉現實的鬥爭，引誘人們離開反抗和革命的道路。這就是爲什麼武俠小說在解放以前一直受到反動統治者或明或暗的支持的原因。它對讀者特別是青少年的道德品質各方面都起著極其有害的影響。㉑

甚至到了一九八五年，孫梨還以近時大陸武俠小說的狂熱，是一種「反常倒退，使人感到迷惑的現象」：

這種小說，重新宣揚我們民族那些封建的、不科學的、甚至愚昧的東西，重彈這些老調，迎合國內外低級趣味和好奇之心，這在晚清、民初，稍有民族自尊心的作者，也是不肯幹的，要遭到嚴正指摘的。㉒

在「反武俠」的一片撻伐聲中，我們很難看見對武俠小說公允的評議，更遑論有任何前瞻性的研究了。當然，若干微弱的聲音亦偶爾可見，如葉冷傾心於白羽，以〈白羽及其書〉一文，中肯而平允的介紹了白羽在武俠說部上的成就，清音泠泠，足爲可喜；而徐文瀅〈民國以來的章回小說〉，能自細微處著眼，將武俠小說歸納爲「劍仙式」的「神怪小說」、「技擊式」的「武俠小說」、「黑社會」式的「黨會小說」三類，分別予以評騭，爲武俠小說的類型特色，提供了一個切面，更如空谷跫音，彌足珍貴；徐國禎的〈還珠樓主論〉，强調還珠作品語言生動、想像豐富的特色，並從哲學性的角度，將武俠小說的地位提昇至較高的層次，更是大膽而精闢的論見。但是，時潮所趨，一任江河日下，基本上，武俠小說還是以其內容被定位成「次級文類」的。

「文類等級」的觀念，是自「文學類型」的概念中衍生的，文學類型的區劃，原是概括性的一種方便解說，其意義在於自類型區劃的過程中，透過對某種類型特色的掌握——如取材、表現手法、歷史成規等一整套相關的理論，更精確地體認到作品及其創作活動的性質。就理論上說，各文學類型之間僅具有相互影響、部分重疊的因素，並無所謂的「等級差異」，但是，由於時潮、政治、社會道德等種種觀念的介入，乃不可避免地含有濃厚的價值判斷，於是就出現了「文類等級」觀念，有意無意間將某種文學類型的地位褒崇或貶抑。在中國文學史中，「文類等級」的觀念一直是深入人心的，例如古文、詩詞、小說三者，就明顯有抑揚浮沉的現象，民初由於梁啓超諸人極力提倡小說的緣故，使小說在一夕之間，擺脫了傳統被目爲「小道」的束縛，躍居各種文學體材之首，但在此時，卻又在小說本身類型劃分的爭議上，再度浮現，此即「雅小說／通俗小說」的區劃，武俠小說之被定位成「次級文類」，實際上代表了通俗小說的普遍命運。

「雅俗」之分，從文學類型的角度視之，未必不可行，但是絕無高下之別；然而，此時之分雅分俗，實際上已成爲一種主觀的價值判斷。武俠小說之所以「俗」，是肇因於其內容而來的，而其內容大體以俠客行事爲主，是則「反武俠」，實際即「反俠客」。問題在於，從社會人心的需求層面而言，俠客存在的意義始終是無法否定的（即使是一種必要的「惡」），則從社會功能角度而言，武俠小說當然是應該受到肯定的，何以認爲其「有毒」？在此，就牽涉到武俠小說應該塑造何種類型的俠客問題了。這個問題所產生疑慮與矛盾，促使大陸學者在批評上採取了一個變通的方式，「俠客」終歸須反，但是對一些歷史上舊有的「游俠」、「豪俠」，則基於肯定他們「反對統治者」的立場，則格外予以優容，這在大陸學者論述古代俠義小說如《水滸傳》等書中人物時，對「叛逆型」俠客分外青睞的情況中，明顯呈現出來。在此，俠客的歷史發展似乎有點弔詭，清代俠義小說鑒於俠客之「非理性」，企圖以儒家義理加以約限，故產生了所謂的「義俠」；此時，他們所認可的俠客，反而是具有「非理性可能」的俠客，强調其叛逆性的一面，而忽略了俠所應具的道德色彩。從此，歷史人物的解釋也發生了變化，而此一變化，在武俠小說的創作上，也明顯的呈露出來，成爲作者塑造俠客的指標，梁羽生小說中「凡抗清者定爲俠客，扶持清廷者必爲走狗」模式，金庸《碧血劍》中對李自成的頌揚，在此是具有評論與創作相互影響意義的。

㈢「武俠」的重新出發

就在中國大陸迅速赤化，並採取一連串雷厲風行的禁絕措施，遏阻了武俠小說開創的生命時，許多自大陸避難至港、臺二地的文人，由於文學創作的自主性尚未完全受剝奪，作者得以傾全力創作，重拾遺慧，從模仿「南向北趙」、「南北五大家」入手，終至開創了新派武俠的機運，造就了武俠小說四十年的高峰，並於近年來反饋於大陸。此次高鋒的立足點，表面上與民初類似，基本上亦是因應娛樂休閒需求而創造的，但是由於商業化活動普遍滲入，作家的創作自由只要不觸犯政治禁忌，相對起來，又少去了社會教化的包袱，因此創作可騰挪的空間極廣，作者可隨心所欲，一方面以個人心目中所認定的俠客標準，塑造各種類型的俠客，一方面又善於因應時代的潮流，在人物性格、文體、故事情節上大展長才，各種風格的作品陸續誕生。

大體上，我們可以將皇甫南星在一九七九年發表的〈忍不住而說的幾句話〉爲斷限，將現代武俠小說的評論，分成兩個時期，而其間金庸武俠作品的解禁，是一個重要的關鍵。金庸由於個人政治立場與臺灣當局有忤，其作品之流傳，向來被改頭換面的以司馬翎的名義出版（如《鹿鼎記》即割裂成《神武門》與《小白龍》，韋小寶被改名爲任大同），除了少數專家外，一般人並不曉得箇中緣由，更無人撰文介紹討論。一九七九年，臺灣當局正式解禁金庸作品，並由政府出面延攬他參與國建會，中時、聯合兩大報紛紛搶刊其作品及相關討論，迅速形成了一股「金庸旋風」。皇甫南星的文章，正是以反對的立場，企圖「力挽狂瀾」的，以目前仍方興未艾的「金學研究」看來，此文以魯陽揮戈的姿勢，爲自民初以來的「武俠壓抑」，寫下了一個句點。

一九七九年以前相應的武俠評論，基本上仍無法完全擺脫民初以社會影響角度予以批判的觀點，甚至在某種程度上可謂武俠小說之屬於「次級文類」的觀念，已是不證自明的了。陳曉林曾針對此一「負面」的批評，歸納爲以下三種[23]：

對中國歷史上的「俠」的觀念或行爲，持根本否定的態度，從而對「武俠」一詞，深閉固拒；

對武俠小說作爲「小說」類別與形式之一的地位，持懷疑或蔑視的態度，認爲武俠小說的流行，只是旋起旋滅的反常現象，無法在中國文學史上佔有一席之地；

對武俠小說的內容特質，持先入爲主的態度，不認爲「武俠小說」有任何人文精神或現代意義之可言，只認爲武俠小說的流行，是一種集體心理上「逃避現實」的趨向，因而容易流入虛無主義，有礙於中國走向現代化的道路。

此一歸納，相當簡明扼要，同時也可以看出延續民初批判精神的影子。大多數的文人學者，一般是贊同此一觀點的，因此提及武俠小說，往往以輕蔑、鄙視的態度，一逕作「蓋棺論定」。其中最具代表性的意見，可以皇甫南星的〈忍不住而說的幾句話〉[24]一文爲例：

> 武俠小說之所以不值得過分重視和提倡，倒不是因爲它全憑虛構或不能反映現實的社會人生，而是在武俠小說中我們很少能找到偉大的理想和優美的情操足以提昇我們生命的；
>
> 古時紂用象箸而箕子爲之深憂，因爲有了象箸必配以金盃，有象箸金盃必配以玉案華筵，有了玉案華筵必配以樂舞，如此類推下去，商朝危矣。一雙象箸是侈靡的開始，而商紂果然因此而亡。武俠小說的提倡更甚於一雙象箸。因爲從此以後，大家可把讀武俠小說看作高級的事，把逃避現實當作正常：
>
> 我們社會供人排遣閒暇的東西已太多了，從連續劇到東洋漫畫都是，武俠小說充其量不過其中一種，不值得也不該提倡；……譁衆取寵，混淆視聽，更增國家處境的艱窘，於人於己，兩無裨益。

皇甫南星對武俠小說社會影響的殷憂，是歷歷可見的。不過，類此的正式的發表文章，倒不多見，相關的議論，多數是以輿論的形式存在的，並未形諸較多的具體評論文字之論戰，畢竟，既然已是「不證自明」、「先入為主」的了，自然無須再浪費筆墨，予以撻伐，總之置之不聞不問，任其自生自滅即可。因此，綜括而言，武俠小說的對立面，是一股已成氣候的普遍貶抑，相形之下，若干具體的肯定意見雖偶一可見，但在此一龐大的趨勢下，卻顯得呼聲微弱。不過，武俠小說的盛行狀況，始終未見稍挫，畢竟，自由而多樣化的作品風格、商業社會的個人心理需求、娛樂媒體之缺乏等等因素，皆有助於武俠小說迅速地攫獲了大量的讀者，就連若干表面上可能斷然否定武俠小說的文人學者，也曾是其中之一。於是，武俠小說的地位就顯得尷尬而曖昧起來，一方面，它是無法登大雅之堂的通俗作品；一方面，它又不能不讓人正視其存在的意義和價值，而此時的社會狀況較諸民初的擾攘，已大相徑庭，不可能再有強力規範的文學控制出現，因此，也就在武俠小說的尷尬與曖昧中，武俠評論展現了另一個發展的契機。

此一契機的展現，是從企圖「發掘」武俠小說的「優點」著眼的。在濃厚的武俠壓抑氛圍中，欲衝決而出，勢必須有新的視角，馮幼衡的〈武俠小說讀者心理需要〉，於一九七八年，以社會學的方式，調察訪問了武俠小說的讀者，從讀者的心理需求，印證了尋求娛樂、認同、對傳統價值的肯定、發洩情緒、逃避現實、補償心理等讀者閱讀心理的假設，並以為「現代武俠小說雖然還沒有多大的文學價值，但其對民間的影響，將來未必不能在文學史上佔一席地」，就是一次頗具意義的嘗試；羅龍治〈武俠小說與娛樂文學〉一文，則從武俠小說類型風格的特性——無論是取材、內容、筆法，皆充滿「思古之幽情」出發，肯定了武俠小說所傳佈的傳統倫理價值，並自「娛樂」的角度，宣稱「寒鴉數點，流水繞孤村的寂寞景象，也都變成了現代大衆的娛樂消遣品」，也是一種新的視角。在此，「娛樂」一詞被重新界定，超越了純粹肉體感官美感的追求，而與心靈體會結合爲一，十分具有前瞻性。可惜的是，類似的篇章不多，亦缺乏後繼者的發揮。

不過，假如將此時批評者所透露出來的俠客觀念作一番省思，卻是極富意義的。大體上，此時期的整個批評趨勢是傾向於「反武俠」的，然而此一「反武俠」卻未必是「反俠客」，事實上，清代所建立的義俠形象，在港臺等自由地區，非但未受質疑，反而在武俠作品多姿多采的刻劃下，塑造成了一種新的偶像——無論面貌、武略、文韜、智慧、道德、異性人緣，皆無懈可擊的人物，方足以當得「大俠」之稱。此類經由文學美化而成的俠客形象，往往先入爲主地影響了學者對歷史上之俠客的認知，一九六七年，旅美學者劉若愚著成《中國之俠》一書，儘管以歷史研究的態度分析游俠的「信念」，但仍無法避免這個缺失，即是一個例子。劉若愚的著作，直到一九九一年才有周清霖和唐發鐃的中譯本，不過熟習外文的學者，如唐文標、侯健等，皆曾閱讀過，應亦受到某種程度的影響。一九七六年十月，高信疆主持人間副刊，別開生面的舉辦了一次「當代武俠小說大展」，許多學者型的作家降尊紓貴，各以自己心目中的俠客爲基準，撰寫短篇武俠小說，一方面反映了這個現象，一方面也爲武俠小說的研究開啓了新機。

㈣「武俠」時代的來臨

一九七九年，金庸的作品解禁，兩大報紛紛以大篇幅介紹金庸，並刊登了著名學者如曾昭旭、孟絕子、段昌國等人的評介文章，爲武俠時代的來臨，揭開了序幕。一九八〇年九月，遠景出版社正式發行金庸十年修定後的作品《金庸作品全集》，七月，倪匡《我看金庸小說》出版，爲武俠時代掀起了高潮。此後，文人學者一改舊態，津津樂道，敢於放膽暢論武俠，雖然其間不免含有濃厚的商品化色彩，且幾乎都以金庸作品爲評介核心，但也雁聚了菁英的文人學者，爲武俠評論注入了一股清新的活力，不但金庸的作品獲得前所未有的重視，其他武俠名家，如梁羽生、古龍等，逐漸浮出檯面，成爲一時重鎮，連帶著，相關武俠的討論也一波一波展開，以下將幾次重要的討論臚列，以窺其一斑：

一九八三年，聯經出版《近代中國武俠小說名著大系》，並附多家評論。

一九八四年一月，《中國論壇》製武俠專題。

一九八四年十月，《聯合報》製《俠之美》專輯。

一九八六年四月，《幼獅月刊》製作《武俠縱橫談》專輯。

一九八六年九月，《聯合文學》製作《武俠小說專輯》。

一九八七年底，香港中文大學主辦「國際首屆武俠小說研討會」。

一九八九年一月，香港中文大學中文研究所主編《武俠小說論卷》。

一九九〇年五月，《國文天地》製作《永遠的中國俠》專題。

一九九二年四月，淡江大學中文系主辦「俠與中國文化學術研討會」。

一九九二年春，葉洪生編《臺灣十大武俠名家代表作》，並作評介。

在短短的十年間，即能有多次的集中討論，盛況可謂是空前的。大陸改革以後，接受了港、臺經驗的洗禮，通俗文學創作從復甦到熱潮暨銷歇，可謂是港、臺武小說發展的縮影。由於觀念的轉變，大量關於武俠的學術性、通俗性論著，紛紛湧現，武俠小說亦獲得前所未有的重視。儘管由於資訊的隔膜與舊有觀點的陰影未能滌除，疏漏處頗多，但一股將武俠小說作理論架構定位的趨勢，已逐漸形成。尤其可貴的是，學術單位不惜「降尊紆貴」，投入武俠討論的陣營，香港中大、臺灣淡大皆主辦了武俠學術性研討會，一九九二年和一九九三年六月，龔青松以《蜀山劍俠傳——異類修道歷程研究》，林建揚以《平江不肖生之「江湖奇俠傳」、「近代俠義英雄傳」研究》爲題，分別取得了文化中文碩士學位，一九九三年，上海、南京大學開設「港臺新派武俠小說概貌」講座，都是一個極富前瞻性的開始，至此，武俠小說研究方始稱得上是研究。

在這波武俠研究的風潮中，值得注意的是武俠小說原來具備的商品化特徵，藉著評論的展開，更獲得了印證。我們幾乎可以說，武俠研究是在一種商品化的機制下受到催生的。在商品化的催生下，金庸一時間成爲時代的寵兒，幾乎成爲了武俠小說的象徵。金庸本身是一個相當傳奇的人物，由於政治立場上的堅持，使得他在海峽兩岸的對立中，處境尷尬，兩面爲難，但自從兩岸關係「解嚴」後，此一尷尬，反而成爲縱橫捭闔於兩岸的憑藉，無形中已成爲媒體的焦點，甚具新聞價值；而他的武俠作品，又能突破兩岸政治禁忌的荆棘，流傳不歇，連帶著也成爲衆所矚目的目標。現代文學作品的商品化，藉助於新聞的性質，遠較過去爲重，金庸此一新聞價值，自然成爲其作品促銷的一個基礎。遠景出版社出版《金庸作品全集》，顯然經過充分的規劃，一方面鼓勵、邀請知名學者，於各大報間發表金庸武俠評論，以作先聲，一方面又緊鑼密鼓地籌劃出版事宜，更在短短幾天之中，邀請金庸好友倪匡，在五天內即撰成六萬字的《我看金庸小說》。由於媒體上的宣傳，再加上金庸小說潛在的魅力，遂使武俠時代成爲了「金庸的時代」，遠景出版社欲罷不能地出版了十幾本暢銷的《金學研究叢書》，正是明證。金學的商品化性質，從嚴肅的評論立場而言，是具有重大瑕疵的，因爲這些「急就章式」、充滿個人隨性主觀認定的評論，不免會混淆了武俠小說的真實面貌。事實上，金庸的武俠小說成就，不等於武俠小說的成就，過分推崇金庸，甚至類似「古今中外，空前絕後」[25]的阿諛之詞，無異即以金庸作品橫掃一切武俠小說，以金庸作品爲絕對的標準，宣告了武俠小說的死刑，同時更埋沒了其他武俠作品的價值。因爲，金學研究，充其量只說明了「武俠小說應該如何」或「可以如何」的問題，但對「武俠小說究竟是如何」的問題，卻無法顯現出來。畢竟，是武俠小說，而非金庸的武俠小說造成近一甲子以來的武俠小說盛況。

評論商品化的現象，也見之於大陸研究武俠小說的風潮中，武俠既成爲社會時髦的讀物，連帶著武俠評論也成爲奇貨可居的商品，出版社既懸購重金以求，學者因祿利之迫，肯率然販售知識的，亦所在可見，於是一部部草率成書，破綻百出的「武俠叢書」，紛然出爐，葉洪生譏之爲「盲俠」，實非無的放矢，深中其弊。

然而，武俠評論的商品化，卻也對武俠研究開啓了一條坦途，畢竟，評談武俠既是衆所關注的焦點，其間自必亦有些較嚴肅、較學術性的文字，而即使是歌功頌德式的評論，亦難免有吉光片羽之處，如珍珠之出於瓦礫，彌足寶貴。就在此一坦途上，我們可以看到武俠研究實際已有了相當大幅度的進展。

二、「武俠研究」諸面相及相關問題

從研究的角度而言，「武俠」原就是個誘人的題目，此所以儘管在對武俠小說極力批判的浪潮中，依然有許多學者熱衷於探究所謂「俠客」的面貌，從章太炎的〈儒俠〉和梁啓超的《中國之武士道》開始，馮友蘭（一九三五年，《原儒墨》）、陶希聖（一九三七年，〈西漢的客〉）、顧頡剛（一九四〇年，〈武士與文士的轉換〉）、錢穆（一九四二年，〈釋俠〉）、郭沫若（一九四三年，《十批判書》）、勞幹（一九五〇年，〈論漢代的游俠〉），到劉若愚（一九六七）、孫鐵剛（一九七三，《古代的士和俠》）、唐文標（一九七六年，〈劍俠千年已矣〉），都曾針對此一問題發表過重要的論述。不過，「武俠小說」既屬一種文學類型，被界定成「武＋俠＋小說」，自然不能僅僅討論其主要人物形象的歷史意義，而需就文學層面作更深入的考察，在此，文學的主體性是必須獲得強調的，否則，談不上是文學研究。然而，民初武俠小說自興起以來，儘管負荷著許多學者專家的批判與關注，只是，他們關注的面向，並未從文學的主體性出發，例如題材選擇的自主性、俠客文化的形成、小說實際的文學藝術成就等等，反而過多的以社會功能的角度，針對武俠小說所引發或可能引發的社會效應，提出批判或辯護。文學社會功能的相關討論，原是文學理論中極爲重要的一環，無論是持正、反兩方面理論的學理，都以不同關注的焦點，提出了頗能自圓其說的理論，自不能以此指摘學者的不是。然而，文學理論本身，最大的意義在於提出一個「可能依循的準則」，而非一種「強制性的規範」，文學創作者於此有依其意志作自主選擇的權利；過度強調其功能性的一面，姑不論所謂「功能」的詮釋，往往隨時遞變，難以劃一，例如「教化意義」與「娛樂消閒」兩種對峙的觀念，從功能角度而言，即大有討論的空間；更重要的是，其背後所支撐的觀念，一直是一種超於文學層面的「威權」，此一威權，非但決定了作者「應該寫什麼」，更規定了讀者「應該讀什麼」，即此，文學的自主性，殆將消失得無影無蹤，反成爲文學的致命傷，最終就演變成「題材決定文學藝術性」的局面。很明顯的，這種觀念忽略了在整體文學構成環節中的「讀者」要素，讀者的多面向需求遭到抹煞。質實而論，這些學者所要求於文學的，無非是在模塑出他們心目中所認可的「合格的國民」而已，問題在於，社會多元化的發展，將徹底粉碎此一觀念。只是，這種觀念挾著傳統文學觀的力量，早已形成一種「顛撲難破」的文化迫力，至今仍深入人心，難以鋤拔。一部分的學者，可能連幾部武俠小說都没看完，即敢放言高論，肆意譏彈；即仗有若干學者明知此論所隱藏的危機，同時也真正心儀某些作家與作品的丰采，也怯於冒天下之大不諱，不敢提出異議，頂多以玩票性質，針對某部作品，聊抒心聲罷了。

從一九七九年至今，情況大有改觀，武俠研究的進展相當迅速，在短短的十幾年間，就已經有數以百計的論文出現，無論是短幅、長編、專著、論集，甚至鑒賞辭典，皆琳琅滿目，斐然可觀。大體上，此時武俠小說的地位和價值，雖然未必已形成共識。但一股將武俠小說重新定位的趨勢，已然無法遏止。爲清晰眉目起見，我們可以分以下幾個層面來討論：

㈠俠客意義的釐清

在唐文標於一九七六年發表〈劍俠千年已矣〉之前，「俠客」一詞往往是籠統的曖昧的浮現在學者主觀的意識中，無論是持若何觀點的學者，皆很明顯地忽略了在長達二千年之久的「俠客存在史」中，各個時代所賦予的俠客意義是絕不可能一致的，尤其是文學作品中的俠客，基本上是一種主觀意識的投射，與歷史上的俠客未必吻合，任何人企圖以一種單一的觀念去作詮釋，皆不免顧此失彼。唐文標首先發現了這個問題，認爲：

「游俠」這些現象，在各個朝代是有不同意義的，粗略來分，也許可以分爲先秦時代，兩漢時代，晉唐時代，和宋明以後的現代。最少，也應分爲唐以前，唐以後的不同。㉖

儘管唐文標並未細論俠客在各個不同時代的不同意義究竟如何，但此一顧及時代殊異性的區分，顯然是相當睿智的，尤其，他指出了唐代——文學史上小說體裁的劃時代的重要性，暗示了「歷史之俠」與「文學之俠」的分野，是一個極具關鍵性的啓示。因爲，這對我們研究判斷古典俠義小說或探源現代武俠小說精神的根源，皆有直接的影響。韓國學者崔奉源在一九八六年出版的《中國古典短篇俠義小說研究》，正因爲忽略了各時代的殊異性，所論固然可謂卓然成家，亦難免令人遺憾。一九八七年，龔鵬程的《大俠》，以唐人小說爲主體，針對此一問題，開始有了明晰的劃分和進一步的探討，可謂相當能醒豁時人耳目。一九九二年三月，大陸學者陳平原的《千古文人俠客夢》、筆者於淡江論劍時發表的〈從游俠、少俠、劍俠到義俠—中國古代俠義觀念的演變〉及後來的〈唐代的劍俠與道教〉，皆陸續作了較爲深入的探討。當然，相關的問題還很有討論的空間，衆人所謂，亦未必就是定論，不過，俠客的形象至此已不再模糊籠統，亦足謂是一個進展。

㈡「武俠文學史」的展現

武俠小說，即使不計古典俠義說部，至今也已發展了七十多年的歷史，由於過去的壓抑與漠視，幾乎是一片尚待開發處女地，究竟其來龍去脈爲何，鮮少有人關注。一旦武俠小說時來運轉，成爲因應市場需要的「顯學」，比較具企圖心的宏觀學者，很自然地欲鉤勒出武俠小說發展的全貌。於是，「武俠文學史」及「武俠史」等類型的著作，紛然呈現。一九八八年，王海林的《中國武俠小說史略》首度發難，從小說史發展的角度，大筆鉤繪了中國武俠小說發展的「五次浪潮」——晚唐、宋元、晚清、港臺時期、大陸八〇年代，探討其興起原因及成就，並針對其間重要的作品加以介紹評述，雖名爲「史略」，卻是一部具拓荒性質的著作。其後，一九九〇年，羅立群的《中國武俠小說史》，繼踵而起，以將近三十萬字的篇幅，作了更詳盡的歷史展示；一九九一年，劉蔭柏的《中國武俠小說史·古代部分》，則專攻古典俠義說部；一九九二年，陳山的《中國武俠史》、一九九四年，曹正文的《中國俠文化史》，相繼出版，則不僅論述文學史發展，更廣泛地觸及了武俠相關的文化、歷史背景，皆各有所長。大致上，這些小說史類型的著作，對古代俠義小說和民初時期的武俠作品論述較爲翔實，見解亦周致，但是由於資料上的闕失，一觸及港臺武俠小說的部分，就舛誤百出，尤其是王、羅二位，受譏爲「盲俠」，實難以致辯。

學者熱衷於武俠文學史的建構，宣示出「武俠時代」的來臨，就從這一點上看，已具有非凡的意義。基本上，文學史的建構，是經由串聯各時代個別作家的點，形成主線，再由同時代作家的點，鋪陳爲面，最後則以縱觀的方式，爲其歷史發展作定位而形成的。在此，各別作家的點，無疑是最基礎的。然而，如何選擇點，卻視建構者的文學發展史觀、對作家的具體掌握之不同，而各異其趣。上述這些小說史類型的著作，「點到爲止」的性格濃厚，但在其他方面，皆騰挪著相當大的空間，可供學者繼續努力。更嚴格一點來說，或許連「點到爲止」的工作，都必須再加强，畢竟，專家、專著的研究，也尚在拓荒。

㈢「專家/專著」的研究

相對於過去武俠評論的對象，往往皆是「泛論武俠小說」的性質而言，此時對單一作家或作品的關注，明顯是一大進步。金庸的解禁，幾乎造成了「武俠時代＝金庸時代」的特色，在商品化機制的催生下，一九八〇年，倪匡《我看金庸小說》出版，其後八一年到八四年，從《再看》到《五看》，共出了五本專門討論金庸作品的小說，推動了金學研究的熱潮。此後，大量的金庸研究專書，紛紛出爐，港台方面，有楊興安《漫談金庸筆下世界》及《續談金庸筆下世界》、三毛等《諸子百家看金庸》一至五集、溫瑞安《析雪山飛狐與鴛鴦刀》及《天龍八部欣賞舉隅》、蘇墱基《金庸的武俠世界》、陳沛然《情之探索與神雕俠侶》、潘國森《話說金庸》、薛興國《通宵達旦讀金庸》、舒國治《讀金庸偶得》、丁華《淺談金庸小說》等，將近二十種；大陸方面，僅陳墨一人，即有《金庸小說賞析》、《金庸小說之謎》、《金庸的武學奧秘》、《金庸小說的愛情世界》四書，其他則曹正文《金庸筆下的一百零八將》、董焱《金庸小說人論》，亦陸續出版。在整個武俠小說史中，金庸已儼然成爲一種「典型」，至今，「金學」也還是一種「顯學」。

大體上，金庸的評論者，皆屬「金學」的愛好者或擁護者，從金庸自身的經歷、金庸的武俠作品，到作品中的人物、愛情觀、歷史意識，無一不是令人津津樂道的關注焦點。不過，這些評論所表現的方式，大多是以「讀者欣賞」的角度出發的，主觀的情緒充斥於字裡行間，較乏嚴肅的研究態度，同時，歌功頌德的意味過濃，是否即能當作金庸的「蓋棺論定」，尚待考驗。

無論從作品的成就或受享的盛譽而言，金庸都是一個異數，除金庸而外，其他作家所獲得的關注，明顯相形見絀，梁羽生在創作的聲譽，僅次於金庸，但所謂的「梁學研究」，儘管有人炒作，一直無法形成氣候，一九八〇年，韋青已編有《梁羽生及其武俠小說》一書，但目前所知的專著除佟碩之（羅孚）的《金庸梁羽生合論》、潘亞暾及汪義生合著的《金庸梁羽生通俗小說賞析》外，尚有待發掘。號稱「武林怪傑」的古龍，際遇亦差不多，曹正文《武俠世界的怪才—古龍小說藝術談》，是第一部研究專著，陳曉林〈奇與正：試論金庸與古龍的武俠世界〉及周益忠〈拆碎俠骨柔情—談古龍武俠小說中的俠者〉則是較具獨到眼光的單篇論文。此外，陳雨歌主編的《劍挑溫瑞安》，則以溫瑞安爲評論對象。除此四家外，其他的作家皆明顯未受到重視。

在諸多評論武俠作品的名家中，香港的倪匡和大陸的陳墨，著作最多，但總體而言，真正能展現武俠評論功力的，恐怕還需首推葉洪生。葉洪生早年以〈武俠何處去〉（一九七三）開始表現出他對武俠小說的關懷，二十年來，陸續發表了三十篇以上關於武俠小說的評論文字，除了具體呈現他對武俠小說深刻的認識外，涉及內容甚廣，包括了武俠小說的定位、武俠小說發展史、名家名著剖析、主題與情節之分析、當代評論之評論等，更實際負責規劃了

《近代中國武俠小說名著大系》、《臺灣武俠小說十大家》等叢書的出版，成果斐然，有目共睹。尤其是在「專家/專著」的研究中，成果最爲輝煌。一九八二年，《蜀山劍俠評傳》出版，可謂是繼徐國禎《還珠樓主編》之後的唯一一部討論還珠專著。最重要的是，他不名一家，舉凡在中國武俠小說史上具有「點」的作用的作家、作品，皆曾投注過研究的心力，一九八二年的〈驚神泣鬼話蜀山〉、〈悲劇俠情之祖—王度盧〉、〈俠義英雄震江湖〉、〈倒灑金錢論白羽〉諸作，對民初武俠小說既已有所論列；一九九四年，於《武俠小說談藝錄·葉洪生論劍》中，除了民初作家外，更對其他從來乏人問津的作家，如司馬翎、古龍、臥龍生、慕容美、上官鼎、高庸等，一一作了介紹。無論其所論述的內容是否能夠自成一說，至少，在爲武俠小說史上建立「據點」上，是初步做到了。

在諸多評論當中，我們尚可窺見一個可喜的現象，那就是學者專家的探討雖以個人的主觀意識爲主，但在方法及討論的主題上，卻是繽紛多姿的，敘事學觀點、哲學性思維、歷史文化角度、文學史角度、社會學探討、心理學探討等，似乎無不可援引，一九八七年，遠流出版的《絕品》一書，號稱「十一位名家提出十二種金庸讀法」，選擇了舒國治、陳沛然、曾昭旭、陳曉林等十二篇文章，即非常具有代表性。假如將能將研究範圍拓展至其他武俠作家，武俠研究相信能夠有更大的進展。

㈣ 類型研究

武俠小說是從小說此一文學體裁下區分出來的一種類型，與武俠並列的，可以是言情、偵探、歷史、神怪、諷刺等等，分類的方式儘管可以不同，但無疑具有某種程度的差異性質可以掌握。武俠小說既是一種類型，則其類型特徵爲何？具有何種特殊的表現方式？在整個武俠小說的評論中，這個理論建構上的問題，一直缺乏探討。一九八六年，筆者在〈從通俗的角度談武俠小說〉㉗中，企圖自「正統（雅）/通俗」的對立中，爲武俠小說作定位，基本上認爲武俠小說作爲一種通俗的文學，應有其自身的一個評價標準，未必可以純粹自正統文學（甚至純文學性）的角度，予以評議，但所論尚淺，不足稱道。近年來，通俗文學研究逐漸興起，一九九一年，張贛生的《民國通俗小說論稿》、一九九二年，周啓志主編的《中國通俗小說理論綱要》及陳必祥主編的《通俗文學概論》、一九九三年，陳大康的《通俗小說的正史軌跡》，皆致力於通俗小說理論的研究，張贛生、陳必祥二書，皆直接針對武俠小說作了論述。大體上，他們之所以重視通俗文學，是爲了强調通俗文學中所呈露的中國文學的特性，而此一特性，絕非以西方傳統爲標準的現代文學能涵括的，武俠小說在這一方面的成就，確實成了最佳的證明。儘管通俗文學的研究才剛剛開始，現論建樹猶待加强，但對武俠小說的研究而言，無異也提供了一條頗足以深思的徑路。

關於武俠小說特性的探討，情節的「模式化」，如一九八九年，丁永强在〈新派武俠小說的敘事模式〉中，所指出的十五種「核心場面」：1.仇殺；2.流亡；3.拜師；4.練武；5.復出；6.豔遇；7.遇挫；8.再次拜師；9.情變；10.受傷；11.療傷；12.得寶；13.掃清幫凶；14.大功告成；15.歸隱，一直是武俠小說備受指摘的隱痛——蹈習故常，千篇一律。然而，此一「模式」出現的意義爲何？讀者何以能夠接受此一反覆無奇的模式？歷年來殊乏學者注意。一九九〇年，陳平原發表了〈類型等級與武俠小說〉一文，一九九二年，出版《千古文人俠客夢—武俠小說類型研究》，一九九三年，又在《小說史：理論與實踐》中，比較深入的探討了武俠小說類型特色的問題，借仗劍行俠、快意恩仇、笑傲江湖及浪跡天涯等四個現代武俠小說反覆出現的「基本敘事語法」，「著力於開掘每一種基本敘事語法蘊含的文化及文學意義，也就是說，兼及武俠小說的『內容』及『形式』層面，注重各種基本敘事形式（結構意識、表現手法等）在演進過程中的變形」㉘，初步取得了相當重要的成果。

武俠小說，畢竟是武俠小說，與其他小說不同，然而，武俠小說如何得以成爲武俠小說？相信類型的研究是足以說出一個究竟的。

三、期待一個「武俠研究」的時代

文學或歷史研究，最重要的就是原始資料，武俠小說在長期遭受忽視之下，已有逐漸湮滅的危機，而且大多數的作者，寖將凋謝，如不及時加以整理，恐怕在五年、十年之內，縱欲研究，也將面臨文獻不足的困境，而使武俠小說從此只成爲歷史上令人懷想、遺憾的煙雲。武俠研究目前尚可以拓展的方向仍然很多，例如東南亞華人地區、韓國等地，無論是翻譯或原文刊載的武俠小說，皆曾造成當地相當大的影響，廖建裕〈金庸的武俠小說在印尼〉、李致洙〈中國武俠小說在韓國的翻譯介紹與影響〉二文，皆討論過，是一個跨國界研究的極好主題，值得提倡。不過，筆者認爲，武俠研究的當務之急，還是在建立一個完善的資料庋藏中心，廣泛蒐羅武俠小說的相關資料，作爲研究的基礎。工欲善其事，必先利其器的道理，在目前武俠小說研究中，往往受到忽略。至目前爲止，我們還不知道究竟這七十多年來，武俠小說究竟投入了多少的作家、創生了多少作品，甚至連作者爲誰，都不甚了了，於

「論世知人」，不免是一大遺憾。近年來，大陸出版了若干鑒賞辭典，如寧中一編的《中國武俠小說鑒賞辭典》、胡文彬等編的《中國武俠小說辭典》、劉新風等編的《中國現代武俠小說鑒賞辭典》、溫子健編的《武俠小說鑒賞大典》、宣森鍾編的《中國武俠小說鑒賞》，在介紹、保留武俠小說方面，固然卓有貢獻，但是錯誤舛訛處，亦所在可見。基於此，收藏、整理武俠小說的工作，應是刻不容緩的。

在這方面，筆者建議從「文」（收藏、整理小說）與「獻」（採訪作家）雙方面同時進行，在「文」的方面，由於出版上的種種問題，除庋藏、登錄現有的武俠小說之外，爲作家「正名」，是相當重要的工作，在此，報刊雜誌及武俠專刊所連載的武俠小說書目，是一個刊別正僞良好途徑；在「獻」的方面，由於老成凋謝，更須及時而行，否則三、五年之後，恐怕更將戛戛其難了。筆者曾經作了一個粗略的〈近代武俠小說書目〉、〈臺灣報刊雜誌刊載武俠小說書目〉，並作了若干作家的訪問記錄，甚願提供出來，期待一個真正的武俠小說研究時代的來臨。

注　釋

❶ 參見王春桂〈八十年代大陸通俗文學興盛之鋒將—武俠小說熱〉，《俠與中國文化》，頁五七——七六，淡江中文系編，學生書局，一九九三年四月。

❷ 見《大俠》，頁四〇，錦冠出版社，一九八七年十月。

❸ 見《七劍十三俠》，第一回〈徐公子輕財好客，蔡道人重義傳徒〉。

❹ 見《仙俠五花劍》，第一回〈太元境群仙高會，軟紅塵武俠尋徒〉。

❺ 見《七劍十三俠》，第二回〈海鷗子臨別顯才能，鶴揚樓英雄初出手〉。

❻ 見《曾文正公雜著·勸學篇示直隸士子》。

❼ 見《檢論》，卷三，〈儒俠〉。

❽ 郭靖之語，見於金庸《神雕俠侶》。

❾ 見姜容樵《武俠奇人傳》第一回末，古董俠魂評語。

❿ 見《侮辱人們的人》，《文學旬刊》第五號，一九二一年六月二〇日。轉引自《鴛鴦蝴蝶派文學資料》，頁二七九，芮和師等編，福建人民出版社，一九八四年出版。

⓫ 見《文學事業的墮落》，《文學旬刊》第四號，一九二一年六月十日。轉引自《鴛鴦蝴蝶派文學資料》，頁七二七，芮和師等編，福建人民出版社，一九八四年出版。

⓬ 見西諦〈血和淚的文學〉，《文學旬刊》第六號，一九二一年六月三〇日。轉引自《鴛鴦蝴蝶派文學資料》，頁七三三，芮和師等編，福建人民出版社，一九八四年出師。

⓭ 一九二二年十月二十一日的《晶報》，刊有署名文丐的〈文丐的話〉一文，開首便稱：「我姓文，名丐，號討飯。」為當時鴛蝴派作家的商品化作辯解。轉引自《鴛鴦蝴蝶派文學資料》，頁一七六—九，芮和師等編，福建人民出版社，一九八四年出版。

⑭ 見〈封建的小市民文藝〉，《東方雜誌》第三〇卷三號，一九三三年二月。轉引自《鴛鴦蝴蝶派文學資料》，頁八四三，芮和師等編，福建人民出版社，一九八四年出版。

⑮ 見〈論武俠小說〉，《海燕》，一九三二年七月，新中國書店出版。轉引自《鴛鴦蝴蝶派文學資料》，頁八三八，芮和師等編，福建人民出版社，一九八四年出版。

⑯ 仝上注。

⑰ 相關文獻除前文所引外，請參看張恨水：〈武俠小說在下層社會〉，《周報》，一九四五年二月期，鄭逸梅：〈武俠小說的通病〉，《小品大觀》，校經山房出版，一九二五年八月，瞿秋白：〈吉訶德的時代〉，《北斗》，一卷二期，一九三一年十月。皆收錄於前揭《鴛鴦蝴蝶派文學資料》一書中。

⑱ 見葉冷〈白羽及其書〉，《話柄》，天津正華學校出版，一九三九年十二月。轉引自《鴛鴦蝴蝶派文學資料》，頁三二〇，芮和師等編，福建人民出版社，一九八四年出版。

⑲ 見〈武俠小說的通病〉，《小品大觀》，校經山房出版，一九二五年八月。轉引自《鴛鴦蝴蝶派文學資料》，頁一三五—六，芮和師等編，福建人民出版社，一九八四年出版。

⑳ 見張恨水〈論武俠小說〉，《周報》第二期，一九四五年十一月。轉引自《鴛鴦蝴蝶派文學資料》，頁一三七—八，芮和師等編，福建人民出版社，一九八四年出版。

㉑ 見魏紹昌編《鴛鴦蝴蝶派研究資料》，頁一五九，上海文藝出版社，一九八四年七月。

㉒ 見〈小說與武俠〉，《羊城晚報》，一九八五年六月二十二日。

㉓ 見陳曉林〈民俗文學的源流與武俠小說的定位—兼介葉批「近代中國武俠小說名著大系」〉，《蜀山劍俠傳》卷首，頁二，聯經出版社，一九八三年。

㉔ 見《書評書目》第八〇期，一九七九年十二月。引文原不連貫。

㉕ 見倪匡《我看金庸小說·自序》，遠景出版社，一九八〇年七月。

㉖ 見〈劍俠千年已矣〉，《中華文化復興月刊》第九卷第五期，頁四四，一九七六年五月。

㉗見《文訊》第二十六期，一九八六年十月。
㉘見《千古文人俠客夢》，頁一九七，人民文學出版社，一九九二年三月。

中國「悲劇理論研究」之回顧與前瞻

羅麗容

一、引言

悲劇，是美學的重要範疇。有人將它形容為「崇高的詩」、「藝術之桂冠」，具有冷峻又壯麗的美。而悲劇作品在不同的民族、不同的國家各自產生，由於歷史條件、民族性格、地理環境等因素各異，所以在思想傾向、人物性格、情節結構各方面，各自表現出不同之藝術特徵，是十分自然的事。

就西方而言，悲劇藝術起源於古代希臘，而古希臘之悲劇學說則產生於亞里斯多德❶。「詩學」一書是他最重要的美學著作，在總結了古代希臘悲劇藝術的同時，也為悲劇下了第一個卓越的定義：

「悲劇是對於一個嚴肅、完整、有一定長度的行動的摹仿；它的媒介是語言，具有各種悅耳之音，分別在劇的各部份使用；摹倣方式是借人物的動作表達，而不是採用敍述法，借引起憐憫與恐懼來使這種情感得到淨。」❷這是西方美學史上第一個完整的定義，同時也創立了一套縝密而影響深遠的悲劇理論，迄今世人一致公認「詩學」是歐洲美學史上最重要的文藝理論文獻，亦爲後代哲人、美學家研究悲劇的母胎。

在中國豐富而多采的古典戲曲中，不乏有扣人心弦、動人肺腑之劇目，但由於中國傳統戲曲一般只分做院本、戲文、雜劇、傳奇等項，很少對戲曲用美學形態來分類，如悲劇、喜劇，因此戲曲理論自然也不會出現如「悲劇」、「喜劇」的字眼。但是「悲劇」在西方的研究，從亞里斯多德以來，直到二十世紀末期的今天，研究熱潮從未間斷過，而且可預知將來的研究報告還會更多，既然這是一個世界性的潮流，而我們的戲曲又不可能閉門造車，在多方面的吸收、比較之後，做一個自省式的反思，才能讓我國戲曲擁有與世界戲劇競爭、比較的條件。

適逢此次古典文學會議的主題是「小說與戲曲的回顧與前瞻」，所以筆者就以「中國悲劇理論研究之回顧與前瞻」爲題，來探討中國曲論家對悲劇理論的研究之起源，及後來的演變。

在衆多研究中國悲劇理論的資料中，大陸方面的研究數量遠比台灣來得龐大且深入，本論文在探討大陸方面的研究方向時，主要以「田本相中國現代比較戲劇史」、「焦文彬中國古典悲劇論」、「鄭傳寅中國戲曲文化概論」、「程孟輝西方悲劇學說史」爲主線，其他較短的期刊論文爲輔助，試圖從這些資料中找出一些蛛絲馬跡的線索，貫穿出研究悲劇理論者的成果。行文之中，若有某部份因疏忽而未註明出處者，皆在引言部份先做說明，且本論文之重點是在探討「中國悲劇理論研究之線索」，並不打算替中國悲劇下任何定義。

民初王國維將西方戲劇分類之觀念引用到中國，指出：「明以後，傳奇無非喜劇；而元則有悲劇在其中。」又云：「竇娥冤、趙氏孤兒，即列之於世界大悲劇中，亦無愧色。」❸。這是中國曲論家第一次認定「如果將戲劇依照某種文類方式來分析，中國也可以有悲劇與喜劇」，然後依照中國悲劇、喜劇的作品形態來探討出屬於中國的悲劇理論。當然這種理論的形成絕非一朝一夕，一蹴可幾的，王國維以後的悲劇理論之發展，依據田本相中國現代比較戲劇史，可尋出一些蛛絲馬跡，本文將它歸納後分爲：五四時期、三十年代、四十年代、四十年代以後受馬克斯主義影響下的悲劇理論。

五四時期，胡適之、傅斯年等新文學運動之倡導者，運用西方之悲劇理論來反思中國傳統文學，更明確指出：「中國文學最缺乏的是悲劇觀念。」❹，故常用西方戲劇來反對中國傳統舊劇。這些觀點田本相認爲具強烈之批判意識，而缺少冷靜的理論分析，本文不再討論。

三十年代，出現了許多戲劇理論家，如熊佛西、馬彥祥、章泯等人，對戲劇的本質與分類有了較具系統之研究，採用西方戲劇理論探討中國戲劇之本質，他們對悲劇的看法基本上大多都是引述亞里斯多德的觀點，比起五四時期進步深入許多。

四十年代的悲劇理論大部份表現在歷史劇中，此時正逢抗戰期，史劇家要使群衆在黑暗中看見光明，提高必勝的信心與勇氣，在描寫歷史題材時，雖然沒有刻意去追究悲劇效果，但是這些題材所包含的悲劇因素、嚴酷的現實，在在令人動容。所以他們在選擇題材、提煉

主題、塑造人物形象各方面皆顯現出歷史性與悲劇性相統一的藝術風格。以郭沫若、歐陽予倩等人爲代表。❺

四十年代以後，專門用西方悲劇理論來衡量中國古典悲劇的情況，已經有所改變，有一批專攻中國文學的學者，如王季思、焦文彬等人認爲中國戲劇之發展當有自己獨特的道路，形成自己獨特的風格，不能只用西方悲劇理論來評斷自己的作品，於是一連串評論古典劇本、總結古典戲劇之成就、探討古典戲劇藝術特徵之論文著作也就因此產生了。但是馬克斯主義風行中國大陸之後，這些學者受到影響，大都利用馬克斯主義的歷史科學和文藝理論爲最高指導原則，從歷史唯物主義的觀點，來衡量古今中外一切的悲劇作品，不免形成剛從一個坑爬出來，又掉入另外一個洞裡的尷尬場面。

以下將悲劇曲論的研究成果分爲「三十年代、四十年代、及四十年代以後、以及台灣學者對悲劇理論之探討」四部份，來做分析說明。

二、三十年代的悲劇理論

三十年代的戲劇理論家基本上都引述亞里斯多德的觀點，其中最具代表性的是熊佛西、馬彥祥、章泯等三人。

田本相認爲熊佛西是從動作的模仿、修飾過的文字、悲憫恐懼之情感、悲劇人物的性格、悲劇的結構、結局來分析悲劇。他在「悲劇」一書爲悲劇下一定義：

「悲劇是一種嚴重而有起有落，且具幾何度量的動作的模仿，其文字以各種藝術的裝飾品裝飾之，其各部分含有若干種類，其體爲實演而非敍述；其用在藉悲憫恐懼之情得到適當的宣泄。」

其中「悲劇是一種嚴重而有起有落，且具幾何度量的動作的模仿」也就是亞里斯多德悲劇定義中的「悲劇是對于一個嚴肅、完整、有一定長度的行動的摹仿。」；而「其文字以各種藝術的裝飾品裝飾之，其各部份含有若干種類。」即亞里斯多德的「它的媒介是語言，具有各種悅耳之音，分別在劇的各部份使用」；而「其體爲實演而非敍述」即亞里斯多德「摹倣方式是藉人物的動作表達，而不是採用敍述法。」；而「其用在藉悲憫恐懼之情得到適當的宣泄。」即亞里斯多德的「借引起憐憫與恐懼來使這種情感得到淨化。」

從這些比較可看出熊氏對亞里斯多德悲劇說的步步追隨，而熊氏又因悲劇切合社會現狀的需求，而更進一步提倡悲劇的藝術，企圖使悲劇中國化，他說：

「悲劇是詩類中最嚴重、最高尚的一種，照亞里斯多德的論調，其目的在使人類恐懼與悲憫之情感得到適當的宣泄，以啓發人類的同情心與敬畏心。看了『莎士比亞』的『哈姆雷特』，我們不知不覺與他表同情了，不知不覺對他發生一種敬畏。看了『易卜生』的『群鬼』，不由我們不與阿耳芬母子表同情。看了岳飛因精忠報國而被奸臣陷害，更不能不由悲憫而生出一種敬畏之心！瞧瞧現在的世界！同情心在哪裡？…看看現在的中國，同情心在哪裡？敬畏之感又在哪裡？是不是全國充滿了冷氣、陰氣、霉氣、一言以蔽之，烏煙瘴氣！假如我們希望一線曙光……一點同情之淚……在中國發現，那麼我們就應該急起直追，趕快起來提倡悲劇的藝術！」❻

這是就悲劇的實用觀點來說的。文中將精忠記中「岳飛」與莎士比亞的「哈姆雷特」、易卜生的「群鬼」相提並論，大大的提高了我國悲劇的層次與地位。

田本相認爲馬彥祥從悲劇的結局、作用、要素、效果等方面闡發亞里斯多德的理論，他說：

「悲劇是藉著憐憫與恐怖淨化人類的感情的。」「悲劇的意義，便是描寫一個在性格上是偉大的人物，他爲了解決命運而奮鬥，而掙扎，本可以不失敗的，不幸他竟是失敗了，便引起了觀衆的同情。覺得這樣一個人物，實在不該獲得這樣不圓滿的結果的。悲劇所表現的都是人類在人生中奮鬥了失敗的事。」❼

在亞里斯多德的悲劇理論中，悲劇六大要素❽，人物「性格」的地位僅次於情節。他說：「不是性格決定行爲，而是行爲決定了性格。」故悲劇作家在描繪性格時須注意：

(一)主角的性格必須善良，是好人。此善良的性格須在某種抉擇表現出來，因爲人物抉擇能體現出性格。如果某人抉擇是善，即表示他是善良的，否則即是不善或惡的。

(二)性格必須合於人物的身份特點，即男人像男人，女人像女人，奴隸像奴隸，貴族像貴族。主要的是要在這種適合中，表現一種「和諧」。

（三）人物性格必須首尾一致。如此更具說服力及一貫性，而有利於悲劇人物形象之確立。

這三點即是馬彥祥認定悲劇人物的條件，大致上沒有超出亞里斯多德的範圍。亞里斯多德詩學說：

> 「還有一種介於兩者之間的人，他並沒有優越的德行或公正，他的不幸不是因爲他的邪德敗行，而是由於某種錯誤的判斷，這種人享有極高的名望與榮幸，如伊底帕斯、塞埃斯提茲，或是出身於同樣顯赫家族的人。…主角命運的改變不應由不幸到幸福，而應從幸福到不幸。不幸的原因不是主角的墮落，而是他本身的重大差錯。他若不是如上所述之人（與吾人相同），即是較吾人爲優，而非較吾人爲劣。」❾

此外馬彥祥又說「本可以不失敗，不幸他竟是失敗了」，也就是亞里斯多德的「過失說」，一方面强調「厄運」與「過失」之關係，一方面又强調主角並非做惡多端的人，卻「不應遭殃而遭殃」，所以才會「引起觀衆的同情」，也是亞里斯多德所謂「激起恐懼和憐憫之情」。

而田本相認爲馬彥祥又從悲劇的歷史中看出：「人類失敗有三個對象」❿

（一）人類與命運奮鬥而失敗。以希臘悲劇爲代表。

（二）人類與自己性格上的缺陷奮鬥而失敗的。直到莎士比亞出現，此類悲劇才得以完成。

（三）人類與環境奮鬥而失敗的。易卜生的悲劇大多屬於此類。

這三點應當是跳出了亞里斯多德的範圍，青出於藍的寶貴心得。

田本相將章泯認爲是三十年代中論悲劇的佼佼者，他大量參考國外戲劇理論之著作，從悲劇的起源、目的、情緒思想、統一性、布局、人物、題材、主題、方法等方面，做一深入而有系統之探討，再研究亞里斯多德與席勒的悲劇論⑪，他說：

「在亞里斯多德看來，悲劇不是別的，只是一種有價值的、顯赫的、完整的、並有一定度量的動作之摹仿，它所用的言語是悅耳的，它還分別應用若干種類摹仿于它的各部份中；它是由人的演作，而不是由敍述方法來完成的，最後它還是通過恐怖和憐憫，來使觀衆的恐怖和憐憫的情感得到適當的宣洩。」⑫

這段話等於把亞里斯多德悲劇的定義，用另外一種方式重新詮釋一遍。他還深入研究了德國古典美學家席勒的悲劇學說，他說：

「席勒把悲劇解釋成這樣：悲劇是一種動作的模仿，那動作還要是完全，這完全的動作是顯現在一些相互聯貫著的特別事件中；這存在一些相互聯貫的事件中的完全的動作，不是在歷史的意味上，而是在詩的－藝術的－意味上表現出的，這種詩的（藝術的）表現（摹仿），就使我們看見人類遭受痛苦，而引起了憐憫與同情。」⑬

這段話完全表示出席勒受到亞里斯多德的影響之深。

這三位劇論家都不約而同的提到悲劇的「憐憫與恐懼」的問題，而沒有做深入之解釋，而亞里斯多德的「詩學」對此亦無進一步之解釋，但是在亞里斯多德「修辭學」卷二，對此曾有詳細論述，值得我們注意：

「我們憐憫的對象是我們認識的人，但他們也不是與我們關係太密切，因爲如果是這樣，我們就會感到切身關係，覺得大難落到自己頭上。所以，據說阿瑪西斯在兒子臨刑時不哭泣，看見朋友行乞時則下淚。因爲後者起憐憫，後者卻引起切身的恐怖，恐怖和憐憫不同，恐怖會排斥憐憫，往往產生相反的感情。但恐怖若是接近而不是切身，則能引起憐憫。……既然近在眼前的苦難總是可憐的，而過去或未來的苦難千年前或千年後的，或則完全不能引起憐憫，或則只能引起一點點憐憫，……如果有人憑藉姿勢、聲音、服裝以及一般的戲劇動作產生可憐的印象，他們更能令人憐憫，因爲他們使人覺得災難在近前，……當他們面對死亡，臨危而不懼，尤其令人憐憫。……一則因爲受難者似乎不應受此厄運，再則因爲他們的災難是在我們眼前。」

此段詮釋將恐懼與憐憫之間的關係發揮無遺。恐怖與憐憫之對象不能太親近，太親近則恐怖排斥憐憫；也不能太遙遠，遙遠則不能引起恐懼，也無法引發憐憫，這種悲劇主角與觀衆之間恰到好處的距離，或許就是後代美學家如立普司等所提倡的「心理距離」、「美感距離」等觀念之淵源，也是三十年代劇論家較少提到的觀點。

總之，三十年代的戲劇理論家，對悲劇的看法，明顯的可看出受到亞里斯多德的影響，將西方戲劇理論，同中國社會需要以及戲劇實踐之要求，結合起來，使三十年代的戲劇理論建設較五四時期更前進、更深入，爲中國的戲劇理論奠下了良好的基石。

三、四十年代的悲劇理論

在西方古典悲劇中，悲劇藝術幾乎是與歷史題材共生的。從希臘三大悲劇家之一的「埃斯奇勒斯」⑭到德國的「歌德」⑮、「席勒」⑯，悲劇家取材自歷史，喜劇家取材於現實，似乎是約定俗成的。這種觀念的產生，除了與希臘悲劇大部份取材自史詩有關之外，歷史題材本身具有美感特質，也是重要的因素。李澤厚「關于崇高與滑稽」一文⑰云：

「現實中的悲劇只能使人採取特定的倫理態度，不能成爲審美對象，只有當現實肯定實踐後，這一轉化才有可能，對象所引起的才不是悲傷而是愉悅。」

這說明了只有在將歷史中的歷史故事，提煉出「哲理性」之後，悲劇的產生才有可能，而在提煉過程中，悲劇作家可以自由塑造人物性格、衝突與轉折。

四十年代，抗日戰爭爆發後，中國歷史話劇的創作到達高潮，也只有在這些作品中方才可以探討出這個年代的悲劇理論。戰爭中爲了發揚民族的優良傳統、激起人民的民族自尊、堅定必勝信念，劇作家開始從歷史事件中找尋題材，讓創作能「發揮更大的力量，作民族的怒吼」⑱，郭沫若在「談歷史劇」一文云：

> 「歷史劇占據很重要的地位…在上海是因爲那時候正在敵僞的統治下，最好反映黑暗的現實的是歷史劇，大後方呢？也爲了要避免檢查等等原因，所以多歷史劇。」[19]

除了國內自身因素外，田本相認爲四十年代的歷史劇的悲劇觀念還受到外來的影響。由於德國歌德、席勒的作品在中國的翻譯、介紹漸趨深廣，以郭沫若爲首的四十年代劇作家皆受其影響。

首先是由於歌德、席勒二人所處的時代與四十年代的中國相似，都是從封建社會蛻變到現代社會的轉折期。此時德國政治動蕩，戰爭不斷，人民極爲悲苦，歌德爲了提高民族精神、鼓舞人民的鬥志，乃以德國十六世紀諸侯割據時候，一個沒落的騎士-葛茲的一生爲題材，寫成了「葛茲·馮·柏利欣根」。程孟輝「西方悲劇學說史」提到在劇作中，歌德將葛茲塑造成一個堅强、勇敢、精明、和善、重友誼、與士兵同甘共苦的英雄，是「王侯的眼中釘、被壓迫者心目中所歸依的好漢」，也是叛逆農民大衆的領袖，後來從容就義而亡，臨死前高呼：「自由！自由！」顯然歌德是將「狂飆運動」期反封建、反教會的思想，和啓蒙主義的人道主義精神，賦予葛茲身上了。歌德說：

> 「我寫『葛茲·馮·伯利欣根』時才是個二十二歲的青年，十年之後，我對我描繪眞實還感到驚訝。我顯然沒有見過或經歷過這部劇本的人物情節，所以我是通過這一種預感，才認識到劇中豐富多采的人物情境的。」[20]

這所謂「預感」一方面需深入研究歷史，一方面須發揮「詩的模仿」重新加以創造的。之後歌德又描寫尼德蘭民族英雄，爲爭取民族自由與侵略者鬥爭之愛格蒙特，同樣慷慨激昂、振奮人心。

而席勒對歷史劇則有獨到的看法，他說：「悲劇是對於值得憐憫的動作的『詩的模仿』，因此，悲劇的摹仿和歷史的摹仿相反，……它應該使歷史眞實地服從詩的規律，而在處理歷史事實時，必須符合悲劇藝術之要求。……我們不妨作這樣的理解，如果嚴格遵照歷史眞實，經常就會失去詩的眞實，反過來說，如果對於歷史眞實精心改動一下，就會增加詩的眞實。」㉑

席勒將「詩意的摹仿」，當做衡量一部作品的關鍵，若經不起攷驗，僅管劇中人所做所爲、一言一行與原來歷史一點不差，只能算是一部「平庸」的悲劇而已。在這種悲劇觀之下，他創造出「奧里昂的姑娘」，以聖女貞德的故事爲基礎，寫出了一位有血有肉、殺敵勇敢、信心堅强、臨危不懼的愛國女英雄，最後死於戰爭中，成爲一個崇高的愛國典型人物。此劇中雖與史實略有出入，然確能鼓舞人心，在十九世紀法國人侵德的戰爭中，還起了不小的鼓舞作用。

四十年代的中國劇作家，就是在這內有抗日戰爭，外受歌德、席勒影響的環境下，去認識、創造歷史劇，而從中表現出悲劇理論的。田本相認爲在所有歷史劇中，以「戰國史劇」及「太平天國史劇」的影響爲最大；前者以郭沫若爲代表，有「屈原」、「棠棣之花」、「虎符」、「高漸離」等創作；後者以歐陽予倩「忠王李秀成」、陳白塵「翼王石達開」爲代表。郭沫若說他寫「屈原」，是看到現實中大大小小無數的悲劇：

「全中國進步的人們都感覺著憤怒，因而我便把時代的憤怒復活在屈原時代裡去了。換句話說，我借了屈原的時代來象徵我們當前的時代。」㉒

又說：

「歷史研究是『實事求是』，史劇創作是『失事求似』，…史學家是『發掘』歷史的精神，史劇家是『發展』歷史的精神」㉓

歐陽予倩的「忠王李秀成」則向人們表白：

「太平天國之敗，不是敗於帝國主義之手，而是敗於內部的分裂，敗於奸臣賊子的挑撥離間，霸道當權，血肉民衆。」㉔此外田本相指出以南明歷史爲主的劇作也不少，如：阿英的「碧血花」、「海國英雄」、「楊娥傳」，于伶的「大明英烈傳」，周貽白的「李香君」，史聰的「煤山恨」都是寫歷史上的民族意識與愛國精神，從中鼓勵人民堅持民族氣節、堅定抗戰決心。

如此創作的歷史劇，大都具有强烈的現實主義的精神，不可否認的也是受到歌德、席勒在「狂飆運動」時代那種反抗黑暗力量的影響，但是稍有不同之處則是四十年代的史劇家十分重視作品的歷史真實性，他們認爲：「一個從事文藝的人，如果想寫一點歷史文學，先得做個歷史研究者。」㉕把歷史真實視做相當重要的事，並認爲歷史性第一，悲劇性第二，「如果一個史劇家不能在歷史和現實之間發現某些的聯繫，不能在劇情發展中體現歷史的必然性因素，那麼這個作品就會缺少現實的生命力。」（田本相中國現代比較戲劇史）因此，這也就是與席勒強調的「哲理性」要大於「歷史性」十分不同，也是中國悲劇理論獨到之處。四十年代的歷史悲劇，大都是取材於戰國史料，郭沫若概括當代的歷史特徵說：「戰國時代是以仁義的思想來打破舊束縛的時代。」「戰國時代是人的牛馬時代的結束。」並緊緊扣住此一時代主題來組織戲劇衝突，通過屈原、如姬、高漸離等人的正義來表現悲劇的歷史內容。他說：

> 「悲劇的戲劇價值不是在單純的使人悲，而是在具體激發起人們把悲憤情緒化爲力量，以擁護方生的成分而抗鬥將死的成分……它的目的是號召鬥爭，號召悲壯的鬥爭，它的作用是鼓舞方生的力量，克服種種的困難，以爭取勝利，並鞏固勝利。」

這就是四十年代中國歷史悲劇的特徵，也就是所謂「歷史性」與「悲劇性」的統一，以歷史進步的標準來確立自己是非善惡的觀念。凡是使歷史進步的人物即是美的、善的，凡與此相反即是惡的、醜的，由於他們認爲悲劇產生與歷史根源大有關係，所以就把悲劇重點放在主角與黑暗勢力鬥爭的過程中。並且無論怎麼努力，最後結局往往是不敵而死。但卻予人以崇高的審美感受，這一類的歷史劇，大大地提升了中國悲劇藝術之發展，且在世界悲劇藝術中佔一席之地。

四、四十年代以後受馬克思主義影響下的悲劇理論

四十年代以後，有些專攻中國文學的學者認爲中國悲劇的發展有自己的獨特的道路，形成自己獨特的風格，不能用西方悲劇理論來衡量自己的劇作，所以紛紛走向自省的回頭路，認爲我國古代雖然没有系統完整的悲劇理論，如亞里斯多德、黑格爾，但也可以在各種典籍中找尋類似的觀念。焦文彬認爲這些有關悲劇的論點，大致存在於（一）劇目之品評與題跋，（二）劇中人之唱白，副末之開場與結束，（三）曲論，（四）藝訣，（五）劇目之題目正名之中。並依此線索，探討了：（一）唐以前之怨曲，（二）唐人之悲劇觀，（三）宋人之悲劇觀，（四）元人之悲劇觀，（五）明清人之悲劇觀。所以說這個時期悲劇理論的探討特色之一重在探本溯源，直指本心，不再一味依賴西方理論之指導。以下以「中國古典悲劇論」爲主，將他們的研究心得做一概略性之介紹。

㈠ 唐以前之怨曲

禮記樂記首先提出音樂有哀、喜之分，「樂本篇」云：「其哀心感者，其音樂以殺；……其喜心感者，其心發以散…。」此中以情感、曲調區分哀樂、喜樂之方法，即以包含悲劇、喜劇之最初美學觀念。

春秋時代，燕趙之悲歌、楚辭之頑艷哀感、韓娥、宋意、把粱妻之悲涼歌辭；伍子胥復

仇、趙氏孤兒、申包胥秦廷七日之哭等，皆爲後代悲劇之素材，列子湯問：

「昔韓娥…過逆旅，旅人辱之，韓娥因曼聲哀哭，一里老幼悲愁涕泣相對，三日不食，遽追而謝之，娥復曼聲長歌，一里老幼喜歡抃舞，弗能自禁。…」

以此證明此時已開始從美學區分悲、喜之不同。

漢代同時出現有喜劇性的角抵戲及悲劇性之歌舞戲，關于後者，特別是民間流傳相和歌辭之「離、別、怨」曲，如：「湘妃怨」、「昭君怨」、「明君別」等，就是悲劇性小型歌舞戲之代稱。

結論是將「怨」歸結爲漢魏六朝時期悲劇觀之集中體現，也是理想與現實衝突，而遭致不幸之後的總結，成爲中國唐代以前傳統悲劇之特色。

㈡ 唐人悲劇觀

唐人的悲劇觀表現在對歌舞戲「踏搖娘」的研究與批評之中。王國維宋元戲曲攷云：「有歌有舞，以演一事，而前此雖有歌舞，未用之以演故事，雖演故事，未嘗合以歌舞，不可謂俳優戲之例也。…戲劇之源，實自此始。」依此將「踏搖娘」認定爲一齣家庭悲劇。「教坊記」、「樂府雜錄」、「劉賓客嘉話錄」、「類說」、「樂書」、「舊唐書」、「通典」皆有記載。唐崔令欽教坊記云：

「北齊有人姓蘇䶌鼻，實不仕，而自號爲郎中，嗜飲，酗酒，每醉輒毆其妻，妻銜悲訴於鄰里。時人弄之，丈夫著婦人衣，徐步入場行歌，每一迭，旁人齊聲和之云：『踏搖和來，踏搖娘苦，和來！』以其且步且歌，故謂之踏搖，以其稱冤，故言苦。」

雖說此齣小戲是以調笑取樂爲特色，但，也可從中看出了「銜悲」、「稱冤」、「言苦」的模倣者欲表達的心態。焦文彬認爲它「繼承了漢魏六朝離、別、怨之特色」，又開「後來苦戲之先河」。

㈢ 宋人之悲劇觀

宋人之悲劇觀表現在南戲戲文中，其中以「婚變」爲主題，批判負心男人的故事佔有很大比例。如：「張協狀元」、「趙貞女蔡二郎」、「王魁」、「崔君瑞江天暮雪」、「李勉負心」、「三負心陳叔文」等，雖有些只有存目，然仍可從其他文獻資料窺出其內容而探知宋人之悲劇觀，即：

「注意普通人的悲劇命運，並揭示出他們合乎歷史要求的願望與理想，同現實不可調和的矛盾衝突；悲劇主人公爲了抗爭的結果，是他們的意願與本身都遭到毀滅，但他們的鬥爭卻沒有因此而終止，最後，都借助于自然力給悲劇的製造者以應有的懲罰，表現出人們良好願望，及這種意願的不可摧毀。」㉖

此種悲劇觀－有仇必報、有罪必得懲罰、不忍好人冤到底的觀念，深深的影響整個中國古典悲劇的形態。

(四) 元人之悲劇觀

現存元人雜劇劇目共一百五十多本，其中悲劇約佔四分之一，三十多種左右，焦文彬所探討的元人之悲劇觀大多取材於此，約而言之，有下列幾點：

1.以普通人爲悲劇主角。如：「竇娥冤」之竇娥、「瀟湘雨」之張翠鸞、「浮漚記」王文用、「張千替殺妻」之張千、「盆兒鬼」之楊國用等。形成此種特色之原因有二：其一爲戲曲與民衆關係密切，其二爲劇作家大多爲沈抑下僚之士或下層階級的知識份子，所描述的自然是耳濡目染、耳熟能詳之人、事、物。

2.悲劇大都取材自廣大的民衆不幸之生活境遇，在悲劇衝突中顯現出：悲劇主角最基本的生活願望與理想幾經摧折與不可能實現之過程。元人將之冠以「冤」、「哭」等字眼，戲劇家高則誠即以「動人難」加以概括，即以透露出此種描寫普通人之悲劇，落筆之困難。

3.悲劇結構之完整性，與思想願望必然實現之一致性，王國維將此種特性歸入「先離後合，始困終亨」或「其蹈湯赴火者，仍出于其主人翁之意志」(王國維戲曲論文集)；而李漁則說是「有團圓之趣」。從現存三十多種元人悲劇作品看，其故事完整性有兩種不同。其一是悲劇主角與現實較量結果，因自身力量之單薄或其他原因，最後理想連同自己皆遭毀滅。如馬致遠漢宮秋、白樸梧桐雨、關漢卿西蜀夢。其二是悲劇主角雖被毀滅，卻借助其他力量使其理想得以實現。這類悲劇在結構、衝突、發展、結局皆爲完整，情節長度與主導地位亦佔主要份量，只是在結尾處有「柳暗花明」的情節，即一般人所謂的「大團圓」，但仔細分析，中國悲劇之所以會有此種結局，是具有濃厚的民族基礎和群衆意願的：

甲.此結局與整個悲劇之矛盾衝突有著內在之必然聯系，不是外力强加入的。

乙.基本上符合人物性格之發展歷程，或可視爲悲劇主角性格之延伸。

丙.從觀衆學的觀點，它滿足了大多數觀衆心理與情緒上之需要。

4.淒慘、揪心、悲壯、深沈之悲劇詞曲意境，因此產生强烈之悲劇藝術效果。幾乎每本悲劇皆有一場抒情詩式的重頭戲，如漢宮秋、梧桐雨第四折，竇娥冤第三折，皆是膾炙人口、百讀不厭之佳作。

凡此皆是「中國古典悲劇論」中所歸納出來的元代悲劇理論。

(五) 明、清人之悲劇觀

明清人之悲劇理論可從三方面尋找：

1.古典悲劇作品之評論－如李漁「閒情偶寄」云：

「予謂傳奇無冷熱，只怕不合人情。如其離、合、悲、歡，皆爲人情所必至，能使人哭，能使人笑，能使人怒髮衝冠，能使人驚魂欲絕，即使鼓板不動，場上寂然，而觀者叫絕之聲反能震天動地。」

陸容「菽園雜記」云：

「其扮演傳奇，無一事無婦人，無一事不哭，令人聞之，易生淒慘。」凡此曲論皆顯示曲論家已注意到悲劇令觀衆恐懼、欣喜之層面了。

2.從戲曲藝術效果上談悲劇－明清人論及悲劇之作品較多，且大都欣賞悲劇動人、感人之藝術效果。明陳繼儒評「琵琶記」云：「西廂、琵琶俱是傳神文字，然讀西廂令人解頤，讀琵琶令人鼻酸。」顯然可看出悲喜劇之分類。

3.從戲曲結構上論悲劇－馮夢龍精忠旗矛一齣副末開唱云：「發指豪呼如海沸，舞罷龍泉，灑盡傷心淚。畢竟含冤難盡洗，爲他聊出英雄氣。千古奇冤飛遇檜，浪演演奇，冤更加千倍。不忍精忠冤到底，更編記實『精忠記』。」這是從結局上論悲劇的。此即出於「不忍好人冤到底」的心態而編的傳奇，全劇是非分明，愛憎强烈，最後將秦檜打入十八層地獄，爲岳飛精忠昭雪，表現出大悲、恐懼後的一絲生機，李漁稱之爲「無包括之痕，而有團圓之趣」。

根據以上三方面之線索，而將明清悲劇觀歸納爲五點：

1.確定中國戲曲類型之一的悲劇－苦戲。

2.苦戲在情節安排上，抒寫苦境下之苦情與悲歡離合。

3.主角多爲忠貞節義之士，爲追求理想而與現實衝突，從而毀滅了生命。

4.苦戲之藝術效果，是使觀衆悚懼、心中淒慘以至零涕慟哭。

5.在結尾的大收煞中，因作者與觀衆都「不忍精忠冤到底」，故有借助超自然之想像力，給予悲劇製造者應有之懲罰。

然四十年代後的曲論家，雖然做了許多尋根探源的工作，不再依靠亞里斯多德、席勒、歌德等人，但是，自一九四九年後，馬克思、恩格斯主義在大陸盛行，影響所及，亦成爲大陸學者研究悲劇理論的最高指導原則，當代研究曲論專家如王季思、焦文彬等人，莫不受其影響，「中國十大古典悲劇集」前言云：

「馬克思主義認爲文藝作品是人類社會生活在意識形態領域的反映。在人類社會歷史發展過程中，總是不斷出現新生的處於萌芽狀態的事物，跟日漸趨向腐朽的舊勢力展開矛盾、鬥爭。由于新生的事物還比較微弱，在當時的現實情勢下，它還不可能突破舊勢力的種種障礙前進，而不得不以失敗甚至死亡告終。這些代表新生力量的人物，他們的英勇鬥爭，贏得了許多先進人物的同情，他們的失敗或犧牲，就必然引起廣大人民的悲痛。作家或詩人把這種社會現實反映到文藝作品裡，就成爲悲劇性的故事。故事中的矛盾鬥爭就成爲悲劇性的衝突。『歷史的必然要求，和這個要求實際上不可能實現』，恩格斯對悲劇性衝突的概括，從歷史唯物主義的高度指明了帶有本質意義的悲劇特徵，是衡量古今中外一切悲劇作品的共同尺度。」

依此唯物主義的觀點，做爲悲劇的最高指導原則，認爲亞里斯多德的「詩學」黑格爾的「美學」雖然都曾發現藝術哲學的某些特徵，對後世悲劇產生莫大影響，但真正科學地指出悲劇審美本質的，卻是馬克思、恩格斯主義的美學思想。他們以恩格斯「致斐、拉薩爾」的信中所言：

「悲劇是歷史的必然要求，和這個要求的實際上不可能實現之間的悲劇性的衝突。」㉗

以及魯迅「再論雷峰塔的倒掉」：

「悲劇將人生的有價值的東西毀滅給人看，喜劇將那些無價值的撕破給人看。諷刺又不過是喜劇的變簡的一支流」

視爲衡量一切悲劇之基本原則，從中肯定中國古典戲曲有悲劇作品，並以此做爲中國古典悲劇分類與鑒別之標準。焦文彬「中國古典悲劇論」依此原則，對中國古典悲劇的情節結構、人物形象、戲劇衝突、結局處理，做了詳盡的分析，堪爲受馬克思主義影響下悲劇理論之代表作，茲將此悲劇理論詳敘於後，以明其旨。

一八四三年馬克思開始從新舊兩種社會制度、社會力量的矛盾衝突中尋找悲劇之根源，他說：

「當舊制度還是有史以來就存在的世界權力，自由反而是個別人偶然產生的思想的時候，換句話說，當舊制度本身還相信而且也應當相信自己合理性時，它的歷史是悲劇性的。當舊制度作爲現存的世界制度，同新生的世界進行鬥爭的時候，舊制度犯的就不是個人的謬誤，而是世界性的歷史謬誤，因而舊制度的滅亡也是悲劇性的。」㉘

此即說明無論某種制度、事物、人物，他已違背整個社會發展的歷史規律，而卻仍片面相信自己存在的合理性，而硬要維護下去，那就會與合乎歷史發展的新制度、新事物發生對抗性的矛盾衝突，而結果是悲劇性的。恩格斯亦從階級鬥爭為出發點，對悲劇做了說明：

「據我看來，悲劇的因素正是在于：同農民結成聯盟這個基本條件是不可能的，因此貴族的政策必然是無足輕重的，當貴族想要取得國民運動的領導權時，國民大衆即農民，就起來反對他們的領導，于是，他們就不可避免地要垮台，……這樣一來馬上就產生了這樣一個悲劇性的矛盾，一方面是堅決反對這解放農民的貴族，另一方面是農民，而這兩個人卻被置于這兩方面之間，在我看來這就構成了歷史的必然要求，和這個要求的實際上不可能實現之間的悲劇性衝突。」㉙

受到這兩位思想家的影響，大陸學者將這些理論做為悲劇的最基本定義，而來評論中國古典悲劇，例如評論明代孟稱舜「嬌紅記」傳奇云：

「孟稱舜正是這樣把當時社會中在婚姻問題上大量存在的矛盾衝突和客觀力量加以對比，加以藝術概括，把申純、嬌娘爭取婚姻自由的鬥爭，和帥公子的逼婚兩條線織在一起去寫，展開了歷史的必然要求，與這個要求不可能實現之間的悲劇衝突。」㉚

此外在提到戲劇衝突時，也不時的以馬克斯、恩格斯的思想為最高指導原則，且由於恩格斯認爲悲劇衝突是「歷史的必然要求，和這個要求的實際上不可能實現之間的衝突」，所以他們也就排斥了決定悲劇性質的命運說、性格說，「中國古典悲劇論」說：

「這一理論指出了悲劇衝突的社會性與階級性，使我們領悟到社會力量與階級力量的對比狀況，是形成悲劇衝突的社會的、歷史的物質基礎。這就是說戲劇中的悲劇，是現實生活中的悲劇因素或悲劇事件、悲劇人物的藝術反映。但是，並不是生活中的任何悲劇因素都能成爲戲劇上的悲劇衝突，只有體現了『歷史的必然要求和這個要求實際上不可能實現』之間的衝突時，才是眞正的悲劇衝突。」

並以此原則爲「適合對各國古今悲劇衝突的理論研究與根據」，尤其完全符合中國古典悲劇的情況：

「從中國古典悲劇的歷史看來，他們的悲劇衝突的嚴正性，正表現在這種衝突不可調和與毀滅性。具體來說，一是政治鬥爭方面的忠與奸的鬥爭，最後總是『奸賊害忠良』的結局，二是兩種社會交替時期的新與舊、落後與先進，三是思想意識方面的情與理等等。」

這種判斷即爲馬克斯、恩格斯思想之延伸。

再談到中國古典悲劇之結局處理時，基本上也以馬克斯、恩格斯爲原則，將結局分爲

「毀滅型」與「鳳尾型」：

> 「毀滅型的悲劇主人公一般都隨著他們所追求的美好理想的破滅而毀滅。但從我國古典悲劇藝術形象的塑造特徵來看，卻也有悲劇主人公不一定都隨著自己所追求的理想，或爲之奮鬥終生的事業的被撕爲粉碎而死掉的。…它所毀滅的並不一定都是悲劇主人公，而往往主要是他們的美好理想、意願、精神，以至某種歷史的必然要求。」㉛

這裡說明「毀滅型」結局完全合於馬克斯主義的悲劇思想。另外一種稱爲「鳳尾型」，乍看之下，似乎與悲劇氣氛不協調，其實「按照我們民族傳統的審美情趣與原則來論，從各種矛盾的事物同時存在于一個整體的『一』的觀念來理解，這正是中國古典悲劇的民族特色的重要方面。」㉜。並將鳳尾型結局之特點歸納爲五點：

1. 清音繚繞，使人掩卷長思。
2. 留有不盡的餘韻，誘發觀衆與讀者產生無限的聯想。
3. 也能使觀衆和讀者得到精神上的一定的彌補或癒合、滿足。
4. 表現出作者「寓意性」的美學思想。
5. 被毀滅者精神不滅。凡此皆是從「毀滅型」的思想爲出發點，所探討歸納出來的悲劇理論，這些學者雖然強調不依賴西方理論的重要性，但是，仍然跳脫不出馬、恩二人的窠臼，雖然如此，他們在探討中國古典悲劇不同於西方悲劇之處，仍能對古典戲曲之特質做鞭辟入裡之探討，實爲難能可貴。

五、一九四九年以後台灣學者對悲劇理論之探討

一九四九年以後台灣學者對悲劇之研究大部份表現在單篇文章的探討上，有的是翻譯之作，有的是個人的論點，有的是對西方悲劇論之批判，甚少有專門論著之出現。如朱立民「羅米歐與朱麗葉－悲劇中關鍵人物性向之探討」㉝，劉軍「爲悲劇語言辯護」㉞，徐國銘譯「悲劇的精神」㉟，尹雪曼「中西悲劇的比較觀」㊱，蔡英俊譯「生命的悲劇意識」㊲，滕以魯「悲劇缺陷與莎翁筆下的奧賽羅」㊳，李瑞騰「悲劇與衝突」㊴，廖咸浩「紅樓夢悲劇的後現代沈思」㊵，張曉華「伊底帕斯與哈姆雷特－從悲劇結構內作人物性格之比較」㊶，牛川海「悲劇英雄竇娥」㊷，顏元叔「我的悲劇觀」㊸，姚一葦「悲劇人物的理性與非理性」、「悲劇與死亡」㊹，庾文標「做人的悲劇－試論竇娥冤及擇善問題」㊺，鄒成禧「簡論紀德和辛格」㊻，余光中譯「老人和大海－海明威對人類的悲劇觀」㊼、劉昌元「黑格爾的悲劇觀」㊽，陸潤棠（香港）－「悲劇文類分法與中國古典戲劇」㊾。凡此大都是某一種悲劇觀念的獨到發揮，尚未如大陸學者能一以貫之成爲一本專門論著，悲劇理論在台灣是一片有待學者努力開拓的疆域。

六、結論－悲劇理論的前瞻

「悲劇」二字本非我國戲曲理論所有，乃由王國維援引西方說法而產生者，經過五四時代、三十年代、四十年代以至於近代學者之闡發、探討，而有今日之成果，但由於我國民族性格、思想傾向、歷史條件、生產方式之不同，也形成了獨樹一幟的悲劇理論，此種悲劇型態與西方悲劇比較起來，何者較具震撼性、影響力？以下試做一尚未成熟之心得比較，對近代悲劇之創作或許不無小補，未盡善美之處，留待來日再補修。

(一) 西方悲劇人物，即使代表邪惡勢力之一方，亦賦予對方嚴肅之面貌與思想，如：「米蒂亞」中的傑生、「哈姆雷特」中的克勞狄斯、「安蒂岡妮」中的克里昂等等；而我國悲劇人物的反面角色往往是以淨、丑的面目出現如「嬌紅記」裡的帥公子，被寫成眠花宿柳、風流浪蕩、插科打諢的不學無術的丑角，而「竇娥冤」中的張驢兒更是只懂欺騙、侮辱婦女的草包。這麼一來，是否會減少了悲劇的震撼力呢？因爲反派的主角是如此不堪一擊，觀眾怎麼會對他感興趣呢？

(二) 西方悲劇理論認爲悲劇是崇高、嚴肅、神聖的，其審美情感在于引起觀眾的憐憫與恐懼，故反對以喜劇手法進入悲劇，否則會衝擊破壞悲劇的審美情感。我國古典悲劇則悲喜參差、苦樂相間，悲中有喜、以喜襯悲，這雖是民族悲劇之特色，然觀眾在笑過之後，是否也減少了悲劇所帶來的憐憫、崇高之感？

(三) 中國悲劇主角大多爲群眾的利益與理想而犧牲奮鬥，所謂「弔民伐罪」這一型的較多，即不注個人利益而重團體利益，如「鳴鳳記」、「精忠譜」皆以向惡勢力鬥爭爲主。西方悲劇較多爲個人理念而奮鬥者，如「米蒂亞」報復丈夫傑生，「安蒂岡妮」爲了埋葬兄長等。

（四）中國悲劇的衝突大多是正義與邪惡之衝突，好人與壞人之鬥爭，而西方悲劇有時是立場不同的「好人」在鬥爭，如安蒂岡妮與克里昂的衝突。唯其正義與正義之衝突，則力量更加偉大。

（五）中國悲劇人物大多是「扁形人物」，而西方則大多爲「圓形人物」。㊿扁型人物的個性較固定，如生一定知書達禮、才高八斗，旦則大家閨秀、溫柔敦厚，好人在與邪惡鬥爭時，一定是自始至終執意追求，明知山有虎，偏向虎山行，個別性較不顯著；西方悲劇人物則個別性較顯著，很少有個性相類似的男、女主角。

（六）中國悲劇結局大多符合樂觀主義之精神，也符合戲曲演出絕不讓觀衆在繁重的勞累后，再背一個沈重的精神枷鎖，離開劇場的美學觀點，但這種結局也不可避免的存在限制性，一方面限制了觀衆做更進一步對人生的思索，一方面也顯示創作家對當時社會生活認識的限制性與狹隘性。

中國古典戲曲已經光榮的完成了它們的歷史任務，因此不論在古典作品中所探討出來的悲劇理論是否令人滿意，有志的學者都已盡可能的去做了，重要的事是，從古典戲曲中所歸納出來的悲劇理論是否能夠繼續指導現代戲劇的創作？例如學者對大團圓結局所做的解釋，雖說這屬於悲劇的一部份，不是外力强加入的，基本上也符合劇中人物性格的發展，可視爲悲劇主角性格之延伸，以及觀衆心理學上，不忍好人冤到底的心態；但是，這種論調對現代戲劇的創作恐怕不是一個正確的觀念，尤其以現實人生來說，「好人冤到底」、「種瓜得豆」的現象比比皆是，戲劇應該是反映人生的，所以這些沈冤莫白，無可奈何的現象，應該是觀衆要在戲劇中所得到的一種訊息，從而思攷、調整自己的人生方向、步伐，希臘人的悲劇觀之一即是「不管事情是好是壞，總讓人充份了解」，這即是從「伊底帕斯王」所衍生出來的觀念，十分值得我們在創作現代劇時的參攷與借鑑，盼望我們的悲劇理論的發展，有一天能「一空依傍」直接從我們的悲劇作品中擷取自己民族思想的精華與特色，不必處處以西方理論馬首是瞻。

註　釋

❶ 亞里斯多德：（Aristotle）（384－322B．C），生於希臘的斯塔吉拉城，父親爲馬其頓王室之御醫，因而他自小與王室有密切關係。酷愛自然科學，十七歲入「柏拉圖學園」學習，后位該學園教師。公元前347年柏拉圖去逝，他便離開雅典前往小亞細亞的愛索斯繼續辦學。兩年後重返雅典創辦「呂克昂學園」。由于他經常與弟子邊散步邊交談，弟子往往在這樣悠閒自得的交談中接受老師的薰陶，領悟深刻的人生道理，故後人將亞里斯多德派稱爲「消遙派」。

❷ 見亞里斯多德「詩學」第六章。人民文學出版社，1982年版。以及台北　中華書局版，姚一葦譯著。

❸ 見王國維戲曲論文集，中國戲劇出版社1984年版。

❹ 胡適「文學進化觀念與戲劇改良」新青年第五卷第四號1918年十月。

❺ 田本相中國現代比較戲劇史云：「在西方古典悲劇中，悲劇藝術與歷史題材共生；悲劇家描寫歷史、喜劇家描寫現實，可說已約定俗成。」

❻ 熊佛西「寫劇原理」，1936年中華書局出版。

❼ 馬彥祥「戲劇之種類·悲劇」，1936年中華書局出版。

❽ 亞里斯多德悲劇六大要素爲：情節、性格、思想、言詞、場面、旋律。

❾ 亞里斯多德「詩學」。

❿ 馬彥祥「戲劇之種類·悲劇」1936年中華書局出版。

⓫ 章泯「亞里斯多德的悲劇論」、「悲劇論」、「席勒的悲劇論」，1936年商務印書館出版。

⓬ 章泯：亞里斯多德的悲劇論。1936年商務印書館出版。

⓭ 章泯：「席勒的悲劇論」1936年商務印書館出版。

⑭ 埃斯奇勒斯：（Aisknylos，525－456B.C）希臘三大悲劇家中的第一人，出身于雅典城邦西部一個貴族家庭，生前曾參加過對抗波斯軍隊的馬拉松戰役，寫過七十部悲劇（一說九十部），現存七部，二十五歲開始參加希臘戲劇獎比賽，四十歲才獲得初次勝利，一生共獲得十三次勝利，每次皆以三部悲劇一部薩提洛斯劇（繼悲劇而演出之喜劇）而得頭獎或次獎，雅典人在他死後曾決議，任何人皆可在戲劇節重新上演他的劇本，所以他在身後又獲四次獎。

⑮ 歌德：（J. W. Goethe 1749－1832）德國詩人、戲劇家、文學家，是十八世紀七十年代「狂飆運動」的靈魂人物，亦爲十八世紀末、十九世紀初，歐洲啓蒙主義文學傑出的代表作家。

⑯ 席勒：（J. C. F. Schiller，1759－1805）德國詩人、劇作家、文藝評論家。青年時代爲「狂飆運動」的重要人物，在啓蒙運動中，熱烈鼓吹民族統一，建立民族文學、反封建割據之思想。哲學上受康德、歌德的影響頗深。

⑰ 李澤厚「美學論集」，1980年上海文藝出版社。

⑱ 楊村彬「新演出」一書，1941年獨立出版社出版。

⑲ 郭沫若「談歷史劇」1946年6月26日文匯報。

⑳ 歌德談話錄，1982年人民出版社出版。

㉑ 席勒「論悲劇藝術」古典文藝理論譯叢。

㉒ 郭沫若：「序俄文譯本史劇屈原」。郭沫若文集，1960年人民文學出版社。

㉓ 郭沫若：「歷史·史劇·現實」，郭沫若論創作。1983年上海文藝出版社。

㉔ 韋昌英：「讀忠王李秀成」。文藝生活第一卷第二期。1941年4月。

㉕ 郭沫若：「歷史·史劇·現實」「郭沫若論創作」1983年上海文藝出版社。

㉖ 焦文彬「中國古典悲劇論」。

㉗ 馬克斯、恩格斯選集第四卷。

㉘ 馬克斯、恩格斯全集第一卷。
㉙ 馬克斯、恩格斯全集第二十九卷。以上廿七、廿八、廿九皆錄自程孟輝西方悲劇學說史
㉚ 焦文彬「中國古典悲劇論」。
㉛ 焦文彬「中國古典悲劇論」。
㉜ 焦文彬「中國古典悲劇論」。
㉝ 淡江學報，72年5月。
㉞ 聯合文學，79年8月。
㉟ 國魂，68年2月。
㊱ 今日生活，68年1月。
㊲ 出版與研究，68年6月。
㊳ 中外文學，73年7月。
㊴ 臺灣文學觀察雜誌，79年9月。
㊵ 中外文學，82年7月。
㊶ 復興崗學報，82年12月。
㊷ 中國戲劇集刊，69年10月。
㊸ 幼獅文藝，69年12月。
㊹ 姚一葦戲劇論集。
㊺ 錄自「馬森戲劇論集」。爾雅叢書。
㊻ 中華文藝，70年2月。
㊼ 文學思潮，69年1月。
㊽ 中外文學，71年12月。

㊾ 中外文學，71年12月。

㊿ 佛斯特（E. M. Forster 1897－1970）「小說面面觀」（Aspests of thenovel）云：「扁平人物在十七世紀叫性格人物，現在有時被稱類型或漫劃人物。在最純粹的形式中，他們依循著一個單純的理念或性質，而被創造出來。……扁平人物的好處之一在易於辨認，……第二種好處在於他們易爲讀者所記憶，他們一成不變的存留在讀者心目中，因爲他們的性格固定不爲環境所動……甚至使他們在小說本身以湮沒無聞之後還能繼續存在……一個圓形人物必能在令人信服的方式下，給人予新奇之感，如果他無法給人新奇感，他就是扁平人物，如果他無法令人信服，他就是僞裝的圓形人物」。

重要參考書目

1. 詩學箋註：亞里斯多德著，姚一葦譯　中華書局
2. 西方悲劇學説史；程孟輝著　中國人民大學出版社
3. 中國現代比較戲劇史；田本相主編　北京文化藝術出版社
4. 中國戲曲文化概論；鄭傳寅著　武漢大學學術叢書
5. 中國古典悲劇論：焦文彬著　西北大學出版社
6. 中國十大古典悲劇集：王季思主編　中國古典文學名著叢書　齊魯書社
7. 戲劇論集：姚一葦著　台灣開明書局
8. 馬森戲劇論集：馬森著　爾雅叢書
9. 古典戲曲的團圓觀：戲曲藝術 1991 年四月　呂薇芬著

四十年來崑曲演劇之轉變

——一種新方法的提出

周純一

一、對於觀察崑劇演出方法的提出

崑曲的演出自明代迄今已四百餘年，由盛而衰，由衰而興，歷經變革充分顯現出崑腔頑固的生命力。尤其在清代面臨皮黃梆子戲的壓力，至今仍不能奪回主流的地位。但崑曲仍以其頑固的生命力和變動迅速的新社會搏鬥。如何能觀察現代崑劇的表演情形，用比較客觀、科學的方法去分析現代崑曲的存在現象，比較容易從組成要素的差異性中，探討變與不變的得失。關於不變的部份，必是崑曲穩定的要素，是崑曲承襲歷史傳統的慣性，如果喪失了將不再成爲崑曲。對於變的部份，將探討使之所以變的原因，因爲變動意味著崑曲結構中的組成要素有不穩定的因素存在，探討這些不穩定的因素就能理解崑曲在現今社會中的處境和未來可能發展的方向。我探索的方法是先選擇一個最近演出的崑曲新戲，仔細分析其結構的要素，經比對歷時性同齣劇目的異同後，再提出分析的意見。

二、採樣之動機與文化背景的分析

這場實況錄音的時間是在一九九五年三月二十、三十一日下午十四時開始，地點爲杭州浙江京崑劇團之排練場。這場演出是屬於匯報性的不化妝排練，請了兩位當地的專家現場觀賞指導，其餘的是兩位副團長和相關負責的幹部。目的是在正式推出前能取得領導在場和專家學者的批評，以做爲修正改進的依據，當然也有共同承擔責任的意味。由於這齣戲是前有所本的老戲，改編與演出的問題顯得相對複雜，浙崑此劇聲稱爲根據安徽劇團劇本《呂布與貂蟬》改編而來。其演出本由崑曲演員周傳瑛之子周世瑞（現爲這崑團副團長）負責移植，事實上是改編。文學顧問是沈祖安，總導演是徐勤納。劇本完成時間是一九九四年年底前，一九九五年元月打印出來。劇本全稱是《連環記》❶。

爲何選擇浙江崑劇團作爲取樣的團體，是有很深刻的理由的。這個團體的歷史充滿戲劇性，具有民間與國營雙重的色彩。浙江的這個劇團在崑劇演出界所以具有絕佳的代表性。其原因有五：一、其主持者周傳瑛、王傳淞等是中國近代最後一個民辦崑曲學堂「崑劇傳習所」❷出身，具有蘇崑的正統出身；二、該團主持人在歷經外患內亂交迫的環境下，以「二合班」甚至「三合班」、「多合班」的方式在民間演劇謀生，此一生存模式相當合乎清代崑班衰微以後各地崑班的生存模式；三、該團是從民間劇團的型態改制公營，與其他劇團在建團以前沒有完整的演出實體是大不相同的，就意義上言，該團對崑劇文化的承傳具有承先啓後的特質；四、該團在崑劇最艱困的六〇年代智慧的推出「十五貫」這齣大戲，轟動全國，以一齣戲救活一個劇種的姿態，將崑劇衰頹的命運挽救回來，這是其他崑劇團做不到的歷史性記錄；五、該崑劇團在生存最危急的時刻以結合蘇劇為自存之道，後終能建立以崑劇為主體性之劇團，在社會結構變動的九〇年代，各地劇種普遍難以維持紛紛裁撤或合併的關頭，能與京劇團合併取得絶佳的人力資源，該團之總領導現屬於崑劇團出身之汪世瑜，這在近代崑劇史上是難見的現象，此團體的主要負責人幾乎視崑曲為一崇高的劇種，因此在有危機來臨時候，以各種方式依託或寄生在不同劇種的班社下生存，可以説是生命力極强，使命感極高的一個劇團。因此，作為分析的採樣具有時代意義的。

取得這樣一個樣本，究竟應用什麼態度來處理，是最關鍵所在。這一演出本距離明代第一個崑曲劇本「浣紗記」（梁辰魚著一五一〇～一五八〇）有四百二十年，距離創造一齣戲「十五貫」❸救活一個劇種也經歷了四十年的寒暑，「究竟崑劇在綿亙四百多年後的今天，呈現了什麼音樂特質？」是個人探索的焦點。希望這個努力能幫助各劇團看清自己處理音樂的態度與現象，也提供戲劇研究學者在品評戲劇時，多做根本性、全面性的思考。

三、《連環記》歷史文獻分析

《連環記》的作者是王濟（一四七四～一五四〇）年代戲曲作家、文學家。字伯雨，號雨舟、晚年號白鐵道人，烏鎮（今浙江桐鄉縣）人。出身富家，曾為大學生，後任横州（今廣西横縣）通判，以母老乞休歸家。與名士祝允明、文徵明等友好，晚年布衣襆被如寒士，與劉南桓、孫太初、張允清結澗山社。作有《碧梧館傳奇三種》，僅存《連環記》一種。另有《白鐵道人詩集》、《谷應集》、《二溪編》、《水南詞》、《和花蕊夫人宮詞》及雜作《君子堂日詢手鏡》等。作者的家鄉在浙北，屬於富庶的嘉興府治，地處嘉興與杭州水路必經之地，有蘇杭運河貫穿全境，在交通聯絡上，極爲便利。爲說明《連環記》寫作的背景，特地條列作者王濟所生存的時代相關戲曲作家之年表❹，作爲理解作者寫作的參考。

王濟的生卒大致與唐寅同代，他二十九歲時李開先生，三十歲左右魏良輔生，三十三歲何良俊生，四十七歲梁辰魚生，五十二歲王世貞生，五十四歲張鳳翼生。觀其所處時代正是十五世紀末與十六世紀初葉，正是南戲逐步取代北曲，形成一種名叫「傳奇」的新戲劇體裁。當時改編的「荊、劉、拜、殺」和《琵琶記》的演出是相當受群衆歡迎的，其他諸劇《金印記》、《孤兒記》、《牧羊記》、《尋親記》、《躍鯉記》等等，也相當流行。此時期的南戲已非宋元舊面目，大多經過表演者改動，已適應實際演出需要，直到崑腔誕生且流行後，這些戲又陸續被改編爲崑腔唱本。

正德的十五年間（一五〇六～一五二一），存於現在的戲曲選本只有《盛世新聲》，其刊行主旨是「以聲律傳風雅」。此與洪武到弘治的一百多年（一三六八～一四八八）以朱權和邱濬、邵燦爲代表的教化宣傳風氣基本是一致的。因此可以斷言《連環記》的創作並未受到其後李開先、魏良輔、梁辰魚等人的影響，反倒可能浸淫在「留意詞曲間有文鄙句俗，甚傷風雅，使人厭觀而惡聽」的流行戲曲觀念裡。因此對於王濟此本劇作，不宜以後世理論去責備求全。至於其版本有明繼志齋刊本、清內府鈔本。《古本戲曲叢刊初集》本據抄本影印，其內容與元雜劇《錦雲堂暗定連環記》基本相同。劇情描寫與《三國演義》第三回到第九回，以「王司徒巧使連環記」相同。筆者據以分析之本爲古本戲曲叢刊所影印之清抄本，恐已受崑腔改調，因此，在爲取得繼志齋本之前，應廣泛翻閱明、清兩代之戲曲選集，以觀察在那時代《連環記》演出本有哪些差異，以免被一本孤本的清抄本誤導了研究方向。但劇本之內容可參考《曲海總目提要》卷四二六a頁之考證：

> 明初舊刻不知誰作。以元人《連環記》爲藍本，而粉飾之。情蹟關目互相轉換，此更與正史合者居多。元劇以一貂蟬兩用之，故曰《連環計》。此劇王允以玉連環予貂蟬，授之密策，故曰《連環記》也。劇云：卓議廢立，王允、袁紹、曹操、蔡邕俱在，袁紹抗議，不合而出。操往謁允，允與說劍。潛相定計，以劍獻卓欲刺之，卓覺而操走免。允乃以貂蟬餌呂布，許以爲婚，密送於卓，令布飲恨圖卓。及卓既誅，貂蟬改粧遁至允家，允令配布爲夫婦。後又有載曹操使關羽擒呂布，貂蟬百計媚羽，羽怒而殺之。

元雜劇的情節，大抵以當時傳說或話本爲張本，與元至正年間刊刻的《三國志平話》等當時流行說話、諸宮調、金院本等關係較爲密切。但是到了元末羅貫中根據民間傳說、話本、雜劇情節，增訂史實，進行再創造，寫成長篇章回小說《三國志通俗演義》，或稱《三國志傳》、《三國英雄志傳》、《三國全傳》等，一般稱爲《三國演義》。此書現存最早的刊刻，是明嘉靖刊本《三國志通俗演義》三卷首有弘治甲寅庸愚子的序，學術界認爲李卓吾評本與毛宗崗父子評本皆據此本改竄。嘉靖本最可能刊行的時間是爲《三國志通俗演義》寫序的蔣大器所署時間「弘治甲寅」（一四九四）到嘉靖年間（一五二二～一五六六）之間，一四九四年王濟二十一歲，一五四〇年王濟卒時是嘉靖十九年庚子。可推斷《三國志通俗演義》之出版必在王濟寫《連環記》之前，當時正是演義推出後，三國熱最風行的時機，他在所處嘉靖朝（一五二二～一五四〇）應時的寫下這部《連環記》傳奇。

筆者翻查明代徽調戲曲選本《樂府菁華》[5]《玉谷新簧》[6]《摘錦奇音》[7]《八能奏錦》[8]《詞林一枝》[9]《大明春》[10]《徽池雅調》[11]《堯天樂》[12]《時調青崑》[13]等九個選本，竟無一本有《連環記》者，此現象並非偶然，應可以說明該劇與徽調的關係極遠。再反觀明代屬於崑腔的戲曲選本《歌林拾翠》[14]《怡春錦》[15]《詞林逸響》[16]《吳歈萃雅》[17]《月露音》[18]《樂府紅珊》[19]《珊珊集》[20]《醉怡情》[21]《賽徵歌集》[22]《玄雪譜》[23]《萬壑清音》[24]《樂府南音》[25]等十二本，都有《連環記》單齣折子，大致可看出《連環記》傳奇是以演唱崑腔爲主。

四、舊本《連環記》之結構分析

以下所分析的《連環記》傳奇，是依據《古本戲曲叢刊》所影印的清抄本爲主。此本已經過崑腔改調，與時下流行之崑劇演出誤差不大，取之以探討崑班敷演《連環記》本戲，系統承傳上脈絡較有對應。爲了記錄劇本結構一目瞭然，設計了以下簡易的符號，做爲說明唱腔是由何種角色演唱的輔助工具，主要的目的是盡量不干擾曲牌連套之間的關係符號的說明如下：

生s 小生y 旦d 老旦l 淨g 末m 副末f 丑t 外w 雜tz 衆p 合h（合聲）

《連環記》齣目、曲牌名稱記錄表

第一齣	家門	①【沁園春】f
第二齣	從駕	②高調引【高陽臺】s③【畫堂春】s④南呂引【掛眞兒】l⑤【高陽臺】s－⑥【前腔】ld－⑦【前腔】s⑧【尾】s⑨【神仗兒】p
第三齣	觀燈	⑩雙調引【夜行船】g⑪雙調引【寶鼎兒】t⑫仙呂犯調【錦堂春】h⑬【前腔】t⑭仙呂過曲【醉翁子】h－⑮【前腔】h－⑯【僥僥令】h－⑰【尾】h
第四齣	起布	⑱南宮引【生查子】y⑲【臨江仙】y⑳【生查子】y㉑中呂過曲【泣顏回】h㉒【前腔】h
第五齣	教技	㉓雙調北曲【清江引】t㉔【前腔】d（唸工尺）
第六齣	大議	㉕高平調曲【三棒鼓】g㉖南呂調【一剪梅】smwf㉗仙呂過曲【園林好】ph－㉘【前腔】pgp㉙【江兒水】t㉚【前腔】t㉛【五供養】p㉜【前腔】gh㉝【川撥棹】gh㉞【尾】g

第七齣	說布	㉟仙呂引【天下樂】y㊱中呂引【菊花新】m㊲中呂過曲【駐馬聽】mh㊳【前腔】yh
第八齣	刺父	㊴越調引【霜天曉角】w㊵仙呂過曲【桂枝香】w㊶【前腔】y㊷【玉枝帶六么】yw
第九齣	反助	㊸中呂過曲【縷縷金】w㊹【前腔】y
第十齣	拜印	㊺正宮引【侯山月】g㊻南呂引【生查子】m㊼【前腔】y㊽南呂過曲【梁州序】h㊾【前腔】y㊿【節節高】dh(51)【尾】dh
第十一齣	議劍	(52)南呂引【步蟾宮】s(53)正宮過曲【錦纏道】s(54)南呂引【步蟾宮】f(55)正宮過曲【四邊靜】f(56)【前腔】f
第十二齣	獻劍	(57)南呂引【浣溪紗】g(58)雙調過曲【鎖南枝】f(59)【前腔】g(60)【孝順歌】y
第十三齣	賜環	(61)黃鐘引【西地錦】sl(62)高調過曲【二郎神】dh(63)【前腔】lh(64)【集賢賓】sh－(65)【前腔】dsh－(66)【貓兒墜】dh－(67)【前腔】dh－(68)【尾】ds

第十四齣	起兵	(69)仙呂引【番卜算】g(70)【前腔】mf(71)正宮過曲【玉芙蓉】wmg(72)【前腔】wh(73)【前腔】fh
第十五齣	歎環	(74)仙呂過曲【一江風】d(75)南呂過曲【二犯朝天子】d(76)【前腔】d
第十六齣	問探	(77)中呂【粉蝶兒】g(78)【醉花陰】m(79)【喜遷鶯】m(80)【出隊子】m(81)【刮地風】m(82)【四門子】m(83)【古水仙子】m(84)【尾】m
第十七齣	三戰	(85)仙呂北曲【點絳脣】mw(86)【金錢花】p(87)越調北曲【二犯沽美酒】f(88)雙調過曲【五兒江兒水】y
第十八齣	拜月	(89)黃鐘引【西地錦】s(90)南呂犯調【羅江怨】d(91)仙呂過曲【園林好】s(92)【嘉慶子】d(93)【尹令】d(94)【品令】d(95)【豆葉黃】s(96)【玉交枝】d(97)【二犯六么令】s(98)【江兒水】s(99)【川撥棹】dsdsd(100)【尾】(ds)
第十九齣	回軍	(101)高平調過曲【哭岐婆】g(102)越調引【霜天曉角】y(103)仙呂過曲【桂枝香】y(104)商調過曲【貓兒墜】yh(105)【尾】y

第二十齣	小宴	(106)南宮引【步蟾宮】s(107)【前腔】y(108)黃鐘過曲【畫眉序】yh(109)【前腔】y(110)【前腔】y(111)【滴溜子】d(112)【前腔】s(113)【雙聲子】y(114)【尾】y
第二十一齣	大宴	(115)高平調過曲g(116)【玩仙燈】s(117)【前腔】g(118)雙調引【海棠春】d(119)仙呂過曲【念奴嬌】d(120)【前腔】d(121)越調過曲【鬥寶蟾】sh(122)【前腔】dh(123)仙呂過曲【錦衣香】d－(124)【漿水令】d－(125)【尾】d
第二十二齣	送親	(126)仙呂引【似娘兒】－(127)雙調子【意遲遲】(sd)(128)高調過曲【山坡羊】dh(129)越調過曲【憶多嬌】p(130)【鬥黑麻】slh(131)【哭相思】hds
第二十三齣	納妾	(132)高平高【普賢歌】g(133)【前腔】d(134)中呂過曲【泣顏回】g(135)【賺】hg(136)仙呂過曲【掉角兒】hh(137)【尾】h
第二十四齣	激布	(138)仙呂引【阮郎歸】y(139)仙呂過曲【六么令】y(140)【玉抱肚】y(141)【前腔】y(142)正宮過曲【普天樂】y
第二十五齣	梳粧	(143)仙呂犯曲【醉羅歌】d(144)【前腔】d(145)仙呂過曲【懶畫眉】y(146)【前腔】d(147)【前腔】y(148)【前腔】d(149)【二犯朝天子】g(150)【前腔】g

第二十六齣	擲戟	(151)仙呂引【探春令】d(152)雙調過曲【鎖南枝】d(153)【前腔】y(154)南呂過曲【紅衲襖】y(155)【前腔】d(156)中呂過曲【撲燈蛾】g(157)【前腔】y(158)【賺】d(159)仙呂過曲【長拍】g(160)【短拍】g(161)【尾】g
第二十七齣	計盟	(162)仙呂引【卜算子】s(163)【前腔】y(164)黃鐘過曲【啄木兒】y(165)【前腔】s(166)【歸朝歡】ms
第二十八齣	假詔	(167)小石調過曲【望吾鄉】g(168)【尾】h
第二十九齣	誅卓	(169)黃鐘過曲【神仗兒】s(170)【香柳娘】(sp) h(171)【前腔】d(172)【前腔】y
第三十齣	團圓	(173)【卒地錦襠】g*(174)【女冠子】s(175)【前腔】y(176)【排歌】yh(177)【前腔】dh(178)【前腔】sh(179)【前腔】sh(180)【菊花新】w(181)【大環著】p(182)【越恁好】p(183)【紅繡鞋】p(184)【尾】p

根據以上的排列，大致可以看出作者在運用調性的習慣是這樣的：

連環計宮調使用統計表

黃鐘律的宮調： 正宮 二齣（黃鐘宮）

夾鐘律的宮調：中呂宮七齣（夾鐘宮）　雙調四（夾鐘商）
仲呂律的宮調：小石調一齣（仲呂商）
林鐘律的宮調：南呂宮五齣（林鐘宮）　高平調三齣（林鐘羽）
夷則律的宮調：仙呂宮十二齣（夷則宮）　商調二齣（夷則商）
無射律的宮調：黃鐘宮三齣（無射宮）　越調三齣（無射商）

分析的原則是：除去所有不配樂的引子，以及第一場副末念唱俗套，將其餘的南北過曲、犯曲、尾聲等在一齣戲中隸屬的宮調一一列出，以見作者的宮調選擇原則。

第一齣	**家門**	不入樂（詞樂）徒唱
第二齣	**從駕**	南呂宮
第三齣	**歡燈**	仙呂宮
第四齣	**起布**	中呂宮
第五齣	**教技**	雙調
第六齣	**大議**	高平調　南呂調　仙呂宮

第七齣	**說布**	中呂宮
第八齣	**刺父**	仙呂宮
第九齣	**反助**	中呂宮
第十齣	**拜印**	南呂宮
第十一齣	**議劍**	正宮
第十二齣	**獻劍**	雙調
第十三齣	**賜環**	高平調
第十四齣	**起兵**	正宮
第十五齣	**歎環**	仙呂宮　南呂宮
第十六齣	**問探**	中呂宮
第十七齣	**三戰**	仙呂宮（北）　越調（北）　雙調
第十八齣	**拜月**	南呂宮　仙呂宮
第十九齣	**回軍**	高平調　仙呂宮　商調

第二十齣	小宴	黃鐘宮
第二十一齣	大宴	高平調　仙呂宮　越調　仙呂宮
第二十二齣	送親	高平調　越調
第二十三齣	納妾	高平調　中呂宮　仙呂宮
第二十四齣	激布	仙呂宮　正宮
第二十五齣	梳粧	仙呂宮
第二十六齣	擲戟	雙調　南呂宮　中呂宮　仙呂宮
第二十七齣	計盟	黃鐘宮
第二十八齣	假詔	小石調
第二十九齣	誅卓	黃鐘宮
第三十齣	團圓	中呂宮

從以上宮調的使用可以理解作者基本是以傳統的宮調思維來處理劇本的寫作。所謂宮調思維，按現代術語是對律的選擇和調的使用合併思考的一種模式。根據「十二律旋相爲宮」的理論，七聲與十二律相乘，可得八十四調，唐代燕樂只用二十八調，宋代只用十七宮調，

到元代北曲只用十二宮調，舞臺上常用者卻只有九個宮調。先瞭解元代宮調理論。有助於認清明清傳奇之宮調運用。元代宮調思維以周德清的《中原音韻》記載最詳，明清以來，南曲大致使用五宮八調，合稱十三調。此一傳統依據明蔣孝、沈璟諸家的傳統，清曲使用最爲頻繁，戲工實際常用者不過五宮四調。以下爲元明清大致的使用宮調歸納圖：

六宮十一調		十三宮調	九宮
仙呂宮	清新棉邈◎	十二仙呂宮	仙呂宮
南呂宮	感嘆傷悲◎	五南呂宮	南呂宮
中呂宮	高下閃賺◎	七中呂宮	中呂宮
黃鐘宮	富貴纏綿◎	三黃鐘宮	黃鐘宮
正宮	惆悵雄壯◎	二正宮	正宮
道宮	飄逸清幽	道宮	
大石調	風流蘊藉	大石調	大石調
小石調	旖旎嫵媚◎	一小石調	
高平調	滌物滉漾◎	三＊＊＊	

般射調	拾掇坑塹	般射調	
歇指調	急井虛歇	***	
商角調	悲傷婉轉	***	
雙調	健淒激裊◎	四 雙調	雙調
商調	悽愴怨慕◎	二 商調	商調
角調	嗚咽悠揚	***	
宮調	典雅沈重	***	
越調	陶寫冷笑◎	三 越調	越調
***		羽調	

將《連環記》之宮調置諸格內，以◎圖記，可以發現此劇本並不嚴守蔣孝等人制定的宮調規範。《連環記》使用高平調的有三齣，此調的使用，可以說明《連環記》的撰寫時代，六宮七調的不成文規定尚未定型。因此，《連環記》的創作是處在明初元雜劇逐漸失去魅力，嚴格的宮調理論被南戲逐步接受的中介時期，此時期的戲曲宮調理論正處於未臻綿密，新論未立，舊法尚行的狀態，與其後沈璟諸人考定曲譜，刊刻流行的創作，有相當的差異。以下是《連環記》使用曲牌的情形：表列的引子指使用引子數目；曲調乃使用曲牌之數目；腳色

是指劇本中出場人物的行當數目；合唱指曲牌中有合唱、合前的次數；宮調是指一齣中使用宮調的情形；尾聲指尾聲有無。

齣目	引子	曲調	腳色	合唱	宮調	尾聲	總和
第一齣　家門	一	○	一	○	○	○	二
第二齣　從駕 *	三	四	四	一	二	一	十五
第三齣　觀燈 *	二	五	六	四	一	一	十九
第四齣　起布 #	三	二	三	二	一	○	十一
第五齣　教技	二	○	三	○	○	○	五
第六齣　大議 *	二	七	七	三	一	一	二十一
第七齣　說布 #	二	二	三	二	一	○	十
第八齣　刺父	一	三	三	○	一	○	八
第九齣　反助	○	二	三	二	一	○	八
第十齣　拜印 *	三	三	六	二	一	一	十六

第十一齣	議劍	#	二	三	四	二	一	○	十二
第十二齣	獻劍		一	三	四	○	一	○	九
第十三齣	賜環	*	一	六	四	六	一	一	十九
第十四齣	起兵	#	二	三	四	三	一	○	十三
第十五齣	歎環		○	三	一	○	一	○	五
第十六齣	問探	#	一	六	四	○	一	一	十三
第十七齣	三戰	#	○	四	五	○	三	○	十二
第十八齣	拜月	*	一	一○	二	○	二	一	十六
第十九齣	回軍	#	一	三	五	一	二	一	十三
第二十齣	小宴	*	二	六	六	二	一	一	十八
第二十一齣	大宴	*	三	七	六	四	三	一	二十四
第二十二齣	送親	#	二	四	五	二	二	○	十五
第二十三齣	納妾	#	○	五	三	二	三	一	十四

第二十四齣　激布　#	一	四	五	○	二	○	十二
第二十五齣　梳粧　#	○	八	四	○	一	○	十三
第二十六齣　擲戟　*	一	九	五	○	四	一	二十
第二十七齣　計盟　#	二	三	五	○	一	○	十一
第二十八齣　假詔	○	一	五	一	一	一	九
第二十九齣　誅卓　#	○	四	五	三	一	○	十三
第三十齣　團圓　*	三	八	七	八	一	一	二八

有了以上的統計資料，再觀察近代各班敷演《連環記》的實際齣目，大致可以看出那些是主要關目，那些會成折子戲，以及後代崑曲從業人員演劇改編的理由與審美觀念，可在關目的選擇上一覽無遺。此表中最特殊之處是合唱使用的頻繁，三十齣戲有二十七齣使用合唱或幫唱的形式。此現象顯示《連環記》是南戲與傳奇過渡之間的產物。從曲牌數目的使用上來看，此劇使用曲牌相當合理，並無特別冗長者，此或許是清抄本已有所更動，已經是一本適應舞臺的演出本。若將各種因素之數目予以總和統計，將會發現作者的總體思維有其邏輯性的。從曲牌數目超過六之以上者，除了最後一齣的「團圓」外，第六「大議」、十三「賜環」、十六「問探」、十八「拜月」、二十「小宴」、二一「大宴」、二五「梳妝」、二六「擲

戲」都是崑班常演的折子戲。其主要理由在於既是重要關目，又是抒情的所在，演員認爲有曲可發揮才是有戲可演。從總和的數目可觀察作者在戲曲變數上的安排，引子的多寡可以見重要角色有多少人登場，曲調使用的多寡，反應作者安排抒情場合的想法。角色的多寡反倒不是說明場次重要與否的主要數據，這要看出場的人物是主要人物，或次要人物而定。有尾聲的戲齣屬於較正式的場次，因使用了聯套，長度不致太短。對於總和超過十五的（包括十五）以＊符號註記，總和少於十五大於等於十的以＃註記，凡少於十的以·註記。

超過十五的是：第二齣總和是十五；第三齣是十九；第六齣是二十一；第十齣是十八；第十三齣是十九；第十八齣是十六；第二十齣是十八；第二十一齣是二十四；第二十二齣是十五；第二十六齣是二十；第三十齣是二十八，數較多，人物與曲牌使用相對比重較多，屬於較爲重要的十一主場。從十四齣到十齣的有第四齣十一；第七齣十；第十一齣十二；第十四齣十三；第十六齣十三；第十七齣十二；第十九齣十三；第二十三齣十四；第二十四齣十二；第二十五齣十三；第二十七齣是十一；第二十九齣是十三。總和少於十的在前十五齣有六齣，在後十五齣只有一齣（連環記分上下兩卷）足見作者在後十五齣爲集中劇情的高潮，幾乎不用小場或短的過場（詳見附圖一）。

從《連環記》上下兩卷之圖形可以發現上下兩圖的圖形差別很大，上圖的起伏較大，表示作者在主場、副場的區別用對比的方式表現，等到下卷進入十六齣以後，對每一齣戲都投注了相當的關注，因此可以見到較爲平均的數值所連貫的曲線，直到最後將所有的條件全部投諸舞臺作爲大團圓式的熱鬧結局，通常也作爲謝幕時充場面之用。《連環記》使用曲牌數目的情形，詳見附圖二。

附圖一

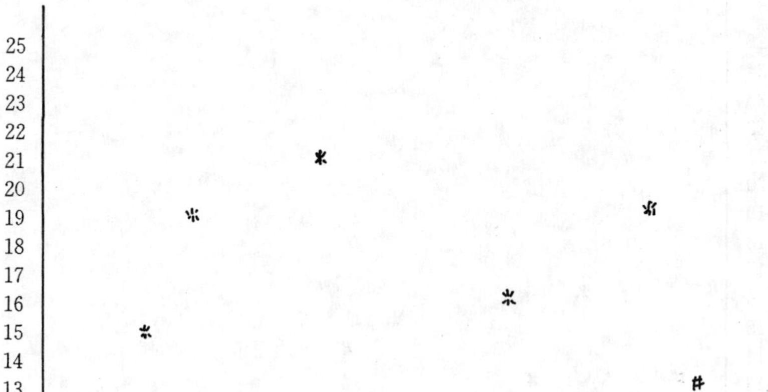
25
24
23
22
21
20
19
18
17
16
15
14
13
12
11
10
9
8
7
6
5
4
3
2
1
0
（齣目）
第1齣
第2齣
第3齣
第4齣
第5齣
第6齣
第7齣
第8齣
第9齣
第10齣
第11齣
第12齣
第13齣
第14齣
第15齣

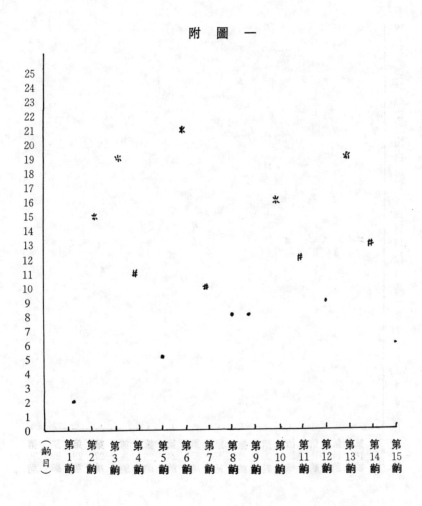

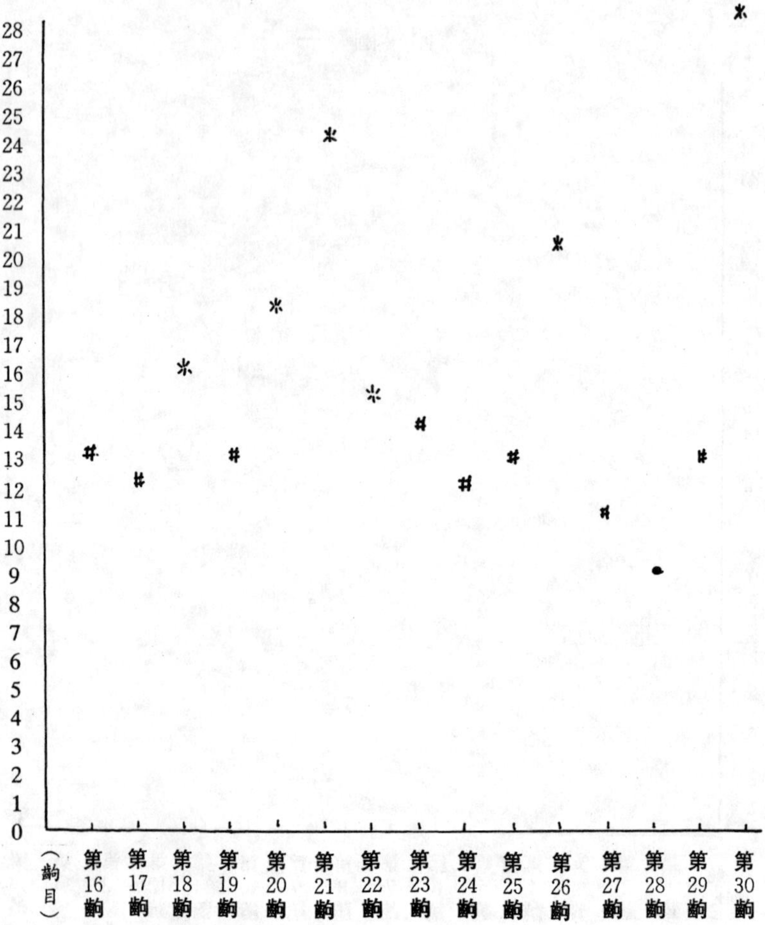
28
27
26
25
24
23
22
21
20
19
18
17
16
15
14
13
12
11
10
9
8
7
6
5
4
3
2
1
0
（齣目）
第16齣
第17齣
第18齣
第19齣
第20齣
第21齣
第22齣
第23齣
第24齣
第25齣
第26齣
第27齣
第28齣
第29齣
第30齣

附圖二

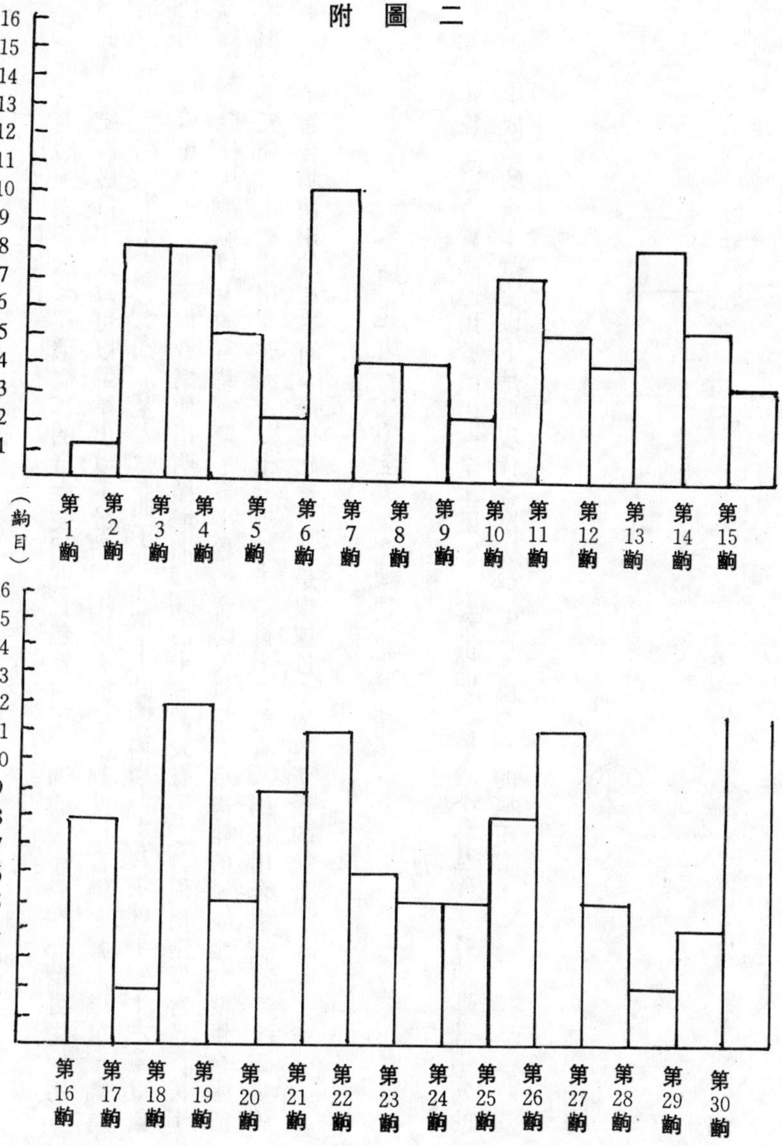
16
15
14
13
12
11
10
9
8
7
6
5
4
3
2
1
（齣目）
第1齣
第2齣
第3齣
第4齣
第5齣
第6齣
第7齣
第8齣
第9齣
第10齣
第11齣
第12齣
第13齣
第14齣
第15齣
16
15
14
13
12
11
10
9
8
7
6
5
4
3
2
1
第16齣
第17齣
第18齣
第19齣
第20齣
第21齣
第22齣
第23齣
第24齣
第25齣
第26齣
第27齣
第28齣
第29齣
第30齣

從以上的圖表顯示《連環記》的音樂使用，在包括引子、過曲、尾聲在一齣目中使用音樂曲牌的統計數目，大致可以歸納出以下數點：⑴所有的場次都使用音樂曲牌，以第一齣爲最少（一隻），第三十齣最多，有十二隻曲子。⑵前十五齣使用七十六隻牌子，十六齣以後使用一一六隻牌子，下半場音樂使用明顯增加。⑶前十五齣只有第二齣使用兩個宮調，後十五齣有七齣使用兩個以上的宮調，顯示下半卷的音樂安排是有意複雜的。⑷至於使用合唱的情形前十五齣有十齣採用，共涉及二十七隻牌子；後十五齣有八齣採用合唱，有二十三隻牌子。下半卷合唱使用的次數有下降的趨勢。這是根據抄本內容所做的統計。

五、各地崑班敷演全本《連環記》情形

至於各地崑班實際運用於演出「全本戲」，大都以明、清舊本爲基礎，各地選擇不同的折子以串成新的全本戲，以下是近現代各崑班敷演《連環記》的概況：

各崑劇團敷演全本《連環記》之折子戲分析表

一 清抄本	二 清上海班	三 寧崑	四 湘崑	五 溫崑	六 浙崑
第一齣 **家門**					序幕
第二齣 **從駕**					
第三齣 **觀燈**					
第四齣 **起布**	起布	起布			
第五齣 **教技**					
第六齣 **大議**			霸朝	大議	
第七齣 **說布**					
第八齣 **刺父**					
第九齣 **反助**					
第十齣 **拜印**					
第十一齣 **議劍**	議劍	議劍	*	議劍	(議劍)二

第十二齣 **獻劍**	獻劍	獻劍	*	獻劍	(獻劍)一
第十三齣 **賜環**	賜環	賜環	賜環	賜環	
第十四齣 **起兵**					
第十五齣 **歎環**					
第十六齣 **問探**	問探	問探			
第十七齣 **三戰**	三戰	三戰			
第十八齣 **拜月**	拜月	拜月	拜月	拜月	
第十九齣 **回軍**	回軍	回軍			
	送冠	送冠			
第二十齣 **小宴**	小宴	小宴	小宴	小宴	(小宴)三
第二十一齣 **大宴**	大宴	大宴	大宴	大宴	(大宴)三
第二十二齣 **送親**					
第二十三齣 **納妾**					

第二十四齣　激布					
第二十五齣　梳粧	梳粧	梳粧	梳粧	梳粧	（梳粧）四
第二十六齣　擲戟	擲戟	擲戟	擲戟	擲戟	（擲戟）四
第二十七齣　計盟		設計			（計盟）五
第二十八齣　假詔					
第二十九齣　誅卓		刺董	誅卓		誅董卓五
第三十齣　團圓					（團圓）六
					殉國恨六
					別離怨七
		白門樓（高腔）			白門樓八

品評戲劇優劣，對情節安排合理與否的理解是相當重要的過程。上表第一列是完整的清代抄本三十齣，此劇情節安排以《三國志演義》第三回到第九回，「王司徒巧使連環記」爲主。《曲海總目提要》卷四「連環記」條云：

連環記，明初舊刻，不知誰作。以元人《連環計》爲藍本，而粉飾之。情節關目互相轉換，此更與正史合者居多。元劇以一貂蟬兩用之故曰《連環計》。此劇王允以玉連環予貂蟬，授之密策故曰《連環記》。

此戲以一玉連環爲全劇之貫串，因此「賜還」、「歎環」等齣就變成相當重要的關目，爲避免主觀評斷，特將全劇各角色所擔任演唱的情形列表說明：

連環記各角色出場結構表

齣目	老生	小生	小旦	老旦	淨	丑	末	副末	外	雜	齣目
一								■			十六
二	■			■						■	十七
三					■	■					十八
四		■									十九
五			■			■					二十
六					■	■	■	■	■	■	二一
七		■					■				二二
八		■							■		二三
九		■							■		二四
十		■	■		■		■				二五
十一	■							■			二六
十二		■			■			■			二七
十三	■		■	■							二八
十四					■		■	■	■		二九
十五			■								三十

老生	小生	小旦	老旦	淨	丑	末	副末	外	雜
				■		■			
	■					■	■	■	■
■		■							
	■			■					
■	■	■							
■		■		■					
■		■	■						■
		■		■					
	■								
	■	■							
	■	■		■					
■	■					■			
				■					
■	■	■							
■	■	■		■		■			■

根據上述表格顯示：在全本戲三十齣裡，小生在十五齣張口唱曲；小旦有十三齣；淨扣掉最後一齣換角色外，董卓實唱十一齣；老生唱十齣；末有八齣；副末有六齣；外有五齣；雜爲場上其他幫閒角色，及幫唱知人有五齣戲。依據這分析可說明此係是以小生、小旦爲主的傳奇。由於老生和淨角的戲份很重，也可以說此戲是四個角色爲主的戲。到後來崑班盛行表演折子戲，在唱腔和舞臺身段都有細膩的加工，更造成全本敷演的可能性大減，在民間流動的班子爲求生存仍不能夠放棄全本戲的演出，只好選擇性的從全本戲中挑選能夠貫串的折子，組成新的本戲。

以下探討的是各崑班敷演全本《連環記》的情形。請見「各崑劇團敷演全本《連環記》之折子戲分析表」。

清代到民國初年《連環記》形成的折子戲有四「起布」、十一「議劍」、十二「獻劍」、十三「賜環」、十六「間探」、十七「三戰」、十八「拜月」、十九「回軍」、「送冠」、二〇「小宴」、二十一「大宴」、二十五「梳妝」、二十六「擲戟」等十三齣。其中「送冠」是從「回軍」分出而獨立的。這種選擇偏重於將呂布與丁建揚的事略去，專演王允與貂蟬設計離間董卓與呂布父子爲主要情節，事實上是一種濃縮。寧崑是指寧波的崑班，根據《寧波崑劇老藝人回憶錄》[26]所載，《連環記》是十六全本戲之一，全書並無章節詳細探討《連環記》的全本演法，但在第十二「應工戲」中各行當有以《連環記》爲應工戲者，應工戲是各行當的角色在分配折子戲的時候，都有適合自己表演風格的折子，以發揮自己這門角色特性的單齣戲。當然這是以折子戲方式獨立存在。茲轉錄如後：

正老生：《連環記》「賜環」、「議劍」、「獻劍」、「小宴」、「大宴」飾王允。

二榜小生：《連環記》「小宴」飾呂布。

三榜小生：《連環記》「起布」、「梳妝」、「擲戟」飾呂布。

正大花臉：《連環記》「大宴」、「梳妝」、「擲戟」飾董卓。

正二花臉：《連環記》「議劍」、「獻劍」飾曹操。

二榜小花臉：《連環記》「問探」飾探子

五　旦《連環記》「賜環」、「拜月」、「大宴」、「小宴」、「梳妝」、「擲戟」飾貂蟬。

呂布一角在折子戲中分由兩行當應工，表現寧波崑班在人物性格分類上，是將劇情表現以行當來表現，呂布在蘇州崑班是雉尾生，並未再係分行當，寧波崑班爲求表演效果，以不同特長之腳色應工，雖然會造成全本戲中人物性格或表演方式的衝突，但是在折子戲中就沒有這種顧慮。根據陸蕚庭《崑劇演出史稿》（陸一九八〇：三三〇）【附錄】清末上海崑劇演出劇目志「連環記」條之附註，「《連環記》蘇州崑班一直演至《擲戟》爲止，爲寧波崑弋班能演《設計》、《刺董》兩齣，並接演高腔《白門樓》。」從這段敘述可理解寧崑演《連環記》是以呂布爲主線，不以董卓之死做結束，更進一步借高腔戲將劇情推展到呂布喪命的「白門樓」。

傳統的蘇崑班子究竟如何敷演全本戲《連環記》呢，根據周導瑛口述的《崑劇生涯六十年》頁一五七所述的全本戲《連環記》是由「起布」、「刺丁」、「議劍」、「獻劍」、「問探」、「三戰」、「試闈」、「拜月」、「會軍」、「送冠」、「小宴」、「大宴」、「梳妝」、「擲戟」、「殺卓」等十五齣戲組成，周傳瑛敍其師沈月泉除「刺丁」、「殺卓」外其餘皆親自傳授，因此可視之爲全本《連環記》（周傳瑛一九八八：一五七）。

湘崑的《連環記》有不同的演法，根據個人親自訪問湘崑劇團團長雷子文所述，其《連環記》是由「霸朝」、「賜環」、「拜月」、「大宴」、「小宴」、「梳妝」、「擲戟」和「誅卓」所組（一九九五田野）。「議劍」、「獻劍」、「計盟」等戲反而是以折子戲方式演出，不在全本戲裡，此戲中之「霸朝」爲「大議」之改編。此據由余茂盛總排，在文革前公演過，文革後亦曾演出。

溫州崑曲演出全本《連環記》是根據《永嘉崑劇》第二冊潘好男先生供譜的《連環記》曲譜（一九九四油印本），其全本戲的組成是「大議」、「賜環」、「議劍」、「獻劍」、「拜月」、「小宴」、「大宴」、「梳妝」、「擲戟」共九齣折子所組成。溫崑之選齣相當保守，其全本戲大致是折子的組合，從其止於「擲戟」，不以殺董卓爲結束，極可能是折子戲完成穩定的表演模式後，觀衆與演員並不計較劇情之是否合理，這九個折子戲演完時大約用時四小時，已足以應付草台的演出，習以爲常後形成一種固定的演法。

對於《連環記》在崑班中不同的「全本」觀念全面理解後，再回過頭來面對浙江京崑藝術劇院這本《連環記》在整個崑班表演文化中，究竟反映了什麼現象，尤其這個本戲的產生是在九〇年代的中葉，即將邁入二十世紀，崑曲這個古老的劇種在現代文明衝激下，對現代人有何啓示，這是分析重點所在。

首先，對浙崑《連環記》回目與情節做一簡要之説明。浙崑此劇在劇本之題目《連環記》下方有一行小字：「根據安徽省徽劇團『呂布與貂蟬』演出本移植」。移植者是周世瑞，其場次共有八場，分別是：

第一場：人頭宴	第二場：獻貂蟬
第三場：連環計	第四場：鳳儀亭
第五場：誅董卓	第六場：殉國恨
第七場：別離怨	第八場：白門樓

從場目可以發現這個劇本事實上離崑劇較遠，因爲他已脱離了崑劇慣常使用的「集折體式」，這個名詞是由《崑曲曲牌及套數範例等》（一九八七油印本）南套編寫組所提出的。傳奇往

往集合四、五十個折子爲一個戲，就稱爲集折體。對於早期傳統的京戲諸如全本《紅鬃烈馬》（俗稱《薛八齣》）是一種集折體。現今大多數京劇以主角上下場做爲分場的規則，這種體制稱「連場體」。現在觀察這本《連環記》，很明顯已放棄傳統的集折體，而改用連場體。觀其用意，無非希望以緊湊之劇情，在有限的演出時間中，打破集折體對折子的依賴，使得折子戲對故事表達能力不足的缺陷不再發生。相對的，折子戲的優點亦完全喪失。《崑曲曲牌及套數範例集》一—四「傳奇和雜劇及其體式的特點」下一結論：「集折體的持點，不僅在於形式方面，有許多在聲律方面的優良傳統，祇有在這種結構體制之下纔能保存下來。」

七、浙崑《連環記》之分析

「集折體」與「連場體」是兩種中國戲劇結構方式，事實上，並非絕對的矛盾對立，「集折體」可以集的全是以主角上下場作爲分場觀念的折子，「連場體」也可以串連以場次安排爲分場觀念的折子戲。浙崑之所以要大膽改編新戲，正是面對傳統折子戲穩定的表演模式，在時間上不能有太多的選擇，如要壓縮折子戲劇情，則破壞折子戲完整的美學。如果在原有的折子戲基礎上再添枝葉，仍就是老戲重演，跳不出傳統的窠臼。個人認爲浙崑《連環記》的改編主要的用意是希望呈現以呂布與貂蟬爲主角的連場戲，從白門樓的結局安排，大致可以說是爲小生和旦特別設計的一場戲。

爲徹底理解浙崑新排《連環記》的音樂結構，特以一種循序總表的方式記錄該劇的音樂安排。

浙江京崑藝術劇院一九九五年所排新戲《連環記》時間分配圖

次場	項目說明	其他	唱曲時間	音樂時間	時間計
序幕	△序幕			〇：三二	：三二
	合唱【八聲甘州】		一：二三		一：五五
	面具舞			〇：一九	二：一四
	魏蜀吳混戰（鼓聲）			〇：一一	三：三四
	三英戰呂布			〇：二六	
	曹操刺董卓				四：〇一
	曹操遁走				五：〇〇
第一場	△幕間橋樂			〇：四七	五：四七
	△王允與大臣上				五：五四
	唱【十二月】		〇：五二		六：四五
	△儺舞登場			一：一七	八：四一
	儺樂（砍倒董卓）			一：二三	一〇：四二
	△董卓殺李儒				一二：三一
	△董卓唱【出隊子】		〇：五四		一三：一四
	△人頭捧進				一三：三一
	△董卓唱接【出隊子】		〇：三一		一四：〇〇
	△張溫欲捉董卓				一五：二〇
	△呂布唱【朱奴插芙蓉】		〇：五八		一六：二八
	△殺張溫				一六：五三
	△衆臣惶恐，樂起			〇：四一	一七：三四
	△萬歲駕到後樂起至落幕				一九：二六

第二場	△王允上場唱【錦纏道】		二：四〇		二二：〇六
	△曹操上，樂起			〇：一三	二二：二〇
	△王允、曹操商議				二四：一〇
	△貂蟬內唱【紅納襖】		〇：五八		二五：二九
	△曹操問訊				二六：一〇
	△貂蟬商唱【紅納襖】		一：四六	〇：二二	二七：五九
	△王允、貂蟬商議				三〇：五四
	△欲將貂蟬配呂布			〇：一八	三一：一二
	△王允唱		〇：〇九		三一：三三
	△王允跪，樂起				三二：〇二
第三場	△呂布拜訪王允			二：一〇	三四：一六
	△王允獻冠				三五：一二
	△呂布唱【畫眉序】		〇：二六		三五：五五
	△呂布接唱		〇：一四		三六：二二
	△請貂蟬出場			〇：一一	三七：二〇
	△貂蟬唱【畫眉序】		〇：五三	〇：一一	三八：一六
	△呂布、貂蟬相見				三八：二六
	△幕後合唱		〇：三九		三九：一五
	△貂蟬敬呂布酒				四一：三一
	△呂布、貂蟬、合唱		〇：五〇	〇：五一	四三：三四
	△兩人飲酒				四六：二七
	△貂蟬唱【叨叨令】		二：三二	〇：一四	五〇：〇八
	△董卓太師到王府，樂起			〇：三〇	五一：〇七
	△樂伎盤鼓作舞			〇：五三	五二：二九
	△幕後唱【羽衣三疊】		二：〇五		五四：三五
	△董挽貂蟬離去				五五：二六
	△幕後大合唱		〇：二五		五六：〇〇

第四場	△換場鑼鼓			一：一〇	五七：一〇
	△李儒自白、乾念				五八：〇八
	△貂蟬梳妝			〇：二四	五八：三九
	△貂蟬唱【懶畫眉】				
	呂布接唱前、腔同唱		二：三五		六一：〇三
	△貂蟬唱【忒忒令】		四：四四	〇：一二	六六：〇〇
	△呂布接唱前腔		〇：一四		六六：一五
	△呂布、貂蟬兩人相擁				六六：三一
	△貂蟬唱【江兒水】		〇：五一	〇：一五	六七：三七
	△呂布接白			〇：一五	六七：五二
	△貂蟬接唱【江兒水】		四：〇四		七一：五七
	△董卓念【撲燈蛾】				七二：五五
	△董卓起駕回宮				七四：二二
	△音樂轉場				七四：五〇
第五場	△起幕、進軍、喊聲			一：一〇	七六：〇〇
	△王允呂布念【撲燈蛾】				
	至刺董卓			三：〇六	七九：〇六
	△曹操拉王允慶功	〇：二四			七九：三〇
	△呂布猛呼貂蟬	〇：〇六			七九：三六
	△樂起、燈暗			〇：一三	七九：四九

第六場	△幕後合唱		○：一三		七九：五二
	△貂蟬進花園音樂			○：一七	八○：○七
	△貂蟬唱【園林沈醉】		○：三六		八○：四一
	△侍女捧酒，奏樂			○：三○	八一：一一
	△貂蟬接唱【園林沈醉】		○：一六		八一：二七
	△王允勸貂蟬逃亡				八二：○七
	△曹操笑王允識己太晚				八五：一五
	△王允唱【叨叨令】		二：○四		八七：一九
	△王允自殺				八八：一八
	△哀樂起至貂蟬仆倒			一：○二	八九：二○
第七場	△大合唱【新水令】		○：二七		八九：四七
	△呂布劍舞			○：三○	九○：一七
	△貂蟬祭王允至呂布退曹			三：一四	九三：三一
	△呂布唱【梁州第七】	○：一九	○：五九	○：○四	九四：五三
	△貂蟬接唱【梁州第七】		○：一六		九五：○九
	△貂蟬唱【小桃紅】		三：二六		九八：三五
	△呂布將貂蟬送歸故里				九九：二九
	△大合唱		○：三三	○：二八	一○○：三○
	△貂蟬倒地				一○一：三七

第八場

△換場音樂			○：五一	一○二：二八
△劉關張戰呂布	八：四○			一一一：○八
△白門樓刑場曹操上	二：五○		○：二五	一一四：四五
△曹操唱【新水令】		○：三九	一：一二	一一五：二六
△曹操令帶呂在	一：一○			一二六：四○
△呂布唱【脫布衫】		二：一一		二一八：五一
△呂布與貂蟬相擁	○：三四			一一九：二五
△貂蟬唱【後篇】		一：○三		一二○：二八
△呂布唱【小上樓】		一：二九		一二一：五七
△貂蟬唱【四煞】		○：三五		一二二：三二
△曹劉相商殺呂布	一：一六			一二三：四八
△斬呂布，樂起			○：二八	一二四：○八
△大合唱		○：三一		一二四：三九
△閉幕曲			○：三四	一二五：○三
				一二五：○三

《連環記》在各場唱段使用時間及其比例表

	唱腔時間	唱腔比率%	音樂時間	音樂比率
第一場	四：三八	五·○四%	一：二八	一·一七%
第二場	五：三三	四·四四%	○：五三	○·七一%
第三場	八：○四	六·四五%	五：○○	四·○○%
第四場	一二：二八	九·九七%	二：一六	一·八一%
第五場	○：○○	○%	四：二九	三·五八%
第六場	三：○九	二·五二%	一：四九	一·四五%
第七場	五：四一	四·五五%	四：一四	三·三九%
第八場	六：二八	五·一七%	二：三	二·○○%
總計	四六：○一	三六·八%	二二：三九	一八·一二%

一、情節的分析

中國傳統戲曲家品評一齣戲的優劣，將選題材列爲最重要的因素，孫月峰（鑛）將題材之選擇列爲時要之首。說明明代人認爲一齣戲要稱得上好，一定要故事佳；第二要關目好；第三要搬出來好等等。觀衆最直接接觸戲劇的部份是演的是什麼故事，如果故事不感人，再好的關目，再佳的演員也是徒費氣力的。浙崑《連環記》的情節到底好不好，這已不是一個主觀判斷的問題，也不是一個審美觀差別的問題，如果將浙崑《連環記》的劇情攤時間流裡，同時也放在空間對比中，也許能夠用歸納出來的現象，說明崑劇題材的選擇是可以有更多的選擇。若從明清流行的《連環記》本情節分析，很清楚的整個故事是平均分配在四個角色身上，在三十場戲中小生出場十五次唱三十五支曲子；小旦出場十三次，唱四十支曲子；老生出場十次，唱三十三支曲子；淨角出場十一次，唱二十五支曲子。這種劇本對民間劇班相當好用，劇班裡哪一個角色較出色，就讓他出場多、唱得多，其他角色可以一旁幫襯。由於四種角色表現的機會大致相當，這在演全本時才有可能同時需要四個角色吃重的演員，至於演折子戲時或演折子貫串的本戲時，在選戲時早有偏重，人員調度上問題不大。曹操在戲中的戲份不多，只出現六場，可以說是一個配角。全本《連環記》的情節發展可用以下的簡圖表示：

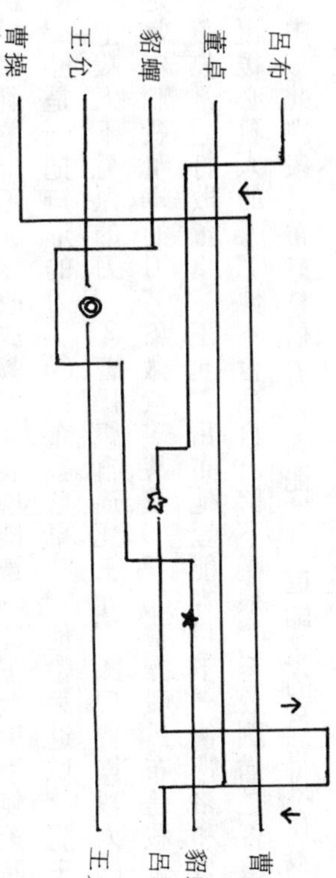

三十齣本的《連環記》在情節安排上始終有兩條線是不變的，即董卓的篡位和王允的憂國心願是貫穿全劇《連環記》兩條對立主線。曹操的線在劇情開端仍是站在王允一邊的，但從《議劍》、《獻劍》後就處在反對董卓的明顯立場。呂布的變是此戲的關鍵，兩次↓表示呂布殺了兩個形同父親的人，呂布的悲劇性在於耳軟善變，又仗他武藝高強，因此每變必殺人。☆是呂布動情的《小宴》，英雄動情何等動人，這是全劇最抒情處，未料★的《大宴》改變事實，在加上《梳粧》、《擲戟》的挫折，硬生生將他拉回叛逆的情境，終於犯下弑父的罪行。貂蟬原無任何價值觀，但她同情王允以後在立場上同化於王，◎是貂蟬同意王允的想法，用自己美色去挑撥董、呂父子倆感情。她與王允不同之處是面對董卓和呂布，不可能只有國家之情，而是擁有肌膚之親、男女之情。縱使貂蟬能冷血應付這兩個男人，但是結局仍是將她許配呂布，豈不又是悲劇。但是在明代這種結局是很合乎社會需求的，因爲戲劇的結局能殺奸除惡，男女主角團圓結婚，一派富麗堂皇氣象的收拾表演的氣氛，當然容易討得觀衆歡喜。此一新編《連環記》對曹操一角沒有充份利用，特以圖示說明：

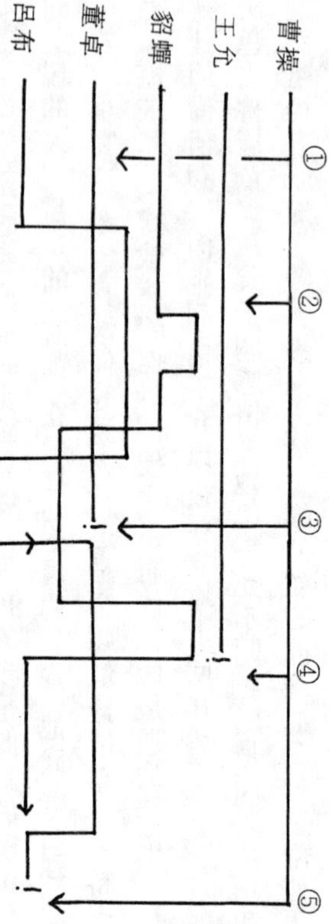

淅崑的改本若以結構論情節，操縱全局的應是曹操，他在整齣戲裡五個重要的點上有關鍵性的表現：①曹操謀刺董卓不成，改成獻刀，表現機智；②王允束手無策時，曹操提議以貂蟬離間董卓父子，亦是一把無形的刀；③呂布殺董卓時，他帶兵進城，將王允與呂布的生機完全扼殺，是一把殺人不見血的刀；④曹操親自逼死王允，顯現曹操殺人的本性，尤其讓王允自刎的刀就是當年刺殺董卓的刀，象徵意義甚濃；。⑤曹操殺呂布是殺王允的翻版而已，因爲他自己的反覆無常，打敗董卓、王允、呂布他豈能容得下一個性格和自己很相近的人，尤其是呂布是反覆後必殺人的人，他不會爲自己留下禍根。至於劉備是否求情，關係甚淺，決定權在他的手中，此次殺呂布只是借刀殺人罷了。這齣戲的呂布只在殺董卓上產生戲劇效果，戲份雖然很多，終究被人操縱，成爲一個自始至終被敵人控制的可憐年少英雄，弒父的陰影没有籠罩全局，呂布有勇無謀的生命特質暗示得不夠，這對於他的死是否重要，有很大的關係，輕輕放過實在可惜。王允勢力始終未建立，難以和曹操抵抗，因此衝突減弱，這在結構上是致命傷。我想這大概是徽戲的演法如此，想以呂布爲悲劇主角結合《三國演義》的情節，將呂布的死做爲悲劇英雄的下場，想法很好，但是在創作過程呂布的有效戲劇動作太少，曹操的上帝式的操縱，教一個卑微人物如何出頭，如何動人。徽戲的缺點在主題意識没有掌握清楚，戲就顯得混亂些。

二、音樂的分析

對於三十齣本《連環記》敷演的可能性可以說極微。因爲民衆已不會花費兩到三天的時間去觀賞一個全本崑曲。但是挑選折子貫串起來演卻是可行的。選擇那些折子的意義，代表要採用那些折子所具備的音樂曲牌，與折子有關的所有打擊音樂。傳統崑班大致都採用挑選折子貫串的方法很少班子有能力重新創作。因此各崑班對於曲牌的使用大都採取「刪多增少」的比例實踐在舞臺上。以當年轟動全國的《十五貫》電影版而言，此片影響中國全國傳統的制作甚鉅，因其大爲轟動，幾乎被全國各劇種當作模仿的對象。《十五貫》整齣戲用時一一三分十八秒，唱腔部份用時二十三分三一秒；背景音樂、音效、曲牌音樂等共二十四分四十四秒。唱腔比例是二〇·七〇%，音樂比例是二一·〇三%。這和浙崑新排的《連環記》唱腔比例是三六·八〇%，音樂比例是一八·一二%。相互比較彷彿是唱腔增加了，音樂減少了，事實上並不如此，唱腔增加了許矛非崑腔的大合唱，藝術民歌以及新編仿崑腔的段子，如果將這些因素扣除，純崑腔的唱段比《十五貫》更少。將大合唱歸入音樂部份計算，比例大致維持百分之二十左右，這種模式在時下的崑劇團大抵都是這種模式。

打破折子戲的貫串演法，意味著崑曲宮調套式系統的宣告瓦解。《十五貫》還大致保留著折子戲套式觀念，音樂配樂使用崑曲傳統吹打和民樂觀念混和作曲的方式填補表演的背景。因此可以聽出唱腔的律是崑曲傳統的民間七律，背景音樂部份是使用準確的十二平均律，傳統的吹打嗩吶、笛子曲牌則又使用民間七平均律。或許這是電影製作的方式，但對後來各劇團使用配樂的觀念、律的準確觀念等影響相當深遠。

《連環記》的音樂使用思維模式，與其說屬於大型歌舞劇式，倒不如說是大型越劇式，從律的全面十二平均律化，到音樂配器的民樂化，再加上水磨腔使用得很少，甚至崑曲唱腔的板腔化，都可看出崑曲在新戲編排的音樂處理事實上和其他劇種没什麼大差別。宮調體系的瓦解，使得崑曲在一個完整套曲中幽雅表演水磨腔的特性爲之減色許多。明、清兩代有其各自的戲劇節奏，但大致保持舒緩的風格。近現代的崑劇表演應採取何種節奏才能維持生存，是必須深刻檢討的關鍵，否則失去了崑腔的審美特質，無疑的是將崑劇表演送上不歸路。檢討崑劇特性並不意味著守舊或復古，而是在國際交流如此便捷的時代，如何尋找自我肯定的藝術原點，在深刻體認以後站在既有的基礎上發展，不但不易迷失，更可以在大膽的跳躍時有堅實的理論基礎。

響度對比太大，一直是中國戲無法克服的盲點。中國戲曲音樂除了清唱系統不加打擊樂外，幾乎所有的戲班都使用打擊樂器。打擊樂除了節奏變化外，音色和響度是兩個重要因素，打得不響常打不出要求的音色，因此原來在桑間濮上的戲曲打擊樂搬入演奏廳堂，常顯得過分喧鬧。民樂的加入使得唱腔—打擊樂—民樂在聽覺上的響度有相當大的差距，觀衆在座位上必須忍受音量上的經常變換，有時唱腔太小聲，有時樂太大聲，有時鑼鼓喧鬧的太響，有時民樂隊低音像一隻搗米的槌子，笨拙的在旋律裡喘氣，有時一段傳統律的嗩吶吹打後，連接一段十二平均律的樂曲，對有音樂素養的人多麼不能適應。但這些現象在中國傳統劇團已是行之已久的事實。如何找出一個解決的方法，以適應現代舞台的需求已是當務之急。

彈弦樂使用的不當，使得崑曲的韻味大打折扣。魏良輔當年將元雜劇以來鼓笛音樂系統和明初的弦索樂系統融合在一起，採用了張野堂改制過的小三弦，再配合琵琶、月琴等，組成了比重相當不輕的彈弦音樂，這種傳統一直保存在文人的清曲系統中，無錫「天韻社」的崑曲三弦演奏法，經楊蔭瀏先生的整理仍留下詳細的曲譜供後人參考。目前的崑劇團中負責彈弦的樂師，大多居於次要位置，在整個樂隊裡是相當不受重視的。

「律」的使用，關係整個音樂的本質。目前崑曲的樂隊除了民間清唱系統還有使用老笛子的民間七律(只七個等距開孔的膜鳴樂器)外，大都使用了西方「十二平均律」。幾乎是在文革後(一九七七)，恢復崑劇團公開演出的同時，就已經普遍實施西洋十二平均率。這當然和文革期間「樣板戲」佔據舞臺十多年有直接的關係，樂團的領導和學者們在一致擁護十二平均律的情勢下，也在樂隊配器必須有所謂準確的和聲的觀念下，全盤否定了民間七律。事實上，律的問題和樂隊音準無關，並非使用了十二平均律音才會準，問題是「爲什麼要放棄中國自己的律，去追求一個和崑曲毫無關係的新律？」。然而劇團的人認爲演奏平均律才能把崑曲音樂奏得準確，就連清曲出身而下海演戲的俞振飛，都曾表示採用十二平均律的音樂很好聽。事實上，對律感覺是一種習慣不習慣的問題，並不能產生比較高下、何美何醜的定論。凡是覺得十二平均率比較好的人都示範了主觀認知的偏差，因爲不同民族有其不同的律，日本人不會因爲和中國的律不合而認爲日本的律不好。其他國家的人也不會因爲日本的尺八的律不合十二平均律，而說日本的音樂不準。也沒有人會因爲「能樂」的律不合十二平均律，就說這種律在合奏上是有問題的。偏偏這種現象發生在中國，無獨有偶的全部的崑劇團都走了這種奇怪的模式。

律是一個民族思維的自然表現，「律」是呈現旋律和表達感情的載體，這幾個基礎音都能隨變更改，透視出中國人的思維實有其獨特的方式，實在很難令人理解。但目前已有人奔走呼籲恢復傳統的律，相信這個問題是很容易克服的。

傳統的崑曲的唱腔不僅僅是唱曲牌，而且是唱經過水磨的曲牌音樂。如果唱曲沒有經過水磨式的潤腔，只依曲牌工尺唱的曲牌聲樂，不能算是崑腔。這是基本常識，勿用多說。事實上崑曲的美往往在一段尋常唱段經過千錘百鍊以後，產生嫻熟流轉之美。沒有經過這道功夫，只能說所唱的是字的「音」，不能說唱的是腔。新戲新曲子的推出，對於唱曲功夫較深的演員影響較小，但對年輕的演員影響就很大了。

三、表演分析

崑劇因聲腔的關係，在特定的節奏韻律中表演肢體藝術，無形中形成一種特定的歌舞程式。各個行當的腳色在長期實踐中都形成一套自己的表演方法。由於分工的精細，各行當都有自己風格的曲子和唱法，當音樂一奏，嘴皮一念唱，肢體隨之而動，在旋律和節奏的限制中表現一種抒情律動的肢體程式。這最重要的要素是「音樂」，對演員而言是「唱腔」。如果這個關鍵的要素突然改變時，肢體自然受到影響而改變。

藝人都知道崑曲表演藝術的精華都保存在折子戲中，可以說折子戲是一套精練的肢體藝術。然而，崑劇團排新戲時卻極力要擺脫折子戲的陰影，無疑的是不願再重複古人設計的舞步，或只願意選用部份可用者入戲。這種現象沒有什麼好壞可說，也不見得有什麼規律可以遵守，因爲新戲永遠是嘗試突破傳統和現狀的改革作品，當一齣新戲能夠上演數百場，甚至數千場後，自然形成新的折子戲，肢體身段也會有精緻的表現。

從「浙崑連環記時間分配圖」的唱曲時間，可以瞭解編曲者有意將唱腔時間縮短，超過一分鐘以上的唱段只有十二次，最長的唱段依次是貂蟬的【忒忒令】四分四十四秒；貂蟬的【江兒水】四分零四秒，貂蟬的【小桃紅】三分二十六秒。一分鐘以上到三分鐘以內的段子有十段；不滿一分鐘的段子有二十四段。這個統計是以曲子的完整性爲原則去計算的，若一個曲子分成三段停頓，則算成三次。綜觀此劇曲子用時長短的現象，可以發現浙崑已在有意識的避免唱曲子，盡量用零散的聲腔或合唱來避免大段唱腔可能會引起的單調。這種行爲恰恰是對崑劇藝術最大的諷刺，因爲崑曲之所以神聖，所以一枝獨秀，完全在他的聲腔有其他聲腔趕不上的優勢。所以在明代的戲劇家、伶工們都一致拋棄當時一起流行的其他聲腔，並使用這種水磨式腔調來演戲，在這種腔調的節奏和美學觀點裡創造屬於肢體的藝術。現在崑腔被故意忽略了，身段自然受到影響，事實上，崑劇聲腔的没落，即意味著崑曲舞臺藝術的凋零，最大的因素當然是整個社會俗化得太過迅速，使得崑劇具有深刻內涵的表演藝術得不到大衆的青睬。卻被逼得去走一條類似越劇的通俗化道路。也意味著崑曲的未來命運是必須擺脫沈重的傳統包袱，同現實低頭。但是，音樂是衰退了，表演藝術有無進步呢，這是最現實的關鍵。

崑曲表演藝術之所以優美，在於運用最少的人力達成最大的抒情審美效果。整個舞臺的每一個人物都是如詩般的幽美。但是長久受到京劇、越劇、蘇劇等的影響，浙崑台上主配角的表演在精神狀態上有很大的差別。至於在人力的設計上、隊形的設計上，更是看不出崑曲與其他聲腔劇種有什麼不同。因此，唐葆祥的〈崑劇的表演藝術〉㉗所提出的四個特點，就越發值得各崑劇團的參考，我將這四段內容歸納如下：

其一：崑曲舞蹈與歌唱緊密結合，形成一完整表演系統。一舉一動的節奏感相當韻律，與十多種唱腔的腔格密切配合，形成多變的舞姿。

其二：崑劇人物塑造、採用寫意手法，追求神似的境界。一般折子戲劇情簡單，卻講求抒情效果，追求人物內在的豐富世界。

其三：崑劇表演的追求，是體驗與表現的結合。崑劇藝人將內心體驗視爲演藝的基礎。從內在心「美」的追求，到外在「形」的錘鍊，在虛實濃淡中取得一種寫意的美感。

其四：崑劇的表演透出一種高雅格調和非凡氣質。人們一向用「書卷氣」來形容崑劇表演。每一個角色雖然有其分工的表演方式，卻都在典雅的音樂旋律中完成細賦動人的表演，自然形成一種雅化的氣質。

四、從「神聖到世俗」一條反覆迂迴的道路。

從「浙崑」來探討近現代崑曲發展的道路，並由他來揣度未來崑曲的展望是相常有意義的。因爲整個崑劇表演在近五十年來他都具有相當的象徵意義。(圖見三七二頁) 這個圖是以「浙崑」爲主體的一個演變圖。因爲沒有一個崑曲戲班能夠如此完整的表達正統崑曲（即演唱蘇州系統的崑曲）在七十五年（一九二一～一九九五）不絕如縷的奮鬥歷程。尤其是這個團創造了近五十年來崑曲最神聖的奇蹟「十五貫」，不但壯大了自己，也救了其他氣息奄奄的崑劇團體。這個團體的靈魂人物是周傳瑛，他的基礎來自崑劇傳習所。

崑劇傳習所的誕生象徵著正統蘇州崑劇的衰亡已到了非常嚴重的地步。因此由一批清曲家徐凌雲（一八八五～一九六五）、貝晉眉（一八八七～一九六八）、俞粟廬（一八四七～一九三〇）等發起，成立一個崑劇的科班，這種行爲實質上是欲藉教育的手段，從新塑造一個「崑劇的社會」。在傳習所教學傳藝的人都是當時蘇州成名的崑曲藝人，周傳瑛在此習藝成爲崑曲正科班的演員。清曲家發現神聖的傳統凋零時就想辦法創造奇蹟，這一批「傳」字輩的藝人在當時都是梨園子弟或貧困人家的孩子，這批孩子被賦與「崑曲」訓練後，在生命中有了新的使命，他們一生的歲月，用自己的肉體去延續崑劇衰亡的命運。

出科後的幾年坎坷表演生涯，豐富了他們的藝術生命。在日本人侵略中國，烽火遍地的

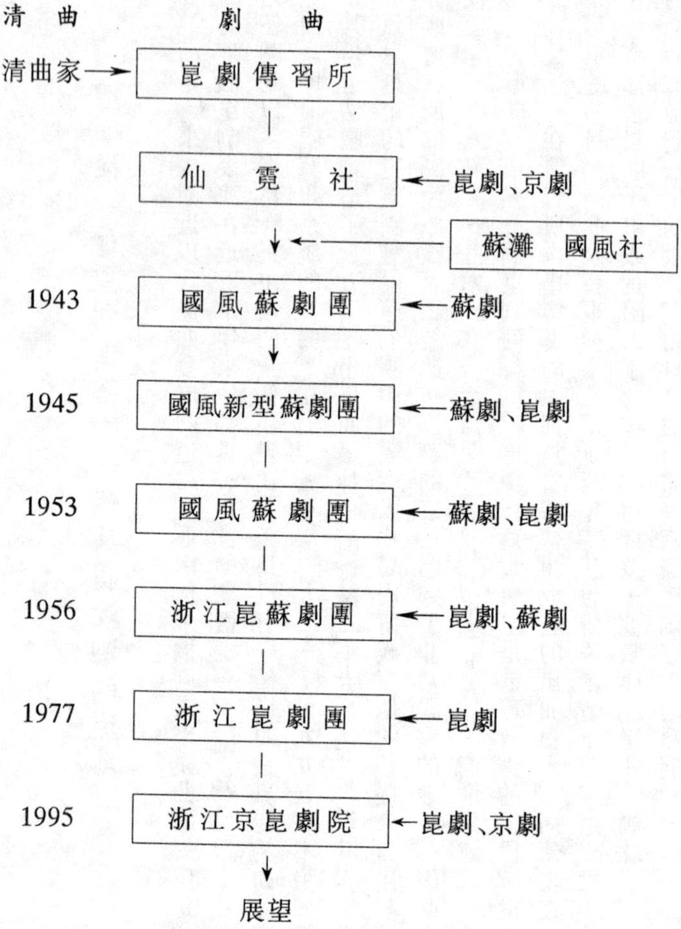
清曲
劇曲
清曲家
崑劇傳習所
仙霓社
崑劇、京劇
蘇灘　國風社
1943
國風蘇劇團
蘇劇
1945
國風新型蘇劇團
蘇劇、崑劇
1953
國風蘇劇團
蘇劇、崑劇
1956
浙江崑蘇劇團
崑劇、蘇劇
1977
浙江崑劇團
崑劇
1995
浙江京崑劇院
崑劇、京劇
展望

時候，王傳淞（一九○七—）先投入蘇灘的陣容，再引領周傳瑛入蘇劇團，開始爲了生命存亡問題，無奈的投入一個從「坐唱㉘」轉型「大戲㉙」的新劇團。從藝人生命本質而言，這是一種新認知的開始，從最基層的民間去感受兩種藝術的衝突和融合。這正是《十五貫》能神奇的創造奇蹟的先決條件。

崑曲藝人的投身其他地方劇團，在意識思維上是一種從上到下的無奈現實，當劇團有發展的時候，內心一股炙熱的使命感就油然而生。從演蘇劇餬口，到蘇劇、崑劇並演，甚至到盡量少演蘇劇，最後是只演崑曲。這種行爲意味著崑劇藝人在潛意識裡有崑曲較優的某種傾向。「浙江蘇崑劇團」的改成「浙江崑劇團」很明顯的顯示了優勝劣敗的主觀選擇。在崑劇團期間藝人們用崑劇傳統折子的優美身段獲得了許多大獎，證明崑劇在各種劇種中是最有實力的劇種。

當中國改革開放的浪潮吹起時，劇團經費緊縮得需要各劇團自負盈虧的局面立刻降臨。崑劇團很快和京劇團合併，但是因爲實力的堅強始終掌握整個劇團的生機大權，崑劇團變得因混血而強大，但是京劇團很有可能步當初劇團後塵：在崑劇團幾個超級藝人的衝激下，變得黯淡無光。這非是京劇比不上崑劇，而是京劇擺錯了位置，在蘇、杭一帶京劇要和京朝派（只北京的京劇）競爭，是很難出人頭地的。

雖然崑劇從明代至今四百多年，累積了不少規矩教條，卻只有在太平盛世，才有人遵守曲家的規範。在戰亂和動盪的時代，崑曲幾乎可以說是「隨遇而安」，自求生計。歷史是一治一亂，起伏更替的，崑曲的展望因而亦復如是。但是崑曲與其他劇種不同之處，在於他有一個輝煌的傳統，有一個令人敬畏的藝術系統理論，在多變的社會潮流中，崑曲始終提供從業者一個無比的信心：崑曲是「曲高」的，至於「和」的人口如何，則有待崑曲從業人員的爭取。

註釋

❶ 連環記。傳奇劇本。明代王濟作。有明繼志齋刊本、清內府鈔本。《古本戲曲叢刊初集》本，據抄本影印。劇情：演董卓、呂布、王允、貂蟬事。寫《三國演義》第三回到第九回，以「王司徒巧使連環記」爲主。全劇共三十折。至今崑劇舞台尚演〈起布〉、〈議劍〉、〈問探〉、〈拜月〉、〈小宴〉、〈大宴〉、〈梳妝〉、〈擲戟〉等齣。呂天成稱《連環記》：「詞多佳句，事亦可喜。」

❷ 崑劇傳習所。崑劇科班。一九二一年秋游穆藕初、張紫東、徐凌雲等崑劇愛好者合力創辦。地址在蘇州桃花塢西大營門五畝園。招數七、八十名學生，每人都取藝名，以「傳」字排輩，並以藝名最後一字的偏旁標誌當行。出科學生以「新樂府」、「仙霓社」名義在上海及江南各地演出。

❸ 十五貫。黃源、鄭伯永、陳靜（執筆）、周傳瑛、王傳淞、朱國樑根據同名崑劇傳統劇目改編。

劇情敘述屠夫尤葫蘆借了十五貫錢回家，哄騙繼女蘇戍娟，說是賣她的身價。蘇不願爲婢，深夜私逃投親。地痞、賭棍婁阿鼠輸錢後，闖入尤家，偷錢被尤發覺，竟用肉斧殺尤滅口。清晨，鄰居發現尤葫蘆被殺，蘇戍娟失蹤，一面報官，一面追趕。熊友蘭帶主人陶復朱的十五貫貨款往常州辦貨，正好與蘇同路而行。鄰人、差役追及，見兩人同行，熊又身帶十五貫錢，便疑他倆是兇手，押送官衙。無錫知縣過于執，主觀臆斷，認定他倆是通奸殺人，判處死刑。蘇州知府況鍾奉命監斬，發現熊、蘇二人罪證不實，連夜去求巡撫周忱，請求緩刑複查。周忱以三審定案，部文已下，監斬官無權過問爲由，不准所請。經況據理力爭，並以官印抵押，周才同意複查，但限期半月查清。況親至現場查勘，又改扮私訪，終將真兇婁阿鼠緝拿歸案，熊、蘇無罪釋放。

一九五五年，浙江崑劇團首演。導演陳靜、周傳瑛，作曲李榮圻、周傳錚，舞美設計裘雲飛。周傳瑛飾況鍾；王傳淞飾婁阿鼠，朱國樑飾過于執，包傳鐸飾周忱，龔祥甫飾熊友蘭，張世萼飾蘇戍娟。此劇影響甚大，被譽爲「一齣戲救活了一個劇種」。前後演出過近八百場。全國許多兄弟劇團、劇種都演出過。劇本被譯成英、日等文字出版，美國、波蘭也有劇團演出此劇。上海電影製片廠拍成彩色電影。

❹ 王濟有關戲劇年表

一四九五（孝宗朱祐樘弘治八年乙卯） ⊙王濟二十二歲

△邱濬卒（一四二一～一四九五）

一四九七（孝宗朱祐樘弘治十年丁巳） ⊙王濟二十四歲

△陸采生。陸采，字子玄，號天池，蘇州常州人，一說江都人。（一四九七～一五三七）《明珠記》、《南西廂》等劇作者。

一五〇二（弘治十五年壬戌） ⊙王濟二十九歲

△李開先生。李開先，字伯華，號中麓，山東章丘人。以《寶劍記》劇著名。戲劇評論作品《詞謔》（約作於一五四九年）中首次提到歌唱家魏良輔。

△魏良輔約在此年前後出生。

一五〇六（明武宗朱厚照正德元年丙寅） ⊙王濟三十三歲

△何良俊生。何良俊，字元朗，松江華人。（一五〇六～一五七三）著有《四友齋叢說》（作於一五七〇年左右），說明其時魏良輔等人改革崑腔已經取得成功，風行一時。

一五〇七（正德二年丁卯） ⊙王濟三十四歲

△陳鐸去世。陳鐸，字大聲，號秋碧，下邳人（江蘇邳縣附近）。長期寓居南京，以散曲著名，影響很大。妙解音律，尋聲度曲，冠絕一時

一五一六（正德十一年丙子） ⊙王濟四十三歲

△陸采《明珠記》傳奇約作於此年。

一五一七（正德十二年丁丑） ⊙王濟四十四歲

△《盛世新聲》出版

一五二〇（正德十五年庚辰）　⊙　王濟四十七歲

△梁辰魚生。一說生於正德十四年。梁辰魚，字伯龍，號少白，又號仇池外史，崑山人。以《浣紗記》傳奇得盛名。散曲有《江東白苧》，影響也很大。是崑劇興盛初期的代表作家。

一五二一（正德十六年辛巳）　⊙　王濟四十八歲

△徐渭生。徐渭，字文長，號天池生，又號青藤道人，浙江山陰（今紹興）人。（一五二一～一五九三）著明戲曲作家和評論家，作品有《四聲猿》、《南詞敍錄》等。

一五二三（明世宗朱厚熜嘉靖二年癸未）　⊙　王濟五十歲

△唐寅卒，年五十四。

一五二五（嘉靖四年乙酉）　⊙　王濟五十二歲

△王世貞生。王世貞，字元美，江蘇太倉人。（一五二六～一五九〇）著有文藝評論《藝苑卮言》（一五六五），並傳爲《鳴鳳記》傳奇作者。

一五二七（嘉靖六年丁亥）　⊙　王濟五十四歲

△張鳳翼生。張鳳翼，字伯起，號靈墟，又號冷然居士，蘇州長洲人。（一五二七～一六一三？）著傳奇七種，《紅拂記》最負時名。散曲作品影響亦大。擅長唱曲，兼能演劇。

一五三一（嘉靖十年辛卯）　⊙　王濟五十八歲

△史槃生。史槃，字叔考，會稽人。（一五三一～一六二三）著有傳奇多種及散曲《齒雪餘香》等。

一五三四（嘉靖十三年甲午）　⊙　王濟六十一歲

△王錫爵生。王錫爵，字元馭，太倉人。（一五三四～一六一〇）中年家居時，家樂甚盛，著名崑家張野塘、趙瞻雲等均在其家。

一五三五（嘉靖十四年乙未）　⊙　王濟六十二歲

△王稚登生。王稚登，字伯俗，江陰人（一五三四～一六一二）戲曲、散曲作家，與梁辰魚、張鳳翼爲友。

一五三八（嘉靖十九年辰戌） ⊙ 王濟六十五歲

△徐霖卒。（一四六二～一五三八）所作傳奇有《繡襦記》《柳仙記》《三元記》等八種。

一五三九（嘉靖十八年己亥） ⊙ 王濟六十六歲

△周似虞生。周似虞，常熟人。（一五三九～一六三一）魏良輔傳人，清曲家。

一五四〇（嘉靖十九年庚子） ⊙ 王濟六十七歲

△康海卒。（一四七五六～一五四〇）

❺樂府菁華。戲曲散齣選集。書名全題爲《新鍥梨園摘錦樂府菁華》。明劉君錫輯，明萬曆庚子（一六〇〇）書林參槐堂王會雲刊行。六卷。版式分爲上、下欄。所收之傳奇計有：《四德記》、《香囊記》、《還帶記》、《鸚鵡記》、《琵琶記》、《西廂記》、《和戎記》、《剔目記》、《五桂記》、《金貂記》、《躍鯉記》、《投筆記》、《妝盒記》、《紅葉記》、《織絹記》、《牡丹記》、《破窯記》、《洛陽記》、《金印記》、《雙卿記》、《玉簪記》、《目連記》、《荊釵記》、《十義記》、《四節記》、《護國記》、《拜月亭》、《青衫記》、《萃盤記》。又有未標劇名之《妓女送別情郎》、《百花評品》、《玉娘月夜憶夫》、《亞仙鶯鶯爭能》、《魯肅求計》、《思憶美人》、《遊女題情》數劇曲。原刻目錄中尚有《玉釵記》、《玉環記》、《望雲記》，然不見於正文。英國牛津Bodleian圖書館藏有原刻本，《善本戲曲叢刊》第一輯據以影印。

❻王谷新簧。戲曲散齣選集。書名全題前二卷作《鼎刻時興滾調歌令玉谷新簧》、後三卷題《鼎鐫精選增補時興滾調歌令玉谷新簧》；別題《玉谷調簧》，原名應作《玉振金聲》。明吉州景居士編，明萬曆三十八年（一六一〇年）書林劉次泉廷禮刻本。五卷。版式分三欄，上、下兩欄選收傳奇散齣，中欄爲燈迷、時興酒令、滾詞新詞及耍孩兒等小曲。所收之傳奇計有二十二種，爲：《金貂記》、《昇天記》、《紅葉記》、《思婚記》、《三國記》、《琵琶記》、《金印記》、《投筆記》、《玉簪記》、《浣紗記》、《西廂記》、《三元記》、

《米糷記》、《洛陽記》、《妝盒記》、《白兔記》、《六惡記》、《續緣記》、《破窯記》、《金釵記》、《還魂記》、《祝壽記》。另有目無文者五種，爲：《香囊記》、《四德記》、《萃盤記》、《玉環記》、《太和記》。日本內閣文庫藏有原刻本，《善本戲曲叢刊》第一輯據以影印。

❼ 摘錦奇音。戲曲散齣選集。書名全題爲《新刊徽板合像滾調樂府官腔摘錦奇音》，又名《時尚樂府摘錦奇音》。明龔正我選輯，卷之五、六經張德卿校正。明萬曆三十九年（一六一一年）書林敦睦堂張三懷刊本。六卷。版式分爲二欄，下欄收傳奇散齣，上欄收酒令、燈謎、浙腔羅江怨、急催玉、劈破玉等小曲及「大明一統合屬兩京十三省所轄」府、州、縣名。所收傳奇有三十二種：《琵琶記》、《會真記》、《白兔記》、《幽閨記》、《玉簪記》、《千金記》、《運甓記》、《尋親記》、《和戎記》、《皮囊記》、《長城記》、《紅葉記》、《斷髮記》、《男后記》、《崑崙記》、《躍鯉記》、《昇仙記》、《荊釵記》、《金？記》、《招關記》、《白袍記》、《金貂記》、《煉丹記》、《破窯記》、《鯉魚記》、《嫖院記》、《同窗記》、《三元記》、《投筆記》、《五桂記》、《箱環記》、《金印記》。日本內閣文庫藏有原刻本，《善本戲曲叢刊》第一輯據以影印。

❽ 八能奏錦。戲曲散齣選集。書名全題爲《鼎鐫崑池新調樂府八能奏錦》。明黃文華編，明萬曆間書林愛日堂蔡正河刊本。凡六卷，卷數分上中下，一二三。版式分三欄，上、下兩欄選收傳奇散齣，中欄收羅江怨、哭皇天、劈破玉、急催玉等小曲，今存有日本內閣文庫所藏殘本，《善本戲曲叢刊》第一輯即據以影印。殘本完整者僅二、三兩卷，上卷及一卷均殘，中、下卷全缺。存者爲《羅帕記》、《玉簪記》、《木梳記》、《獅吼記》、《五關記》、《昇天記》、《易鞋記》、《紅拂記》、《？弓記》、《浣紗記》、《琵琶記》、《金印記》、《分鞋記》、《米？記》、《玉簪記》、《洛陽橋》、《藍關記》、《斷髮記》、《水滸記》、《西廂記》、《投筆記》、《躍鯉記》、《白兔記》、《雙節記》、《金貂記》、《繡毬記》、《織錦記》等二十七種。據存本目錄，知所佚者有《妝盒記》、《藏珠記》、《紅葉記》、《三元記》、《昇仙記》、《賣水記》、《四節記》、《題鶯記》、《金箭記》、《草廬記》、《四德記》、《香囊記》、《飯袋記》、《剔目記》、《嬌紅記》、《投桃記》、《獅吼記》、《浣紗記》、《雙盃記》、《三國志》、《荊釵記》、《五桂記》二十二種。

⑨ 詞林一枝。全名《新刻京板青陽時調詞林一枝》青陽腔劇本單齣選輯。明代萬曆年間黄文華、奚繡甫選輯。共四卷。書林葉地元刻印。收三十五部傳奇，四十八個單齣。

⑩ 大明春。戲曲散齣選集。全名《鼎鍥徽池雅調南北官腔樂府點板曲響大明春》，別題《新調萬曲長春》、《萬曲長春》。明「教坊掌教司扶搖程萬里選」，參加編集者尚有「庠生沖懷朱鼎臣」及「散人葆和」，明萬曆間福建書林金魁（拱唐）刊行。六卷。版式分三欄，上、下兩欄選數收奇散齣，中欄爲江湖方語、雜詩及掛枝兒、疊錦蘇州歌等子曲。所收之傳奇計三十三種，爲《玉簪記》、《米郛記》、《五桂記》、《玉環記》、《天緣記》、《謫仙記》、《妝盒記》、《同心記》、《紅葉記》、《復仇記》、《紅拂記》、《黄鶯記》、《嘗膽記》、《和戎記》、《風月記》、《金印記》、《賣釵記》、《西廂記》、《琵琶記》、《陰德記》、《刺瞽記》、《昇平記》、《織絹記》、《救母記》、《三國記》、《征遼記》、《鯉魚記》、《興劉記》、《結義記》、《寒衣記》、《風情記》、《破窯記》、《湘環記》。又《三元記》、《征蠻記》二種有目無文。日本尊經閣文庫藏有原刻本，《善本戲曲叢刊》第一輯即據以影印。

⑪ 徽池雅調。全稱《新刻天下時尚南北徽池雅調》。屬於弋陽腔、青陽腔劇本單齣選集。並附有【劈破玉】等民歌。明末熊稔寰選輯。收《拜月記》、《破窯記》等十二種傳奇。抗日戰爭時上海中國書店發現此書，與《堯天樂》合刊而成《秋夜月》一書。

⑫ 堯天樂。全稱《新刻天下時尚南北新調堯天樂》。屬於弋陽腔、青陽腔劇本單齣選集。明末段啓聖選輯。收《紅葉記》、《金台記》等四十三種傳奇。抗日戰爭時上海中國書店發現此書，與《徽池雅調》合刊而成《秋夜月》一書。

⑬ 時調青崑。戲曲散齣選集，書名全稱《新選南北樂府時調青崑》，《共聽賞》或又名。黄儒卿匯選，書林四知堂刻本。據今之所見本中「兩京十三省土產歌」載「崇禎皇帝登龍位，一旦江山屬清朝」，知書當刻於清初。四卷，卷序爲「卷之首」、「卷之次」、「卷之一」、「卷之二」。版式分爲三欄，上、下兩欄選收傳奇散齣，中欄爲酒令、江湖笑話及「兩京十三省土產歌」、「天下十三省文武衙門歌」。所收之傳奇計有三

十二種，《桃花記》、《玉簪記》、《鯉魚記》、《教子記》、《同窗記》、《霞箋記》、《水滸記》、《赤壁記》、《救母記》、《長生記》、《綠袍記》、《荊釵記》、《躍鯉記》、《斷髮記》、《破窯記》、《蕉帕記》、《百花記》、《織絹記》、《招關記》、《還魂記》、《葵花記》、《鸚哥記》、《琴線記》、《琵琶記》、《金印記》、《繡樓記》、《三元記》、《西廂記》、《紅梅記》、《白兔記》、《古城記》及僅標齣名之《楊妃醉酒》。《善本戲曲叢刊》第一輯收有影刊本。

⑭ 歌林拾翠。戲曲散齣選集。明無名氏編。今爲「歲在己亥（一六五九年？）」金陵書林奎璧齋、寶聖樓、大有堂、鄭元美等合梓覆刻本。書名全題爲《新鐫樂府清音歌林拾翠》，然每又分別標以具體劇名爲書名如《新鐫樂府〈浣紗〉拾翠》之類，且頁數自成起迄，各或只收一劇，或二、三劇。故揣測發行之初或曾有分刊本。凡二集。共收劇二十八種，計爲：《尋親記》、《浣紗記》、《爛柯記》、《荊釵記》、《千金記》、《水滸記》、《焚香記》、《牧羊記》、《紅拂記》、《義俠記》、《連環記》、《幽閨記》、《破窯記》、《桃花記》、《琵琶記》、《金貂記》、《繡襦記》、《玉簪記》、《金鎖記》、《古城記》、《目連記》、《葵花記》、《紅梅記》、《百花記》、《白兔記》、《三元記》、《西廂記》、《金印記》。哈佛大學燕京圖書館藏有此種刊本，《善本戲曲叢刊》第二輯所收即係據此本影印。

⑮ 怡春錦。戲曲散齣、散曲選集。書名全稱《新鐫出像點板怡春錦曲》，別題《新鐫出像點板纏頭百鍊》，僅版心標「怡春錦」，故書名簡稱似亦當作《怡春錦曲》爲宜。明末沖和居士（別號曲癡子）選輯，崇禎間刊本。卷首有「空觀子」撰〈纏頭百鍊序〉。凡六卷，分別標爲「幽期寫照禮集」、「南音獨步樂集」、「名流清劇射集」、「絃索元音御集」、「新詞清賞書集」、「弋陽雅調數集」，似或以內容分，或以崑弋、南北曲分，或以作者爲名流分。「新詞清賞書集」所收爲散曲。禮、樂、射、御四集收南劇四十五種，計爲：《西廂記》、《紅梨花記》、《錦箋記》、《玉合記》、《紅拂記》、《珠衲記》、《青瑣記》、《水滸記》、《明珠記》、《存孤記》、《玉簪記》、《紅鞋記》、《選魂記》、《灌園記》、《玉玦記》、《義俠記》、《異夢記》、《繡襦記》、《浣紗記》、《琵琶記》、《幽閨記》、《荊釵記》、《祝髮記》、《集珠記》、《綵樓記》、《尋親記》、《金

印記》、《曇花記》、《西樓記》、《合紗記》、《鴛鴦被記》、《弄珠樓記》、《南柯記》、《驚鴻記》、《靈犀被》、《霞箋記》、《歌風記》、《邯鄲記》、《青樓記》、《焚香記》、《寶劍記》、《千金記》、《鮫綃記》、《連環記》、《四郡記》。「弋陽雅調數集」收十四劇，每劇一齣，其中如《長城記·送衣》、《負薪記·整威》、《登科記·試節》及《琵琶記·分別》所附「琵琶調（詞）」，均不多見。《善本戲曲叢刊》第二輯收有本書影刊本。

⑯ 詞林逸響。戲曲散齣、散曲選集。明許宇編，天啓間萃錦堂刻本。卷首有「天啓癸亥（一六二三年）中秋月勾吳愚谷老人（鄒迪光）題於白堤舟次」之〈詞林逸響序〉及〈凡例〉五則；並附刊有魏良輔《崑腔原始》十七則，實即魏氏《曲律》之別題。分風、花、雪、月四卷。風、花二卷收元、明人作散曲，後二卷收戲文、傳奇散齣曲文，不錄賓白。所收劇共四十四種，一百二十五套，劇目爲：《琵琶記》、《西廂記》、《荊釵記》、《白兔記》、《幽閨記》、《浣紗記》、《千金記》、《焚香記》、《明珠記》、《金印記》、《香囊記》、《綵樓記》、《牧羊記》、《五倫記》、《尋親記》、《玉簪記》、《躍鯉記》、《龍泉記》、《繡襦記》、《投筆記》、《還帶記》、《四節記》、《連環記》、《玉玦記》、《八義記》、《羅囊記》、《玉合記》、《翫江樓記》、《崔君瑞》、《寶劍記》、《紅拂記》、《灌園記》、《祝髮記》、《葛衣記》、《還魂記》、《紫釵記》、《紅梨記》、《異夢記》、《西樓記》、《雙雄記》、《鸞鎞記》、《種玉記》、《節俠記》、《花亭記》。《善本戲曲叢刊》第二輯收有本書。

⑰ 吳歈萃雅。戲曲散齣及散曲選集。明梯月主人選輯，隱之道人校點。萬曆四十四年（一六一六年）刊。卷首有周之標〈題詞〉二篇及梯月主人之〈小引〉、〈選例〉，並附魏良輔《曲律》十八則。〈題謳詞〉等稱選錄標準「惟取其情真境真」；於所選諸曲均有點板，註明閉音、鼻音、陰陽等；於集曲均說明所集爲何曲何句。全書分元、亨、利、貞四集。元、亨兩集收元、明散曲；利、貞二集收戲文、傳奇。所收之劇共三十八種，爲：《琵琶記》、《荊釵記》、《四節記》、《明珠記》、《浣紗記》、《西廂記》、《羅囊記》、《翫江樓》、《龍泉記》、《白兔記》、《綵樓記》、《合鏡記》、《幽閨記》、《長生記》、《葛衣記》、《投筆記》、《還帶記》、《五倫記》、《金印記》、《玉簪記》、《繡襦記》、《四德記》、《香囊記》、《灌園記》、《寶劍記》、

《玉合記》、《玉玦記》、《牧羊記》、《尋親記》、《紅拂記》、《千金記》、《八義記》、《紅梨記》、《青衫記》、《祝髮記》、《四書喜記》、《絞綃記》、《連環記》。《善本戲曲叢刊》二輯曾據原刻本影印。

⑱ 月露音。戲曲散齣、散曲選集。明凌虛子等編，萬曆間刻本。「集名《月露音》者，蓋取隋時李諤案頭所集辭賦連篇，皆月露之音；總之，清朗可以銷塵，雅麗直堪驚世耳。」（〈凡例〉）卷首有「丙辰（萬曆四十四年、一六一六年？）之花朝」清餘居士〈序〉及靜常齋主人撰〈凡例〉九則。書分莊、騷、憤、樂四集；「『莊』取其正大，『騷』取其瀟灑，『憤』以寫莊騷哀切之情，『樂』以摹莊騷歡暢之會。」（〈凡例〉）各集之輯者依次分別署名為「沛國淩虛子漢瞻父」、「西方美人淨筠氏」、「武襄王孫鳳章甫」、「西湖小謫仙房陵氏」。書中於戲曲散齣只錄曲文，不及賓白。所收劇作多達九十種，其中罕見流傳之劇目亦有多種（如《青絲記》、《玉麟記》、《高唐記》等），故除略去見於《六十種曲》之三十種外，餘六十種劇作名稱如下：《青蓮記》、《玉麟記》、《題紅記》、《合璧記》、《椒觴記》、《庚腏記》、《祝髮記》、《玉香記》、《五倫記》、《天書記》、《三祝記》、《箜篌記》、《鳳鸞記》、《蟠桃記》、《四豪記》、《雙鳳記》、《昆吾記》、《彩舟記》、《投筆記》、《竊符記》、《高唐記》、《紅蕖記》、《京兆記》、《梨花記》、《驚鴻記》、《金蘭記》、《分釵記》、《雙紅記》、《玉杵記》、《百順記》、《東廂記》、《錦帶記》、《長生記》、《二閣記》、《投桃記》、《青絲記》、《符節記》、《紅梅記》、《昇仙記》、《合鏡記》、《孤白裘記》、《彈鋏記》、《龍綃記》、《寶劍記》、《玉麟記》、《洛神記》、《青梅記》、《節孝記》、《泰和記》、《完扇記》、《羅囊記》、《三生記》、《鞦韆記》、《賽四節記》、《分鞋記》、《二蘭記》、《白海棠記》、《四德記》、《連環記》、《四節記》。此外尚有僅標齣名而不見劇名之散齣九種，為《下海》、《雨陣》、《芳隕》、《對妝》、《復李》、《宮怨》、《鄰解》、《逃難》、《合鏡》。《善本戲曲叢刊》第二集收有本書。

⑲ 樂府紅珊。戲曲散齣選集。書名全題為《新刊分類出像陶真選粹樂府紅珊》。明秦淮墨客（紀振倫）選輯，明萬曆三十年唐振吾刻本。卷首有署秦淮墨客之〈校正樂府紅珊序〉及〈樂府紅珊凡例二十條〉。本書與同時戲曲散齣選集不同之處在於分類選輯，並於所收散齣均代擬體現類目意義的齣目。凡十六卷，

每卷一類，計爲「慶壽」、「伉儷」、「誕育」、「訓誨」、「激勵」、「分別」、「思憶」、「捷報」、「訪詢」、「遊賞」、「宴會」、「邂逅」、「風情」、「忠孝節義」、「陰德」、「榮會」十六類。如《琵琶記·强就鸞鳳》收入「伉儷類」，改題「蔡議郎牛府成親」，《玉簪記·追別》收入「分別類」，改題「陳妙常秋江送別」。因係依內容需要選錄散齣，故所收劇目亦或有爲其他選本所罕收者。收傳奇六十四種：《昇仙記》、《泰和記》、《單刀記》、《投筆記》、《斑衣記》、《琵琶記》、《香囊記》、《四節記》、《聯芳記》、《王環記》、《紫簫記》、《雙烈記》、《斷機記》、《百順記》、《妝盒記》、《白兔記》、《四德記》、《萃盤記》、《桃園記》、《鞦韆記》、《金蘭記》、《玉香記》、《紅葉記》、《寶劍記》、《繡襦記》、《三元記》、《五桂記》、《玉簪記》、《西廂記》、《斷髮記》、《千金記》、《玉玦記》、《漁樵記》、《和戎記》、《荊釵記》、《單騎記》、《琵琶記》、《玉釵記》、《金印記》、《絲鞭記》、《米郛記》、《玉魚記》、《茶船記》、《黃袍記》、《浣紗記》、《驚鴻記》、《草廬記》、《合璧記》、《三國志》、《拜月亭》、《分釵記》、《玉合記》、《題橋記》、《紅拂記》、《偷香記》、《金彈記》、《妝盒記》、《連環記》、《竊符記》、《曇花記》、《還帶記》、《四美記》、《洛陽記》、《十義記》。本書原萬曆刊本今不得見；大英圖書館藏有清嘉慶五年（一八〇〇年）積秀堂覆刻本，《善本戲曲叢刊》第二輯即據積秀堂本影印。

⑳ 珊珊集。戲曲散齣曲文及散曲選集。書名全題爲《新刻出像點板增訂樂府珊珊集》。明末周之標選輯，書林來虹閣主人刊。書前有「長洲周之標君建甫題於雨花臺小蘭若」之〈增訂珊珊集小引〉及「來虹閣主人謹識」之〈凡例〉五則。據〈小引〉及〈凡例〉可知《珊珊集》原刻于虎林（今浙江杭州），「戲曲多而時曲少」，此次增訂，「名仍其舊，曲摘其新；即戲曲，如《西樓》、如《千古十快》、如《鷫鸘裘》，俱新出傳奇也，他刻中所未載」。且增訂本「以時曲爲主，故時曲增十之五，戲曲增十之三。間亦刪去一二。」所錄曲文均加點板，一般不載説白。凡四卷。卷三、四爲戲曲，收傳奇三十八種爲：《琵琶記》、《西廂記》、《香囊記》、《金印記》、《綵樓記》、《尋親記》、《牧羊記》、《浣紗記》、《雙紅記》、《鳴鳳記》、《明珠記》、《玉合記》、《義俠記》、《玉簪記》、《三國記》、《千金記》、《寶劍記》、《灌園記》、《紅拂記》、

《西樓記》、《千古十快記》（一名《十快記》、《焚香記》、《還魂記》、《麒麟記》、《白兔記》、《紅梅記》、《曇花記》、《連環記》、《荆釵記》、《玉杵記》、《邯鄲記》、《紫釵記》、《投筆記》、《四節記》、《拜月亭記》、《五倫記》、《繡襦記》、《鷫鸘裘記》。又《玉環記》《竊符記》、《紅梨記》三劇有目無文。《善本戲曲叢刊》第二輯收有影刊本。

㉑醉怡情。戲曲散齣選集。書名全稱《新刻出像點板時尚崑腔雜曲醉怡情》。明青溪菰蘆釣叟編，清初古吳致和堂梓行。書前有編者所寫《醉怡情雜劇序》。凡八卷，共收傳奇雜劇四十四種，除個別外，每劇均收四齣。其具體劇目爲：《占花魁》、《馬陵道》、《燕子箋》、《永團圓》、《黨人碑》、《望湖亭》、《爛柯山》、《荷花蕩》、《一捧雪》、《翠屏山》、《牡丹亭》、《西樓記》、《雙珠記》、《金鎖記》、《躍鯉記》、《紅梨記》、《金丸記》、《牧羊記》、《節孝記》、《焚香記》、《琵琶記》、《荆釵記》、《教子記》、《繡襦記》、《百花記》、《釵釧記》、《水滸記》、《浣紗記》、《義俠記》、《連環記》、《八義記》、《玉簪記》、《千金記》、《鳴鳳記》、《精忠記》、《祝髮記》、《白兔記》、《西廂記》、《金雀記》、《幽閨記》、《四節記》、《青塚記》、《邯鄲夢》、《孽海記》。《善本戲曲叢刊》第四輯收有本書。

㉒賽徵歌集。戲曲散齣選集。明無名氏編選。卷首有〈賽徵歌集序〉一篇，亦未署作者名氏。凡六卷。以劇目爲單元，選收戲文、傳奇二十五種，計爲：《琵琶記》、《金印記》、《四節記》、《西廂記》、《紅拂記》、《金釧記》、《妝盒記》、《金丸記》（以上兩劇目錄均作《金彈記》）、《浣紗記》、《幽閨記》（目錄作《奇逢記》）、《錦帶記》、《玉簪記》、《春蕪記》、《投筆記》、《灌園記》、《千金記》、《明珠記》、《繡襦記》、《荆釵記》、《玉環記》、《香囊記》、《綵樓記》、《四喜記》、《連環記》、《錦箋記》。有明萬曆間刻巾箱本，《善本戲曲叢刊》第四輯即據以影印。

㉓玄雪譜。戲曲散齣選集。全名《新鐫繡像評點玄雪譜》。明鋤蘭忍人選輯，媚花香史批評。明末刊本。卷首有「聲隱道人」（似即選輯者之別署）題於「似耳堂」之〈序〉，笑癡子之題詞及〈凡例〉八則。本書之特點在於如〈凡例〉所云，其選錄之標準爲「不拘新舊，不循虛名，惟以情詞美惡爲去取。美則塵冷

之篇，悉爲洗發；惡則名公妙筆，亦所不錄。」書中收有罕見於同時此類選本之《東郭記》四齣，《琵琶記》之〈再議婚〉、〈掃松〉及《絡冰絲》、《珍珠衫》、《明月璫》、《冰山記》諸劇；並將入選之八十二齣戲均分別從「詞勝於情」、「情勝於詞」、「情詞雙美」三方面加以評點等；顯示編選者確如〈凡例〉所稱，有其自訂之「情詞美惡」論劇觀點。全書凡四卷，收劇三十九種所收劇目：《琵琶記》、《西廂記》、《望湖亭》、《東郭記》、《幽閨記》、《絡冰絲》、《珍珠衫》、《紅拂記》、《焚香記》、《水滸記》、《還魂記》、《灌園記》、《花筵賺》、《風流院》、《明珠記》、《綵樓記》、《三國記》、《西樓記》、《義俠記》、《鴛鴦棒》、《情郵記》、《靈犀佩》、《曇花記》、《白兔記》、《荊釵記》、《明月璫》、《獅吼記》、《蕉帕記》、《想當然》、《紅梨花》、《紅梅記》、《繡襦記》、《四聲猿》、《祝髮記》、《浣紗記》、《連環記》、《冰山記》、《異夢記》、《題塔記》。《善本戲曲叢刊》第四輯收有本書。

㉔萬壑清音。戲曲散齣選集。全名《新鐫出像點板北調萬壑清音》。明止雲居士選輯、白雪居士校點、明末刻本。卷首有「甲子（天啓四年、一六二四年）夏日止雲居士題於西湖之聽松軒中」之〈題詞〉及「十二樓居主人」、「聽瀨道人」二序。凡八卷。所收均爲明傳奇中之北調散齣，每劇多爲一、二齣，少數劇目有三或四齣，共收三十七劇之六十八齣，其劇目爲：《負薪記》、《連環記》、《金貂記》、《草廬記》、《鳴鳳記》、《歌風記》、《繡毬記》、《西廂記》、《雙紅記》、《妝盒記》、《曇花記》、《西遊記》、《寶劍記》、《鮫綃記》、《題塔記》、《太和記》、《焚香記》、《義俠記》、《浣紗記》、《灌園記》、《紅梨記》、《千金記》、《精忠記》、《麒麟記》、《長生記》、《明珠記》、《三國記》、《青樓記》、《百花記》、《紅拂記》、《八義記》、《李丹記》、《紅梅記》、《龍膏記》、《蕉帕記》、《還魂記》、《櫻桃記》。《善本戲曲叢刊》第四輯曾據以影印。

㉕樂府南音。戲曲散齣及散曲選集。全名《新刻點板樂府南音》。明洞庭蕭士選輯，湖南主人校點。明萬曆間刻本。分日、月二集。日集選錄戲曲散齣，一般只錄曲詞，不及白文。月集收散曲套數。所收戲曲均未錄全劇名稱，只標單齣齣名，計二十八齣，全目如下：《茶敘》、《單刀赴會》、《試劍》、《月下追賢》、

《推輪》、《北點將》、《十面埋伏》、《夜奔梁山》、《憐貞釋放》、《寺敍》、《灌園》、《太史名高》、《仗策渡江》、《航海》、《曠野奇逢》、《兵火逢離》、《母子間關》、《拜月》、《祖餞》、《究符》、《採花》、《剔目》、《假宿》、《試馬調琴》、《逼女逢迎》、《卻婚受僕》、《乞市》；另有〔步步嬌〕「朝來獻策侯門去」一套，未標齣名，當屬《紅拂記》之〈李郎神馳〉。《善本戲曲叢刊》第四輯曾據以影印。

㉖ 寧波崑劇老藝人回憶錄。蘇州市戲曲研究室編輯。一九六三年自印。本書係據一九六一年時寧波崑劇著名老藝人老生陳雲發、高小華，五旦周來賢、四旦王長壽、林根蘭，大面林雲生，小面嚴德才，樂師徐信章、張順金口述寧波崑劇歷史掌故資料整理而成。分十八類編輯，計爲：一、「寧崑」起始，二、戲班組織，三、業務情形，四、祖師，五、學藝情況，六、規矩和忌諱，七、藝人生活及待遇，八、終年演出況，九、向外演出經過，十、「寧崑」的演變，十一、劇目，十二、應工戲，十三、五毒戲，十四、戲外戲與饒頭戲，十五、角色漫談，十六、名藝人小傳，十七、軼事點滴，十八、老藝人自述。其中如老藝人王長壽、周來賢根據親身經歷所述「寧崑」「在清末民初一個較長時期內，始終有十多副崑劇班子，而且除了六月歇夏，十二月下半月歇年以外，可以說是終年流轉演出，絕無間斷」等，均頗具史料價值。（引自陳多撰《崑劇辭典》【寧波崑劇老藝人回憶錄】條目）

㉗ 唐葆祥〈崑劇的表演藝術〉刊於《中國崑曲精編·崑曲卷》上海生像讀物出版社，一九八九，頁四五～五一。

㉘ 坐唱。曲藝的一種表演形式。演員坐著說唱，因其坐著說唱，習慣上也稱坐唱。坐唱形式的曲種，演員大都自彈樂器自唱，或自己彈奏主要伴奏樂器。

㉙ 大戲。在此處並非指一般的大戲觀念，一般稱有歷史傳統、有完整舞臺藝術體系之劇種的統稱。此處所指爲脫離坐唱形式，以舞臺戲劇表演爲主的劇團組織。大戲是相對於小戲的名詞。

西廂記研究的回顧與省思

陳慶煌

一、前言

中國民族文化的抒情表現，在元代達到了藝術的高峰。諸如：倪雲林以其蒼秀的筆墨，點染了蕭疏澹逸、古雅天然的平遠山水；或是王實甫憑其曠世的藝術慧心，將崔張相依若命、死生不渝的愛情追求寫進《西廂記》裏。在在都稱得上係抒情的聖手，表現的極致，這是不容置疑的。

由《鶯鶯傳》、《董西廂》演變而成的《西廂記》，是中國戲劇史上描寫青年男女爭取戀愛及婚姻自由的開山之作。幾百年來，這一部「超時空」的、「天下奪魁」的藝術品，[1]經過徐文長、王世貞、李卓吾、湯顯祖、沈璟、陳眉公、袁了凡、魏浣初、徐奮鵬、孫月峰、金聖歎、朱璐、戴問善、許嘯天等的評點，以及謝世吉、陳實菴、徐士範、羅懋登、余瀘東、陳大來、李楩、王伯良、謝伯美、朱朝鼎、何璧、蕭鳴盛、屠隆、汪庭訥、李裔蕃、凌濛初、鄒聖脈、鄧汝寧、錢宜、陳同、談則、毛西河、王毓駿、王季思、陳志憲、吳曉鈴、張燕瑾、彌松頤、祝肇年、蔡運長等的校訂或註釋；而各種改編本也風起雲湧，不勝枚舉。其舞臺演唱，也由北曲而南曲，而各種地方戲。在民間說唱文學中，則由鼓子詞、諸宮調擴展到子弟書、牌子曲、時調小曲，以及南詞、灘簧等各種文學領域。真乃無時無刻不在感動著，甚至鼓舞著千千萬萬讀者和觀衆，《西廂記》對中國某方面的精神文明而言，實有不可磨滅的影響在。

正因爲《西廂記》具有正確的主題思想、完美的藝術形式及充滿了迷人的情趣，所以它早已越出了國界，成爲世界文學寶庫中的瑰璧。自十八世紀末，日人岡島咏舟開始譯爲日文起，迄今已有英、法、德、義、俄、日、韓、拉丁及越南等多種不同文字的譯本，受到世界各國人民的普遍重視。

關於《西廂記》的評價問題，一直是當代元雜劇研究的重點，根據天津教育出版社在一九八七年十二月出版寧宗一所主編《元雜劇研究概述》的統計，截至一九八六年以前，報章雜誌及專書發表的王實甫暨《西廂記》研究論文，即多達三百九十三篇，恐怕遺漏掉的可能不在少數，更何況到現在又過了八年整，相信在這出版事業蓬勃、知識爆發的時代，有關《西廂記》研究的論文，應早超越五百篇。茲就個人所曾涉獵過的範圍，❷依「作者考證」、「版本研究」、「戲劇樣本」、「主題思想」、「戲劇衝突」、「藝事成就」、「結局部分」及「金批本的評價」等項，分述如下：

二、關於作者考證

《西廂記》是我國文學史上的不朽名著，但對於其作者，至今仍未有一致的說法。

㈠主張王實甫作的，最早有鍾嗣成、朱權；近代則以王季思、霍松林等爲代表。❸

㈡主張關漢卿作的，最早見於明人小曲及文人所假託的劉麗華題辭；近代則以楊晦、董如龍、吳金夫等爲代表。❹

㈢主張王實甫作、關漢卿續的，最早有明人蔣一葵、王世貞、徐復祚、胡應麟及徐士範、陳大來、李楩、屠隆、曹以杜、凌濛初等；而近人鄭振鐸，以及蔣星煜、陳賡平等，亦主此說。❺

此外，有關於關漢卿作王實甫補《圍棋闖局》、關漢卿作董珪續、關漢卿作王實甫續、元末無名氏作，以及元後期作家集體創作等說，由於論點薄弱，在此不多贅述。

大抵而論，雖然《西廂記》的作者，至今尚有各種說法，但王實甫的著作權，早經鍾嗣成《錄鬼簿》、朱權《太和正音譜》、賈仲明《續錄鬼簿》所承認，而且長期以來，一直爲大多數人所首肯，幾乎所有的《西廂記》單行本、元雜劇作品集、中國文學史、中國戲劇史等著作，在作者署名上，也未出現太大的分歧。因此，在這一段歷史時期內，我們如找不到任何可以證明這五本連演的《西廂記》確屬他人所撰而不出於王實甫的歷史記載之前，還是採第一說——以五本完全歸王實甫作，纔合於情理。

三、關於版本研究

《西廂記》在數百年的流傳過程中，版本極多，真僞難辨。鄭振鐸、傅惜華、傅田章、鄭騫、及蔣星煜等一些專家學者重視這方面的研究，❻成績斐然。其中尤以日人傳田章《明刊元雜劇西廂記目錄》，引介六十六種明刊本，對已佚者考證其刊於何時？在何人何書中曾提及？對現存本則詳述其全名、款式、折數、標目、插圖、紙型、頁數、尺寸、序跋、何時曾重刊？目前藏在何處？倘若屬於評本，則扼要摘述評語、題識等，所涉頗稱全面。而蔣星煜《明刊本西廂記研究》，則對現存的三十八種刊本，從全名、版本類別、批校、箋訂、注釋、序跋、插圖、刻書年月等方面作了深入的評介。

按《西廂記》現存最早的刻本，係北京中國書店一九八○年在一部元刻《文獻通考》書背所發現的四片殘頁。蔣星煜曾從版式、字體，推測爲明憲宗成化（西元一四六五～一四八六）年間的刻本。至於現存最早而完整無缺的刻本，則是明弘治十一年（一四九八）的金臺岳家重刻本。現存標有「元本」字樣的是徐士範本，爲萬曆八年（一五八○）的刻本，有相當高的學術及版本研究價值。鄭振鐸曾在〈重刻元本題評音釋西廂記〉文中，指出劉龍田本的刊刻年代乃萬曆初元的一部普通坊刻本，坊址在福建的建安；但蔣星煜有不同看法，他認爲是萬曆十八年（一五九○）的刻本，坊址在南京；而段啓明《西廂論稿》更具體指出這個版本有很多方面類似徐士範本，「唱詞與臺上其他人物的賓白、動作等密切搭配，緊相銜接。」「舞臺動作性較强」，符合實際演出時所需的要件。

現存的五種李卓吾批本《西廂記》，據蔣星煜的研究，容與堂本是刊行最早而且也是最可靠的一部，影響較大。西陵天章閣本有李氏批注的可能，游敬泉刊本與劉太華刊本均少見；匯錦堂所刊湯、李、徐合評本的李評部分，即來自容與堂本，略有删節之處。關於湯顯祖評本，蔣氏則認係僞裝的李卓吾本，其所以如此，乃因李氏生前死後作品皆遭查禁，於是坊間就把容與堂李卓吾批本略加更動，另又補進西陵天章閣李批本第二十齣的總評，爲了發行順利，遂以「湯海若先生批評」的名義出版。

至於徐文長批評本《西廂記》，現存的約有六本之多。當中，明崇禎年間山陰延閣主人李廷謨所訂正的《徐文長先生批評本西廂記》，與一般公認的徐文長本，其特點是相符合的；因此，蔣星煜認定應屬徐文長批評本。

又：今人楊煥育、王麗娜等，亦曾調查過《西廂記》的明刊本、地方戲劇本，以及國外的譯本。[7]此外，如《元曲百科辭典》，[8]則收錄有王實甫《西廂記》現存版本凡二百零九種。而筆者所撰《西廂記的戲曲藝術》書內，也登載了將近三百種。

由於鄭振鐸衹限於對「劉龍田本」及「雍熙樂府本」的探討，蔣星煜也以明刊本的研究爲主，較少顧及其他；傳田章雖能涵蘊全面，卻考證不多；《元曲百科辭典》所附目錄，大都根據其他資料轉錄，對原本未曾親自寓目，不盡準確。於是筆者乃擷取諸家之長，而成《西廂記版本彙考》一文，收入前揭書中，蓋取蘇長公所謂：「博觀而約取，厚積而薄發」之微意也。

四、關於戲劇樣式

宋之的、林涵表等人認爲《西廂記》是一部喜劇作品，[9]後來，王季思主編《中國十大古典喜劇集》，也收入了《西廂記》雜劇。另外，張淑香、吳國欽、顏長珂、王星琦等，[10]也都肯定《西廂記》屬於喜劇樣式。

其中，尤以吳國欽所言最爲明切，他從作品的主題思想、故事情節、人物塑造、表現手法與氣氛效果等五個方面，闡述了《西廂記》確屬抒情喜劇的基本內容：第一、它有一個讚頌性的：「願普天下有情的都成了眷屬」的主題思想貫串始終，所以是一部頌揚性的喜劇。第二、該劇故事情節的主要成分是抒情的喜劇情節，最後也以崔張團圓結局收煞。所以儘管劇中有〈哭宴〉這樣著名的悲傷場面，但並不影響全劇的喜劇性質。第三、該劇把張生、紅娘等作爲正面喜劇人物來處理，像張生的相思如醉、癡情若狂、輕浮冒失、老實敦厚，無不融進喜劇色彩；紅娘的聰慧狡黠與伶牙俐齒，也給人帶來喜與美的享受。第四、該劇除了利用誤會、巧合、誇張等藝術手法外，還較多採用了抒情、打趣、滑稽、幽默、詼諧等抒情喜劇常用的手法，取得了很好的喜劇效果。第五、劇中大多數場面均充滿情趣盎然的喜劇氣氛，增强了喜劇的感染力。

但也有人提出相反的意見，如徐朔方即指明《西廂記》是悲劇，[11]原因在於劇本以及反對舊式的婚姻制度爲主題，所以要比普通的才子佳人戲曲更爲真實而嚴肅。在這場劇烈的衝突中，整個門閥制度是站在老夫人、鄭恒這一面的，這就決定了該劇不能不是一齣悲劇。基於此種認識，他以爲結局讓崔張得以團圓是不真實的，是對主題的一種破壞。

至於方正耀則主張《西廂記》是悲劇的和喜劇的兩種情感揉合在一起的正劇。⑫其理由有四：一是該劇塑造的主要對象不是喜劇角色。崔張的相愛雖帶有不少喜劇色彩，可是王實甫並不著意刻化其喜劇性格以引人發笑，而係更注重反映他們衝破舊禮教的思想發展過程，刻畫他們幾經磨難、相愛愈摯的堅强性格。二是該劇在劇情發展過程中，雖然崔張與紅娘之間發生的一些小衝突也妙趣橫生，令人爲之絕倒，但貫串全劇的主要衝突，即鶯鶯與老夫人的思想衝突，卻直接對立，充滿嚴肅性，籠罩著悲劇氣氛，具有悲劇性質，是不容忽視的。三是該劇的情節安排，關目設置，並不符合喜劇特點，而係「悲喜雜揉，和諧一致」。四是該劇的大團圓結局也與喜劇結局有別，劇中矛盾衝突的結果，並非崔張戰勝老夫人，而是二人妥協取得婚姻。老夫人維護家世利益，也達到了「三輩不招白衣女婿」的目的。由此產生的戲劇效果：觀衆的笑，既不意味著嘲笑、諷刺或「心靈的詼諧」，也不意味著把崔張作爲矛盾一方的勝利者來歌頌，而是讚歎他們歷經悲歡離合的磨難終於結成眷屬，並對矛盾得到圓滿的解決而感到欣慰。

按《西廂記》之所以出現「悲」、「喜」兩極，甚至「悲喜雜揉」等戲劇樣式的爭論，主要是因鑑賞角度不同的緣故，此乃「仁」「智」之見也。其實任何的喜劇，在其衝突矛盾的過程中，難免會穿插些「悲」的情節；而悲劇的前奏，通常都是强調「喜」的那一面。悲喜雜揉，演出纔會生動感人；所謂：「樂極生悲」、「苦盡甘來」，現實的人生，正是如此。可見悲喜總是交集在一起的，重要的是要看最後的結局，而不是前面的過程。而英國浪漫主義詩人拜倫（Byron, Lord. 1788～1824.）在其一首題爲《唐璜》（"Don Juan"）的長詩中，即有如是的觀點，可供佐證。明乎此，則思過半矣。

五、關於主題思想

幾乎所有大陸地區的學者都認爲：《西廂記》表現了反封建的主題思想。如游國恩等所編的《中國文學史》即指出：《西廂記》「歌頌了鶯鶯和張生爲自由結合而反對封建勢力的鬥爭」，「揭露了封建禮教對青年自由幸福的摧殘，並通過他們的美滿結合，歌頌了青年男女對愛情的要求以及他們的鬥爭和勝利」；從而「成爲數百年來封建禮教束縛下的青年男女追求愛情幸福的讚歌。」戴不凡的《論崔鶯鶯》⑬還探討了《王西廂》對《董西廂》反封建主題的深化。他認爲這除了表現在老夫人派紅娘去對鶯鶯行監坐守，並向張生賴婚、逼試的直接行動外，另外又表現在鶯鶯、張生那種離經叛道的反封建勇氣上。王季思在其校注《西廂記》前言中，則把該劇主題思想概括爲：通過對崔張愛情曲折經歷的描寫，「對『父母之命、媒妁之言』的封建婚姻制度表示不滿，正面提出了『願普天下有情的都成了眷屬』的思想」。而段啓明《西廂論稿》則認爲：⑭《西廂記》中提出的「願普天下有情的都成了眷屬」之語，並不能構成作品的主題，而「祇能是一種理想」。這種理想，不僅在王實甫時代無法實現，即使在《西廂記》產生以後多少個世紀，還是不能實現。《王西廂》的結局，毫無疑問，是王實甫爲了實現「有情的都成了眷屬」的理想，而不得不採取的一種妥協。

至於楊晦，⑮則對《西廂記》的主題思想又另有一番解釋。他認爲明、清人把《西廂記》當作描寫男女風情的戀愛劇，固是陷於「情與辭的雙重煙霧」；五四以後，某些人士以該劇「有打破封建禮教的積極思想內容」，也同樣「未能接觸到問題的本質」。因而提出了「寄憤」說。並且強調：「《西廂記》之所以偉大，《西廂記》之所以歷六百多年始終爲人所愛讀，正由於《西廂記》是『寄憤』之作。」作者「恐怕是正跟司馬遷一樣，『意有所鬱結』，不得通其道也，故『述往事，思來者』，寫出一部《西廂記》來，由崔張相逢，到最後的結婚上，這中間卻像孔子作《春秋》一樣地，要使亂臣賊子懼，要『撥亂世反之正』，這正是所謂『春秋以道義』的意思。」

平心而論：其實《西廂記》的主題思想，就是第五本第四折末角所唱的〔清江引〕最後一句：「願普天下有情的都成了眷屬」普普通通的話語，這句話出現在「父母之命、媒妁之言」的婚姻制度下，是很難順利達成的；但祇要當事人努力去爭取，我想有生命的人性終究會慢慢地化解那無生命的舊觀念、舊禮教的層層枷鎖。因爲真正的愛，是可以包容一切的。主張所謂的「鬥爭說」者，恐怕別有目的在；而「寄憤說」者，其靈感，可能來自《納書楹曲譜》補遺卷四時劇類所載明人的〔山坡羊〕、〔掛真兒〕小曲，未免引申太過了。

六、關於戲劇衝突

對《西廂記》的戲劇衝突，《西廂記三論》認爲劇中激烈的衝突有兩次：⑯「賴婚是封建勢力對崔張愛情的第一次打擊，老夫人爲崔張兩人設下兄妹之禮大防，可是鶯鶯在紅娘的鼓舞幫助下，突破了這條阻攔他們愛情發展的防線，同張生相愛了。這是兩個青年向封建禮教所作的一次有力衝擊，而且取得了初步勝利。」「拷紅是兩種力量的又一次正面衝突。紅娘是崔張的支持者，她戰勝了老夫人，迫使老夫人不得不承認這個不媒而娶的女婿。從不合法的偷期密約，到取得合法的配偶地位，這是經歷了嚴重鬥爭後取得的又一次勝利。」一段啓明則指出：《西廂記》的戲劇衝突有兩條線索，一是老夫人（包括鄭恒）爲一方，同鶯鶯、張生、紅娘爲另一方之間的衝突線；二是鶯鶯、張生、紅娘之間的衝突線。這兩條衝突線互相制約，交錯展開，形成《西廂記》特有的戲劇性。寧宗一更認爲：⑰《西廂記》每本都有自己的主要衝突，因而造成每本的强烈的戲劇性，而五本雜劇又具有一個完整的貫穿全劇的基本衝突，每本在主要衝突解決後，就給予基本衝突以影響，基本衝突不僅未消失，反而採取逐步激化的形式，一步比一步尖銳，一層比一層强烈。此即構成該劇全部戲劇性的根基。吳國欽則稱《西廂記》這種戲劇衝突的方式爲主次交叉法，亦即「主要戲劇矛盾與次要戲劇矛盾相互交叉，錯綜複雜地向前推進。」而張燕瑾則認爲：⑱老夫人管束鶯鶯的行動，干涉鶯鶯的戀愛婚姻，這就與渴求自由、追求自主婚姻的鶯鶯、張生，以及支持鶯鶯、張生的紅娘發生了矛盾；於是就構成了《西廂記》的第一條衝突線。而婚姻當事人鶯鶯在舊禮教的强大壓力下，使她追求幸福愛情的行動，總是瞻前顧後，憂思重重，難免會有些「假意兒」，於是就造成了她與紅娘、張生間的很多誤會，在她與張生結合的過程中，帶來層層障礙，這便構成了另一條矛盾衝突線，即鶯鶯、張生與紅娘之間的矛盾衝突。王實甫巧妙地組織這兩組矛盾衝突，使這兩條衝突線交織發展，互相促進。劇中老夫人同鶯鶯、張生、紅娘的矛盾，貫穿全劇的始終，成爲《西廂記》矛盾衝突的主線。而鶯鶯與張生、紅娘之間的矛盾衝突，受前一組矛盾衝突的影響和制約，是戲劇衝突發展到一定階段——老夫人賴婚後纔明顯展開的，成爲戲劇衝突副線。後來鶯鶯與張生私相成合，這條副線——次要矛盾也就消失了。從此，鶯鶯、張生、紅娘更加同心協力，卻激化了跟老夫人的矛盾衝突，終於促進了主線——主要矛盾的解決。兩條矛盾衝突線時分時合，互相配合，互相促進，推動著戲劇情節自然而又合理地向前發展。

至於蔣星煜，[19]則獨將《西廂記》的矛盾衝突線分成三組：第一組是老夫人與鶯鶯的基本矛盾，第二組是老夫人與紅娘的矛盾，第三組是鶯鶯與紅娘的矛盾。由於第二、三組矛盾的產生，遂使第一組矛盾更顯得具體，衝突也就更加的劇烈了。

在《西廂記》戲劇衝突的研究中，學者對崔氏「鬧簡」和「賴簡」的原因也作了探討。有人認爲這是當事者出於剝削階級的劣根性，是虛僞的表現；也有人認爲是當時剎那間閨中少女的羞怯，掩蓋了她真實的感情和願望；更有人認爲是鶯鶯怕紅娘走漏風聲，說到底還是懼於老夫人的威嚴，懼於舊禮教。王星琦、陸沈西則共同主張鶯鶯根本不曾賴簡[20]因爲鶯鶯的〈明月三五夜〉本是一首寄託思念之意的普通抒情詩，並無約會張生之意，僅僅爲寬慰張生而已。而張生卻情近癡迷，誤解了詩意，所以纔敷演了一段充滿喜劇色彩的戲。

對於劇中老夫人賴婚時鶯鶯是否擲杯抗議，研究者也有不同的觀點。陳凡認爲：[21]《西廂記》中，「賴婚」一折表現了鶯鶯與老夫人的尖銳的衝突，最充分地刻畫了鶯鶯的反抗精神。老夫人命鶯鶯上前拜哥哥，鶯鶯似理不理。老夫人命鶯鶯敬哥哥一杯酒，張生說小生量窄，鶯鶯便把杯子擲給紅娘。這讀起來容易忽略，但演起來卻必定是極強烈的動作。分析得像煞有介事，但陳朗卻不同意。[22]他查明鶯鶯在《西廂記》中並無擲杯之舉，原因在於賴婚的變卦，在崔張雙方都是不曾預料的。因此也就不可能當即採取一種強硬的抗議。況且多種《西廂記》本子，都是「紅娘接了臺盞者」，並沒有「擲」的字樣。如果要崔張這時就做出決絶的態度，往後的戲是很難演的。同時，鶯鶯的一擲，在這裏也不見得增加了多少戲劇效果。戴不凡也不相信「擲杯」，他認爲在最緊急的時刻，連一句話都講不出口的鶯鶯，竟會用擲杯的强烈動作來表示反抗，真是不可思議的事！段啓明更就鶯鶯把盞前後的具體情景進行心理分析，指出在「賴婚」一折中，老夫人爲了達到賴婚目的，連著對鶯鶯下了三道命令：一是命令鶯鶯「近前拜了哥哥者！」鶯鶯未服從，緊接著又命她：「與哥哥把盞者！」張生推說：「小生量窄。」斷然加以拒絶，於是鶯鶯把張生没接受的酒杯遞給了紅娘。這其間並未發生「擲」的動作。但老夫人不罷休，她繼續下了第三道命令。王實甫正是以這種極其簡捷的人物動作，展現了人物複雜的內心世界，從而刻劃出豐滿的人物形象。

《西廂記》的戲劇衝突，可以説似峰巒起伏，縱横爛漫，出入變化，妙不可測。由於王實甫能完全掌握住劇中人物所處的歷史背景、社會地位、生活、思想感情及其彼此間的錯綜複雜的關係，發覺當中本就存在著各種矛盾，於是將它表而出之，使矛盾衝突合情合理地展開，又毫不勉强地逐一解決。此即《西廂記》之所以能冠絶古今，令天下才子爲之心折的主要原因了。

七、關於藝事成就

向來研究《西廂記》的藝事成就者，爲數不少，要以伍六及的分析，[23]較爲全面而細緻。他認爲該劇突出地表現在四個方面：一是通過人物內心深處的微妙而複雜的心理活動的變化，表現出人物性格的成長發展的歷史——如崔張的出身教養，使得他們的叛逆性格的每一部發展，都要引起複雜而微妙的內心掙扎，但正是這種內心掙扎的歷程充分表現了他們性格成長的具體過程。王實甫綜合了各種藝術手法來表現劇中人物的心理活動，從而構成了一個十分鮮明的特色。二是運用虛實相生、明暗對照的藝術手法來表現人物的性格特徵和人物之間的性格衝突，使全劇中心人物之間構成有機的整體，使作品能用最經濟的筆墨表達出人物間十分複雜的社會關係，從而對這場矛盾錯綜而複雜的生活鬥爭做出生動而深刻的反映——如劇中老夫人就很少出場，即使出場話語也不多，然而性格卻極鮮明，使人無時無刻不感到她的存在，即爲此種手法運用的成功。三是前後有機鉤聯、宏大而精密的組織結構，和一開一合、時鬆時緊的戲劇節奏——該劇突破了元雜劇的通例，從五本二十一折的長篇結構反映了這場反封建、反禮教的鬥爭。劇中各種相互銜接的矛盾都有必然的因果關係，都有生活邏輯發展的必然性，從而構成一個有機的藝術整體。這個整體服務於全劇主題思想，每個矛盾的產生、發展和解決的過程，都在說明人物性格的成長過程，都在說明主題思想。四是有著抒情詩般的歌唱語言與富有概括力的道白語言——劇中許多曲文都是一首首優美的抒情詩，能啓發人們的想像，迅速地把讀者引入作者所刻意營造的氣氛中去感受主人公的悲歡苦樂，表現了强烈的藝術魔力。有些對白似乎是日常生活普通話語，其實也經過作者多次精選和高度概括，放在特定環境、特定人物口中，便成了揭示人物內心秘密、性格特徵的鑰匙。

還有人對《西廂記》的語言藝術做了專門的研究。張庚在六十年代初提出「劇詩」說，即推崇《西廂記》是這方面的一個成功範例。後來他與郭漢城共同主編《中國戲曲通史》，又從三個方面對堪稱古代劇詩範本的《西廂記》戲劇語言進行分析：首先，該劇的語言在戲劇性與性格化方面，有著突出的成就。許多場合人物語言能夠準確而鮮明地表現出人物在特定情境之下的不同思想性格，同時又推動戲劇衝突的繼續發展，造成新的懸念，因而很富於戲劇性。在語言性格化方面，更是超出其他劇本。張生的語言，抒發胸臆時開闊清麗，顯得灑脫不俗，表現癡情時誇張感歎，富有喜劇色彩；紅娘的語言，鋒利、俏皮、潑辣，俗語、成語常脫口而出，符合一個聰明機智的下層人物身分；鶯鶯的語言，則顯得旖旎、凝重、蘊藉，不失相國小姐的大家風範。而劇中唱詞裏許多情景交融的抒情語言，是使這部劇本具有抒情詩劇風格的一個重要因素。其次，該劇的曲辭部分，從語言的構成方面看，在雜劇的創作裏也是一個有代表性的範例。它以當時的民間口語爲主體，適量而自然地化用了一些成語、唐詩、宋詞中的語句，以至經書史籍中的語句，推陳出新，賦予新意，準確而生動地表現出了劇中人物在特定情境中的思想感情。作爲劇詩，它還富於動作性的韻律。在語言的總風格上，形成了通曉流鬯與秀麗華美相統一的特色。第三，由於該劇作者具有相當水平的形象思維能力，善於駕馭語言，熟練地掌握了修辭格上的各種手法，遂使得這部戲的語言珠璣滿眼，美不勝收。

而宋錦有更結合戲劇藝術的特點對《西廂記》運用語言藝術的技巧進行了分析，㉔提出該劇在戲劇語言運用上有四大特色：一是形神兼備、二是情景交融、三是虛實相生、四是顯隱結合。他認爲《西廂記》的語言，對於刻畫人物性格，推進矛盾衝突，展開故事情節，顯示主題思想都起著重要的作用，是成功的場上之曲，保證了該劇做爲綜合藝術之劇，而長立於舞臺上。

按《西廂記》的藝事成就，主要有四：一是意匠經營之工——打破舊有體制，獨創五本二十一折的規模，使劇本主線突出，結構合理，有開有合，張弛相間，巧妙嫻熟地發揮了戲曲藝術的表現力，成功地展示了事件曲折反覆過程，從而構成一有機鉤聯、鉅大精緻的藝術整體，無限地顯示了該劇的思想力量。二是人物展現之妙——從崔、張、紅娘、老夫人等人物內心深處的微妙而複雜的心理活動之變化，充分表現出人物性格發展的歷史。三是聲辭靈動之美——善擇並融化古典詩詞中的佳句，提煉民間生動鮮活的口語，鎔鑄成自然而華麗的曲辭、賓白及悅耳動聽的音律。四是層面影響之廣——因襲、續貂、翻新、名家詮評之作如林，而且圖刻精美、搬演頻繁。不僅爲成功的場上之劇，場景與劇情相應，生動活躍，演出高潮迭起，扣人心弦；更是最佳的案頭之曲，讀之如品芳醪，其香可掬。

八、關於結局部分

《西廂記》第五本以張生應舉高中狀元，後來奉旨同鶯鶯完婚的大團圓方式結局；這種處理手法的優劣，歷來人們爭論不休。明、清時代，即有不少批評者深表不滿；金聖歎批改的《西廂記》，即以張生「驚夢」作結。政府遷臺後，在大陸地區指責劇本大團圓結局者頗衆。徐朔方認爲：反對舊有婚姻制度，尊重個性發展與追求愛情自由是《西廂記》所表現的主題，這種愛情與禮教的矛盾是很難調和的。在當時的社會條件下，崔張愛情的結局，往往使讀者忽視「封建制度」的不合理，而集中注意於才子的能否中狀元。王季思也認爲：雜劇的第五本，把一個悲劇的結局改成團圓，是缺少現實根據的，因此在表現上也往往沒有力量。其所以不如前四本精彩，這是一個主要原因。

但也有一些研究者不贊同對第五本的否定。霍松林認爲：該劇第五本仍然是前四本的有機組成部分，寫得也不算差，主要原因是作者合邏輯地發展了前四本中的戲劇衝突，並在這種衝突中合邏輯地刻劃了主要人物的性格，使有情人終成眷屬。至於中狀元大團圓的處理方式，當然有其弱點，我們應該指出來；但卻不能苛求古人脱離歷史條件去突破這種局限性。吳國欽也持類似的觀點，他說：《西廂記》第五本乃全劇不可分割的一部分，與其他四本組成一個有機的整體。團圓結尾並非勉強撮合，更不是强弩之末，而是合乎邏輯的收煞。其理由有四：其一、第五本的戲劇衝突有新的發展——如鄭恒的出場和中傷，使崔張、紅娘和老夫人、鄭恒的矛盾進入一個新階段。鄭的爭婚，老夫人的再度悔婚，使戲劇衝突也進一步發展並上升到高潮，禮教和愛情的尖銳對立又一次表現出來。如果說第五本没有戲，或戲劇衝突並無新的發展，這並不符合劇本的實際。其二、主要人物性格在第五本裏也有新的發展——如老夫人的再度悔婚更顯出其僞善固執的面目，紅娘痛斥鄭恒愈見其性格光輝。尤其是張生性格的刻劃，若少了第五本，鍾情志誠的張生形象的塑造是不夠完滿的。其三、從主題思想的角度看——儻缺第五本，「有情的都成了眷屬」的主題就不能完全體現。因崔張愛情不但要衝破禮教的藩籬，還得經受地位陞遷變化的考驗，更要與紈　子弟的較量爭奪，以及各種無中生有的中傷誹謗。没有第五本，愛情好像就是花前月下酬唱踰牆那一套，很容易使人誤解的。其四、團圓結局與全劇抒情喜劇的風格是一致的——如果没有這個結局，則不但戲劇衝突、人物性格、主題思想均不夠完整，而且從藝術風格看，與整個原作抒情喜劇的風格也很不一致。

對《西廂記》雜劇團圓結局的不同看法，很自然地引起了《西廂記》改編時如何結尾的爭論。這海峽彼岸不少研究者對此問題發表過意見，至於改編《西廂記》究竟應止於哪一折較好呢？卻是衆說呶呶，莫衷一是。

陳凡以爲：《西廂記》到了「酬簡」，有情人已成爲眷屬，衝突已經解決，目的已經達到，戲已經完了。實際上，連「拷紅」、「別宴」、「驚夢」三折都是餘音。因此，主張止於「酬簡」便可以了。但段啓明卻不以爲然，他說：「《西廂記》的根本衝突存在於老夫人同鶯鶯、張生紅娘之間，「酬簡」並沒有使這一根本衝突得到解決。」良以《西廂記》矛盾衝突的實質內容，不是崔張是否願意結合、可以結合的問題，而是他倆爲了結合所進行的奮鬥是否能夠勝過老夫人頑固的反對和破壞。因而其私相成合，實際上依然是對老夫人奮鬥的過程，而奮鬥的目的，並沒有達到。老夫人仍有可能憑威力將之强行拆散。所以，從戲劇衝突的發展來看，「酬簡」不僅不是衝突的結束，反而是衝突發展中所以形成的一個極大的懸念。戲，是必須演下去的。

也有些改編本把《西廂記》結局處理爲崔張私奔，如影人即主張：[25]「從《西廂記》中張珙和崔鶯鶯戀愛的曲折發展過程看，私奔是合理的。」「已具有突破家法勇氣的鶯鶯，私奔離家當然可能，並不是偶然。」他甚至認爲私奔比驚夢結局更爲合理，因爲夢醒後的悲劇並不能滿足今天觀衆的要求，而私奔是有現實意義的。但是張江東卻堅持應該保留劇中這一傑出天才而富有奮鬥意義的驚夢，[26]不必要畫蛇添足地用私奔來作爲結束。他說：「私奔的結束並沒有現實意義，相反卻損害了《西廂記》的完整。」

至於戴不凡則明確指出：止於哪一折，取捨哪一折，並不是問題的關鍵。因爲《西廂記》可以有各式各樣的改編本，重要的在於改編者必須有「自己的正確的立意，必須對人物有個基本的統一的看法。祇有在這樣的基礎上，來重新審查一下《王西廂》的內容，看看哪些可以捨棄，哪些可以吸收，哪些可以發展，哪些可以重寫，那纔有可能寫出更好的《西廂記》來。」

誠然，《西廂記》的改編本，可以有各式各樣的結局，藝術本來就沒有一定的標準或界限的。不過關鍵是在於：《王西廂》既淵源自《董西廂》，而「有情的都成了眷屬」，又是它所要揭示的主題；那麼採大團圓方式的結局，應該是很自然的事了。

九、金批本的評價

歷來有不少學者對金聖歎批改的《西廂記》抱持否定態度，如霍松林即認爲：[27]「金聖歎在明末清初民族矛盾和階級矛盾非常尖銳的時候」，通過批改《西廂記》來宣傳「人生如夢論」與「消遣論」，是「反動的」，是「喪心病狂」的，是「對正在反抗民族壓迫、階級壓迫的知識分子和廣大人民群衆的反攻。」「他批改《西廂記》的目的是維護封建宗法禮教，反對自由婚姻；他批改《西廂記》的辦法主要是歪曲人物性格。」而戴不凡也强調：「金聖歎批改《六才子》的根本觀點是反動的。」「他用偷天換日的方法，來竄改、削弱和歪曲《西廂記》的積極意義。」並且具體的指出金聖歎主要是從三個方面體現其觀點：一是對老夫人的評價，二是對崔鶯鶯的理解，三是對草橋驚夢的看法。「關於對老夫人的評價問題，金聖歎的看法和王實甫存在著根本的分歧。」二人都對這個形象有所批判，但王實甫是批判她身上的封建性，金聖歎卻是批判她封建得還不夠，責備她沒有把女兒管束好，縱容了女兒。對於鶯鶯，金聖歎雖是「當作正面人物來處理的，不過，這已經不是王實甫筆下離經叛道的崔鶯鶯了。」經其竄改，崔已經從「情」的化身變成「禮」的化身，由「一個離經叛道的人物改造成了秉禮的佳人。」至於「草橋驚夢」一折，在金聖歎看來，不過是告訴世人：「人生如夢，世界如夢」。「正因爲他竭力宣傳人生如夢，所以竟將『驚夢』中張生的一夢改成爲兩夢，夢了又醒，醒後又夢，恍惚迷離，這樣就更和他自己的看破人生的消極情緒合拍了。」

由於時代思潮的變遷，近年學術界對於金批本的評價已有明顯的變化，不少研究者力圖比較全面客觀地對其得失做出總結。林文山即指出：[28]「從金聖歎評改《西廂》看，其文藝評論有精華，也有糟粕，有許多值得繼承的東西。過去金聖歎被指爲反動文人，他的貢獻得不到應有的重視，是令人遺憾的。」他認爲金氏爲《西廂》辯護，特別爲「酬簡」這折戲的「鄙穢」描寫辯護，沒有一點敢於向封建禮法挑戰的膽量，就做不出。至於在曲辭欣賞角度，金氏能根據戲劇的特點，從剖析劇情與人物性格出發，指出蘊含在這些秀麗詞藻裏的豐富的社會生活內容、人物內心活動，揭示它在塑造人物形象中的成就，也往往有獨到之處。而劉闖也從金聖歎評點《西廂記》的意圖、藝術見解、創作理論等三個方面作了分析，[29]認爲金批《西廂》「思想上表現出的對封建統治者的叛逆精神，藝術上揭示的領異標新的獨特見解，文學創作和寫作方法上始開生面的理論，都已成爲我國古典文學、文藝評論以及文藝現實主義理論中一份極寶貴的遺產。」甚至還稱讚金聖歎是「一位有眼光、有膽識的文藝批評家和文藝鑒賞家。」

至於張國光則進一步提出了《金西廂》優於《王西廂》的意見，[30]並且列舉了三方面的依據：一是金聖歎運用了現實主義古典作家塑造藝術形象時所常用的典型化的法則，對《西廂記》中的三個主要正面人物進行了加工。從而「深化了正面人物性格」，突出了活生生的真實形象。二是金聖歎對《西廂記》的唱詞加工，往往化腐朽爲神奇，使《西廂記》的思想性大大提高，批判性大大地加强了。三是金氏截去了第五本而使全劇止於「驚夢」，「纔使《西廂記》成爲真實地反映在封建社會青年們最純真的愛情必然要受摧殘的震撼人心的作品」，「從而突出了反封建婚姻、反禮教，爭取戀愛婚姻自由的主題。」基於這些理由，張國光認爲《金西廂》的成就遠高過《王西廂》，向來詆譏金聖歎者，其實並非持平之論。

按金聖歎的戲曲理論思想，頗多哲學意味的思辨性色彩。他對戲曲人物與戲曲結構的把握，更是體貼入微，而且達到了較高的理論層次。其對戲曲文學敍事性的闡發，在戲曲批評史上確是前無古人，後鮮來哲的。但由於重在文學方面的探索，很少同曲學、劇學的體系緊密聯繫起來，以致未充分影響到戲曲的發展，李漁《閑情偶寄》說：「文字之三昧，聖歎已得之；優人搬弄之三昧，聖歎猶有待也。」這是道道地地的行家之見。

十、結　論

以上我們大致回顧了一九五五年以後，有關《西廂記》研究情形之一斑。《西廂記》所以能廣受學者喜愛，一窩蜂似地去進行研究，除了它是超時空的藝術品，有永恒而且普遍的生命之外，值得大家注意及省思的問題便是：海峽彼岸對於《西廂記》的研究，爲甚麼會比我們熱絡呢？就依前揭《元雜劇研究概述》所著錄的論文篇目來説好了，大陸地區有三百七十八篇，而港臺地區卻祇有十五篇。我們姑且不去計較兩岸學者人數比例的多寡。如果單就其論文本身而言，其思維模式完全掙脱不出馬克思主義，㉛以及毛澤東《矛盾論》的框框。

由於《西廂記》的戲劇衝突與矛盾特別的複雜而且強烈，因此，其內在的真正目的，是企圖藉此來宣傳階級鬥爭、製造矛盾，以進行思想解放的運動。研究祇不過是一種手段而已。這和我們完全屬純粹的學術研究，真是大異其趣。

注釋

❶ 參見郭沫若《文藝論集》〈西廂記藝術上的批判與其作者的性格〉一文。又明初賈仲明《續錄鬼簿》有〈凌波仙〉詞弔王實甫云：「風月營，密匝匝列旌旗；鶯花寨，明颩颩排劍戟；翠紅鄉，雄糾糾施謀智。作詞章，風韻美；士林中等輩伏低。新雜劇，舊傳奇；《西廂記》，天下奪魁。」

❷ 按筆者嘗撰有《西廂記的戲曲藝術——以全劇考證及藝事成就爲主》一書，民國八十一年六月，臺北文史哲出版社初版。

❸ 按鍾嗣成說見《錄鬼簿》、朱權說見《太和正音譜》，二書分別爲中國戲劇出版社及盧元駿教授校訂自刊本。又：王季思說見〈西廂記敍說〉，刊於一九五五年九期《人民文學》；霍松林說見《西廂記述評》，該書係一九八二年出版，是就一九五七年作家出版社所刊的舊著《西廂記簡說》及一九六二年中華書局所出的修訂本再修改、再補充而成的。以後論文凡重複引述同一作者之相同著作，一概祇提作者名而不標書名或篇名。

❹ 按：詳見❷所揭之書，頁一一～一五，又：楊晦說見〈再論關漢卿與西廂記問題〉一文，刊於一九五八年三期《北京大學學報》；董如龍說見〈西廂記作者關王二說辨析〉，文刊於一九八五年二期《上海社科院學術季刊》；吳金夫說見〈西廂記應爲關漢卿所作〉，文刊一九八六年一期《西北大學學報》。

❺ 按：詳見❷所揭之書，頁一八—二二，又：鄭振鐸說見臺北明倫出版社影印《插圖本中國文學史》；蔣星煜說見《明刊本西廂記研究》，中國戲劇出版社一九八二年七月版。陳賡平說見〈西廂記二題〉，登在一九八四年三期《蘭州大學學報》。

❻ 鄭振鐸說見〈重刻元本題評音釋西廂記〉，文收一九五七年十二月北京作家出版社所刊《中國文學研究》中；傅惜華說見一九五七年十二月北京作家出版社所刊《元代雜劇全目》；日人傳田章說見昭和四十五年八月東京大學東洋文化研究所東洋學文獻中心叢刊第十一輯《明刊元雜劇西廂記目錄》。鄭騫說

⑦ 見臺北《幼獅月刊》四十五卷五期所刊〈西廂記版本彙錄補遺〉一文；蔣星煜說見❺所揭氏著之書。楊煥育說見〈西廂記的明刊本和地方戲劇本〉，載於《西廂》一九八五年四期；王麗娜說見《中國古典小說戲曲名著在國外》，一九八八年八月學林出版社初版。

⑧ 此係袁世碩主編，一九八九年四月山東教育出版社初版，該書頁三四三～三五三，附錄有：〈王實甫西廂記雜劇現存版本目錄〉。

⑨ 宋之的說見〈論西廂記〉，文刊一九五五年十期《人民文學》；林涵表說見〈論西廂記及其改編〉，文刊一九五一年一期《戲曲研究》。

⑩ 張淑香說見〈西廂記的喜劇成分〉，原刊《幼獅月刊》四十五卷五期，後收入《元雜劇中的愛情與社會》，臺北長安出版社民國六十九年四月初版。吳國欽說見《西廂記藝術談》，廣東人民出版社一九八三年初版。顏長珂說見〈西廂記的喜劇特色〉，文刊《戲曲研究》第二輯。王星琦說見〈元人喜劇的藝術風格〉，文刊一九八四年一期《南京師大學報》。

⑪ 徐朔方說見〈論西廂記〉，文刊一九五四年五月十日《光明日報》。

⑫ 方正耀說見〈西廂記是不是喜劇〉，文刊一九八三年十二期《讀書》。

⑬ 按戴不凡《論崔鶯鶯》，係上海文藝出版社一九六三年初版。

⑭ 按段啓明《西廂論稿》，係四川人民出版社一九八二年初版。

⑮ 參見❹所揭楊晦論文篇名及出處。

⑯ 按〈西廂記三論〉係山東大學中文系古典文學研究組宋元小組所合撰，文刊一九六一年一期《山東大學學報》。

⑰ 按寧宗一說見〈創造性的改編——從鶯鶯傳到西廂記的情節典型化和主題提煉〉，文刊陝西人民出版社《古典文學論叢》第二輯，一九八二年出版。

⑱ 按張燕瑾說見《西廂記淺說》，天津百花文藝出版社一九八六年三月初版。

⑲ 蔣星煜說見《西廂記考證》，上海古籍出版社一九八八年八月初版。

⑳ 王星琦、陸沈西說見〈鶯鶯不曾賴簡〉，文刊一九八四年三期《藝譚》。

㉑ 陳凡說見〈讀西廂記隨筆〉，文刊一九五四年一期《劇本》。

㉒ 陳朗說見〈對讀西廂記隨筆的商榷〉，文載一九五四年十二期《劇本》。

㉓ 伍六及說見〈論西廂記的藝術特色〉，文刊一九六二年五期《北京大學學報》。

㉔ 宋錦有說見〈西廂記語言運用的技巧〉，文刊一九八〇年四期《南開學報》。

㉕ 影人說見〈私奔可以結束〉，文載一九五二年八月二日《大公報》。

㉖ 張江東說見〈試談西廂記的清理〉，文載北京作家出版社及人民文學出版社所刊《元明清戲曲研究論文集》中。

㉗ 霍松林說見〈金聖歎批改西廂記的反動意圖〉，文刊一九五五年五月二十七日《光明日報》。

㉘ 林文山說見〈論金聖歎評改西廂〉，文載一九八一年五期《社會科學研究》。

㉙ 劉闖說見〈論金聖歎評點西廂記的貢獻〉，文刊一九八四年二期《青海民族學院學報》。

㉚ 張國光說見〈金西廂優於王西廂〉，文載《文學評論叢刊》三輯。

㉛ 按：憑寧宗一在《元雜劇研究概述·前言》所說：「自從有了馬克思主義的理論作指導之後，掌握了這一全新的銳利思想武器的文史家，就能夠做到科學地闡釋歷史現象的內部實質，揭示出歷史發展的客觀現象，這是馬克思主義誕生之前任何一位識見高明的學者也無法達到的。」以及拙文四至九節所引述，即可知該區學者的研究方法與心態。

由《四進士》看國劇中所表現的內心「衝突」

周行之

一、引言

我國古典戲曲，源遠流長，內容豐碩。但若就今日仍能完整演出，通行各地，不僅供案頭清賞而言，宜首推融匯多種地方戲曲於一爐之國劇（皮黃、京劇、平劇）。❶溯其肇始於乾隆末期，迄今已二百餘年；以其大盛於光緒前後計之，爲時亦逾百載，列諸古典，似無不宜。❷

地方戲曲，出於民間。作者要非詞章中人，對象又爲廣大群衆。是以辭曲主於通俗，或多習語村言。然其文化背景、故事題材，亦非上無可考。是以國劇不惟其劇目來源、角色分類等，可以上溯宋元，即其演出形式之完整，唱詞道白之自然，平民思想之色彩，人間百態之反映，較之僅存紙上之元雜劇，宜無遜色，或亦過之。❸

然而國劇似仍未廣泛納入學術研究範圍。其文辭欠雅，可以活躍於台上，不免冷落於案頭，固是原因之一。他如現仍演出，涉及舞台技術諸端，宜爲另一主因。諸如行腔吐字，身段做工，乃至文武二場等等，非行家難以「六場通透」❹，「崑亂不擋」（國劇中之崑曲與前身之亂彈，皆能擅場）。筆者之素養尚又劣於「羊毛」（聊知皮毛者），其所以敢於置喙，一則意在拋磚引玉，期盼文學研究人士將國劇列爲專門正式之課題，毋待異日之椎牛而祭，且與行家交流合作，提昇其文藝水平。二則一切戲曲皆有其共同性質與要素，中外可以互通，一如其他文藝科目。設若研究他國及現代戲劇之人士，不以外行自謙，熱心參與，自必更有成就。是故本文擬以國劇常演劇目《四進士》作爲「嚴肅劇」（serious drama）之抽樣，嘗試分析國劇如何表現戲劇中必具要素之「衝突」（conflict）。

二、國劇嚴肅劇之主旨與題材

嚴肅劇可謂國劇中之主流。如衆所知，嚴肅劇之不同於「悲劇」（tragic drama），在於强調人生不必爲外在力量所挫敗。❺國劇雖亦承認「天意」難違、「萬般是命」、「舉頭三尺有神明」，但更調孝義「感天」、命運可改，而神則無不「正直聰明」。基於宣揚孝弟忠信、禮義廉恥之主旨，恒以「忠孝節義」爲題材，並以「有聲皆歌，無動不舞」爲表演技藝。總之，國劇於天人之際，著重「事在人爲」，人之所以能動天地、感鬼神，咸以其存心行事爲必要條件。善有善報，惡有惡報之結局必爲「團圓」，而非悲劇。此一原則或可目爲阿Q式之精神勝利。但阿Q之勝利純出幻想，而國劇之團圓決於人爲，二者之意義應非同一。是故國劇嚴肅劇之主旨，題材皆可謂具有積極、樂觀之人生觀，勸善規過，寓教於樂，使觀衆於大快我心之際，有所思省。何況「反悲劇」之團圓結局，亦有長遠傳統。我國神話中女媧可以鍊石補天，寓言中愚公可使天神感畏。若在希臘，前者將成爲盜火際人之普羅米修士，後者將成爲推石上山之薛西佛斯。

再就戲劇必具之「可信度」(credibility)而言。國劇出自民間，故其情節、人物之可信度，要以廣大群衆所認同之「情、理、法」爲權衡。不合朝廷之法而合其所謂法，不合其所謂法而合其承認之理，不合其所認之理而合其常有之情，皆爲可信而予認同。凡此種種，雖或異於有識之士，不符現實客觀，但可反映廣大群衆樸素率真，毫無僞飾之心態。是以關漢卿筆下之竇娥，含冤三誓，應於死後；國劇之《六月雪》，改在生前平反。❻如若史實不容改變，身後亦必果報昭彰，例如關羽被害，《活捉呂蒙》，❼岳飛蒙冤，《瘋僧掃秦》。❽其例繁多，毋待枚舉。

基於前述之主旨，國劇嚴肅之題材選擇、情節布署、人物安排、角色搭配，以及全劇收場，形成固定型式。是即忠孝節義與奸惡淫邪兩種勢力對立衝突。後者多採主動，成爲支配性力量；前者每遭誣陷，成爲防禦性力量。二者互爲消長，後者必遭惡報，前者終獲團圓。劇目中誠有以正面人物爲支配力量者在；如包公之必除奸惡，正神之必克妖魔。其主旨仍不外於果報分明，邪不勝正。

三、衝突

「衝突」爲戲劇必具之要素，簡而言之，則如前所述，概由支配性與防禦性兩種力量之消長所形成。若予剖析釐毫，內容繁富。❾本文基於其目的，將之約化爲下述兩類。

一爲個人與外力（天意、命運、社會、他人）之衝突，一爲個人與自己（內心）之衝突，而後者又分爲筆者姑妄名之之「淺層」與「深層」。個人與外力之衝突，因非本文主題，不擬冗贅，然亦可自文中略顯端倪，蓋以其與個人自身（內心）衝突互爲因果。易言之，個人自身衝突恒受外力刺激而被動引發，或則針對外力而採主動反應。人之心理，複雜錯綜。筆者尚有自知之明，是以藏拙，僅以國劇觀衆身份，使用杜撰之名詞，出之以常言習語。

(一) 淺層內心衝突

所謂「淺層內心衝突」，係指個人受外力引發之被動反應，亦即於去就取捨間所生之猶豫與矛盾。套用成語，是即「天人交戰」而天理終勝人慾。

在國劇中，忠奸邪正，涇渭分明，善者恒善，惡者恒惡。但若劇中之忠良人物，內心絕無片刻猶豫或一念之私，奸邪之輩亦全無一念之慈或絲毫悔悟，且復人人如是，決無例外。則未免不近人情，失其可信。是以劇中必然穿插忠奸邪正人物之短暫心理衝突，亦即本文所謂之淺層。茲引常見之劇目數則，示例於次。

曹操在國劇中爲「奸雄」。在《捉放曹》中，因猜疑留其作客之父執呂伯奢託辭出外沽酒，實則報官捉拿。不僅誤殺呂氏全家，道逢沽酒回來之呂翁，又將其劈死劍下，亦且揚言「寧可我負天下人，不可天下人負我」。❿在《逍遙津》中，因獻帝與伏完等謀密誅之，不惟殺死伏完滿門，又入宮亂棒打死伏后（伏完之女），但對伏后所生二子，因獻帝與二兒哀求，亦兩度答允不傷彼等性命。雖終因華歆一再冷言攛掇，由華以預攜藥酒，毒殺皇兒，但未嘗絕無饒人之意。⓫

似可附帶言之，當時在旁插言「饒人是福」者爲司馬懿。司馬懿在國劇中扮像類似奸曹，而常見劇目卻不演其惡毒，蓋以其不甚兇殘。但其子司馬師則爲另齣《逼宮》之主角。因魏帝曹芳與張緝密謀誅之，亦復殺死張緝全家與張后（張緝之女），廢立曹芳，別立曹髦。⑫該劇可謂《逍遙津》之翻版。又《逍》劇下場時，曹操誓言忠心保國，「若有二意，定犯破腦風而死」。終以此疾而亡。國劇中發誓必然靈驗，亦爲警世手法之定型。本文所引之《四進士》亦不例外。

再如《一捧雪》中之嚴嵩，老奸巨滑，殘害忠良。因親至友人大理寺正卿莫懷古家，搜取寶杯「一捧雪」真品不得，惱羞成怒，臨行揚言「三日後定要滅你的滿門」。莫氏因而棄官逃走。嚴嵩怒息，聞言即道：「莫仁兄啊！真杯也罷，假盃也罷，你管做官，不該棄官逃走」；並擬親自追他「回來做官」。雖因小人湯勤一再激其行文追拿，仍考慮如何落筆。又因湯勤提示，寫作「拿獲者，斬頭解京」。寫畢復囑差人：「莫懷古事小」，又誡湯勤：「當講則講，不當講休要胡言亂語」。由是可見其尚存寬厚。亦因此國劇常演劇目中之嚴嵩，愚燥好諛，未遭慘報，而窮兇極惡之湯勤死於刀下。⑬

除奸惡者能有一念之慈，亦有兇頑知悔之例。《審李七》與《李七長亭》之劇盜李七。行劫包府，活活燒死老夫人，極盡殘忍。被捕後，復又誣攀冶遊時偶生閒隙之秀才王良。後見王良夫妻情篤，復經他人懇求，終於自承誣陷，並勸王良規矩做人，莫涉花街柳巷。⑭

至於忠義之士而有一念偷生者，殊屬罕見。有之則必見於合乎情理之狀況下。

例如《戰太平》中之花雲，輔佐朱元璋之侄朱文遜鎮守太平。因不敵陳友諒大軍，擬與文遜合力突圍，而文遜不顧大局，並言你等不保家眷，小王難道也不保家眷，於是逕自回府。花雲與其妻則點動人馬出戰，終因不敵，與文遜同被賊擒。文遜貪生請降，陳友諒責其不孝不忠，推出斬首。但愛花雲忠勇，再三勸降，陳並自表爲二甲進士出身，愛才重義；且勸花雲要爲全家大小「再思再想」。花雲自忖降則不忠，但也念及「我若是不降賊友諒，頃刻之間刀下亡。罷！罷！罷！低頭跪寶帳」。但一步邁入帳內，則高答：「你老爺願死，不願降！」後則乘隙奪刀，奮戰而死。⑮

再如豪俠之士，必然路見不平，拔刀相助。但亦容有瞬間游移。《白水灘》中之十一郎（莫遇奇），武藝高强，兄弟俱有出身，而自己淪爲傭僕。一日途中偶見糾衆劫囚而官兵不敵，感懷身世，原不擬參與其間。其猶豫之情，可引其兩句台詞爲代表：「忍氣吞聲是君子，見死不救是小人！」終於救出解差。⑯

又如《四進士》中之主角宋士杰，道逢婦女落難，雖欲仗義，亦曾片時猶豫。詳見下文，茲不贅言。

筆者以爲，此類內心衝突之表演，尚未觸及深層，良以劇情之如此安排，意在求其可信。

㈡ 深層內心衝突

深層內心衝突，不能以所謂「天理」與「人慾」之交戰説之，蓋以人性之善惡成分，係以某時某地之社會價值爲判斷，而其中有不能如是區分者在。引用西方戲劇分析用語，是即所謂「悲劇缺陷」（Tragic flaw）。名之曰「缺陷」者，乃因其可以造成「悲劇」，非謂其本質即惡；今以莎士比亞悲劇爲例。「李爾王」原本英明，高齡八十，無意政事，無子而極愛女兒，欲三分國土以賜之。已嫁而不孝之長、次二女極盡阿諛，未嫁而純孝之三女言辭誠樸。李爾王以爲女兒愛父之心應與其愛心相當，於是惡三女而不予寸土。且由此一念，昏憒急躁，遠賢臣，信小人，終被逆女折磨而死，而作惡者亦無善終。[17]總之，李爾王之好諛出於父愛，故謂之「悲劇缺陷」。再如莎翁之另一悲劇《馬克白》(Macbeth) 意亦近之。馬克白忠勇多智，立有戰功，但凱旋途中遇見女巫，先稱之爲爵爺，繼則曰：「吾王萬歲」！由是有刺王奪位之心。其間雖多方猶豫不忍，終因惡妻迫誘，刺死賢良之蘇格蘭王，獲得王位，而結果夫妻均遭惡果。[18]

筆者以爲，在國劇觀衆心目中，李爾王應能多獲同情，蓋以馬克白雖曾半途悔悟游移，但先有僥倖之心，終則忘善爲惡。李爾王則如俗語所謂之「無心爲惡，雖惡不罰」，更何況基於愛女之心。似可附帶及之，李爾王之孝女終亦不幸身亡。若在傳統國劇中，將依竇娥案例處理。

綜合前言，個性中本質非惡但卻造成不幸後果者爲「悲劇缺陷」。諸如嫉惡如仇而偶失於以偏概全，剛直善言而驟見於愎過護短，一旦爲外力觸發，即在毫無自覺或不克自制之中，造成悲劇。

就筆者管見所及，國劇主角之演出未有此一類型；求之配角，《四進士》可見其例。以下分別說明該劇來源，所用劇本，以及劇中人物與情節。

四、來源與劇本

《四進士》源出於鼓詞《紫金鐲》。⑲據知爲清代鼓（兒）詞之短篇，長僅十本。⑳筆者疏頑，至今未睹原文。至於《四進士》之初演，可考者約在道光十年左右（西元一八三〇），距今已一百六十年。㉑鼓詞《紫金鐲》當年必曾流行全國，因該劇亦見於川劇、漢劇、徽劇、滇劇、晉劇、湘劇、豫劇，及河北與同州梆子。昔年漢調老生泰斗余洪元，即以擅演主角宋士杰而蜚聲藝苑。㉒由是推測，國劇《四進士》廣言之則來自徽班，狹言之或本於漢調。筆者曾觀湘劇多人演出，其人物、裝扮，場次、台詞，可謂與國劇無殊，而湘劇亦俗「漢戲」或「漢調」。實際如何，容待查考。

國劇劇本，如衆所知，原有「官中」與「私房」之分。前者爲戲班、劇校等之通用本，後者爲名角改訂之自用本。二者要皆傳抄，其刊印流行，多由愛好或研究者所爲。例如擅長扮演劇中宋士杰之周信芳（藝名麒麟童，成名後稱爲「麒派」），曾將劇本屢加修訂。雖經其私淑弟子董理印行，但專供一派之用，故仍可目爲私房。較之舊本，誠已去蕪存菁，堪作新訂各本之代表，亦符當時觀衆之要求（以下簡稱「新本」）。㉓然亦同其刪去舊本中若干配角與過場，修改所存諸角之台詞，令人難以窺見舊有之原始樸質面貌。是故本文採用胡菊人編《平劇名家秘本：戲攷大全》所收者，以作舊本之代表（以下逕稱「舊本」）。㉔因其中之神仙降凡監察結拜盟誓、紀錄善惡言行，與劇末之一再降旨加恩，人人得報等，皆更適清代與民初廣大觀衆之心情，故應較符鼓詞與國劇之舊貌。

五、人物與情節㉕

明代嘉靖某年月日，文昌帝君與魁星下凡，往雙塔寺前等候四進士前來結拜盟誓。欽點八府巡按之新科進士毛鵬（鬚生），邀集同年兄弟田倫（亦授八府巡按，未到任而丁憂在家；小生扮）、顧讀（河南信陽州道台；架子花臉扮）、劉題（河南上蔡縣知縣；丑扮），說明「可恨嚴嵩在朝專權，與吾等不合。多蒙海老恩師（海瑞）保奏我等，方能外爲官。嚴嵩又差校尉四十名，暗中查訪」，是以邀請同往雙塔寺前盟誓，以矢清白。誓曰：「文昌帝君在上，弟子……等，此番簾外爲官，若有官長吏過薦，密札求情，貪贓賣放，逆案准情者，各抬棺木一口，仰面還鄉！」誓畢四人各奔前程，而上蔡縣姚家莊發生命案。

姚廷春（亦作椿，小丑扮）、廷美（小生扮）兄弟，兄長愚昧懼內，弟則讀書文雅。兄嫂田氏（進士田倫之妹；舊用彩旦，後用花旦），刁惡陰狠；弟媳楊素貞（青衣）機敏堅貞。惡嫂田氏因嫉恨弟媳，藉故邀廷美來家，用藥酒將之毒死，謊稱「酒傷心肺」而亡。素貞趕來，察知死於毒藥，請出姚母作主，姚母欲拉田氏見官。田氏大言她兄田倫受職江西巡按，自有官官相護，告也無妨。姚母因而作罷，素貞反被趕出。

惡嫂心猶未甘，爲除後患，串通素貞胞兄——貪財無行之秀才楊青，由青騙出秀貞，賣與急欲成家之過路布販楊春，代寫婚書，受取銀兩離去素貞發覺受騙，不肯跟隨楊春。楊春亦爲受騙，不甘就此作罷。二人爭吵之後，互知實情。楊春遂允素貞自便。但偶見素貞手佩（紫）金鐲，認爲孀居而佩金飾，必非貞節之流。素貞告以鐲爲「公公」所賜，夫妻各有一隻，以示「夫死妻不嫁，妻死夫不娶」。楊春感動之餘，遂與素貞結爲兄妹，陪同告狀申冤。此時正值毛鵬改扮算命先生，私訪至此。二人在柳林中爭吵時，已曾解勸；今則更爲代寫狀紙，以便呈遞官衙。於是楊春、素貞前往信陽州「越衙告狀」。（按：越衙告狀，違法背理。是爲劇情中之疏漏，詳見結語。）

楊春、素貞二人，中途因故失散。素貞單身一人信陽州城，即被一夥地痞追趕。情急之下，叫道：「異鄉人好命苦哇！」此時恰逢宋士杰出現。

宋士杰，異鄉人落籍信陽州，曾充前任道台衙門刑房書吏。因爲人急公好義，不喜逢迎，竟以「辦事傲上」、「好管閒事」而遭革退。此時年逾七十，與老妻開一小小客寓，聊以消閒。他見楊素貞將受地痞欺凌，原欲不管閒事，但因其一聲叫喚，頓感於心不安，遂與老妻逼退地痞，收留在家。得悉素貞苦情後，認作義女，助其遞狀鳴冤。此時信陽州道台，正是顧讀。

宋士杰帶領楊素貞來到衙門擊鼓鳴冤，顧讀升堂審問，知係越衙告狀，便問素貞現住何處？一聞住在宋家，驚訝言道：「宋士杰他還在嘛！」於是立傳宋士杰上堂，開口便說：「你還不曾死麼！」再問他：「爲何包攬詞訟？」宋辯稱乃爲義女出頭。於是顧讀差人前往上蔡縣，捉拿姚、楊（楊青）兩家歸案。

按：此時之顧讀，雖對宋士杰懷有成見，出語凌人，但仍不失正派。宋士杰曾任刑房書吏。「刑房」協理訴訟，書吏俗稱「師爺」。奸狡者欺官虐民；惡毒者暗移一字可使無辜者家破人亡，有罪者逍遙法外。「包攬詞訟」者，類同今日之司法黃牛而又過之，因除暗通關節，且以「刀筆」傷人，如由革職師爺爲之，尤爲可怕。加以此等人雖通文墨，必非科舉出身。

顧讀以二甲進士爲官，素行清正；益以前任交代，對宋士杰之「辦事傲上」、「好管閒事」，久有所聞，因而既有鄙視之心，又惡其代人興訟。故就官有官威而言，顧讀之言行，不逾情理。再觀其問明案情，立即差人「捉拿姚楊兩家，歸案聽審，不准賣放」。亦可見其清正無私。

道台衙門官差來到上蔡縣衙，知縣劉題升堂接見（按：此爲其第二次露面），亦差人同往姚楊兩家。楊青因係秀才，不能施以刑具；姚家富有，重賂差人；皆得自行到案。因而姚家主犯田氏乘隙前往娘家，懇求兄長田倫，修書關說，田倫堅拒不允。田母代女講情，亦不依從，且稟明雙塔寺盟誓之事。田母愛女心切，母女下跪請求。田倫無賴，只得修書，附銀三百兩，差人送與顧讀。當修書之時，文昌帝君降臨，摘去田倫官星。是以日後案發，田倫之處分爲「削職爲民，永不錄用」。至其不得死罪，則因田母一跪。國劇中，以尊跪卑，卑者必然從命。若卑者不知尊者身份，逕受跪拜，亦必頭暈驚震，以示承受不起。例如源出《白兔記》之《李三娘》一劇中，「咬臍郎」——三娘與劉知遠所生——因自幼不識生母，誤受一拜，即感目眩神搖。[26]此種演出，意在強調「百善孝爲先」之主旨。

田府二差來至信陽州，就近投宿於宋士杰所開客寓。二人對飲交談中，提及毛、顧、田、劉爲官如何。宋士杰因而疑心或與楊素貞一案有關。乘二差酒醉，盜拆書信，抄在衣襟之上，以爲物證，暗道：「顧讀啊，顧讀！你若是貪贓賣放，宋先生就是你的對頭了！」

顧讀衙內師爺，因病請求發給盤纏回家養病。顧以身無餘財，答以「等弟俸銀一到，即刻送你回去」。此時田府差人到來，衙役將來書呈上。顧讀拆閱之後，叱道：「豈有此理！」擲書於地，拂袖而去。師爺乘機私閱來書，收下銀兩，代告田府來人：「回覆你家大人，修書不及，照書行事。」立刻不辭而去。顧讀轉回發現一切。暗責道：「田年兄，這就是你的不是！想當年我四人在京結拜，雙塔寺盟誓，不許官裏過財，弊案准情，貪贓賣放。如有此事，各買棺木一口，仰面還鄉。今日有這封書信到來，本當不准。銀子又被師爺帶去，這……便怎麼處？」正猶豫間，外傳人犯帶到，必須立刻升堂，顧讀因之愕然而起。

筆者以爲，顧讀此時，仍無內心轉變，亦可見其爲官清廉。若果貪贖，師爺亦必分肥，不致討索盤纏；縱令討索，自可即時付予，當師爺捲逃之後，亦能有力賠償。然劇情佈置，恒如諺語所謂之「無巧不成書」，不能任其長考深思，別圖良策。

顧讀匆促升堂，首問楊青。因其不惟串賣胞妹，亦且代寫婚書，叱道：「賣人產，又賣基，一樹能剝幾層皮！」再問姚庭春，見其不知預謀，愚蒙懼內，責之爲「縮頭男子」。繼問惡嫂田氏，非但不招，反誣素貞「私通姦夫〔指楊春〕，害死親夫」，一如田倫信中所寫。顧讀轉訊素貞。素貞答曰，果真如此，「不去投生，反來越衙告狀，送死不成」？顧讀詞窮，動刑屈打成招，判定被告取保，原告收監。宋士杰見狀喊冤，顧讀聞聲，暗道：「啊！宋士杰！這樁事瞞不過他。這口惡氣，就出在他的身上！」宋士杰上堂辯駁，詞鋒又利於素貞，顧讀情急，反問他是否曾受楊素貞賄賂。宋高舉三指，高聲答道：「受賄不多，三百兩！」顧讀原已惱羞成怒，復被擊中心病，於是恃仗官威，便命「扯下去打」。宋士杰辯稱身無過犯，顧讀這這那那之後，答以「打你個欺官傲上」。責畢並謂，以後不許來見，若見「定要你的狗命」。

事實顯然，顧讀用刑逼供楊素貞，已成大錯，遷怒杖責宋士杰，跡近癲狂。其所以於升堂前後判若兩人，主因應在所謂「一口惡氣」。其中包括怨恨田倫不該修書行賄，師爺不該代答捲逃，自己不該「逆案准情」，宋士杰不該一再攪擾。惱羞成怒，怒令智昏。原有之剛强果敢，嫉惡如仇，變爲愎過飾非，欺人自是。易言之，「悲劇缺陷」在似有知而無自制之際，爲外在因素所觸發，一放而不可收拾。

宋士杰原非可欺，況又手握贓證。雖知「百姓告官應當斬」，但寄望一旦勝訴，義女素貞可得平反，顧讀必獲斬罪。於是不告姚楊兩家，而告劉題「貪贓賣放」。遂與尋覓而來之楊春，同往按院台前遞狀，而按院大人即是毛鵬。

毛鵬微服私訪，已知案情。接狀後，一面提審人犯；一面邀請顧、田、劉題同至公堂。首問劉題上蔡縣「百姓如何？」劉答田：「良民百姓。」「既是良民，爲何有人越衙告狀？」「有道是：民不告，官不究。」「那裏是民不告，官不究。分明是好酒貪杯，不理民詞」。於是命其「回衙聽參」。繼則明知故問，分別詢問田、顧，若犯某罪如何處置。二人皆答，「該當問斬」。毛鵬即傳宋士杰上堂，朗讀衣襟所錄書信，田、顧震驚愧悔，俯首服罪，收監候旨；姚、楊兩家，皆判重刑。宋士杰一狀告倒三位長官，本當問斬，姑念年邁，邊外充軍。宋士杰披枷戴鎖，與素貞、楊春悲哭爲別。素貞等忽然認出，毛鵬便是柳林寫狀之人。宋士杰心喜絕處逢生，上堂辯道：告狀須有狀紙，縱令「百姓告官應當斬」，你在那柳林寫狀，是犯法的頭一名」。毛鵬理屈，親自下位解除刑具。並當堂命楊春拜爲宋之義子，養老送終。於是惡有惡報，好人團圓。

新本及筆者所見演出，全劇在此告終。但舊本罰惡更嚴，賞善更厚。簡述於下。

楊青以秀才無行，騙賣胞妹，代寫婚書，毛鵬判定：「帶下去砍他一隻右手，挖去一目。若還不死，發往邊外充軍。」姚廷春夫妻，害死胞弟，「將他二人帶去，腰斬三段，燒

〔成〕人燭送到姚廷美墳上，與他申冤雪恨」。

然後朝廷兩番降旨，按毛鵬所奏，楊素貞替夫伸冤，封爲「節孝夫人」，宋士杰爲人正直，贈爲「員外郎」，楊春仗義疏財，欽點「上蔡縣知縣」，死去之姚廷美，追封「五馬大夫」，田倫迫於母命，情有可原，「削職爲民，永不錄用」，顧讀贓證確鑿，罪不容誅，「腰鍘三段」。毛鵬則以辦事清廉，「加陞三級」，其他有關人等，各有奬懲。於是衆人在廷美墳前，燃燒人燭，祭拜謝天。再由毛鵬率領人役上台，將顧讀抬上鍘床，開鍘出彩（用道具顯示鍘下見血）。

六、結語

(一) 關於《四進士》

舊本之情節、人物、台詞較多，自出於配合當時觀衆之心態，不僅其本身可作文獻參考，且能藉以窺見其社會背景。即此一端，已足珍貴。但如楊春以布販而爲縣令，廷美以枉死而封大夫，楊青砍手挖眼，顧讀腰斬三段等等，在昔時雖可快大衆之心，但難爲識者所取。結局之類同蛇足，更無論焉。是故新本皆有改進，能合時宜。然亦有未盡周延，與舊本如出一轍。例如劉題之無罪罷官，素貞之越衙告狀。

前已引述，毛鵬問劉題，縣内民情如何？答曰：良民百姓。復問：既如此，何以有人「越衙告狀」？答曰：「民不告，官不究」。其回答合乎舊時實況。因縣内縱有「人命關天」

之大案，若無苦主鳴冤，或地保等呈報，縣令不得而知，亦且無從辦理。蓋以一縣之地廣人多，惟知縣為七品命官，集民、刑諸責於一身，既無法事事躬親，且防其權大擾民。然毛鵬以「有人越衙告狀」為證據，斷定為「好酒貪杯，不理民詞」。形同欲加之罪，何患無詞。因劉題不過露面三次，曾未飲酒，亦無醉容。如謂此係毛鵬私訪得知，亦屬缺點，蓋戲劇重在演出，不宜徒託空言，由觀眾憑空揣測。新舊劇本之處理，使劉題形同道具，僅能為四進士湊足人數。

再則楊素貞之何以「越衙告狀」，亦無交代。良以越衙告狀，猶如今日之上訴，必因本縣接狀不理或斷案不公。劇中之楊素貞無故越過上蔡縣，反而構成劉題之罪狀，未免百密一疏。如謂素貞與楊春結拜之際，曾慮及返回娘家則恐再被胞兄出賣，返回婆家又恐惡嫂加害（劇情有此，前未引述），是以二人不敢投訴本縣。筆者以為，如是解說，既更失於純令觀眾揣想，且使劉題之因而罷職愈見無辜。是以冒昧代庖，擬議如下。

楊素貞先在縣衙告狀，劉或因酒醉支吾，不予受理；或則傳訊惡嫂田氏而與素貞爭吵，是非難辨，不了了之。或田氏提起胞兄田倫，劉乃糊塗作罷。如此既可坐實劉題罪狀，且使扮演者多有發揮。如不加插此段，亦有簡便之法。

當劉題第二次出場，在縣衙接受道台衙門之命捉拿姚楊二家時，不問案情，即表驚訝道：「本縣到任以來，官清民順，怎生有越衙告狀哪？」既知案情之後，可問衙役：「有這等人命關天的案子，你們怎麼不稟告老爺？」衙役可答：「先前稟過老爺，老爺酒醉……。」如此亦可有所交代。

再就角色而言，據聞舊時演出，毛鵬與宋士杰並重，譚鑫培即擅演前者。後來漸以宋士杰爲重心。田倫、顧讀、毛鵬，或以「硬裏子」充當。扮演劉題者縱非「底包」亦無可演之戲。以往之戲班，或因本身條件所限，無法使所有角色搭配整齊；或爲突出主角，而以功力次之者相配；或以頗具成就之梨園人士，非因情商，不輕易爲人「跨刀」。凡此種種，每使劇情淡化，演出減色。是以劉題縱令戲少，其台風亮相，至少須與餘角相當。丑角宜以「方巾」充之，方有「進士」氣象。

(二) 關於深層內心衝突

國劇一如其他劇種，必有衝突，方見高潮。人物之安排，劇情之部署，皆以此爲其重心，而人物之內心衝突又爲重心之精髓。如前所言，在國劇中，屬於淺層者所在有之，屬於深者著可謂罕見。推其原因，蓋以舊時之國劇編者多非碩學之士或翰墨中人，或見不及此，或力有未能。然《自四進士》顧讀一角觀之，未嘗絕無能者。若是則主因當在配合廣大群衆之心態，以「大團圓」之結局，快人心而勸世俗。一般嚴肅劇即與悲劇不同，「大團圓」式之嚴肅劇更不容其主角具有「悲劇缺陷」。是以國劇中類同李爾王、馬克白之人物極多，演來則重心迥異。例如《霸王別姬》之項羽，《明末遺恨》之崇禎，《未央宮》中之韓信，《白蟒台》上之王莽，其亡國殺身，皆可謂由於個性中之悲劇缺陷，而國劇僅强調英雄末路等情節。㉗筆者以爲，在舊日固出當然，在今日無需守舊。

世易時移，今日一般觀衆已與多種中外戲曲接觸，當能領略深層之內心衝突，甚或不滿典型化之人物與一面倒之劇情。退一步而言，由於教育之普及與提高，能領略者實已多於往日。因之國劇舊有劇目之修訂，尤其新劇目之編排，亟宜考慮及此——亦即擴大嚴肅劇之內涵，納入莎士比亞與現代型之悲劇。據知《馬克白》等即曾在本省改爲國劇演出。筆者無緣目睹，不敢妄贊一詞。就其精神可嘉，即堪珍貴。但亦以爲，新穎不同於怪異，「荒謬」亦不同荒唐。[28]套用成語，宜乎「中學爲體，西學爲用」，亦宜「古爲今用，洋爲中用」。所忌者則爲不中不西，非驢非馬，流於科幻電影中「異形」之類。

(三) 未來展望

國劇在本省日趨式微，原因之一當爲方言隔閡。但由土著之歌仔戲等亦不如早先之盛行，可見一切傳統戲曲皆因新興視聽娛樂之日新月異，日趨下風。目前欲覓既能領略傳統，接納新潮，又無方言隔閡之場所，惟有學校，尤其中、高等教育學校。學府中人若不以其餘力關注及之，社會人士雖具熱心，難以融聚。倘能將國劇正式納入研究與學習之課程，不惟他日可望振興，眼前即不致廣陵曲散。

國劇振興之道，先進迭有建言。今略引近見學術論文中之條目，以示其應採步驟。是即：首先維持傳統，次則由傳統中創新，最後方能解脫傳統。僅就運用傳播媒體一端而言，以「電視國劇」取代專用舞台，即其一例。[29]

文末重申前言，筆者於一切戲曲均屬外行。僅以國劇觀衆之身份，言其久有之感想。至於識淺文陋，徵引未詳，則以最大之誠意，期盼高明雅正。

注釋

❶ 齊如山《國劇漫談·國劇名詞的由來》，台北：晨光月刊社，民國四十四年再版；第一七三～一七四頁。
按：除齊氏所舉理由外，此劇之通行我國內外——既能廣受欣賞，且多學習人士，勝於其他地方戲曲，當亦屬主因之一。

❷ 例如：劉紹唐等主編《京劇二百年歷史》台北：傳記文學出版社，民國六十三年影印初版；正文第一頁。
按：該書原著者爲日本波多野乾一，譯者爲我國鹿原學人，初版於民十五年九月。

❸ 孟瑤《中國戲曲史，第三冊》，台北：傳記文學出版社，民國六十八年再版；第四七一～四七二頁（角色演變表），第五〇九～五二九頁（宋元、明清、皮黃劇目表）；復次，孟瑤申論元代雜劇吸收前代講唱文學及歌舞百戲之優長，爲我國戲曲之成熟代表。並列舉「完整的戲劇形式，獨特的作家風格，濃厚的現實色彩」爲其超越前代之特色。（見同書《第二冊》，第一六七～一六九頁。）筆者承襲其意，以喻國劇。

❹ 「六場」者，文場爲單皮鼓、胡琴、月琴等，武場爲鼓、鑼、鐃鈸等。說見周貽白中國戲劇發展史》，台北：僶俛出版社，民國六十七年再版，第七五〇頁。孟瑤《第三冊》，第四八二頁，所言略同，惟文場未列單皮鼓。今從周說。

❺ 例如：李慕白著，譯《西洋戲劇欣賞》，台北：幼獅文化事業公司，民國六十八年再版，第一四七頁～一四九頁。

❻ 《六月雪》劇本，見胡菊人編《名家平劇秘本：戲考大全》，台北：宏業書局，民國六十八年再版，第四五一～四五五頁。

❼ 關公兵敗麥城被害，初出呂蒙之計，故於東吳慶功之時，在孫權之前顯靈活捉呂蒙。孫權將關公首級

送與曹操，操亦大驚，遂以頭風病發而死。劇情摘要可參考：陶君起《平劇劇目初探》，台北：明文書局，民國七十年初版，第一〇一～一〇二頁。

❽ 秦檜與其妻王氏合謀害死岳飛，心怯而往靈隱寺齊醮懺悔。地藏王化爲瘋僧，直揭其奸，並以掃帚掃之。夫妻狼狽而歸，終遭冥譴。劇情摘要亦見陶君起，第二八一頁。

❾ 分析詳盡者，可見於：姚一葦《戲劇原理》，台北：書林出版公司，民國八十一初版，第五十一～六十五頁。較簡者，可見李慕白，第二十八～三十一頁。

❿ 《捉放曹》全部劇情與詞句，見胡菊人，第一八一～一八九頁。

⓫ 《逍遙津》全劇，見胡菊人，第三七九～三八九頁。

⓬ 《司馬師逼宮》劇情簡介，見陶君起，第一一一頁。惟原書誤排爲「司馬紅逼宮」。

⓭ 《一捧雪》全劇，見胡菊人，第一九一～二一〇頁。

⓮ 劇情簡介，見陶君起，第二四三～二四四頁。至於唱詞片段，見劉紹唐等主編之《大戲考，台北：傳記文學出版社，民國六十三年影印初版；第一九〇頁爲「長亭起解」，第一九一～一九二頁爲「審李七」及「（李七）長亭」。

⓯ 劇情簡介，見陶君起，第三〇六－三〇七頁。所引唱詞，則據筆者記憶，容有謬誤。

⓰ 劇情簡介，見陶君起，第三四五頁。台詞則據筆者記憶，容有錯誤。

⓱ 梁實秋譯《李爾王》，台北：遠東圖書公司，民國五十七年初版。

⓲ 梁實秋譯《馬克白》，台北：遠東圖書公司，民國五十六年初版。

⓳ 孫鵬志等整理，《四進士·前言》。上海文藝出版社，一九八五年初版，第一頁。

⓴ 鄭振鐸《中國俗文學史》上，台北：台灣商務印書館，民國四十五年台一版，第三九六頁。

㉑ 張庚、郭漢城《中國戲曲通史（卷三）》，台北：丹青圖書公司，一九八〇年初版。第四十九頁。

㉒ 孫鵬志，「前言」，第二頁。

㉓ 該書出版者及時地，見⑲。

㉔ 該書出版者及時地，見❻。

㉕ 劇情摘要之見於胡菊人書者，不得要領（第四八一頁）；陶君起書則語焉不詳（第三二八頁）；可以補充本未盡者爲：國立復興劇校編印《戲曲故事（四）．四進士》，台北：復興劇校，民國八十三年初版，第一〇～一一四頁。

㉖ 劇情簡介，見陶君起，第一九二～一九三頁。

㉗ 《明末遺恨》劇情。見陶君起，第三七〇頁；《未央宮》，同書，第五一頁；《白蟒台》，同書，第六四頁。

㉘ 存在主義之「荒謬」（absurdity），與「荒謬劇」（the theatre of the absurd）之所謂荒謬，皆非荒唐。

㉙ 曾永義《參軍戲與元雜劇．國劇的過去、現在與未來》，台北：聯經出版公司，民國八十一年初版。第二七一～二七八頁。

從荒誕劇《潘金蓮》談戲曲研究的另一些方向

潘麗珠

近數年來，拜海峽兩岸文化交流之賜，我們得以有機會在自由寶島欣賞到來自大陸的諸多戲劇藝術，風貌有如衆妍競豔，美不勝收。其中，八十四年初四川省川劇團來台獻演的《潘金蓮——一個女人與四個男人的故事》荒誕劇，由於八十三年十二月中旬，本地復興劇團才搬演過同名京劇，頗受年輕學子歡迎❶，因而特別引起筆者的注意。把握當代演出活動的契機，從同一劇本、不同劇種的搬演比較當中。辨析其中的諸多問題，再參酌民國四十五年到八十二年台灣地區「中國古典戲曲研究」學位論文的寫作概況❷，筆者不揣淺陋，提出另一些戲曲研究可能開展的方向，期能略盡身爲戲曲研究者的棉薄之力。

一、關於荒誕劇《潘金蓮》

荒誕劇《潘金蓮》又名《一個女人與四個男人的故事》，是四川川劇團編劇魏明倫先生根據《水滸傳》所敘潘金蓮的故事融入當代戲劇藝術表現手法加以編就的戲曲創作。所謂「四個男人」，即：張大户、武大郎、武松與西門慶。何以冠上「荒誕劇」一詞？主要原因在於：㈠各種不同聲腔如越劇、當代流行音樂、歌劇詠歎調等居然薈萃在同一齣戲裏。㈡全劇除了故事相關的人物之外，還有極不相干的角色如施耐庵、女導演、賈寶玉、安娜·卡列尼娜、紅娘、武則天、上官婉兒、七品芝麻官等不同時空的人物也共同出現於舞台之上，這就塑造了極爲荒誕離奇、非邏輯性的特色，迥然有別於一般的傳統戲曲。

然而，逕以「荒誕劇」稱呼《潘金蓮》，是否真與「荒誕劇」的名義相符呢？

作爲二十七世紀五〇年代初期出現於歐洲文壇的現代主義❸戲劇流派，六〇年代以後廣泛流傳、擴及世界各地的「荒誕劇」，其思想根源是本於「資本主義社會精神危機的加深，使人們失去立足點及安全感，在物質慾望的重壓下產生自我喪失感」❹的精神困境；其作家們普遍認爲「人和世界的存在都是醜惡的，毫無意義、荒誕、無用的」❺；其創作主張是：以荒誕形象來顯現世界和人生的荒謬性，用以表達一種不可表達的真實，如此求得心靈的解脫與淨化而獲致欣喜與寬慰。衡量《潘金蓮》劇中那些不相干的角色，其實是在主線故事進行開始或中間串場時才出現，針對方才一場的情節或下一場的劇情加以議論批評，如果刪除這些串場，戲劇故事本身並不受到干擾；主要人物（無論是潘金蓮、武松或是張大户、武大郎、西門慶）的「自我」並未喪失，他們的形象或有性格上的瑕疵卻並不荒誕，尤其最重要的主要人物——潘金蓮，劇本作者對她顯然寄予深切的同情（這樣的同情存在著深刻的時代意義——女性的關懷），由此可知：除了形式結構上的「非邏輯」（不是「不合邏輯」）性，實質上《潘金蓮》一劇並不荒誕。

另一方面，以深層摹擬、體貼潘金蓮的情愫來說，作者魏明倫頗能承繼明代曲論中的「主情說」❻，同時《潘》劇也隱合西方「浪漫主義」❼文學的特點。大陸學者蔡鍾翔❽在談到「主情說」的一個重要論題「情與理」時，曾精闢地說：

> 儒家的以禮節情（或以理節情），有其合理的因素，但當禮（或理）與情形成尖銳的矛盾衝突的時候，禮（或理）就轉化爲對情的禁錮和扼殺。……文藝家爲了擺脫禮義的束縛，往往選擇「情」作爲突破口……❾

又說：

> 湯顯祖的主情說，不只「以情反理」，而且「以情破理」，即突破事理、物理的限制，以求得情感抒發的酣暢淋漓。❿

證諸魏氏塑造潘金蓮此一劇中人物，她由反抗張大户的色心淫暴，到委屈跟隨武大的貌寢懦弱，再到追求武松的英勇慷壯，終至沈淪於西門慶的陰狠情慾，潘金蓮心路歷程的迭宕轉折魏明倫寫來確是體貼入情、入木三分；他用荒誕的形式處理潘金蓮的故事，和湯顯祖以「夢」來處理杜麗娘對愛情的追求，有著極其相似的本質，都可說是「爲了擺脫禮義的束縛」，「以求得情感抒發的酣暢淋漓」！

再從「浪漫主義」文學的特點來說《潘金蓮》。「浪漫主義」乃是針對十八世紀歐洲理性時代的新古典主義所產生的一種反動。其文學不刻劃崇高堂皇型的大人物，而取凡夫俗子中的有特色人物來當主角；其精神是透過善惡並存的觀點，以解脫理性的約束、尋求活力的釋放為要務；在創作上講究想像力的神思馳騁。[11]

魏氏筆下的潘金蓮當然不是崇高堂皇型的大人物，她是凡夫俗子，但她的情海波瀾卻極有特色，她對情愛的追求熱烈而鮮活，儘管她的悲劇下場是可預見的，但她並非純然邪惡毫無可愛之處，她抗拒張大户的利誘和鼓勵武大建立自信對抗潑皮就展示了善的一面，而武松面對金蓮的柔媚禁不住情濤暗湧也的確流露了人性的自然，於是，我們看到這些角色人物的生命活力，我們不得不承認：這些細膩的、人性化的刻劃是發揮想像力的結果。尤其，讓不同時空的古今中外人物能夠會合在一個舞台上，更是將相像力發揮到極至。根據上述仔細玩味，把《潘金蓮》歸於浪漫主義文學作品誰曰不宜？

前言提及「她（潘金蓮）的悲劇下場是可預見的」，我們也不妨以「悲劇美學」的角度來評量《潘金蓮》。大陸學者謝柏梁[12]在〈中國悲劇的美學特徵〉一文中論及「悲劇起因的慾望性」有如下的看法：

> 人類的偉大，正因為擁有了強悍、豐富而多樣的慾望，以及對慾望的不息追求。然而人類慾望的無限與滿足慾望的有限之間所構成的永恆矛盾，從絕對意義上看總是難於調和的。這便是人類悲劇的總的根源。[13]

魏氏筆下的潘金蓮容或談不上偉大，但她對情愛慾望的追求十分强悍卻無庸置疑！然而她的身分、際遇卻與她的慾望嚴重衝突，這就註定她悲劇的下場；她主動將武松的匕首刺向自己[14]，表現的自我意志和主體感覺之悍烈，和傳統戲曲中的悲劇因悲劇人物的被動性而造成悲劇衝突疲軟⑮大相逕庭。這不能不說是魏明倫觀念上的超越、進步。觀眾在欣賞完《潘金蓮》之後，無法不對潘金蓮寄予同情，換言之，比起《水滸傳》裏面的潘金蓮，魏氏筆下的女主角更有自覺、更具鮮明的時代意義，更能引發當代觀眾的感慨與唏噓；而相對應的，觀眾的心靈就在感慨與唏噓中淨化了。

二、川劇版《潘金蓮》與京劇版的搬演比較

前一節的論敘中，筆者提出這樣的質疑：「逕以『荒誕劇』稱呼《潘金蓮》，是否真與『荒誕劇』的名義相符呢？」比較而言，復興劇團的京劇版《潘金蓮》比川劇版更離開「荒誕劇」的原味，然而它卻更受本地觀眾的歡迎，尤其是年輕的觀眾。

川劇團的《潘金蓮》是魏明倫的原著，劇中與故事主線不相干的角色——女導演和賈寶玉在「第二個男人」一折中，曾經稍稍融入潘金蓮和麵打餅的空間裏，雖然時間極短，潘金蓮也以「夢幻、眼花」交代看到二人的急遽消失，但二人確實進到故事裏面；在「第三個男人」這一折的開頭，女導演和紅娘也融入武松遊街的場面，欲牽合武松與潘金蓮，只是她們二人出現的時候，舞台上的其他人都「定格」了，唯有景陽崗的白額虎突然脫去老虎頭套，露出扮演者的人頭猛地站出來說：「這框框（指禮教）都有幾千年的歷史了，改得了嗎？」⑯特別是「第二個男人」中的四潑皮之一——現代流氓，融入故事主線最深，他原本頂著西裝頭，身穿花襯衫、紅喇叭褲，足登白色高厚跟皮鞋，在「阿里巴巴，阿里巴巴快樂的新娘……」國語流行歌曲聲中大跳阿哥哥舞，最後竟然加穿一件水袖褶子索性成為出點子整武大

的潑皮。此一安排令人拍案叫絕。這些情形都超人意想，具有荒誕式的喜感，比復興劇團的《潘金蓮》較接近「荒誕劇」的神髓。

復興版的《潘金蓮》則是魏氏原著的改編，除了聲腔主調是京腔此一最大不同點之外，與劇中故事主線不相干的角色：施耐庵由老生變成小花臉裝扮（起初還戴著跳加官式的面具），紅娘刪去，現代流氓直接成爲四潑皮之一（不過他們出場時幕後播放的是西洋熱門搖滾音樂，身上都穿民初時期的功夫裝、頂著龐克頭——造型荒誕），白額虎不見（因沒有武松遊街），以及七品芝麻官改成轟動本地京劇觀衆的「徐九經」等等；這些角色都沒有融入主戲之中（除了末場象徵武松「殺」與「不殺」的紛亂心聲），只在楔子和過場中出現，幾乎是「評判團」⑰的作用而已。這樣的形式，自然比川劇版的《潘金蓮》顯得「不荒誕」些。

然則，復興劇團的《潘金蓮》比川劇團受本地觀衆觀迎的緣由何在？我們或許可以藉助「接受美學」⑱和「觀衆心理學」的理論來探討此一問題。爲了討論方便，茲簡述「接受美學」的理論要點如下⑲：

㈠文學是爲讀者而創作、存在的；如果沒有讀者的審美閱讀要求，文學連產生的可能和內在動力都沒有。

㈡文學的特性在「文本」中只是一系列潛在的要素，唯有通過閱讀，才能顯現「作品」的審美特質。

㈢一部文學作品，並非一自身獨立、向安一時代的每一讀者的提供同樣觀點的客體；文學作品的歷史生命存在於一代代讀者的閱讀活動中，存在於文學作品對讀者的影響效果中。

(四)文學作品作爲讀者的審美對象，並非只屬於客觀的「文本」，它是作者與讀者的共同創造，是一種主客體的統一。

(五)在文學接受活動中，讀者原先的各種經驗，特別是審美經驗的綜合，會形成對文學作品的一種潛在的審美期待。

(六)文學作品對接受者產生影響力時，接受者會進行選擇、或融合、或排斥，這是受到他的文化傳統、歷史環境或時代風尚等的制約。

以上六點統而言之，「接受美學」理論所涉及的問題是如何研究一部作品被讀者接受的方式，也就是被閱讀、解釋、領受或拒絕的方式。它突出了「讀者中心論」，强調文學作品是由作者與讀者共同創造完成的，唯有經由讀者的閱讀、思考、解釋，作品的主題意義才能逐漸表現出來。爲此，有必要具體研究不同類型讀者的差異、共性，考察時空因素、文化背景和傳統對文學接受的影響。

審視復興版《潘金蓮》將原著略作改編，充分透露「考量此地觀衆的接受問題」之用心。將耐庵改爲小花臉是取其對女性有偏狹成見的性格缺失，讓他戴面具出場則是表徵「假道學」；因爲武松遊街的情節被刪，穿針引線的紅娘及戰利品白額虎自然没有出現的必要；西洋熱門音樂替代〈阿里巴巴〉國語流行歌曲，暗示此地比大陸更開放的風氣，潑皮的龐克造型也隱含此訊息；至於「徐九經」，台灣觀衆對他的熟悉度大大强過河南梆子的「七品芝麻官」[20]。施耐庵、紅娘、國語流行歌曲及潑皮造型的更動，相較於徐九經取代七品芝麻官，有著本質上的不同考量：前者以導演（改編者）的主體意志爲主，後者以觀衆的客體中心爲重。也就是說，前者存在著改編者主觀的意見呈現，後者的考量是以觀衆的角度出發。

（但不可否認的，改編者在面對原著時，也是觀眾。）由此我們印證了「接受美學」所謂「文學作品（復興版《潘金蓮》）是作者（改編者）與讀者（觀眾）共同創造完成」的「讀者中心」理論。

此外，細較起來，台灣地區的戲曲欣賞者比大陸觀眾在戲曲傳統的要求上相對地要嚴格（也是「保守」）些[21]，除了「雅音小集」、「當代傳奇」和過去每年的三軍競賽及各劇團的不定期推出改編大陸劇本可以偶見「新戲」之外，並沒有大陸各地方劇種大鳴大放、不斷刺激觀眾視野的現象[22]，本地觀眾對於新戲經常保持某種程度的疏離，因此就傳統戲曲的立場而言，新戲要「新」（「荒誕」）到什麼程度，才能既引起觀眾注意與興趣又不會遭受排拒，分寸拿捏，必得嚴肅考量觀眾的心理因素。華東師範大學中文系學者趙山林對於「如何引起觀眾的注意與興趣？」此一命題，提出一個口語化而極具辯證關係的答案：「要夾雜著熟悉感、親切感的陌生感、新奇感。」[23]也就是注重觀眾要求「常」與「奇」的心理因素。

對觀眾來說，劇中人物的藝術形象必須具有某種程度的熟悉感，和他們貯存在經驗記憶中的某一「樣本」相同或近似，才易於被接受、被理解，這是——「常」；同時，觀眾往往有一種本能的好奇心理，而多變的、新鮮的訊息對於人的神經中樞是一種強烈刺激，易於喚起審美注意，這是——「奇」。我們看到復興版《潘金蓮》的搬演，對原著川劇版所做的更動，減少了荒誕的意味，增加了觀眾的熟悉度，這是守「常」；而潘金蓮故事的再詮釋，不同時空人物的聚合、不同聲腔的薈萃，旦角腳色行當的突破，則是履「新」立「奇」；「常」、「奇」兼具，觀眾的審美意識被掌握，注意力提高、興趣也愈濃厚了。復興劇團在這一方面的努力，應該受到肯定。

三、戲曲研究可以開展的另一些方向

前面兩節，筆者嘗試以「荒誕劇」、「浪漫主義」、「主情說」、「悲劇美學」、「接受美學」和「觀衆心理學」的理論概括性地討論荒誕劇《潘金蓮》和同一劇本兩個不同劇種的搬演方式，主要著眼於大陸開放、兩岸文化交流之後，即將步入二十一世紀的我們有極好的機會以更大的胸襟和視野，運用不同的文學理論來面對、觀察整個中國的戲曲發展樣貌，誠然本土的傳統戲曲絕對值得關懷、應該研究，但我們如何能自限於島內的戲曲研究爲滿足呢？

分析民國四十五年迄今的台灣地區「中國古典戲曲研究」學位論文撰寫概況，不難發現除了既有的耕耘可以繼續開花結果之外，㉔還有新的園地有待開墾或撒下更多的種子。以下簡要說明，以做爲本文的結束：

㈠把握當今兩岸開放的契機，針對同一故事不同劇種的搬演進行比較研究。以《西廂記》爲例，過去關於西廂故事的演變，從〈鶯鶯傳〉到《董西廂》、《王西廂》，再到京劇《紅娘》、《西廂記》，縱的聯繫有人做過，㉕但橫向的比較——越劇的《西廂記》和京劇的《西廂記》及崑曲的《西廂記》或山東梆子劇團《西廂記》的比較研究——似乎尚無人嘗試。又如清代李漁《一捧雪》傳奇，京劇《一捧雪》和山東梆子《一捧雪》㉖、山西蒲州梆子《一捧雪》㉗及河南豫劇《一捧雪》的比較研究等等。

㈡掌握活的戲曲材料，對晚清以降，民國以來甚至當代的戲曲劇本、演員、演出活動進行深層、有系統的整理及研究。㉘已有的研究，對過去的名劇已下過不少工夫㉙，而這些精采的前人劇作，一旦不再出現在戲曲舞台之時，立即成爲案頭文學，失去了「劇」的動態生命力，缺乏觀衆的鼓舞與參與再創造，不免令人嘆惋。現仍搬演的許多傑出作品，還具有舞台生命活力，如能及時把握加以研究，或可幫助其藝術生命之展延、開拓，爲當代戲曲歷史作出活的見證。

㈢運用二十世紀的文學理論進行戲曲研究的工作。在台灣地區可見的學位論文寫作當中，明顯結合本世紀的文學理論的研究，大約不到二十本㉚，這實在大有開發的餘地；我們的社會受歐美東洋的影響日深，社會形態日漸脫離傳統模式，以新進的文學理論鑑別戲曲作品或幫助傳統戲曲理論體系之建設，勢不可擋！

㈣戲曲編劇人才培育的研究。無論是復興劇團的《潘金蓮》、《法門衆生相》、《徐九經升官記》，還是大鵬劇隊的《畫龍點睛》、海光劇隊的《曹操與楊修》、蘭陽歌仔劇團的《錯配姻緣》、河洛歌仔劇團的《天鵝宴》……這些作品都來自大陸劇本的改編，甚至當代傳奇劇場的劇本原著者還是外國人！我們自己的劇曲編劇家，筆者所熟知的如魏子雲、貢敏、徐文光（已逝）、高宜三、段承潤、張大夏、王安祈、張青琴、張啓超等，他們的努力成果不見得受到應有的重視，固然有其諸多因素㉛，然而我們培育編劇人才的環境極差，卻是不爭的事實！到目前爲止，我們的戲曲研究對於「作品呈現什麼？」「作品如何呈現？」「作家與作品的關係如何？」「作品與作品」（或音樂、理論）的關係」等方面的研究有一定的成績，但對於「如何成爲作家？」的研究卻付之闕如。如果不願「黃昏藝術」快速面臨黑夜，這方面的研究恐怕是當務之急！

注　釋

❶ 筆者因擔任台灣師大國文系「詞曲選」及「文學批評」課程，復興公演時，帶領三十多位學生前去觀賞，結果每一位學生都表示非常喜歡這齣戲，無一例外。

❷ 淡江大學林鶴宜教授曾於民國八十二年十月、十一月在《國文天地》九卷五期、六期發表〈台灣地區「中國古典戲曲研究」博、碩士學位論文寫作概況（民國四十五～八十二）〉一文，本文即以之爲重要參考。

❸ 一般認爲，現代主義是近百年來西方包括象徵主義、表現主義、超現實主義、意識流、荒誕派、存在主義、抽象主義、達達主義等各種文學藝術流派的總稱。它在描寫現代人的心理方面有其獨到之處，在詩歌、小說、戲劇等的表現手法上有不少重大的突破。

❹ 詳參林燿德、鄭明娳合編著《時代之風》「荒謬劇」的解析。幼獅文化公司出版。

❺ 同❹。

❻ 詳見筆者所著〈明代曲論中的「情」論探索〉（台灣師大國文系《國文學報》第二十三期頁一二五——一三四）。劇作者唯有對於劇中人物的心靈「體貼人情」、情意真摯，作品才能感動演者和觀衆，魏明倫的創作，精神與此相符。

❼ 詳參蔡源煌著《從浪漫主義到後現代主義》〈浪漫主義〉一文。雅典出版社出版。

❽ 一九三一年生，一九五二年畢業於復旦大學。現任中國人民大學中文系教授。合著有《中國文學理論史》等。

❾ 見〈對古典戲曲理論中主情說的評判〉，收錄於《中國人民大學學報》一九八八年二月號，頁一一〇～一一九。

❿ 同❾。

⑪ 同❼

⑫ 一九五八年生，文學博士，現任上海戲劇學院戲文系中國戲劇史教研室主任。

⑬ 見《中國社會科學》一九九〇年第六期頁一四五。

⑭ 魏明倫劇本最後一頁在動作交代上說：「金蓮主動將匕首刺向自己，漸漸倒在武松懷裡，衆人驚愕呆愣」。

⑮ 謝柏梁在〈中國悲劇的美學特徵〉文中就說：「中國悲劇人物的被動性，是造成悲劇衝突疲軟的主要根據之一。」詳見同註⑬頁一五〇。

⑯ 當時的情節是潘金蓮與武松各「定格」於舞台左右兩方，紅娘和女導演欲撮合兩方，將他們拉在一起，不料二人雖有移動，卻只是交換位置而已，交換位置之後依然「定格」。紅娘便表示：「他們怎麼還是待在框框裏啊？」扮虎形的演員才有如此的動作與說話。

⑰ 女導演在開場「楔子」一折有如下說詞：「我想重新編寫、重新詮釋潘金蓮。手法雖荒誕，意識卻超前。特邀請你老施耐庵、國外怨女、國中奇男，組成劇中『評判團』。……」。

⑱ 又稱「接受理論」，二十世紀六〇年代出現在德國的一種文學理論，由康斯坦茨學派所倡導。七〇年代開始流行於歐美文學批評中。

⑲ 詳參朱棟霖、王文英合著，江蘇文藝出版社出版之《戲劇美學》第八章「接受美學與觀衆學」（頁三二七～三五二）。

⑳ 此劇是大陸河南梆子著名國寶級演員牛得草的得意作品之一。敍述七品縣官爲民伸冤，與一品官誥夫人敵對、打官司，終於獲勝的故事。相當精采、有趣。

㉑ 從對「雅音小集」的評價以及對崑腔節奏較緩、咬字須蘇州音的要求等等看來，筆者相信是如此。這是一個相對性的說法。

㉒ 大陸各劇種經常有「新戲」出現，如京劇現代戲《焦裕祿》、現代豫劇《慈母情》、川劇現代戲《攀枝花

傳奇》、現代楚劇《虎將軍》、現代滬劇《清風歌》、新編淮劇《金龍與蜉蝣》等等，幾乎每年都有。這一部分的訊息可以從中國戲劇出版社出版的《中國戲劇年鑑》中得知。

㉓ 見趙山林著，華東師範大學出版社出版《中國戲曲觀衆學》頁一九一。其實清代李漁對此亦有主張，大陸學者胡天成於《李漁戲曲藝術論》（西南師範大學出版社出版）中，即曾歸結「題材多樣，求真求奇」（見該書頁五〇～五五）、「新奇至上、不越一理」（見該書頁一五一～一五七）的看法。按筆者看來：「求奇」、「新奇至上」，就是趙山林所謂的「陌生感、新奇感」，而「求真」、「不越一理」，就是求「常」，就是趙氏所說的「熟悉感、親切感」。

㉔ 可參林鶴宜〈台灣地區「中國古典戲曲研究」博、碩士學位論文寫作概況〉一文的「研究趨勢」與「結語」部分；見❷。

㉕ 輔仁大學七十四年碩士論文有葉慶炳老師指導、湯璧如著「《西廂記》故事的演變——以〈鶯鶯傳〉、《董西廂》、《王西廂》爲例」。

㉖ 山東省藝術研究所藏有丁憲文口述山東梆子本，見《中國梆子戲劇目大辭典》頁四五一。

㉗ 山西省戲劇研究所藏有蒲州梆子、中路梆子抄錄本，參㉖。

㉘ 大陸中國戲劇出版社雖有一系列梅蘭芳、王瑤卿、周信芳、楊小樓、譚鑫培……等京劇表演藝術家的評論集，但僅止於文章的結集而已，並不是什麼有系統、深層的整理、研究。

㉙ 例如《竇娥冤》、《西廂記》、《牡丹亭》、《浣紗記》、《桃花扇》、《長生殿》等，本地或大陸的研究都有可觀。

㉚ 筆者所確知的如黄浩翰以英文寫作的《文體詮釋與接受——《竇越冤》的悲劇讀法》（台大外文所七十八年博士論文）、林妙勳的《西方悲劇理論在中國戲曲批評中的應用——以元雜劇《趙氏孤兒》爲例（成大八十年碩士論文）、陳秀芳的《元雜劇中夢的使用及其象徵意義》（台大六十三年碩士論文）、宋錦秀《蘭陽地區傀儡戲的除煞儀式——一個宗教人類學的研究》（台大七十五年人類所碩士論文）、歐

俊麟《敘事詩劇場研究》（文大文藝所六十四年碩士論文）、徐之卉的《中國戲劇與史詩劇場的疏離性之比較研究》（文大文藝所八十年碩士論文）、李宗玉的「寫實與浪漫，說《玩偶之家》與《竇城冤》」（文大文藝所八十年碩士論文）、許玫芳的《元雜劇《趙氏孤兒》與服爾得《中國孤兒》因緣關係之研究》（師大七十三年碩士論文）等。

㉛ 例如只適合以「案頭劇」欣賞，不適宜「場上劇」觀看；或是劇本結構、文詞設色、角色塑造略有瑕疵；或是演出劇隊不支持等等。

國立中央圖書館出版品預行編目資料

古典文學・第十三集/中國古典文學研究會主編，--初版--臺北市：
臺灣學生，民84；
面；公分
ISBN 957-15-0706-7(精裝)
ISBN 957-15-0707-5(平裝)
1.中國文學-論文，講詞等

820.7　　84010280

古典文學第十三集　全一冊

著作者：中國古典文學研究會主編
出版者：臺灣學生書局
發行人：丁文治
發行所：臺灣學生書局
臺北市和平東路一段一九八號
郵政劃撥帳號〇〇〇二四六六八號
電話：三六三四一五六・三六三一〇九七
傳真：（〇二）三六三六三三四
本書局登記證字號：行政院新聞局局版臺業字第一一〇〇號
印刷所：淵明印刷有限公司
地址：永和市福和路一六四號四樓
電話：二三一三六一五・二三一三六一六

定價　精裝新臺幣四六〇元　平裝新臺幣四〇〇元

中華民國八十四年九月初版

82009-13

ISBN 957-15-0706-7（精裝）
ISBN 957-15-0707-5（平裝）